《古代中国与亚洲文明》系国家社科基金

中国历史研究院重大研究专项"草原—沙漠文化带研究专题"

重大委托项目"丝绸之路与中原帝国兴衰"（20@WTS004）的阶段性成果

中亚与丝路文明研究丛书

刘进宝 主编

古代中国与亚洲文明

刘迎胜 —— 著

读者出版传媒股份有限公司
甘肃教育出版社

图书在版编目（CIP）数据

古代中国与亚洲文明 / 刘迎胜著. --兰州：甘肃
教育出版社，2023.4
（中亚与丝路文明研究丛书 / 刘进宝主编）
ISBN 978-7-5423-5584-3

Ⅰ.①古… Ⅱ.①刘… Ⅲ.①文化史-中国-古代②
文化史-亚洲-古代 Ⅳ.①K220.3②K300.3

中国国家版本馆 CIP 数据核字（2023）第 037511 号

古代中国与亚洲文明

刘迎胜 著

策　　划　马永强　薛英昭　孙宝岩
项目负责　伏文东
责任编辑　王露莹　吴洁琼
封面设计　MM 末末美书

出　　版　甘肃教育出版社
社　　址　兰州市读者大道 568 号　730030
电　　话　0931-8436489(编辑部)　0931-8773056(发行部)
传　　真　0931-8435009
淘宝官方旗舰店　http://shop111038270.taobao.com

发　行　甘肃教育出版社　印　刷　山东新华印务有限公司
开　本　787 毫米×1092 毫米　1/16　印　张　28.25　插　页　2　字　数　375 千
版　次　2023 年 4 月第 1 版
印　次　2023 年 4 月第 1 次印刷
书　号　ISBN 978-7-5423-5584-3　定　价　108.00 元

总　序

　　浙江是我国名闻遐迩的丝绸故乡，敦煌则是丝绸之路的"咽喉之地"。自唐代开始，浙江又因丝绸经海上运输日本，成为海上丝路的起点之一。1900年，敦煌学兴起后，中国学者首先"预流"者，即是浙江籍的学者罗振玉与王国维，随后几代浙江学人奋随其后，为敦煌学的发展与丝路文化的发扬光大做出了巨大贡献。

　　浙江大学关于中亚等丝绸之路沿线区域的研究起步较早。1939年初，向达先生受聘为浙江大学史地系教授，从事西域历史文化与丝绸之路研究；1942年8月，方豪先生受聘为浙江大学史地系教授，主讲"中西交通史"和"元史"课程，后来出版的史学名著《中西交通史》，就是在浙江大学历年讲义的基础上增补修订而成的。20世纪80年代，黄时鉴先生在历史系带领团队成员从事中西关系史研究，出版了大量学术论著，培养了一批中外关系史方向的研究生。

　　2013年，国家提出"一带一路"倡议后，浙江大学充分发挥自身在敦煌学与丝绸之路研究方面的优势，于2015年发起成立"一带一路"合作与发展协同创新中心，主编出版了《"一带一路"读本》和《"一带一路"一百问》。经过几年的建设，形成了丝路文明研究的核心学术团队，于2016年组建成立了浙江大学人文学院丝路文明研究中心。丝路文明研究团队的成员承担了一批国家社科基金重大、重点项目和一般项目、青年项目，发表了一批有影响的学术论文，团队的集体成果"敦煌学与丝路文明"还入选浙江大学"十大学术进展"。

  此外，丝路文明研究团队编辑出版的《浙江学者丝路敦煌学术书系》，全套计划出版 40 种，目前已经出版 25 种，且有多种重印。其中 5 种入选国家社科基金中华学术外译项目（将以 11 个语种出版），1 种入选"经典中国国际出版工程"，并整体向台湾万卷楼图书股份有限公司输出了繁体字版权，已在台湾出版中文繁体字版 13 种。实现了社会效益和经济效益的双丰收。从 2016 年开始创办《丝路文明》学刊，每年一辑，已经出版 7 辑，得到了国内外学术界的高度赞扬和好评。同时还以学术研究反哺教学，主持承担"敦煌学与'一带一路'"通识核心课程群，在全校开设通识核心课程和专业课程。

  正是在这种良好的基础上，2020 年 8 月，浙江大学中亚与丝路文明研究中心成功入选国家民委"一带一路"国别和区域研究中心名单。

  中亚与丝路文明研究中心成立后，我们在继续编辑出版《丝路文明》学刊和《浙江学者丝路敦煌学术书系》的基础上，还主办了"敦煌学与丝路文明"系列讲座，邀请海内外著名学者前来切磋学术，加强本团队成员对国内外学术前沿动态的把握。

  《丝路文明》学刊的编辑出版和"敦煌学与丝路文明"系列讲座的开办，得到了海内外学者的大力支持，也进一步加强了我们与国内外学界的联系与交流。为了感谢海内外学者对我们的信任与支持，我们编辑了《中亚与丝路文明研究》丛书。

  本套丛书的作者，既有浙江大学中亚与丝路文明研究中心成员的成果，如冯培红《鱼国之谜——从葱岭东西到黄河两岸》、余欣《西域文献与中古中国知识-信仰世界》、罗帅《丝绸之路南道的历史变迁——塔里木盆地南缘绿洲史地考索》、刘进宝《西北史地与丝路文明》，更有海内外知名学者的论著，如南京大学刘迎胜教授的《古代中国与亚洲文明》、中国人民大学王子今教授的《汉代丝绸之路文化史》、北京大学荣新江教授的《唐宋于阗史探研》、日本大阪大学荒川正晴教授的《欧亚交通、贸易与唐帝国》。刘迎胜先生、王子今先生、荣新江先生和荒川正晴先生，都是海内外最著名的丝绸之路研究专家，浙江大学的诸位中青年学者，也在国内外学术界有较好的影响和地位，从而保证了丛书的质量。

《中亚与丝路文明研究》丛书，研究的内容涉及历史、地理、政治、经济、文化等各个方面，较为系统地反映了中亚与丝绸之路的历史变迁，多元文化的交流碰撞，多民族、多文明的交汇融合和共同繁荣，为读者进一步了解、认识中亚与丝绸之路的历史地理、民族文化、社会生态及其在东西方文明交流过程中的历史面貌和历史地位提供了全新的视角。

丛书既有对国内新成果、新资料的继承和利用，又有对国际学术界相关研究成果、研究方法的吸收和借鉴；既注意将中亚与丝绸之路研究置于中西政治、经济、文化交流的研究视角之下，对各种考古发现和文献文本材料进行精细解读、微观探讨，又注意将其置于国际学术视野中，从更长更大的时空维度来探讨"丝路文明"的价值和意义。

在本丛书即将出版之际，对各位作者表示衷心的感谢！尤其感谢刘迎胜先生、王子今先生、荣新江先生和荒川正晴先生对我们的信任，同意将其大著收入本丛书出版！感谢浙江大学亚洲文明研究院和社会科学研究院的大力支持！感谢甘肃教育出版社一如既往的倾力支持。

刘进宝

2022 年 12 月 18 日

目　录

徙多河考

徙多河（Śitā）是一条在《大唐西域记》《大慈恩寺三藏法师传》中屡次提到的河流。它的名称还以不同的音译形式见于许多汉译佛教经典和文献以及《新唐书》中。自 1900 年法国学者沙畹提出徙多河是今塔里木河的西源叶尔羌河[1]以来，许多学者包括伯希和这样的名家都接受了这一看法[2]。冯承钧则在翻译沙畹上述著作时，加注己见，认为徙多河是塔里木河的梵名[3]。中华书局校注本《大唐西域记》在注释徙多河时，失察沙畹原注，直接引用冯译，把冯承钧发挥的己见，误为沙畹原话[4]。笔者多年前在研究元代曲先塔林（Küsàn Tarim）时，曾涉及塔里木河[5]，因此近年来陆续收集了有关资料。今不辞浅陋，将其中的一

---

① *Documents sur les Tou-kiue（Turss）occidentaux*, recuellis et comment'es par Edouard Chavannes，圣彼得堡，1903 年，第 123 页注 1；冯承钧汉译本《西突厥史料》，中华书局 1958 年版（以下版本信息略，简称《西突厥史料》冯承钧汉译本），第 115 页注 1，c'eot-à-dire la rivière de yarkand（此即叶尔羌河）一句未译出。

② 《汉文史料中与苦婆罗有关之若干音译》（Paul Pelliot, Quelques transcriptions apparentèes a Cambhala dans les textes Chinois），《通报》卷 20，1921 年，第 73—85 页；此文由冯承钧汉译，题目改为《苦婆罗》，收入《西域南海史地考证译丛》第 9 编，商务印书馆，1985 年，第 144—159 页。以下简称《苦婆罗》。

③ 《西突厥史料》，冯承钧汉译本第 116 页注 2。

④ 《大唐西域记》，中华书局 1985 年版，第 984 页。

⑤ 笔者拙文《元代曲先塔林考》，《中亚学刊》第 1 辑，中华书局，1983 年，第 243—252 页。

些汇集成文，拟分六个议题来论述徙多河与塔里木河的问题，以期引起讨论，并得到指正。

一、赡部洲中心的移动

印度人把人类居住的大地称为赡部洲，又作剡浮洲、阎浮提，这些都是梵文 Jambudvipa 的音译。印度人认为地中央有赡部树（Jambū）。释迦牟尼创立佛教之初，佛教的势力主要在恒河中流地区。阿育王时代，佛教向印度各地以及印度以外传播。南传佛教巴利文斯里兰卡历史书《大王统史》第十二章记载：

> 目犍连长老为显扬佛教，于结集结束之后，预见到将来在边境地带树立教法，在迦剌底迦月（八月），把诸长老派遣到各地。派末田地（或作末阐提）长老到迦湿弥罗、犍陀罗国（迦湿弥罗，即今克什米尔，在印度河上游地区），摩诃提婆长老到摩醯沙曼陀罗国（约在印度南部海得拉巴地区），勒弃多长老到婆那婆沙国（约在印度中部拉其普他那地区），臾那人（希腊人）昙无德到阿波蓝多迦国（今旁遮普一带），摩诃昙无德到摩诃勒陀国（今孟买东北哥达瓦里河上游一带），摩诃勒弃多到臾那世界（指古印度西北的希腊移民聚居地），末示摩到雪山地方（今喜马拉雅山南麓尼泊尔），须那和郁多罗两长老到金地国（约指缅甸濒临孟加拉湾之劈磅和渺名一带，或指马来半岛）。

此外，目犍连长老还派其他僧人到楞伽岛（今斯里兰卡）传教。[①] 阿育王时期铭文《摩崖法敕》（第十三）亦记载：

---

① 日译《南传大藏经》卷60；并见同书《岛王统史》第8章；并参见汉译《善见律毗婆沙》卷2；此据任继愈主编《中国佛教史》卷1，中国社会科学出版社，1981年，第72页。

王（阿育王）复于距其领土六百由旬（按印度里程单位，相当于中国 30—40 里）的邻国——希腊王安条克（指 261—246 B. C. 领有小亚细亚、西亚和中亚一部分的塞琉古王朝国王安条克二世）所住之处，及北部的托勒密（指285—247 B. C. 在位的埃及国王托勒密·菲拉得佛斯）、安提柯（指 278—239 B. C. 在位的马其顿国王安提柯·贡那特）、马伽斯（指死于 258 B. C. 的利比亚北部西林尼国王）以及亚历山大（指272—258 B. C. 在位的今希腊西北伊庇鲁斯国王）四王所住之处，南部的朱拉王国、潘地亚王国（当时印度南方两小国）和锡兰，皆得法胜；更于王（阿育王）所属领地的臾那人（古印度西北的希腊移民）、堪坡加斯人（当时居于今阿富汗一带的民族）……亦得法胜。[①]

印度人的先民的一部分，是印欧语系民族的一支，史前时代，经中亚进入印度。此后相当长的时间里，他们与亚洲北部没有多少联系。随着佛教的传播，印度人的地理知识范围扩大到亚洲大陆的大部分地区。在他们知道了中国之后，继而认为赡部洲为四主所统治，包括中国在内。东晋译经师印度人迦留陀迦（Kalodaka，此曰"时水"）译《佛说十二游经》，谓：

阎浮提（赡部洲）中有十六大国，八万四千城，有八国王，四天子。东有晋天子，人民炽盛。南有天竺国天子，土地多名象。西有大秦国天子，土地饶金银璧玉。西北有月氏天子，土地多好马。[②]

① 参见日本羽溪了谛《西域の佛教》，东京森江书店，1923 年第 3 版第 1 章引文；此据前引《中国佛教史》卷 1，第 73 页。

② ［日］高楠顺次郎、渡边海旭、小野玄妙等编辑校勘《大正新修大藏经》卷 4，No. 195，昭和九年（1934）大正一切经刊行会出版，第 147 页；以下简称《大正藏》。关于"四天子"问题，参见伯希和《四天子说》（Paul Pelliot, La thèorie des quatre fils du ciel），《通报》，1923 年；冯承钧汉译载《西域南海史地考证译丛》三编，第 83—103 页。

后来，唐辩机又补充道："南象主则暑湿宜象，西宝主乃临海盈宝，北马主寒劲宜马，东人主和畅多人。"[①] 从东晋到唐，历史过去了约三百年，"四主"的含义也随之发生了一些变化。唐道宣《释迦方志》认为，赡部洲"四主所统"。第一主称象主印度王，所谓"雪山以南，至于南海，名象主也。地唯暑湿，偏宜象住，故王以象兵而安其国。俗风躁烈，笃学异术，是为印度国"。第二主称宝主胡王，所谓"雪山之西，至于西海，名宝主也。地接西海，偏饶异珍，而轻礼重货，是为胡国"。这里"胡国"应指波斯、大秦诸国。第三主称马主突厥王，所谓"雪山以北，至于北海，地寒宜马，名马主也。其俗凶暴忍煞，毛衣，是突厥国"。时雄居于印度西北方的，已不再是月氏人建立的贵霜王朝，而是西突厥汗国，故改。第四主称人主至那（中国）王，所谓"雪山以东，至于东海，名人主也。地唯和畅，俗行仁义，安土重迁，是至那国，即古所谓振旦国也。上列四主，且据一洲，分界而王"[②]。当然，四主的观念并不是阿育王时代产生的，而要晚得多。

为了与这种新的人文地理概念相适应，印度人把赡部洲，也就是人类居住的世界的中心搬出印度本土，移至雪山——帕米尔高原。印度人注意到，雪山，即帕米尔山结辐射出去的诸山，形成今亚洲大陆诸系的分水岭。他们遂设想，雪山中有所谓"阿耨达池"，由此分水岭发源的诸河，成为著名的大河。印度人继而认为世界上有四条大河，即恒河、印度河、阿姆河和徙多河。有的佛典上称世界上有五条大河，但居于前四位的，仍然是上述四条河。这四条河中的徙多河，是我们注意的重点，因为它后来与塔里木河发生了关系。查检了有关资料后，笔者发现可将有关徙多河的文献按翻译或写作时代，分为两大部分：唐以前文献和唐代文献。而如果按作者来划分这些资料，其结果也一样。

---

① 季羡林等《大唐西域记校注》，第 42—43 页。

② 道宣《释迦方志》，范祥雍点校本，中华书局 1983 年版，第 11—12 页。以下简称《释迦方志》。

二、唐以前文献中的徙多河

笔者所追寻的有关徙多河的最早文献，是西晋沙门法立与法炬所译之《大楼炭经》卷 1《阎浮利品第一》。其中曰阿耨达池：

> 东有大流江，下行一江，有五百部河，绕阿耨达龙王，[①] 东流入大海；阿耨达龙王南有大江，名和叉（即博叉）[②]，……流入大南海；[③] 阿耨达龙王西有大江，名信陀，……入大西海；阿耨达龙王北有大江，名斯头（即徙多），……入北海。[④]

上述记载中提及的第一条河"大流江"，当为恒河（Genga），原文或许有误；所谓"东流入大海"，乃指恒河下游的流向，所入之海，即今之孟加拉湾。第二条大江"和叉"，即今阿姆河上游瓦赫什河（Vakhš），此河西北流，其下游河床在沙漠中摆动，在历史上不同时代，或注入里海，或流进咸海，故述中所言"大南海"应有误。第三条河"信陀"河，即今主要在巴基斯坦境内之印度河，而所入之"大西海"，即阿拉伯海。第四条大江"斯头"，即"徙多"，指今锡尔河（Syr Darya），所入之"北海"为咸海。值得注意的是，斯头河（徙多河）向北流，入北海。我们可以试比较下面的记载。

佛藏中有《那先比丘经》，记那先生平及他与大秦国阿荔散城人〔西北印度以舍竭（奢竭罗，今巴基斯坦锡亚尔科特）为中心的希腊化城市国家，所谓"天竺舍竭国"统治者大秦国阿荔散城（即今埃及地中海滨之亚历山大城 Alexandria）〕弥兰陀的对话。此经译者失名，一般

---

① 以下用省略号处，皆略去"有五百部河，绕阿耨达龙王"数字。

② 即古之乌浒水（Oxus），又译作缚叉河，今塔吉克斯坦阿姆河上源之一瓦赫什（Vakhš）河。

③ 此河流向明显有误，详见后。

④ 《大正藏》卷 1，No.23，第 278 页。这一段有关阿耨达池源出的四条大河分流四个方向入海的描述，在不同的佛经译本中反复出现。

认为是东晋时所译。其中提到世界"有五河，河有五百小河流入大河。河者一名恒，二名信他（印度河），三名私他（徙多河），四名博叉（阿姆河），五名施披夷（？）尔。五河昼夜流入海"。^① 这五条河中的前四条已在《大楼炭经》中提及。但《那先比丘经》未言及"私他河"（徙多河）的流向。

后秦弘始年中（399—415），佛陀耶舍及竺佛念所译之《佛说长阿含经》卷18《第四分纪经阎浮州品第一》记徙多河曰：

> 阿耨达池东有恒伽河，从牛口出，从五百河入于东海。阿耨达池南有新头河，从狮子口出，从五百河入于南海。阿耨达池西有婆叉河，从马口出，从五百河入于西海。阿耨达池北有斯沱河（徙多河），从象口出，从五百河入于北海。^②

上文之东海指孟加拉湾；南海指阿拉伯海；西海即《水经注》之雷翥海，指里海；婆叉河（阿姆河）当时流入里海，后来流入咸海乃改道所致。关于斯沱河（徙多河），这里指出，它从阿耨达池北"象口"流出，趋北海。取"斯陀"河这个译名的，还有元魏婆罗门瞿昙般若流支所译《正法念处经》："如阎浮提四大河，所谓恒伽河、辛头河、婆叉河、斯陀河。"^③

释迦牟尼的弟子迦旃延子（Kātyāyanī-putra）所撰《阿毗昙毗婆沙论》在北凉时期（397—440）由天竺沙门跋摩（Buddhavarman）及道泰等人译为汉文。其中卷2《杂犍度世第一法之二》记徙多河曰：

> 譬如阎浮提有五大河，一名喧伽，二名夜摩那，三名萨罗由，四名阿夷罗跋提，五名摩醯，流趣大海。

又曰：

---

① 《大正藏》卷32，No.1670，《那先比丘经》A，卷下，第715页；《那先比丘经》B，卷下，同此。

② 《大正藏》卷1，No.1。

③ 同上书卷17，No.721，卷70，第414页。

复有四大河，从阿耨达池出，流趣大海。一名咺伽，二名辛头，三名博叉，四名私陀（徙多）。彼咺伽河从金象口出，绕阿耨达池一匝，流趣南海。彼辛头河从银牛口出，亦绕大池一匝，流趣南海。彼博叉河从琉瑠马口出，绕大池一匝，流趣西海。彼私陀（徙多）河从颇梨师子口出，绕大池一匝，流趣北海。

迦旃延子还说，咺伽河有四大河，以为眷属，它们是夜摩那、萨罗由、阿夷罗跋提和摩醯。辛头河的四眷属是：毗婆奢、伊罗跋提、奢多头和毗德多；博叉河的四眷属是：婆那、毗多罗尼、朋屠和究仲婆。彼私陀河（徙多河）亦有四大河，以为眷属：一名萨梨，二名毗摩，三名那提，四名毗寿波婆。①

迦旃延子在一开头说"阎浮提有五大河"，复又称咺伽河（恒河）"有四大河，以为眷属"。从他列举的名称看，咺伽河及其四条"眷属"河就是他开头提到的阎浮提"五大河"，这些大约都是印度本土河流。同样的原则似乎也可以用来观察私陀（徙多）河及其四条"眷属"河，但因资料缺乏，也未能检索到前人有关研究，目前尚无法判明其地理。与前述《佛说长阿含经》不同的是，迦旃延子把私陀（徙多）河源出的"象口"改为"颇梨师子口"，但流向不变，仍趋北海。

隋代天竺三藏阇那崛多（梵名 Jñāgupta，译曰德志）所译《起世经》，与天竺沙门达摩笈多（Dharmagupta，译曰法密）所译的同一部佛典《起世因本经》，都提到了徙多河从阿耨达池北狮子口出，趋北海。《起世经》卷1《阎浮州品第一》云：

阿耨达多池东有恒伽河，从象口出，与五百河俱流入东海。阿耨达多池南有辛头河，从牛口出，与五百河俱流入南海。阿耨达多池西有博叉河，从马口出，与五百河俱流入西海。阿耨达多池北有斯陀（徙多）河，从狮子口出，与五百河俱流入北海。②

---

① 同上书卷28，No. 1546，第14—15页。
② 同上书卷1，No. 24，第313页。

《起世因本经》卷1《阎浮提州品第一》的译文基本与此同，兹不赘引。[1] 这两部隋译佛经中的"斯陀"河译名，与前述《佛说长阿含经》和《正念处法经》一致，有明显的因承关系。唯其所出池口与《阿毗昙毗婆沙论》一样，改称为狮子口。流向不变，入北海。

前面已经提到，博叉河即阿姆河，当时注入里海（雷翥海），它是一条内陆河。博叉之原名为 Wakhš，乃汉代张骞所至之"妫水"（Oxus）名称之源，今阿姆河上游仍用此名，汉译为"喷赤河"。由此观之，向北流的徙多河，应是一条与博叉河（阿姆河）相当的河。从地理角度观之，它只能是锡尔河，其所趋之"北海"无疑是今天的咸海。

综上所述可见，所有提到徙多河向北流入"北海"的，都是印度人创作的佛教典籍。前面提到的藏经中有关徙多河的描述，也应取自印度某部佛经。塔里木河虽然也起源于广义的帕米尔高原，但其流向却是由西向东。按这些印度人创作的经典的描述，徙多河不可能与塔里木河发生什么关系。看来在印度人创造佛典的时代，尚不知有塔里木河。除汉译佛教经典外，徙多河也见于藏传佛教经典。藏文佛典提到时轮学说（Kālacakra），发展于北方苦婆罗（Cambhala）国。其国内有 Cītā（Sītā）河，即徙多河。[2] 劳费尔似乎考虑这条流经苦婆罗的徙多河与药杀水（Yaxarte，今锡尔河）有关，[3] 与笔者的判断一致。

顺便提一下，徙多河在汉译佛典中还有多种译名。譬如梁扶南三藏僧伽婆罗所译《孔雀王咒经》卷下有语："阿难，汝当取诸龙王名。其名如是：恒龙王、辛头龙王、薄丘龙王、死多（徙多）龙王。"[4] 同一部经典入唐后，尚有译本《佛母大孔雀明王经》，其卷下："阿难陀，

---

① 同上书卷1，No. 25，第368页。

② 见伯希和《苦婆罗》，第144页。

③ 劳费尔《吐蕃采用甲子纪年考》（Berthold Laufer, The Application of the Tibetan Sexagenary Cycle），《通报》1907年，第596页。

④ 《大正藏》卷19，No. 984，第454—455页。

汝当念诸大河王名字，其名曰：殑伽河王、信度河王、嚩刍河王、枲多
（徙多）河王。"[1] 又，义净译本《佛说大孔雀咒王经》卷中："复次阿
难陀，汝当受持诸龙王名字，获大利益，其名曰：弶伽龙王、信杜龙
王、缚刍龙王、私多（徙多）龙王。"[2]

三、唐代文献中的徙多河

有关徙多河的记载，在唐代文献中较前代发生了很大变化。但唐代
提及这条河的文献并不多，有关徙多河记载变化的踪迹也清晰可见。这
一变化是从《大唐西域记》开始的。该书重新描绘了发源于阿耨达池
的四条大河的流向。这里先录其文，再试作进一步分析，括号内是原文
注释：

> 赡部洲之中地者，阿那婆答多池也（唐言无热恼。旧曰阿耨达
> 池，讹也）。在香山之南，大雪山之北，周八百里矣。……是以池
> 东面银牛口，流出殑（巨胜反）伽河（旧曰恒河，又曰恒伽，讹
> 也），绕池一匝，入东南海；池南面金象口，流出信度河（旧曰辛
> 头河，讹也），绕池一匝，入西南海；池西面琉璃马口，流出缚刍
> 河（旧曰博叉河，讹也），绕池一匝，入西北海；池北面颇胝师子
> 口，流出徙多河（旧曰私陀河，讹也），绕池一匝，入东北海。或
> 曰：潜流地下出积石山，即徙多河之流，为中国之河源云。[3]

以往的研究者多只注意到玄奘把前述唐以前所译佛经中提到的，导
源于阿耨达池的四条大河的名称的译音作了校正，而未注意到辨机同时
也更改了上述四条河的流向。尽管这四条河所导源的池口方位没有变
化，但每条河所注海的位置，都沿顺时针方向旋转了 45 度。这样殑伽

①《大正藏》卷 19，No. 982，第 436 页。
②《大正藏》卷 19，No. 985，第 470 页。
③ 季羡林等《大唐西域记校注》，第 39 页。

河（恒河）所趋之东海（孟加拉湾）变成了东南海；信度河（印度河）所入之南海（阿拉伯海）变成了西南海；缚刍河（阿姆河）所注入之西海（里海）变成了西北海；而徙多河所流向之北海（咸海）变成了东北海。与这些变化相应的是，玄奘第一个把徙多河与今叶尔羌（及塔里木河）联系起来，并进一步把徙多河与黄河这两条原来毫无干系、流向一北一东、地理位置相距千万里的河流，视为同一条河的上游和下游。

如果没有后面将徙多河与塔里木河，进而与黄河挂钩这一条，我们似乎还可以把上述四条河的流向按顺时针方向扭转 45 度的文字描述，视为地理观察立足点的变化，也即坐标中心从印度本土移至帕米尔高原所致。因为恒河所注入之孟加拉湾，对印度来说是东海，但对帕米尔高原来说，称东南海的确更为恰当。但是玄奘把徙多河与塔里木河，进而与黄河勘同为一的做法，使人有理由相信，他将那四条大河所注海的方位顺时针扭转 45 度，绝不是因为观察中心变化的缘故，而是有意要把原本指药杀水（今锡尔河）的名称"徙多"，移用于今塔里木河。沙畹、伯希和以及吾师韩儒林、季羡林等，未察不同文献中"徙多河"流向的不同，不加怀疑地接受了玄奘改动以后的说法。[1]

究其原因，显然是玄奘头脑中有两种不同的世界观：他是中原人，在今河南偃师一带长大，深受黄河起源于昆仑之说的影响，他又是佛教徒，曾赴西天求法，相信印度人导源于阿耨达池的四条大河各奔一海的学说。所以他对中、印两种不同的大河地理学说互相糅合。

今学者研究玄奘的徙多河流向时，所据史料有《大唐西域记》描述波谜罗川（今帕米尔）的一段记载：

> 波谜罗川中有大龙池，东西三百余里，南北五十余里，据大葱岭内，当赡部洲中，其地最高也（可能就是所谓阿耨达池）。……

---

[1] 《西突厥史料》；伯希和《苫婆罗》，第 144—159 页；韩儒林《中国西北民族纪年杂谈》，载《元史及北方民族史研究集刊》第 6 辑，1982 年。

池东派一大流，东北至佉沙国西界，与徙多河合而东流。故此以
左，水皆东流。①

这里徙多河明显是指今塔里木河西源叶尔羌河。同书在记述朅盘陀国
时，提道："朅盘陀国，周二千余里。国大都城基大石岭，背徙多河，
周二十余里。"②《新唐书》卷 221（上）《喝盘陀传》所记：喝盘陀
"治葱岭中，都负徒多河"，无疑本于此。"徒多河"显系"徙多河"
之误。

朅盘陀在波斯佚名作者著作《世界境域志》中称 Burj-i Sangin：
"是中国的一个大村子，繁盛而极美好。"③ Burj-i Sangīn，波斯语，义
为"石塔"，即今新疆塔什库尔干（Taš Qurgan）。Taš，突厥语，曰
"石"；Qurgan，此言"塔""土堆"。④《新唐书·喝盘陀传》记："开
元（713—741）中破平其国，置葱岭守捉，安西极边也。"同书卷 43
下云："葱岭守捉，故羯盘陀国。"《世界境域志》称"石塔"为中国属
地，反映的大约就是这一时期的情况。"石塔"是一个古老而远近知名
的地方，因为它是葱岭以西诸国前往中国的要道，亦曾见于泰西学者有
关中亚的记载。2 世纪中叶（东汉时），托勒密（Ptolèmeè）在其《地
理志》中曾数次引述资料，提到从巴克特里亚前往赛里斯国（斯国，
即中国），须经过"石塔"。4 世纪阿米安·马尔塞林（Ammien Marcel-
lin，330—?）也提到这个村子。⑤ 白鸟库吉考虑，这个石塔，可能指塔

---

① 《大唐西域记校注》，第 981—982 页。

② 《大唐西域记校注》，第 983 页。

③ 米诺尔斯基英译 Hudūd al-'Ālam，The Region of the World，tr. by Minorsky，
1970 年版，第 85 页。

④ 《大唐西域记校注》，第 984 页注 1。

⑤ ［法］戈岱司（Goerge Coedès）编译《公元前 4 世纪至公元 14 世纪希腊、
拉丁作家有关远东记载摘录》（Texts d'auteurs Grecs et Latins relatifs à l'extreme-orient
depuis le IVe siecles av-J-C. Jusqu' au XIVe siecle），耿昇汉译本《希腊拉丁作家远东
古文献辑录》，中华书局，1987 年，第 20—22、24、70 页。

什库尔干。①

对于徙多河（叶尔羌河）出葱岭后东流，下游成为黄河这一点，《大慈恩寺三藏法师传》（以下简称《慈恩寺传》）所记同于《大唐西域记》：出波谜罗川（帕米尔）大龙池之水，与徙多河汇合后，"东流赴海，以左诸水，亦并同会"。所谓"以左诸水"，应指今塔里木河的其他上源和支流。此后徙多河"东入盐泽，潜流地下，出积石山，为此国河源也"。②玄奘在归途中几次渡过叶尔羌河，上述两书分别提道："乌铩国周千余里。国大都城周十余里，南临徙多河。"③从佉沙国"东南行五百余里，济徙多河，踰大沙岭，至斫句迦国"。④斫句迦，一般认为即今新疆叶城。

玄奘之后，中国佛教僧侣中许多人摈弃了徙多河北流的旧说，采纳了玄奘徙多河勘是今叶尔羌河（包括其下游塔里木河），并为黄河上源的新说。慧琳在《一切经音义》卷1注解"阿耨达"这个名称时写道：

> 梵音阿那婆达多，唐云无热恼池。此池在五印度北，大雪山北，香山南。二山中间有此龙池。谨案：《起世因本经》及《立世阿毗昙论》皆云，大雪山北有此大池，纵广五十逾缮那，计面方一千五百里。于池四面出四大河，皆共旋流，绕池一匝流入四海。东面出者名私多（徙多）河，古译名斯陀河；南面流者名兢伽河，古名恒河；西面出者名信度河，古名辛头河；北面出者名缚刍河，古名博叉河。此国黄河，即东面私多河（徙多河）之末也。⑤

---

① 《托勒密所述葱岭商路考》（Kurakichi Shiratori, On the Ts'ung-ling Traffic Route Described by C. Ptolemaeus），载《东洋文化研究所纪要》（*Memoirs of the Research Department of the Toyo Bunko*），No. 16，1957。兹据岑仲勉《托烈美所述"丝路"考略》，《汉唐西域传地里校释》，附录一。

② 《大慈恩寺三藏法师传》，中华书局标点本，第117—118页。

③ 《大唐西域记校注》，第990页。

④ 《大唐西域记校注》，第997页；并见《慈恩寺传》，第120页。

⑤ 《大正藏》卷54，No. 2128，第313页。

这里应着重指出，慧琳虽然提到了《起世因本经》等佛典，但他并未严格引述其中有关从阿耨达池分出的四条大河的叙述文字，而在采取玄奘改动后的记载的基础上，又进一步再将四大河的导源出口也沿顺时针方向旋转 45 度，从而把"私多河"（徙多河）称为"东面出者"，以便接上下面"此国黄河，即东面私多河之末也"一句。

道宣的《释迦方志》所记与此略有区别，曰：

> 故佛经云："此无热池（阿耨达池）东有银牛口，出殑伽河，即古所谓恒河也，右绕池匝，流入东南海。南有金象口，出信度河，即古辛头河也，右绕池匝，流入西南海。西有瑠璃马口，出缚刍河，即古博叉河也，如上绕池，入西南海。北有颇胝师子口，出徙多河，即古私陀河也，如上绕池，入东北海。"①

道宣虽然自称依据佛经，但他未说明据何经典。从上述引文看，他只是节略了《大唐西域记》的有关文字而已。《玄应音义》的记载比较奇怪，其中卷 24 云："徙多河，或言私多，或悉陀，亦言私陀，皆梵音差也。此云冷河。从无热恼池（阿耨达池）西面瑠璃口而出，流入西海，是此大国之河源。"玄应居然没有想一想，流入西海的徙多河怎么可能同时又是向东流的黄河之源呢？

对比前引唐以前记载徙多河的文献，笔者发现，把徙多河与塔里木河和黄河联系起来的，不但全部是入唐以后的文献，而且全部是汉僧所撰。玄奘在西行求法途中，曾在赭时（Šaš，石城，今塔什干）以西渡过叶河（今锡尔河）。②《慈恩寺传》把这条河称作"叶叶河"，即药杀河（今锡尔河），但玄奘没有言及它与徙多河的关系。

在这里笔者要指出，徙多河并不像冯承钧所说的那样，是今叶尔羌河和塔里木河的梵名。③正因为徙多河这个名称是玄奘误用来称呼叶尔

---

① 《释迦方志》，范祥雍点校本，第 10 页。
② 《大唐西域记校注》，第 85 页。
③ 《西突厥史料》第 116 页注 2，并见《西域地名》第 87 页。

羌河和塔里木河的，当地居民并不使用它，所以除了上面提到的以外，唐以前和唐以后的文献没有一个把塔里木河称为徙多河的。

四、古代中原与西域间的玉石之路

玄奘把徙多河与黄河挂钩的做法，不禁使我们想起古人也曾经认为黄河起源于昆仑。黄河是古老中原文明的母亲河，古人曾竭力想知道其源头何在。古籍曾笼统地提到，黄河源于昆仑，并把原本是内陆河的塔里木河误以为黄河上源。这种谬说本不值一驳，但是追寻这种谬说的形成历史，剖析其产生的条件，淘洗出其中包含的相对真理，却使我们看到，认识塔里木河这条养育了西域古老文明的河流，是经历了一个极长的历史过程的。

《山海经》卷2《西山经》曰："……西南四百里曰昆仑之丘……河水出焉。"[1] 又曰："海内昆仑之墟在西北……河出东北隅，以行其北，西南又入渤海。"[2] 又《尔雅》释水："河出于昆仑虚，色白。"[3] 汉武帝初年成书的《淮南子》云："河水出昆仑东北陬"[4]，"河水九折注海而不流不绝者，有昆仑之输也。"[5]

张骞凿空以前，中原与西域已有往来。先秦中国对西域的认识，在很大程度上与采玉有关。成周之会，莎车、月氏等以橐驼、白玉等物为献。[6] 夏伦教授（Gustav Haloun）早已注意到史籍所记公元前4世纪月

---

① 《山海经》，《四部丛刊》上海商务印书馆缩印明成化本，第14—15页。

② 同上书卷11《海内西经》，第57页。

③ 《尔雅》卷中《释水第十二·河曲》，于玉安、孙豫仁主编《字典汇编》第23册，国际文化出版公司，1993年，第28页。

④ （汉）刘文典撰，冯逸、乔华点校《淮南鸿烈集解》卷4，中华书局，1989年，第134页。

⑤ 同上书，第216页。

⑥ 《逸周书》卷7《王会解》注40。

氏向中原贡玉事。^①《穆天子传》记周穆王西行云："自河首襄山以西南，至于春山、珠泽、昆仑之丘，七百里。"穆天子至昆仑之丘的"珠泽之数"时，当地人"乃献白玉石"。^②同书卷2、卷4又曰，昆仑之西有"群玉之山"。《山海经》称，昆仑之西"曰玉山，是西王母所居也"。^③又云："西胡白玉山，在大夏东。"^④

中国社会科学院考古研究所安阳工作队于1976年对殷墟5号墓进行发掘，墓主是殷王武丁的三个法定配偶之一妇好。这个遗址共出土玉器755件，另有一些穿孔玉髓子圆片及玉器残片未计入内。这批玉器中的约三百件先后经由北京市玉器厂、安阳市玉雕厂和中国科学院地质研究所专家鉴定，初步结果是，其中有青玉、白玉（内有极少量籽玉）、青白玉、墨玉、糖玉等。其中大部分属青玉，白玉，青白玉很少，黄玉、墨玉、糖玉更少。这几种玉料基本上都是新疆玉。上述玉料按现代科学分类均属软玉。软玉是透闪石和阳起石的隐晶质，致密块状集合体，有光泽，略透明。^⑤和田玉既可开矿挖掘，也可以在河谷内采集。开矿所得的，文献上称山料，在河谷内采集的称为籽玉。这次鉴定的青玉中，有一些带玉皮和"石根子"，玉心部分精料并不太多。推测当时除采集籽玉外，也可能采掘接近地面的玉矿。^⑥

① 《论月氏问题》（Zur Üe-tsi-Frage），载《德国东方学会丛刊》（*Zeitschrift der Deutschen Morgenländischen Gesellschaft*），Vol. 91（n. F. 16），No. 2/3（1937），pp. 243—318，Harrassowitz Verlag。

② 《穆天子传》卷2，《四部丛刊》上海商务印书馆缩印明天一阁本，第5—6页。

③ 《山海经》，《四部丛刊》本，第15页。

④ 同上书，卷13《海内东经》。

⑤ 钟广言注释（明）宋应星《天工开物》，广东人民出版社，1978年，第451页。

⑥ 《殷墟妇好墓》，《中国田野考古报告集》，文物出版社，1982年，第114—115页；郑振香、陈志远《近年来殷墟新出土的玉器》，载《殷墟玉器》，文物出版社，1982年，第11页。

1949 年前李济曾鉴定殷墟出土有刃石器 444 件，其中有玉 7 件，他认为它们不像于阗玉，也不像西南玉，都是南阳玉。[①] 韩斯福（S. Howard Hansford）也曾考虑"台北中央研究院"博物馆内殷墟出土的玉象的质材是南阳独山玉。[②] 但夏鼐已指出，李济的论文既"没有说明南阳玉在矿物学上是什么矿物，同时似乎也未经科学鉴定"。[③] 夏湘蓉、李仲均、王根元等 3 位学者提到，殷墟妇好墓中有 40 余件玉器，"其中多数与现在辽宁岫岩玉接近，少数与河南南阳玉接近，极个别与新疆和阗（田）玉相似"。[④] 即便如此，他们也没有否认妇好墓中有和田玉。岫岩玉与和田玉属于不同的矿物。组成岫岩玉的主要是蛇纹石。按上述 300 余件妇好墓玉器的鉴定结果，与这些过去的鉴定恰恰相反，只有 3 件嘴形器质地近似岫岩玉，另有一件玉戈，有人认为像南阳独山玉。[⑤]

中原人喜用和田玉的传统，至汉代也没有改变。中国科学院地质研究所张培善在研究满城金缕玉衣时，对玉衣的玉质进行了化学分析，断定不是岫玉而是软玉。当他把化学分析结果同已知产地的软玉比较时，又发现很像和田玉。由此推测出玉材可能来自新疆和田。[⑥] 由此我们可知，古代中原与西域之间的这种玉石贸易，必定是十分频繁的。

先秦时代的生产力水平，尚不足以支持人们对黄河源作科学考察。岑仲勉在《黄河变迁史》中探索了"黄河重源说"产生的原因。笔者打算补充的是：古代携玉来中原贸易的西域人和中原赴昆仑的采玉人，一

[①] 《殷墟有刃石器图书》，《历史语言研究所集刊》第 23 本（1952 年），第 526 页。

[②] 《什么是南阳玉》，《大亚洲》（What is Nan-yang Yü, in Asia Major），卷 11，第 2 部分，第 164—165 页。

[③] 《有关安阳殷墟的几个问题》，载《殷墟玉器》。

[④] 《中国矿业开发史》，地质出版社，第 248 页。

[⑤] 上引《殷墟妇好墓》，并见上引《近年来殷墟新出土的玉器》，载《殷墟玉器》。

[⑥] 张培善《河北满城汉墓玉衣等矿物研究》，《考古》1981 年第 1 期，第 80、83 页。

定对自西向东流淌的内地的黄河和西域的塔里木河产生过某种联想。古代西域最著名的玉石产地是于阗，从汉代把阳关一带称为玉门这一点推测，当时的玉石之路取道于河西走廊。英国学者贝利已注意到"玉门"这个地名，与古代于阗与中原的玉石贸易线的关系。[①] 取道河西走廊，在当时的运输条件下，是中原和于阗之间往来的最便捷的路线，而又恰恰偏离黄河源。我们推测，古代人类简单直观的思维方式，使他们把眼前的自西向东奔流的域外大河，与自己故乡的那一条朝同样方向流去的大河联系起来，自然地产生塔里木河和黄河是同一条河的概念。此乃前引《水经》"河水昆仑虚，在西北……出取东北陬，屈从其东南流，入渤海"之所本。

笔者认为，昆仑之玉主要指于阗玉。估计当时往来于途的采玉携玉人，多沿塔里木河的南源于阗河谷行走或泛舟。故而古籍中一再说黄河导源于昆仑之丘，即《汉书·西域传》提到的"多玉石"的于阗南山。塔里木河有两条主源，其一是前述之于阗河，其二是今叶尔羌河。从玉石贸易的角度看，古人的河源乃指于阗河。叶尔羌地方出玉一事，估计汉代以后才广为中原所知。

五、塔里木河潜流重源为黄河说的产生

中原与西域之间关系发生根本变化，是在张骞出使西域之后。中原人明确地把塔里木河指认为黄河上源，也是在张骞归来后。张骞出使途中，曾为匈奴所执，留匈奴西。后亡出，赴大宛（今塔吉克斯坦、乌兹别克斯坦、吉尔吉斯斯坦三国交界处的费尔干那盆地）。我们从他未路过乌孙判断，他大约是沿天山南麓而行。归途中，他曾试图取道南山（昆仑山北麓），从羌中道，也即从于阗入青海返回。大约今甘南至青

---

① 《古代操伊朗语之于阗的塞种文化》(Harold W. Bailey, *The Culture of the Sakas in Ancient Iranian Khotan*, Columbia University)，1981年，第1页。

海一带当时也为匈奴所控制，所以他再度为匈奴所得。

在这些复杂的经历中，他必定听说了想象中的黄河上游——塔里木河的情况，甚至可能亲历其地，故他回到汉地后向武帝报告：

> 于阗之西，则水皆西流，注西海。其东水东流，注盐泽。盐泽潜行地下。其南则河源出焉，多玉石。河注中国。[①]

这段记载的重要意义在于，它说明张骞在西域时曾认真地思考，并曾同当地人一起讨论过塔里木河的走向与黄河源的关系问题。很清楚，他意识到于阗河的下游并不与黄河直接相通，而是注入盐泽（罗布泊）。换句话说，他实际上发现了塔里木河是一条内陆河。显然是因为受传统的黄河源于昆仑之丘的概念的影响，同时也受到流沙中河道当为沙丘阻塞时，往往渗入沙碛，有时在下游某处重新汇聚成川的现象的启发，张骞和与他一起讨论调查的人得出结论：塔里木河注入罗布泊，罗布泊渗入地下，复出后成为黄河。

《史记》中华书局校勘本对罗布泊水潜行地下这一段文字标点如下："盐泽潜行地下，其南则河源出焉，多玉石，河注中国。"[②] 笔者的标点如前文所示。两者差别的关键在于对"其南则河源出焉"一句的理解。按中华书局标点，"其南"指盐泽之南；而笔者的理解"其南"指于阗河。"河源出焉"，指塔里木河——也就是所谓的黄河上游——源于于阗南山，而非指在积石山重出的河源。"多玉石"的地方也是指于阗，而非指所谓"塔里木潜流后重源复出"的积石山。恰在此句之下，《史记》索隐引述了四种文献及注家的解释，其中三种复述了于阗河为黄河上源之说，足以说明笔者的标点符合司马迁的文义，也同于《史记》索隐的理解。从《史记》的记载看，在塔里木河的诸上源中，张骞所知道的，只是南源于阗河。这就是说，他把于阗河看作塔里木河

---

① 《史记》卷123《大宛传》，中华书局点校本，第3160页。本句标点笔者有改动。

② 同上书，第3160页。

的主河道。

张骞以开外国道而得尊贵后，其吏士争上书言外国奇怪利害，求出使。汉武帝认为西域绝远，非人所乐，听而遣之。他下诏广募民间人士，具备前往。即出使失败，亦命复使，以立功自赎。一时"使者相望于道"，"一岁中多至十余辈"。①西域都护府的设置，李广利对大宛的征伐，大批汉将吏士进入西域屯田驻守，以及西域诸国王子贵族入质观光，使者入贡等，使汉廷对西域的人文地理了解加深。《汉书·西域传》已能描述今南疆地区的地理概貌：西域"南北有大山，中央有河"。北山指天山，南山即今昆仑山。位于中央的河，就是塔里木河。又云："其河有两源：一出葱岭山，一出于阗。于阗在南山下，其河北流，与葱岭河合，东注蒲昌海。蒲昌海，一名盐泽者也，去玉门、阳关三百余里，广袤三百里，其水亭居，冬夏不增减，皆以为潜行地下，南出积石，为中国河云。"②

大约在这时，中原人已经发现，所谓黄河上游的塔里木河，除了已知的南源于阗河以外，尚有另一源葱岭河，即今之叶尔羌河，出于葱岭。玄奘后来认为徙多河的就是它。所以，笔者认为，只是到了西汉，由于中原与西域之间交往的日益频繁，南山→于阗河与葱岭→葱岭河汇流→盐泽→潜流→复出积石山→黄河的连线，才被明确地勾画出来。如果要寻找玄奘改变徙多河流向的旧说，把徙多河与黄河挂钩这一做法的根的话，根就在这里。

问题很清楚，玄奘头脑中有两种截然不同的世界观：他是中原人，在黄河南岸不远的洛水边的偃师长大，一定深受黄河起源于昆仑之说和盐泽水潜行地下，至积石复出重源之说的影响；他又是佛教徒，曾赴西天求法，到过葱岭，相信印度人导源于阿耨达池的四条大河各趋一海的学说。所以笔者的结论是：玄奘把中印两种不同的学说糅合起来，这是

① 同上书，第3171页。
② 《汉书》卷96，中华书局点校本，第2273页。

中原玉石之路文化与印度的阿耨达池为赡部洲中心说在他思想里挂钩的结果。认识到这一点，前述文献资料中的种种矛盾之处，也就一一化解了。

六、托勒密《地理志》中的塔里木河

在3世纪以前，与中亚发生密切关系，并产生巨大影响的，除了中、印两国以外，就数希腊了。为了解对人类进步起了重要作用的这三个文明古国对西域水系的认识程度，特附本节于此，作为对徙多河考证的补充。

古希腊人的地图学同他们的其他自然科学一样，得到了高度的发展。与中国的制图学传统不同，希腊制图学以球面为基础。希腊人把中国称为赛里斯（Seres），义为丝国。大约在公元70—80年（东汉时），马其顿商人马埃斯·梯提安努斯（Maês Titianos）曾派遣手下人沿陆路赴赛里斯国贸易。约1世纪末，地理学家马利努斯（Marinus de Tyr）利用当时人写的游记，写出了一部地理著作，其中也提到了赛里斯国。但这部著作今已不存。2世纪托勒密（120—170）把希腊古典制图学推到高峰。他利用了马埃斯手下人前往中国的见闻录，并摘取和修正了马利努斯的记载。他对葱岭地区的自然概貌描述道：

> 位于这区域（指帕米尔山结），有奥扎基亚（Auzakia，应指天山）山脉的西段，其边缘的经纬度分别为149度和49度；卡西亚（Kasia，应指昆仑山）山脉的西段，其边缘经纬度分别位于152度和41度；埃模达（Êmôdâ，应指喜马拉雅山）山脉的西段，其边缘地带的经纬度分别为153度和36度。奥伊哈尔德斯江（Oikhardes，应指塔里木河）发源于奥扎基亚山（即上述天山），其地经纬

度分别为 153 度和 51 度。①

弄清了托勒密这段描述会聚于帕米尔的群山的文字，我们几乎就能不加犹豫地利用他关于塔里木河所提供的资料了。托勒密对赛里斯国的记载中，最引起我们兴趣的，莫过于他对赛里斯国（今塔里木盆地，东汉之西域）及其南部的河流的叙述，他说：

> 赛里斯国的绝大部分地区由两条河流所流经：奥伊哈尔德斯河（Oikhardes，应指塔里木河），上文已经提到，有一源头在奥扎基亚山区（天山）附近；而在阿斯米拉亚山（Asmiraia，应指昆仑山脉的一部分）为另一源头，位于 174 度、47 度 30 分的地方；在卡西亚山（昆仑山）附近有一弯曲处，位于 160 度和 49 度 30 分的地方；在这同一山脉中又有第 3 个发源处，位于 161 度和 44 度 15 分的地方。一条叫作博提索斯（Bautisos）的大江，在卡西亚山（昆仑山）附近有一发源处，位于 176 度和 39 度的地方；在埃模达山（喜马拉雅山）附近，位于 168 度和 39 度的地方，有一弯曲处；在这一山脉中还有一发源处，位于 160 度和 39 度的地方。②

上述两条河中的博提索斯河（Bautisos），李希特霍芬认为指今雅鲁藏布江和黄河。斯文·赫定则认为，当时希腊人不可能了解西藏，他假设托勒密这里重复了第一条河奥伊哈尔德斯（Oikhardes）河，也即塔里木河。③ 白鸟库吉同意此说。岑仲勉进一步论证，以为博提索斯（Bautisos）乃蒲昌海之音译，④ 未免相去太远。这条河与本节主题关系不大，兹略而不论。

上述两条大河中的第一条——奥伊哈尔德斯河（Oikhardes）的勘

---

① 《希腊拉丁作家远东古文献辑录》，第 31 页。
② 同上书，第 32—33 页。
③ 《南部西藏》（Sven Hedin, Southern Tibet）卷 1，第 34—41 页。
④ 前引《托烈美所述"丝路"考略》。

同，曾有各种意见。有考证为今新疆喀拉沙尔河，有认为是蒙古色楞格河。东方学家的意见比较一致，玉尔认为是塔里木河，李希特霍芬认为指源于天山的喀什噶尔河和源于昆仑山的于阗河。[①] 戈岱斯则进一步表示，奥伊哈尔德斯河的三条支流，分别相当于塔里木河的三条上源喀什噶尔河、叶尔羌河和于阗河。[②] 笔者认为戈岱斯的意见近于实际，即源于奥扎基亚山的，是喀什噶尔河或阿克苏河（153 度，51 度）；源于阿斯米拉亚山的是于阗河（174 度，47 度 30 分），而源于卡西亚山脉的第三条支流是叶尔羌河（161 度，44 度 15 分）。但托勒密未言及三河汇流后下游的流向和所经地。

托勒密时代绘制的地图今已无存。据文艺复兴时代人们的推测，托勒密的原图与威尼斯人罗斯散利在 1561 年复原的托勒密地图相去不远。[③] 值得注意的是，土耳其伊斯坦布尔（Istanbul）阿亚索菲娅（Aya Sofya）博物馆藏有一份盖有巴也只得（Bayezid）二世（回历 886—918，等于 1481—1512）印玺的阿拉伯文托勒密地图，收藏号 No. 2160。[④] 它与罗斯散利复原图基本相同，只是方向相反，上南下北。在亚洲的东北部，两图都明确标出了奥伊哈尔德斯河的三条上源及其汇流处。但同托勒密的文字说明一样，未绘出三源汇合后的下游河段。希腊人对塔里木河的了解，大致就是这些。

斯文·赫定虽然仔细地研究了复原的托勒密地图，但却没有认真查对托勒密《地理志》的原文，竟忽略了奥伊哈尔德斯河在阿斯米拉亚山中 174° 和 47°30′ 处起源的第二条支流（应指于阗河），居然认为只有第一、第三条支流才是塔里木河的上源，而把第二条支流误当作塔里木河的下游河段。[⑤] 岑仲勉不加鉴别地接受了斯文·赫定的误说，再作发

---

① 前引《南部西藏》（Sven Hedin, Southern Tibet）卷 1，第 34—41 页。

② 前引《希腊拉丁作家远东古文献辑录·导言》，第 22 页。

③ 李约瑟《中国科学技术史》卷 5，地学，第 1 分册，汉译本第 73 页。

④ 《中国伊斯兰百科全书》新版，卷 4，第 1080—1081 页。

⑤ 前引《南部西藏》，第 38 页。

挥，把托勒密所记赛里斯国的第二条大河博提索斯河，说成是蒲昌和渤海的对音①，实不足取。

（原文载《禅学研究》第 1 辑，江苏古籍出版社，1992 年，第176—189 页。收入本书时略有修改）

---

① 前引《托烈美所述"丝路"考略》，《汉书西域传地里校释》附录一，第561 页；并见《黄河变迁史》，第 41 页。

唐宋之际龟兹地区的文化转型问题

龟兹在西域成为一个特别值得注意的地区，有其重要原因。

首先，20世纪上半叶，学者们对龟兹及其附近地区发现的古文献的深入研究，表明在上古时代的某个时刻，一支操印欧语的部落迁入龟兹及其左近，在这里定居下来。他们的语言属于原始印欧语（the Proto Indo-European Language）的Centum语族，学者们将其定名为吐火罗语（Tokharian）。由于在语言学分类上"吐火罗语"与其近邻——印欧语的主要东方分支印度-伊朗语（Indo-Iranian）的距离较远，反而与分布于欧洲的拉丁-凯尔特语（Latino-Celtic）与日耳曼语（German）有较近的关系，故它在印欧语分类学的研究中占有举世公认的重要地位。这使得库车成为古代印欧语在东方分布最远点的标志地名之一。

此外，龟兹是西域与内地文化交流最密切的地区之一。它是佛教东传过程中的一个重要中继站。龟兹人鸠摩罗什在佛经翻译与中国佛教传播史上占有重要地位。多元文化环境下成长起来的古代龟兹独具特色的乐舞，深受内地人的喜爱。

西汉时龟兹为西域36国中之大国，曾与匈奴建立了密切的关系。唐代除咸亨元年（670）到长寿元年（692）的20余年外，这里自7世纪中叶至8世纪末，一直是安西都护府的治所。贞元初年（785）始，其地渐入吐蕃，此后为回鹘所居。入宋以后，我们看到龟兹的文化面貌发生了根本性的变化，其主要表现为当地居民不再使用吐火罗语而改操突厥语，放弃佛教改宗伊斯兰教，即语言上的突厥化与宗教上的伊斯兰化。本文拟先讨论龟兹地区的突厥化进程，继而研究高慧超所见之龟兹汉僧佛寺，然后再考察这一地区的伊斯兰化的早期过程。

一、吐火罗语的消失问题——突厥语化浪潮

北朝时代，中原人对塔里木河的上源有了相当科学的了解。《周书》描述塔里木河之南源和田河时称于阗：

> 城东二十里，有大水北流，号树枝水，即黄河也。城西十五里，亦有大水，名达利水，与树枝俱北流，会同于计戍。[1]

《通典》有大致相似的记载：

> 首拔河，亦名树拔河，或云黄河也。北流七百里入计戍水，一名计首水，即葱岭南河，同入盐泽。[2]

比照今和田河上源，可知所谓于阗城东之"树枝水"或"首拔河"，即今之玉龙喀什河（Ürüng Qaš）。[3] 唯其名称"树枝水"（或首拔河），来源不详。城西之达利水，显系今之喀拉喀什河（Qara Qaš）。[4] "达利"之音虽近于波斯语 daryā（意为"河"或"海"），但5—6世纪时，于阗地区非波斯语影响区，故"达利"不可能是 daryā 的音译。查和田塞语（Khotan Saka）中"石"为 dura，[5] 它是否为"达

---

[1] 《周书》卷50，中华书局点校本，1983年版，第917页。古人曾有黄河潜流重源说，将塔里木河误认为黄河上源。

[2] （唐）杜佑《通典》卷192，台湾：新兴书局刊本，1955年版，第1033页。

[3] 玉龙（Ürüng），突厥语，意为"白"；喀什（Qaš），突厥语，意为"玉"。"玉龙喀什"，即"白玉河"。

[4] 喀拉（Qara），突厥语，意为"黑"。"喀拉喀什"，即"墨玉河"。

[5] 阿勒慕特·德格纳编，贝利《和田塞语词典》，"英—塞索引"（H. W. Balley, *Dictionary of Khotan Saka*, English-Saka Index, compiled by Almuth Degener），第53页。

利"之原字，有待于研究。

"计戍"之原字，或为和田塞语 garsva "石"，[①] 或为突厥语 qaš "玉"的音译。若为后者，则说明早在 5—6 世纪时突厥语的影响已经扩及此。据上引《周书》的记载，计戍似为白玉河与墨玉河汇流处的地名，或汇流后的和田河河名，恰同于阗自古出美玉的事实相应。而据上引《通典》的记载，白玉河和墨玉河从于阗向北流 350 千米后，方汇入"计戍水"，则此"计戍水"相当于塔里木河今阿克苏以下河段。如"计戍"的名称源自突厥语 qaš 之说能够成立的话，那么北朝时此地名所用之地理范围已与龟兹不远。

我们还注意到，至少自汉代起，天山东段在汉文史料中常被称为"白山"。《后汉书》记：汉军"破白山虏于蒲类海上，遂入车师"。[②] 同书《耿秉传》亦记，此年冬汉军 1.4 万"复出白山击车师"。[③]《太平御览》卷 50《地部》所引《西河旧事》的文字，曾解释了"白山"这个名称的来源："天山高，冬夏长雪，故曰白山……匈奴谓之天山。过之，皆下马拜。"[④] 可见"白山"得名于天山之巅的常年积雪。"白山"之称沿用了相当长的时间。《隋书·铁勒传》中对"白山"有如下记载："伊吾以西，焉耆之北，傍白山。"[⑤]

龟兹附近的"白山"又称"阿羯山"。据《通典》记载："龟兹，一曰丘兹，又曰屈茨。汉时通焉。王理延城，今名伊逻卢城。都白山之南二百里。"隋《西域图记》云："白山，一名阿羯山。"[⑥] 学者们已经

---

① H. W. Balley, *Dictionary of Khotan Saka*, English-Saka Index, compiled by Almuth Degener, 第 53 页。

② 《后汉书·明帝纪》，中华书局点校本，永平十七年（74）冬十一月条，1982 年版，第 122 页。

③ 《后汉书·耿秉传》，中华书局点校本，第 717 页。

④ 影印宋本《太平御览》卷 50 "天山"条，中华书局 1960 年版，第 244 页。

⑤ 《隋书·铁勒传》，中华书局点校本，1983 年版，第 1879 页。

⑥ 《通典》卷 191 "龟兹"条，中华书局影印本，第 5207 页。

注意到，"阿羯山"或"阿羯田山"的名称，很可能是突厥语 Aq-Tagh "白色的山"的音译，[①] 而"白山"这个称呼似为此突厥语名称 Aq-Tagh 的意译。如此说成立，则龟兹以北天山山区很早就有操突厥语的部落在活动。

除了汉文史料之外，伊斯兰地理学对西域的河流也有相当细致的描述，较早且最重要者是 10 世纪成书的波斯无名氏地理著作《世界境域志》（*Ḥudūd al-ʿĀlam*）[②]。书中第 6 章《讲述河流》（Discourse on the Rivers）第 3 节之内容如下：

> 另一条河称为洼札黑（ * WAJĀKH/حاﻕ * βajākh），起源于已经提及的位于那个沙漠最尽头处（ākhir-i Ḥadd）的蛮尼撒（Mānisā）大山。它从塔札黑（Thajākh）［原文如此］、巴里合（Barīḥa）及苦思坎（Kūskān）等城镇（区域?）边缘而过，穿起和田州（the province of Khotan），而当流经沙州（ * Sha-chou）之地时（*chūn az nāḤiyat-i Sājū gudharadh*）形成一片湖沼。由此它流向龟兹之极边（down to the limits of Kuchā），然后经过（*andar miyān*）苦儿昔（Kūr. sh?）州和弗剌只可里（F. rāj. klī）州，再注入东洋大海（the Eastern Ocean）。在此河之西岸为阿喀（ʾakka，喜鹊?）鸟之巢穴（houses/nests），当春天来临时，该河的两岸满是这种小阿喀鸟。此河宽为半程（farsang），而这一宽度是无论如何也越不过去的（*va hargiz pahnā-yi īn āb naburrand?*）。当此河流至龟兹（Kuchchā）［原文如此］之边时，始称龟兹河，正如诸书中所述。从同一附近处（*ham az ān nazdīkī*），而更临近阿姆河北之地（nearer to Transoxiana），汇来三条河，其中之一为思麦恩得-浑

① ［日］松田寿男著，陈俊谋译《古代天山历史地理学研究》，中央民族学院出版社，1987 年版，第 55—56 页。

② 有关此文献，见王治来《十世纪波斯文古地理书——〈世界境域志〉》，《新疆社会科学》1983 年第 4 期，第 89—94 页。

（S. MĀY. ND－GHŪN），第二条名曰黑来恩得－浑［KH. RĀYND
(Khwāy. nd?)－GHŪN］，而第三条则称忽勒恩得－浑［KHŪL. ND
(Khūk. nd?)－GHŪN］。在额札（Gh. zā）与可勒邦克（K. lbānk）
之间，此三河汇入塔札黑［原文如此］河（the river of Thajākh）。[1]

《世界境域志》此处所言之"洼札黑"（＊WAJĀKH/ﻗﻪﺟﺎﻭ ＊βajākh）
河显然就是和田河。此河是臆想中的塔里木河与黄河的连接。有关塔里
木河的描述有几处罕见的细节。至于它所流经的"洼札黑"
（＊Wajākh）、巴里合（Barīha）及苦思坎（Kūskān）三个地名，米诺
尔斯基认为至少巴里合 Barīha（ﺑﺮﯾﺠﻪ）或 Barīkha（ﺑﺮﯾﺨﻪ）看来与和
田之南的山（即 Mānisā）中之 Brinjak（ﺑﺮﯾﺠﮏ）隘口有相似处。而苦
思坎（Kūskān）则令米诺尔斯基想起和田之南一个名尼萨（Nisa）地
方之上的卡什阔勒冰川（Kashkūl glacier）的名称。

米诺尔斯基注意到"洼札黑"（Wajākh）河，即和田河的三条支流
名称的后缀－and，把它们归入"伊朗语"式；并猜测三条河名后的
"浑"（－ghūn）分明指"河"，但不知出自何种语言。他在英译本页下
注 4 中提出，帕米语的河名 Gunt［＊Ghund］，以及喀什（Kāshghar）之
南的 Tazghun（?），或许可视为旁证。但他又推测 ghūn 也许相当于波斯
语 gūn "颜色"。

在突厥出现于史册之前，早期操突厥语的民族在天山草原的活动尚
有其他证据。《旧唐书·地理志·北庭都护府》下记"金满"县："后汉车
师后王庭，胡故庭，有五城，俗号五城之地。"此即"北庭"的突厥语名称
Bešbalïγ（别十八里）之来历，粟特语称为 Penjkat，其意亦为"五城"。

唐初玄奘西行求法，曾从伊吾即今哈密西行，进入高昌界边城白力城。[2]

---

① 波斯佚名作者《世界境域志》，米诺尔斯基英译本，伦敦，1970 年（Hudūd
al-'Ālam, The Regions of the World, tr. by W. Minorsky, London, 1970），第 70—71 页。
② （唐）慧立、彦悰著《大慈恩寺三藏法师传》，中华书局，1983 年版，第
18 页。

"白力"这个名称使人联想起突厥语 balïγ，意为"城"。另一条与之相关的史料是《鸣沙石室佚书》所收《西州图经》残卷中"出高昌县北乌骨山，向庭州"的记载。这里的"乌骨"很可能是突厥语 oghuz "部落"的音译。由此可以设想，唐初以前，龟兹以西今阿克苏地区、龟兹以北的天山草原及其以东的高昌地区，突厥化的过程很早已经开始。处于上述诸地包围之中的龟兹地区想必亦受其影响。

龟兹地区突厥化的历程在穆斯林史料中亦有记载。成书于 10 世纪的波斯无名氏地理书《世界境域志》将龟兹分别称为 KUCHAN 或 KUCHA，并有如下记载："5. KUCHAN，是一个小镇，居民为吐蕃人和中国商人⋯⋯10. KUCHA（原文如此），位于边境，属中国，但九姓（Toghuzghuz）经常袭击居民。城内多乐趣之事。"[1]无名作者在这里将龟兹称为中国属地，并提到吐蕃和"九姓"。上述描述虽然只有寥寥数语，但可判定，其所据资料当属唐与吐蕃争夺西域时代。由此可知 8 世纪上半叶以后，回鹘人的势力已经伸及龟兹。

840 年，漠北回鹘汗国败亡，余众西迁。其中有一支在阿跌氏率领下进入北庭，而另一支在回鹘相国马及职的率领下拥外甥庞特勤移居安西。[2]这应被视为龟兹地区吐火罗语渐次退出历史舞台，当地人口逐渐突厥化过程中的一道重要分水岭。

回鹘迁居天山南北以后的时期，是伊斯兰文化向龟兹地区渗透，当

---

[1]　*Ḥudūd al-'Alām*，米诺尔斯基英文译注本 *The Regions of the World*，*A Persian Geography* 372 A. H. -982 A. D.，tr. expl. V. Minorsky，London，1970，第 85 页。Toghuzghuz 系突厥语 toquz "九"与oγuš "部落"两词复合，意为"九部落"，相当于汉文文献中的"九姓"，在后突厥时代突厥碑铭中指铁勒，在穆斯林史料中通常指回鹘。日本学者安部健夫认为，天宝三载（744）回鹘成为铁勒诸部的统治者，故穆斯林史料中的"九姓"当指 744 年之后的回鹘。参见［日］安部健夫著，宋肃瀛、刘美崧、徐伯夫译《西回鹘国史的研究》，新疆人民出版社，1986 年，第 12 页。

[2]　安部健夫认为，居于安西的庞特勤所属回鹘部众乃漠北汗国前期的汗族药罗葛氏。参见《西回鹘国史的研究》，新疆人民出版社，1986 年，第 104 页。

地居民弃用自己的母语吐火罗语，渐次突厥化的关键时期。有关汉文史料虽明显减少，但近年来学界通过对畏兀儿文文书的深入研究，使我们对这里突厥语化的过程有了新的认识。今存中国文化遗产研究院的xj222-0661-09的一份畏兀儿文文书残片，讲唱高昌回鹘兀单（Udan）汗及其后裔开疆拓土的功绩。据释读者研判，应写于蒙元时。该文书提到，兀单汗之子与高昌国之敌"塔林之人"（Tarïmlïγ），攻下了唆里迷城（Solmï balïγ）。笔者曾考定"塔林"为今新疆塔里木河之元代音译，元代有"曲先塔林"地名，指今库车附近塔里木一带；[①] 耿世民与张广达先生亦考唆里迷即焉耆。[②] 付马认为，此即高昌回鹘征服庞特勤所立之安西回鹘之役，时间应在876年以后某一年份，占据库车大致在925年之前。[③]

汉文史料记载了北宋时龟兹入贡事宜，其中《宋会要辑稿》提道：

> 咸平四年（1001）二月，大回鹘龟兹国安西州大都督府单于军克韩王禄胜遣使曹万通奉表贡玉勒、名马、独峰、无峰橐驼、宝刀、宾铁剑甲、琉璃器、鍮石瓶等。万通自言任本国枢密使。本国东至黄河，[④] 西至雪山，有小郡数百，甲马甚精习，愿朝廷命使统领，使得缚继迁恶党以献。因降诏禄胜曰："贼近凶悖，人神所弃。卿世济忠烈，义笃舅甥。继上奏封，备陈方略，且欲大举精甲，就

---

① 参见拙文《元代曲先塔林考》，《中亚学刊》第1辑，中华书局，1983年，第243—252页。

② 耿世民、张广达《唆里迷考》，《历史研究》1980年第2期，第147—159页；收入张广达《文书、典籍与西域史地》，广西师范大学出版社，2008年，第25—41页。

③ 付马《西州回鹘王国建立初期的对外扩张——中国文化遗产研究院藏xj222-0661-09号回鹘文书的历史学研究》，朱玉麒主编，北京大学中国古代史研究中心、新疆师范大学文史研究中心主办，《西域文史》科学出版社，2013年，第145—162页。以下版本信息略。

④ 此处之黄河，未见有人说明。高昌回鹘在西夏之西，其东部疆域从来未至黄河。此处之"黄河"应指塔里木河下游流入罗布泊河段。

覆残祆，拓土西陲，献俘北阙，可汗功业，其可胜言，嘉叹尤深，
不忘朕意。今更不遣使臣，一切委卿统制。"① 特受万通金紫光禄
大夫、检校、太师、左神武军大将军兼御史大夫、上柱国，封谯县
开国子，食邑五百户。万通入辞，帝召至便殿，谕之曰："归语可
汗王，得所奏事，备观忠荩。今赐晕锦衣一袭、金带一、金花银酒
器二百两、锦绮绫罗二百匹。"以贡奉物价三十万优给之。②

---

① 《全宋文》录此诏时，附日期"咸平四年四月丙辰"，注明内容系据《宋
史·回鹘传》，日期系据《续资治通鉴长编》卷 48，又注明"《宋史》卷 6 一系于
'壬子'"（曾枣庄、刘琳主编《全宋文》第 11 册，卷 218，上海辞书出版社、安
徽教育出版社，2006 年，第 22 页）。

② （清）徐松辑《宋会要辑稿·蕃夷四》，中华书局影印本，1985 年，第
7720 页（以下版本信息略）；又同书《蕃夷七》又记：咸平四年"四月十五日，回
鹘可汗王禄胜遣使曹万通来贡玉鞍，名马、独峰、无峰驼、宾铁剑甲、琉璃器"
（第 7846 页）。此次龟兹使节曹万通入宋，亦见于其他史料，如李焘《续资治通鉴
长编》咸平四年（1001）夏四月：丙辰，西州回鹘可汗王禄胜遣使曹万通来贡玉
鞍勒、名马、宝器等，万通自言任本国枢密使，本国东至黄河，西至雪山，有小郡
数百，甲马甚精习，愿朝廷命使统领，使得缚继迁以献。即授万通左神武大将军，
降诏奖禄胜，优赐器服。（十一月末，又入贡，当考）（上海师范大学古籍整理研
究所、华东师范大学古籍整理研究所点校，中华书局，2004 年，第 1057 页）

同书，十一月甲午：龟兹国遣使来朝贡。（按《国史》但有《回鹘传》，无
《龟兹传》）《会要》云：或称西州回纥，或称西州龟兹，又称龟兹回纥，其实一
也。龟兹，回纥之别种也，居西州，或称西州回鹘。是年，西州回鹘可汗王禄胜遣
曹万通来朝贡，事在夏四月，《国史》载之《回鹘传》，而《会要》列于《龟兹》
卷中，大抵一事也。不知此所称龟兹遣使来朝贡者，即曹万通或别一人，然《国
史》《会要》皆不别载，恐《实录》谬误重出，未可据也，姑存之俟考。（中华书
局点校本，第 1089 页）

《宋史》卷 490：咸平四年（1001），可汗王禄胜遣使曹万通以玉勒、名马、独
峰、无峰橐驼、宾铁剑甲、琉璃器来贡。万通自言任本国枢密使，本国东至黄河，
西至雪山，有小郡数百，甲马甚精习，愿朝廷命使统领，使得缚继迁以献。因降诏
禄胜曰："贼迁凶悖，人神所弃。卿世济忠烈，义笃舅甥，继上奏封，备陈方略，
且欲大举精甲，就覆残妖，拓土西陲，献俘北阙。可汗功业，其可胜言！嘉叹所
深，不忘朕意。今更不遣使臣，一切委卿统制。"特授万通左神武军大将军，优赐
禄胜器服。（中华书局点校本，第 14115 页）

"禄胜"可汗的名字，笔者初以为颇似佛家法号，但在佛典中搜检不到。付马讨论了这位向北宋遣使的回鹘可汗，并提出"禄胜"当为突厥语 qutluɣ küčlüg 之意译。[1]笔者颇受启发，接受此说。qutluɣ，意为"有福的"，唐代音译为"骨咄禄"，元代则音译为"忽都鲁"；küčlüg 意为"有力的"，篡夺西辽皇位的乃蛮王子屈出律之名即此字。他还提出，黄文弼在吐鲁番地区所获回鹘文历日文书第 11—12 行所记之回鹘统治者 Bögü bilgä täŋri elig "牟羽毗伽天王""卜古伽理伽天王"，以及《辽史》所记统和十四年（996）十一月向契丹遣使请婚之"阿萨阑回鹘"[2]统治者，均为此人。[3]

《宋会要辑稿》大中祥符六年（1013）项下记：

> 十一月，克韩王遣使李延庆[4]等三十六人来朝，贡方物玉六十团、橐驼、名马、弓箭、鞍勒、香药等，优诏答之。[5]

这里提到的"克韩"即可汗。虽然史文未言其名，但我们相信他

（接上页）《宋史》卷6夏四月壬子："回鹘可汗禄胜贡玉勒鞍、名马、宝器，愿以兵助讨继迁。"（中华书局点校本，第115页）《玉海》："咸平四年（1001）二月，龟兹王禄胜奉表来贡，诏赐晕锦衣一袭，金带、银器。"〔《玉海》卷154《朝贡》，光绪九年（1883）浙江书局刊本〕

[1] 见氏撰《西州回鹘王国建立初期的对外扩张——中国文化遗产研究院藏 xj222-0661-09 号回鹘文书的历史学研究》，第146页。

[2] 《辽史》卷13，中华书局标点本，第160页。

[3] 上引《西州回鹘王国建立初期的对外扩张——中国文化遗产研究院藏 xj222-0661-09 号回鹘文书的历史学研究》，第145—146页。

[4] 这位龟兹使节李延庆我们后面还要简单讨论一下。

[5] 《宋会要辑稿·蕃夷四》，第7720—7721页。同书《蕃夷七》又记："十一月二十七日，龟兹国遣使李延庆等来朝，贡玉六十团、橐驼、弓箭、鞍勒、香药。十二月三日，回鹘遣使来贡御马。"（第7849页）《续资治通鉴长编》卷81，大中祥符六年（1013）十一月项下记："乙卯，龟兹进奉使李延庆等三十六人对于长春殿，献名弓箭、鞍勒、团玉、香药等，优诏答之。"（中华书局点校本第1853页）又《宋史》卷490：大中祥符"六年（1013），龟兹进奉使李延庆等三十六人对于长春殿，献名马、弓箭、鞍勒、团玉、香药等，优诏答之。"（中华书局标点本，第14116页）

应当就是将要提及的智海可汗，具体论证详后。

智海是另一位引起学者注意的回鹘可汗。史料中首见他向宋遣使是在天禧元年（1017），《宋会要辑稿·蕃夷七》记，天禧元年四月：

> 二十六日，龟兹国克韩王智海遣使贡玉及马、香药等。六月二十九日，龟兹国进奉使张复延等贡贺先天节玉鞍、勒马、玉海。①

单看这一条史料，由于四月间智海所遣使者名称未被提及，而六月来使虽明记来自龟兹，但是否为智海可汗遣，并不明确。《宋史》卷8《真宗纪三》只提到天禧元年六月乙酉"龟兹国使张复延等贡玉勒鞍马，令给其直"②，两相对照，六月龟兹来使与四月来使是否为同一使节，似乎颇难确定。但《宋会要辑稿·蕃夷四》又记：

> 天禧元年四月，克韩王智海遣使张复延贡玉及马、香药。六月，张复延等贡先天节玉一团、马一匹、玉鞍辔一。③

故可确定，此年四月与六月入贡宋廷的是同一使团。而《山堂考索》所记"天禧元年四月甲午，龟兹国克韩王智海遣使张延来贡"④中的使者名称"张延"也可确定为"张复延"之误。

此后智海多次向宋遣使，如《宋史》卷496《回鹘传》记：天禧"四年（1020），（甘州回鹘）又遣使同龟兹国可汗王智海使来献大尾羊"。⑤《宋会要辑稿》记：天圣"二年（1024）三月十七日，龟兹国王智海等贡独峰驼五、香药、杂物（《玉海》：是年四月，龟兹贡橐驼、

---

① 《宋会要辑稿·蕃夷七》，第7850页。
② 中华书局点校本，第163页。
③ 《宋会要辑稿·蕃夷四》，第7721页。
④ 后集卷64《财赋门》，《文渊阁四库全书》本。
⑤ 中华书局点校本，第14117页。《山堂考索》：天禧"四年（1020）十二月丁亥，龟兹可汗王智海、甘州回鹘各遣使来贡，智海仍贡（犬）［大］尾羊二"。（后集卷64《财赋门》，《文渊阁四库全书》本）

马）"。① 而《宋会要辑稿》中五年后，即天圣七年（1029）"六月二十一日，龟兹国遣金乌塔名钝嘻似吴索温等来贡方物"② 之记录中，虽然未提及智海可汗的名称，但推测也应是他派出的使节。同样，《宋会要辑稿》在天圣八年（1030）十一月条所记"十五日龟兹国遣使李延庆贡玉带、真珠、玉越斧、团牌、花蕊布、金渡、铁甲、乳香、硇砂、马、独峰驼、大尾羊"的内容中，虽然没有提及智海的名字，但紧接之年所记天圣"九年（1031）正月十八日，龟兹国王智海遣使李延庆等贡硇砂、乳香、名马"③ 说明，天圣八年冬从龟兹来的这位李延庆，就是智海可汗所遣，与次年春向宋廷献"硇砂、乳香、名马"的应当是同一次出使。

龟兹使节李延庆的名字数度被史籍提及，首见于前面在讨论禄胜可汗的段落的最后所引《宋会要辑稿》大中祥符六年（1013）十一月项下所记"乙卯，龟兹进奉使李延庆等三十六人对于长春殿，献名弓箭、鞍勒、团玉、香药等，优诏答之"④，从时间上推算，从他首度来宋的1016 年至前面《宋会要辑稿》所记的天圣九年（1031），相距 15 年，很有可能是同一人。而同书又记："神宗熙宁四年九月，遣大使李延庆、副使曹福等入贡"⑤，其中提到的李延庆如果是同一人，则至熙宁四年（1071）来宋时，上距他首次来宋的大中祥符六年（1013）已经 58 年，此时他必定是一位年事已高的老人了。

笔者曾以为龟兹可汗的汉名"智海"系佛家语，形容智慧广大如

———————————————

　① 《宋会要辑稿·蕃夷七》，第 7850 页。《山堂考索》："仁宗天圣二年（1024）三月癸巳，智海遣使来贡。"（后集卷 64《财赋门》，《文渊阁四库全书》本）

　② 《宋会要辑稿·蕃夷七》，第 7851 页。

　③ 《宋会要辑稿·蕃夷七》，第 7851 页。

　④ 卷 81，中华书局点校本，第 1853 页。《宋史》卷 490：大中祥符"六年（1013），龟兹进奉使李延庆等三十六人对于长春殿，献名马、弓箭、鞍勒、团玉、香药等，优诏答之。"（中华书局标点本，第 14116 页）

　⑤ 《宋会要辑稿·蕃夷四》，第 7721 页。《宋史》卷 490 又记龟兹回鹘"自天圣至景祐四年（1037），入贡者五，最后赐以佛经一藏。熙宁四年（1071），使李延庆、曹福入贡"（中华书局标点本，第 14123 页）。

海，如《往生礼赞偈》第一曰"礼西方阿弥陀佛、弥陀智愿，海深广无涯底"①，《地藏十轮经》八曰"渐次趣入深广智海"②。付马曾仔细收集并研究过记有高昌回鹘可汗名字的畏兀儿文材料。20世纪初，普鲁士考察队在新疆吐鲁番地区获取过一件上有半楷体畏兀儿文的木柱，③ 所署年份为猴（申）年（bečin）九月二十四日，可汗名 Köl bilgä täŋri elig，按唐代音译应为"厥毗伽登里"王。法国学者哈密尔顿与日本学者森安孝夫均相信他就是智海，而其称号中的 bilgä täŋri 应当就是汉译"智海"的原字。④ 笔者接受此意见。木柱上所书之猴年，虽有1008、1020与1032年等可能性，但前引天禧元年（1017）龟兹向宋遣使的史料以及其智海可汗名称，而木柱文字明言他在猴年为其即位之第二年，所以这个猴年只有一个可能性，即1008年，而他即位之年应为1007年。所以大中祥符六年（1013）派李延庆使宋的也是智海。按汉文史料，他直至天圣九年（1031）尚在位。⑤

回鹘诸部从漠北迁居天山南北，对龟兹地区的突厥语化起了决定性的作用。

二、慧超所见之龟兹汉僧佛寺

唐时龟兹有汉僧。高丽僧慧超赴印度求法归途中，于开元十五年（727）经过龟兹。慧超称龟兹国"足寺足僧，行小乘法，吃肉及葱韮等也"，而当地的汉僧"行大乘法，不食肉也"。彼处佛寺有"两所汉僧主持"。其中一所名大云寺，其寺主名"秀行"，"善能讲说"，从前

---

① （唐）善导集记《往生礼赞偈》第一，《大正藏》第47册，第441页。
② （唐）玄奘译《大乘大集地藏十轮经》第八，《大正藏》第13册，第764页。
③ 现藏德国柏林东亚艺术博物馆。
④ 上引《西州回鹘王国建立初期的对外扩张——中国文化遗产研究院藏 xj222-0661-09 号回鹘文书的历史学研究》，第146—148页。
⑤ 付马据《宋会要辑稿·蕃夷四》（第7721页）认为他在位下限约为天圣二年（1024），见其文151页，脚注59。

"是京中七宝台僧"。此寺之"都维那"名"义超"，①"善解律藏，旧是京中庄严寺僧也"。寺中上座名明恽，"大有行业，亦是京中僧"。据慧超说，这些僧人都是"大好主持，甚有道心，乐崇功德"。另一寺名"龙兴寺"，其住持名"法海"，是"汉儿"，虽生于安西（龟兹），但其"学识人风，不殊中夏"。②此外见于库木吐喇壁画题记的汉僧还有许多，而汉寺还有大宝寺、□严寺、□圣寺和梵□□寺等。③

我们首先注意到的是大云寺。武后时长安光明寺沙门宣政伪造《大云经》，经中有女主之符，正符合武后称帝之意。武后遂命改光明寺为"大云经寺"，并令天下每州置一大云经寺。④不但龟兹有大云寺，而且疏勒⑤和碎叶镇亦有。

大云寺住持秀行原先所在之"京中七宝台"究竟在哪里，诸研究者似乎并未提出疑问。⑥宋敏求的《长安志》在两处提及"七宝台"：一是位于城北"东宫"之东的"光宅坊"的"七宝台"，另一个是位于城西的"怀远坊"的"七宝台"。

---

① "都维那"为汉梵复合词。"都"相当于"都护"之"都"。"维"亦为汉语词，取纲维之义；"都"当系梵语 Karma-dāna 之译音"羯摩陀那"之缩略。"羯摩陀那"意为"授事者"或"任事"（荻原雲来编，辻直四郎协力《漢訳对照梵和大辞典》（增补修订版），讲谈社，东京，铃木学术财团，1979 年，U. Wogihara's *Sanskrit-Chinese-Japanese Dictionary*, revised and enlarged edition, Suzuki Research Foundation, Tokyo, 1979, 第 323 页），乃佛寺中管事之人。

② （唐）慧超著，张毅笺释《往五天竺国传笺释》，中华书局，1994 年版，第 159—176 页。

③ 薛宗正《安西与北庭—唐代西陲边政研究》，黑龙江教育出版社，1990 年版，第 431—433 页。

④ 《长安志》卷 7，《宋元方志丛刊》影印乾隆五十二年刊本第 1 册，中华书局，1990 年版，第 128 页。以下版本信息略。

⑤ （唐）慧超著，张毅笺释《往五天竺国传笺释》，中华书局，1994 年版，第 176 页。

⑥ （唐）慧超著，张毅笺释《往五天竺国传笺释》，中华书局，1994 年版，第 176 页；杨鸿年《隋唐两京坊里谱》，上海古籍出版社，1999 年版，第 103—104、453 页。

"光宅寺"位于长安"朱雀街东第二街，即皇城之东第一街，北当兴安门大明宫，南当启夏门。街东从北"起第一坊"翊善坊"之西的"光宅坊"。光宅坊"本翊善坊之地。置大明宫后开丹凤门街，遂分为一坊"。宋敏求对此记曰：

> 横街之北光宅寺。仪凤二年望气者言，此坊有兴气。敕令掘得石函，函内有佛舍利万余粒，遂立光宅寺。武太后始置七宝台，因改寺额焉。《酉阳杂俎》曰："宝台甚显，登之，四极眼界。其上层窗下尉迟画，下层窗下吴道玄画，皆非其得意也。丞相韦处厚，自居内庭居相位，每归，辄至此塔，焚香瞻礼。"①

在另一处，宋敏求在述及长安西市附近的怀远坊时，提到的坊东南隅有"大云经寺"。"此寺当中宝阁，崇百尺，时人谓之'七宝台'"。②关于此寺，台湾颜娟英的《武则天与唐长安七宝台石雕佛相》③有详细研究。据其文，光宅寺位于长安城内东北角，原属翊善坊，唐高宗于662年至663年期间扩建城外东北的大明宫，并将朝政重心转移至此，辟南大道，将翊善坊一分为二，西半边名光宅坊，光宅寺就坐落在此坊的横街以北，与大明宫相接，西与宫城内太极宫相邻，是最接近新旧宫城的佛寺。其址原为武则天消遣之时的葡萄园，仪凤二年（677）在葡萄园发现石盘，内有佛舍利万粒，于是勒令此地改为光宅坊，并建光宅寺。长安三年（703）武则天八十寿辰之际，七宝台竣工，改光宅寺为七宝台寺。有关光宅寺的记载到了9世纪中叶逐渐消失。光宅寺七宝台的6件石刻造像迁置于宝庆寺塔，具体时间不明。宝庆寺塔位于西安碑

---

① 《长安志》卷7，《宋元方志丛刊》第1册，第133页；并见（唐）段成式《酉阳杂俎》续集卷6，中华书局点校本，1981年版，第256—257页。此处提到的丞相韦处厚为元和至太和时人，晚于慧超，新旧《唐书》有传。见《旧唐书》卷159，《新唐书》卷142。

② 《长安志》卷10，《宋元方志丛刊》，第128页。

③ 颜娟英《武则天与唐长安七宝台石雕佛相》，《艺术学》第1期，（台北）艺术家出版社，1987年，第41—47页。

林博物馆西侧（明代孔庙所在地），高约 23 米，七层，平面呈六角形，西安仅存的六件光宅寺石刻造像就镶嵌在此。[①] 大陆先后有白文的《长安光宅寺七宝台石刻重构中的图像与复原》[②] 与杨效俊文《长安光宅寺七宝台浮雕石佛群像的风格、图像及复原探讨》[③] 讨论。

所谓"七宝"乃佛家语，诸经所述略有不同，大致包括下列诸宝货：金、银、琉璃、玻璃、玛瑙、珍珠、珊瑚。故"七宝台"很可能在当时是一个相当流行的概念，当时长安有两个"七宝台"似乎并不奇怪。

前面已经提到，龟兹大云寺系因与长安大云寺而建，故龟兹大云寺寺主秀行很有可能原来是长安怀远坊大云经寺的那个"七宝台"中的僧人。他是否因龟兹建造大云寺而从长安来到龟兹，尚不得而知。

"庄严寺"，在唐韦述所撰之《两京新记》在讲"朱雀街西第五街，即皇城西之第三街"以南各坊时被提及："次南曰和平坊。"以下小字注："坊内南北街之东筑入庄严寺，街西入总持寺。（《新记》残卷）"[④] 又记"次南曰永阳坊。"以下小字注：

> 坊西南即京城之西南隅也。半以东大庄严寺。隋初置宇文改别馆于此坊，仁寿三年，为献后立为禅定寺。宇文恺以京城西有昆明池，地势微下，乃奏于此建木浮图。崇三百卅尺，周回百二十步。寺内复殿重廊，天下伽蓝之盛，莫与为比。大业末，此寺有僧智兴，次当钟役。常发愿云："三途六趣，闻此解脱。"时仲冬寒裂，掌中凝血，不以告倦。后寺僧三果有兄住待贤坊，因从炀帝南幸，忽成梦其妻曰："吾至彭城，不幸病死。生于地狱，艰苦备尝。赖今月初十日，禅定寺智兴师鸣钟，响彻地狱，同受苦者，一时解

---

① 上引颜娟英《武则天与唐长安七宝台石雕佛相》，第 46 页。

② 《艺术探索》2016 年第 3 期，第 75—91 页；并见氏撰《唐代长安七宝台石刻的十一面观音图像与观念》，《文物世界》2017 年第 2 期，第 15—19 页。

③ 《考古与文物》2008 年第 5 期，第 69—84 页。

④ 辛德勇辑校《两京新记辑校》，中华书局与《大业杂记辑校》合刊本，2020 年，第 135 页。

免。今得托生，思报其恩，可具绢与之。"妻觉不信，又梦如初。妻辞以家贫无所得绢。答曰："有吏枉得绢卅匹，不合得用，今吾将来，置于后床，与是足矣。"妻惊觉，持火照床，果有绢卅匹。遂发哀，持绢送寺。数日而凶问至。武德元年，改为庄严寺。①

"庄严寺"亦见于《长安志》。宋敏求在述长安西南隅"永阳坊"时写道：

> 半以东大庄严寺。隋初置宇文改别馆于此坊。仁寿三年（603），文帝为献皇后立为禅定寺。宇文恺以京城之西有昆明池，地势微下，乃奏于此寺建木浮图，崇三百三十尺，周回一百二十步，大业七年（611）成。武德元年（618）改为庄严寺。天下伽蓝之盛，莫与于此。寺内有佛牙，长三寸，沙门从乌踵国取以归，豫章王暕自扬州持入京，隋文帝改置此寺。大中六年（852），改圣寿寺。②

可见龟兹大云寺中上座明恽亦出自长安名寺。

三、龟兹佛教的终结——伊斯兰化

龟兹西南的于阗的佛教保持了很长时间。学者们在研究和田地区历史时，多注意到《宋史》卷249所记北宋开宝四年（971）于阗僧吉祥携其国书入宋，报告此前曾破疏勒国军一事。一般以为，《宋史·于阗传》所记"大中祥符二年（1009），其国黑韩王遣回鹘罗斯温等以方物来献"证明此时于阗已为喀剌汗朝所征服。③ 而此黑韩王应即喀剌汗，即"黑汗"，而不应再是信奉佛教的尉迟李氏。

但翻检《宋史》，可发现此后仍有于阗统治者信奉佛教的记载。嘉祐八

---

① 同上书，第135—136页。
② 《长安志》卷10，《宋元方志丛刊》，第129页。
③ 魏良弢《喀喇汗王朝史稿》，新疆人民出版社，1986年版，第78页。

年（1063）八月，于阗统治者遣使入宋，向宋廷报告曰：于阗王要求宋封之为"特进归忠石后鳞黑韩王"。并称："于阗谓金翅鸟为'石后鳞'，'黑韩'盖'可汗'之讹也。"宋廷同意于阗使臣所求，封于阗王为"归忠石后鳞黑韩王"。[①] 学人多注意"黑韩盖可汗之讹"这一句，引为黑韩王并非喀剌汗的证据。其实"石后鳞"这个称号也很值得研究。

"金翅鸟"佛家术语，即迦罗留鸟。佛经中还有迦娄罗（Garuda）、揭路荼等多种不同音译，此即"石后鳞"之来历。又意译为"妙翅鸟"或"顶瘿鸟"等，居四天下之大树，取龙为食，为八部众之一。《法华文句二》称其两翅间距达 336 万里。《探玄记二》说，它巨大到"阎浮提"洲仅能容下其一足。《涅槃经》则说它"能食消龙鱼、七宝等"物。足见其神力广大，难怪于阗王要求宋廷赐封其号。这件事足证此时于阗当地统治者仍信奉佛教。

回鹘西迁安西之后，龟兹的佛教仍维持相当繁荣的景象。宋初王延德奉命出使高昌，据《王延德使高昌记》记载："高昌即西州也。其地南距于阗，西南距大食、波斯，西距西天步路涉、雪山、葱岭，皆数千里。"[②]

上文中提到的"步路涉"即 Purusapura，《法显传》记："从犍陀卫国南行四日，到弗楼沙国。"[③] 此弗楼沙国即上述之步路涉。《大唐西域记》提道："健驮逻（犍陀罗）国，东西千余里，南北八百里，东临信度河。国大都城号布路沙布罗，周四十余里。"[④] 这里提到的布路沙布罗即上述 Purusapura 的音译。当年法显赴西天求法，所循路线为：长安—张掖—敦煌—鄯善—焉耆—于阗—子合—于麾—竭叉—葱岭—乌苌

---

① 《宋史》卷 490，中华书局点校本，1985 年版，第 14108 页。
② 《宋史》卷 490，中华书局点校本，1985 年版，第 14111 页。
③ （东晋）沙门释法显撰、章巽校注《法显传校注》，上海古籍出版社，1985 年版，第 39 页。
④ （唐）玄奘、辩机著，季羡林等校注《大唐西域记校注》，中华书局，1985 年版，第 232—233 页。布路沙布罗，今地位于巴基斯坦喀布尔河南岸白沙瓦（Peshawar）市西北。

—宿呵多—犍陀卫—竺刹尸罗—弗楼沙。其中焉耆→于阗间的路程，法显称系"直进、西南行，路中无居民，沙行艰难，所经之苦，人理莫比。在道一月五日，得到于阗"。[1]

章巽先生认为，法显所走路线，乃从焉耆南下入沙漠，向西南直行，抵于阗。[2] 此说不能成立。在沙漠中如无水，人畜根本无从坚持一个月。其最大的可能性是从焉耆南下至塔里木河，然后沿河谷溯河而上，至今阿克苏以南和田河与塔里木河汇流处，折向西南，取道和田河谷，仍溯河而上，可至于阗。[3] 可见从高昌前往"步路涉"的道路或经过龟兹西行，或沿龟兹之南的塔里木河河谷西行。历史上的求法僧中有许多人循此路线往来于东西。《开元释教录》卷4提到，十六国时代智猛于弘始六年（404）西行时曾"历鄯善、龟兹、于阗"；《高僧传》卷3记南北朝时，昙无竭于永初元年（420）"初至河南国，仍出海西郡，进入流沙到高昌郡，经历龟兹、沙勒诸国"。他们的行程可以为证。步路涉之地至宋初仍为重要的佛教中心。

而上引史料中所提"大食"当指萨曼王朝（Samanids），乃操波斯语的民族在伊斯兰化之后所建的第一个王朝，其中心在布哈拉，统治今乌兹别克斯坦与阿富汗之地。可见高昌回鹘此时已与伊斯兰世界建立了联系。

龟兹的回鹘王族信奉佛教，在其统治下龟兹的佛教仍十分繁盛。据《宋会要辑稿》记载，太平兴国元年（976）五月，西州龟兹使臣易难与婆罗门、波斯外道入宋进贡。[4] 这位龟兹使臣的名称"易难"当为突厥语 Inanč，而与之同来的所谓"婆罗门"，当为信奉印度教的僧人，而所谓"波斯外道"当为与龟兹有联系的信奉中亚某种宗教（或许是

---

① 章巽校注《法显传校注》，1985年版，第12—13页。
② 章巽校注《法显传校注》，第3页，注3。
③ 自阿克苏沿和田河谷南下这一条道，历史上多次被人们使用。笔者1992年11月初冬时节参加瑞典与中国联合举办之考察，乘车自阿克苏南行，取道和田河谷，前往和田，历时4天。途遇维吾尔族贩羊人，得知这一段步行需半个月左右。
④ 《宋会要辑稿·蕃夷四》，第7720页。

摩尼教）的使臣。

同书记，宋真宗咸平四年（1001），龟兹国安西州可汗王"禄胜"遣使臣曹万通入宋。这位可汗的名字"禄胜"颇似佛家法号。咸平六年（1003）六月，龟兹国僧义修入宋献梵夹、菩提印叶、念珠、舍利。景德元年（1004）七月，应龟兹国人石报进之请，宋廷度之为僧。大中祥符三年（1010）闰二月，龟兹国可汗遣僧智圆等入贡。[①] "智圆"系佛家常用语，"智圆者一切种智圆也。"[②] 此前的乾兴元年（1022）五月，龟兹僧华严"自西天至，以佛骨、舍利、梵夹为献"。[③] 据《宋史·外国六》"龟兹"记载，至宋哲宗绍圣三年（1096），尚有龟兹狮子王派遣大首领进奉"玉佛"[④]。

另一方面，从穆斯林史料看，龟兹地区在 11 世纪时发生了巨大的变化。当地人反对回鹘，并摆脱了回鹘的统治。据波斯人奥菲记载，龟兹的突厥族穆斯林人黑的儿匐（Khïzr Beg, Khïdr Beg）率军战胜了回鹘国。由于他在可失哈儿汗反对其敌人的斗争中提供的帮助，可失哈儿汗授予其可汗的称号。[⑤] 伊斯兰势力控制龟兹之事在可失哈里的《突厥语大词典》中亦有反映。可失哈里举出了"畏兀儿五城"的名字——

① 《宋会要辑稿·蕃夷四》，第 7720 页。
② （隋）智顗撰《四教义》第一，《大正藏》第 46 册，第 722 页。
③ 《宋会要辑稿·蕃夷四》，第 7721 页。
④ 《宋史》卷 490，中华书局点校本，第 14123 页。
⑤ 巴托尔德《蒙古入侵时期的突厥斯坦》，第一部分，史料（*Туркестан в эпоху монгольского Нашествия, ч. 1, Тексти*），此据罗致平译《中亚突厥史十二讲》，第 136 页（译自德文本 Wilhelm Barthold, *Zwölf Vorlesungen über der Geschichte der Türken Mittelasien*, Georg Olms Verlagsbuchhandlung, Hildesheim, 1962），中国社会出版社，1984 年版。奥菲（Aufi），生卒年不可考，其著作《趣闻集》（*Jāmi' al-Hikāyāt*），1228 年写于印度。蒙古入侵中亚之前，他一直居住在呼罗珊。其书最有价值之处是记载了许多喀剌汗王朝的轶闻，此外，还包括一章关于中亚的突厥部落的描述。作者是最早提到"畏兀儿"这个名称的波斯地理学者。见布劳恩（Brawne）《波斯文学史》（*A Literary History of Persia*）卷 2，第 477 页；巴托尔德《蒙古入侵时期的突厥斯坦》，英译本第 36 页；《伊斯兰百科全书》卷 1，第 517 页。

高昌（Qočo）、别十八里（Beš-balïγ）、唆里迷（Sölmi）、彰八里（Jan-balïγ）和仰吉八里（Yāngi-balïγ），未包括龟兹。① 这反映出畏兀儿势力向东退缩的背景。至于曲先（龟兹的突厥语名称），可失哈里称它是位于畏兀儿之边的城镇。② 而位于龟兹之东的布告尔（Bögür，今轮台），也不属于畏兀儿，它是"一座畏兀儿与龟兹之间的、位于高山之上的城堡，是一所边界斥候"。③

龟兹佛教文化与伊斯兰文化的交替，至西辽至蒙古时代初期似近于尾声。波斯史家拉施都丁在记述克烈部首领王罕之子桑昆逃离蒙古草原时写道：桑昆"逃离，至吐蕃之地（《圣武亲征录》作"波黎吐蕃部"），打算居于此，被吐蕃民众逐出境。桑昆的那可儿们散亡，他又自彼处逃脱。斡端、可失哈儿边境有一地，名曰曲先（Kusan），其处之算端曰黑邻赤·哈剌（Qïlïj Qara）。他于 Jahar Kahah 之地（《圣武亲征录》作"彻儿哥思蛮"）寻得桑昆，杀之，并获其妻子"。④

龟兹国主名称黑邻赤·哈剌中之第一部分 Qïlïj，按《圣武亲征录》之译音，似应拼作 QLNJ。查合校本校勘者所据诸波斯文抄本中此名有各种异写形式，如 P 本（伊斯坦布尔抄本）作 LYJ，H（俄罗斯科学院圣彼得堡分院藏抄本）、J（德黑兰博物馆藏抄本）、S（伦敦大英博物馆藏抄本）、Kh（及贝勒津刊本）诸本均写为 QLBJ，而 B 本（乌兹别克斯坦科

① 摩诃末·可失哈里，丹考夫译《突厥语大词典》，英译本，哈佛大学出版社，1982—1985. p. 140（Mahmud al-Kashgari, Diwan Lughat al-Turk, English translation: *Compendium of the Turkic Dialects*, ed. and tr. by Robert Dankoff in collaboration with James Kelly, Harvard University Printing Office, 1982—1985）. 以下版本信息略，简称摩诃末·可失哈里，丹考夫译《突厥语大词典》英译本。

② 摩诃末·可失哈里，丹考夫译《突厥语大词典》英译本。

③ 摩诃末·可失哈里，丹考夫译《突厥语大词典》英译本。

④ 《史集·部族志》，1965 年莫斯科波斯文合校本（Рашид-ад-Дин, *Сборник Летописей*, т. 1, кн. 1, Москва, 1965），p. 277；拉施都丁著，余大钧、周建奇译《史集》卷 1 第 1 册，商务印书馆，1983 年版，第 133 页。《元史·太祖纪》（中华书局点校本，1976 年版，第 12 页）称龟兹首领为"龟兹国主"。

学院藏抄本）则写为 QLYH。上述诸种拼法中均无词中鼻音 N，而代之以
Y 或 B。其实上述各种拼法中的倒数第二个字母 Y 或 B 的波斯文词中形
式，与鼻音 N 的词中形式写法极为接近，其间之区别不过是表示读音的
音点的数目与位置不同而已。故上述诸种写法中倒数第二个辅音字母 Y
或 B 是否为鼻音字母 N 词中形式之误写，尚存疑问。

龟兹国主捕获桑昆的地点 Jahar Kahah，在合校本校勘者所据其他波斯
文抄本中，拼法相同，均作 Jahar Kahah。其前一部分 Jahark 与《圣武亲征
录》中之译名"彻儿哥思蛮"中之"彻儿哥"尚能对应，而后一部分 Ha-
Ha 与《圣武亲征录》译名中的后一部分"思蛮"的勘同仍有待于研究。[①]
拉施都丁在其记述中称曲先为"斡端、可失哈儿边境"一地，又称其
首领为"算端"（Sultan），龟兹其时的文化面貌可见一斑。

西辽时代，佛教在天山南路似仍有影响。唆里迷人哈剌亦哈赤北
鲁，曾被畏兀儿国主月仙帖木儿征为断事官。唆里迷乃畏兀儿五城之
一。据张广达、耿世民先生考证，唆里迷即焉耆。[②] 后西辽末帝直鲁古
召哈剌亦哈赤北鲁为其诸皇子之师。[③] 亦都护家族与西辽皇室均信奉佛
教，哈剌亦哈赤北鲁先后奉召至亦都护家族和西辽宫廷，很显然有一定
的佛教背景。及至 13 世纪中叶，仍有畏兀儿人受命出任曲先（龟兹）
地区长官。《元史》提到，元宪宗蒙哥时代，畏兀儿人帖哥术曾任"渴
密里及曲先诸宗藩之地"。[④] 如果帖哥术是佛教徒，则说明佛教在当时
龟兹仍有一定影响。

（原文载《西北民族研究》2001 年第 2 期，收入本书时有修改与增补）

---

① 伯希和曾详细地讨论了这几个名字的勘同问题。冯承钧汉译《关于库蛮》，载
《西域南海史地考证译丛》卷 1，商务印书馆，1995 年版，第 40—44 页。

② 《唆里迷考》，张广达重刊《西域史地丛稿初编》，上海古籍出版社，1995
年版，第 31—56 页。

③ 《元史》卷 124，中华书局点校本，1976 年版，第 3046 页。

④ 《元史》卷 133，第 3228 页。

9—12世纪民族迁移浪潮中的
一些突厥、达旦部落

两千余年来，蒙古高原一再成为建立强大国家的游牧民族的摇篮。公元前3世纪，这里出现了强盛的匈奴国，其后鲜卑、柔然、突厥、回鹘、蒙古等陆续立国于此。中外许多学者都注意到，840年漠北回鹘汗国瓦解后，原先占据蒙古高原的操突厥语的诸部逐渐消失，漠北草原出现蒙古化的现象。本文拟从分析历史文献中有关这一时期民族迁移浪潮的记载入手，来探讨蒙古、达旦诸部西迁的历史背景。

一、马卫集的记载

1937年，A. J. Arberry博士宣布，他在"印度事务部图书馆"（India Office Library）发现了一份波斯麻里兀城（今土库曼斯坦马鲁）人 Sharaf al-Zamān Ṭāhir al-Marwazī（本文译称马卫集）的著作 Ṭabā'i 'al-Ḥayawān（《动物的自然性质》）的完整抄本[①]。他对此编号为

[①] 见《皇家亚洲学会会报》（J. R. A. S），1937年7月，第481—483页。并见米诺尔斯基（V. Minorsky）《有关十一世纪中亚的穆斯林新史料》（Une nouvelle Source musulmane sur l'Asie Centrale au XIe siecle），宣读于"碑铭学院"（Académie des Inscriptions），见 Comptes-rendus des Séanres，1937年10月1日，第317—324页。

"德里·阿拉伯文 1949 号"（Delhi，Arabic 1949）抄本的初步勘同认定工作，为蒙古时代波斯史家奥菲（'Aufī）从马卫集著作中摘引的七段引文所完全证实。伦敦大学教授米诺尔斯基将此书的阿拉伯文原文誊抄出来，并与其英文译文合璧刊行[①]。

马卫集在其书之第 9 章《突厥》中，提到了当时发生于北亚草原的一系列互为因果的民族迁移运动，其文如下：

> "Qūn［也］属于他们（指突厥）；这些人因害怕契丹汗而从契丹之地来。他们是聂思脱里教徒，因草场的压力，从他们的故乡迁移过来。火赤哈儿（Qochqar?）之子也斤赤（Äkinji）花剌子模沙就出自他们。追踪着 Qūn 的是一支称为 Qāy 的人，他们的人数以及力量都比他们（指 Qūn）众多和强大，将他们（指 Qūn）从这些草原驱逐出去。他们（指 Qūn）于是移到了 Shārī 之地，而 Shārī 人则迁入突厥蛮（Türkmän）之地，突厥蛮则依次进入虎思（Ghuzz）国的东部。虎思突厥人于是迁移到佩奇内克（Bajānak），靠近阿儿马尼（Armenian?）海岸"[②]。

马卫集的这一段记载，在蒙古统治时代已为波斯史家奥菲译为波斯语。俄国东方学家巴托尔德 19 世纪末在其《蒙古入侵时期的突厥斯坦》第一册（史料部分）第 99 页中，将奥菲的波斯文译文刊出，引起了中亚学界的重视。此后，马伽特（Marquart）又在其《论库蛮的民族性》（über das Volktum der Kommanen）中再次刊出，并附详尽的评注。伯希和在《库蛮》[③] 中，米诺尔斯基在马卫集书的英译中，都对马卫集的这一重要记载进行了研究。在上述诸位学者中，以米诺尔斯基的成果最为引人注目。

---

① V. Minorsky, Sharaf al-Zamān Tāhir Marvazī on China, the Turks and India（《马卫集论中国、突厥、印度》），1942 年，伦敦。

② 《马卫集论中国、突厥、印度》（以下简称"马卫集书"），阿拉伯文，第 18 页，英译，第 29—30 页。阿儿马尼（亚美尼亚）的译名见《回回药方》。

③ A propos des Comans，载《通报》，1915 年。

二、关于 Qūn 与浑勘同之问题

从马卫集的记载看，这次民族迁移的浪潮是从一个称为 Qūn 的部落集团开始的。Qūn 族离开故土有两个原因：1. 对契丹可汗武力的畏惧；2. 原有的牧场太狭窄。位于 Qūn 族与契丹人之间的是 Qāy 族，Qūn 和 Qāy 原先都居住在蒙古草原的东部。细细品味马卫集的描述后可看出，Qāy 族攻占的并不是 Qūn 族西迁后腾出的故居，而是 Qūn 人离开故土后所占据的新牧场。但在巴托尔德、马伽特和伯希和所使用的奥菲的波斯文译文中，却将马卫集的这段记载表述为：Qāy 族将 Qūn 族从自己的牧场驱走（az marā'ī-yi khud dūr kardand），也即把 Qūn 人从 Qāy 族自己的牧场邻近驱走[1]。因此，根据马卫集的记载，我们似可这样解释，契丹人的兴起引起了牧场的重新分配，Qūn 族在强邻压迫之下向西迁移。他们曾在蒙古草原某处驻足，也许想留在那里，但由于受到他们后面，也就是东方一个更为强大的部落 Qāy 人的攻击，不得已再度西迁。Qāy 人是否一直追踪他们不太清楚。

穆斯林地理学家比鲁尼提到了 Qūn 族，他说："第六地带始于东突厥人的地区，诸如 Qāy、Qūn、辖戛斯、Kīmak 和九姓（Toghuz-ghuz）。"[2] 由于在一份极为古老的奥菲波斯文译文抄本中，Qūn 的名字写作 Qry[3]，米诺尔斯基曾猜测，Qūn 乃指蒙古部落豁里（Qūrī，唐代之骨利干）。大约与米诺尔斯基同时，巴托尔德也探讨了 Qūn 的问题。由于在有的抄本中，奥菲抄本中的 Qry 这个词，因为音点漏置而被写成 Fry，遂使巴托尔德联想到突厥词"狼"（büri），由此他认为 Fry 的写法

---

① 参见马卫集书，第 96 页，注 1。

② Biruni, Tafhīm, 写于伊斯兰太阴历 420 年（1029），Wright 刊本，第 145 页。转引自马卫集书，第 96 页。

③ 这份奥菲译文抄本收藏号为：不列颠博物馆，东方 . 2676（Br. Mus. Or. 2676）。

更可靠①。但随着奥菲波斯文译本所源出的马卫集书阿拉伯文本的发现，人们从阿拉伯文原文中看到，这个部落的名称被明确地拼作 Qūn，于是这些推测也就没有什么意义了。

米诺尔斯基曾就 Qūn 的族属问题请教过夏伦（Haloun）教授。夏伦认为，由于吐谷浑在汉文史料中常略称为吐浑、退浑，甚至只称为浑，所以 Qūn 可能是吐谷浑。查检史籍，其中确有吐谷浑被简称为浑的情况。例如《隋书》卷 83《吐谷浑传》录隋文帝言："浑贼风俗，特异人伦"②；同书卷 67《裴矩传》亦记裴矩向隋炀帝进言："诸蕃既从，浑、厥可灭"③。很明显这些只是汉族文人笔下因文字修饰需要对吐谷浑的略称。吐谷浑人不可能自称为"浑"，就像突厥人不可能自称为"厥"一样。敦煌文书和其他史书确也曾不断地提到过"浑"。例如，《张氏勋德记》残卷云："河西创复，犹杂蕃浑。"又斯坦因掠走的一份唐咸通九年（868）刊《金刚般若波罗蜜经》贴里文书记曰："河西诸州，蕃浑、嗢末、羌龙狡（交）杂。"《张议潮进表》中亦曰："今不知邰□□杂蕃浑"。此外黄巢起义时，唐泾原节度使张均"说蕃浑与盟。"尽管这里的"浑"（蕃浑）的确很像是吐谷浑的略称，但由于源出于徒河鲜卑的吐谷浑人是一支操某种蒙古语的部落这一点几乎已成定论，而按马卫集的记载，Qūn 应是突厥人。因此夏伦教授关于 Qūn 可能是吐谷浑的意见是站不住脚的。米诺尔斯基曾考虑把 Qūn 比定为铁勒诸部中的"浑"，但他后来否定了这种意见④。

笔者的意见与米诺尔斯基恰恰相反，Qūn 可能就是浑。

---

① 《中亚突厥史十二讲》，罗致平汉译本第 119 页。

② 标点本，第 1843 页。

③ 标点本，第 1580 页。

④ 以上有关浑的史料参见《敦煌石室遗书》第一集《张氏勋德记残卷》；万斯同《唐代文献丛考》，第 91 页；斯坦因敦煌 6342 号卷子及周伟洲《吐谷浑史》；《新唐书》卷 225 下。夏伦和米诺尔斯基意见参见马卫集书，第 99 页，注 3。

如果不考虑将浑与匈奴挂钩的问题，则浑的名称首见于《隋书》卷 84《北狄·铁勒传》："铁勒之先，匈奴之苗裔也，种类最多。自西海之东，依据山谷，往往不绝，独乐河北有仆骨、同罗……并号俟斤，蒙陈，吐如纥、斯结、浑、斛薛等诸姓，胜兵可二万。"新旧《唐书》在列举十五种散居碛北的铁勒部落时，也提到了浑[1]，足见它是活动在我国大漠以北的古老的游牧部落。唐贞观二十年（646），薛延陀破灭后，铁勒诸部酋长入观，次年太宗于其他地置六府七州，其中浑部所居地为皋兰州[2]（今蒙古国土拉河流域），后分为东、西二州。后突厥汗国兴起，默啜可汗取铁勒故地，浑与回纥、契芯及思结等四部被迫度至漠南，徙居甘（今张掖）、凉（今武威）之间，不久又返回碛北。浑部虽与回纥关系密切，但他们并不属于回纥。回纥内有族姓九，再加葛逻禄、拔悉密，共称十一姓，与仆骨、浑等六部为"相等夷"。此六部不列于回纥诸姓之中[3]。840 年回鹘汗国崩溃后，浑部似乎并没有随回鹘远走。直至后唐同光三年（925）二月，史籍中仍有"突厥浑解楼"遣使者来的记载[4]。这时浑显然与其他突厥部落混居在一起。

今藏法国国家图书馆（Bibliothèque Nationale）编号为伯希和 2471（P. 2471）的敦煌和田塞语卷子中提到了一个词 hūnvāstä，据贝利释读，这是部名 hūna 的复数加了方位格标志 3stä，义为"朝着 Hūna 每"。贝利对 Hūna 部的勘同提出了三种可能性：1. 匈奴；2. 浑部；3. 吐谷浑的略称。但他不能定夺[5]。笔者认为，这个 Hūna 应指河西的浑族。

---

① 《旧唐书》卷 199 下；《新唐书》卷 217。
② 《旧唐书》卷 195；《新唐书》卷 217 上；《资治通鉴》，中华书局标点本，第 6244 页。
③ 《旧唐书》卷 199 下；《新唐书》卷 217 上。
④ 《册府元龟·外臣部·朝贡》，《旧五代史》卷 32；《新五代史》卷 5。
⑤ 见《一段有关甘州突厥人的和田文史料》（H. W. Bailey：AKhotanese Text concerning the Turks in Kantsou），载《大亚洲》AM，1949 年，和田文拉丁转写，第 38 行，英译，第 34 页及第 48 页注释 38。

马卫集说，Qūn 族是在契丹的武力压迫下西迁的。查契丹历史，辽太祖耶律阿保机在平定了左近诸部后，开始向西扩张。神册元年（916）秋七月，他"亲征突厥、吐浑、党项、小蕃、沙陀诸部，皆平之"[①]。其中突厥可能指的就是浑以及与浑有关的铁勒、突厥部落。如此说不误，则契丹的向西扩张，与马卫集所述 Qūn 族的西迁应是同一件事。天赞三年（924），契丹兵再"逾流沙，拔浮图城，尽取西鄙诸部"[②]。浮图城已在北庭一带，故浑族（Qūn）的西迁应在此以后。

三、Qāy 与奚之关系

在马卫集所提到的这个一连串的民族迁移的链环中，位于最东方的，是一个被称为 Qāy 的部落集团。Qāy 是什么人？在阿拉伯文中，Qāy 和契丹（Qitāy）这两个名称在写法上虽易于混淆，但 Qāy 族的名称在一些穆斯林史料图籍中，例如比鲁尼的《东方民族编年史》和可失哈里的《突厥语大词典》等中，曾一再出现，足以说明 Qāy 的名称不是契丹的讹写。

本文第二节在讨论 Qūn 族时，已提到过比鲁尼的记载：第六区始于东方突厥人之地，诸如 Qāy，Qūn，辖戛斯，Kimäk 和九姓。在诸部的排列上，比鲁尼与马卫集一样，把 Qāy 族置于最东部，而 Qūn 族则与 Qāy 相比邻。看来比鲁尼所记是这场民族迁移浪潮之前的情况。

在可失哈里的《突厥语大词典》中，曾数次提到 Qāy 这个部落名称。其中第一次是在作者列举从西向东的突厥部落时，其文曰：

"关于突厥人的分类以及略述其诸部概要：

我（按指作者可失哈里）将概述东方世界每个部落的地理位置。他们将按从西向东的顺序被列举出来，包括异教徒和穆斯林，从那些最

---

① 《辽史》卷 1。
② 《辽史》卷 2。

靠近拂菻（Rūm）的开始列举。首先是佩奇内克（Bächnäk），然后是钦察（Qifchaq），然后是乌护（Oghuz），然后是 Yemäk（按即 Kimäk），然后是巴只吉惕（Bashghirt），然后是拔悉密（Yasmil，按即 Basmil，在《突厥语大词典》阿拉伯文原文中，所有的 B 都写作 Y），然后是 Qay，然后是叶护部（Yabāqu），然后是达旦（Tatār），然后是辖戛斯（Qirqiz），后者离秦（Sīn，按指中国）最近"[1]。

将可失哈里的上述记载与比鲁尼所记相比，可发现 Qāy 族的居住地发生了变化。但在可失哈里的上述记载中，巴只吉惕以东的部落的排列，并非严格按照从西向东的顺序，例如将辖戛斯置于达旦之东。所以当时 Qāy 人的位置仅据可失哈里的上述记载，还不能确定。

在《突厥语大词典》作者所附圆形地图中，在也儿的石河（今额尔齐斯河）与亦马儿河（今鄂毕河）之间，分别标注着"处密人之居地"以及"Qāy 人之居地"。明伽纳（Mingani）在 1933 年 5 月 10 日的《曼彻斯特卫报》（Manchester Guardian）上，刊出了一份 1150 年绘出的叙利亚文地图。图中在所谓第六区的东限标明："辖戛斯、Qay 和 Qun，突厥人和蒙古人之地。"[2] 尽管学者们怀疑它的绘成年代，但此图中 Qay 族的位置与《突厥语大词典》所记却是大致相同的。

可失哈里说 Qāy 族是突厥人的一个部落[3]。作者在列数诸部拥有自己语言的部落时，又一次提到了 Qāy 族：

"到目前为止我所提到的，都是定居民族。在游牧民族中有处密（chömül），他们自己有一种语言（ratāna），但也懂突厥语；Qāy，叶护部（Yabāqū）、达旦和拔悉密也是如此，这些集团的每一个都有自己的语言，但他们也都懂突厥语。"[4] 许多学者已经指出，可失哈里有关

① 《突厥语大词典》英译本（Compendium of the Turkic Dialects），卷 1，哈佛，1982 年，第 82 页。

② 参见马卫集书，第 97 页。

③ 《突厥语大词典》，英译本，卷 2，手稿第 514 页。

④ 《突厥语大词典》，英译本，卷 1，手稿第 25 页。

"突厥人"的概念是很含混的。他所列举的突厥人原本所有的 20 个部落，包括了根本不属于突厥族的达旦、唐兀惕、契丹和桃花石（宋）。

看来 Qāy 人与达旦等族一样，当时都不是操突厥语的民族。但至蒙古时代，拉施都丁作《史集》时，Qāy 人已完全被视为突厥部落。《史集》记乌古思可汗事迹时，将乌古思部众分为两个部分，第一部分称为孛祖黑（būzuq），以三个年长的儿子率领。属于孛祖黑的长子坤汗（kün khan，突厥语，译言太阳汗）之长子名 Qāyī，其义为健壮者①。

米诺尔斯基猜测，Qāy 族即汉文史料中的奚人。尽管在突厥文《阙特勤碑铭》中，奚人被称为 Tatabi，但在汉文史料中，他们始终被称为库莫奚或奚。奚的名字亦见于法国国家图书馆收藏的 1283 号藏文卷子，其文曰：东境有一部落，蕃人称之为 He，汉人称之为 He-tse，突厥人称之为 Dad-pyi，部落酋长名 Cong-bong-ya②。库莫奚之名首见于《魏书》卷 100，他们是鲜卑人的一支。344 年，十六国中的前燕慕容皝击破这支鲜卑人，部落析为三：宇文、契丹和库莫奚。库莫奚居于契丹之西，弱洛水（今西拉木仑河）之南。隋以后只称奚。"奚"字，隋唐时为匣母蟹韵，开口平声四等，拟音 γiei，从族名和所居地望来判断，马卫集和比鲁尼所说的 Qāy，很可能就是汉文史料中的奚。

奚人在隋时已分为五部，曾役属突厥。入唐后，唐太宗于其地置饶乐都督府，五部各置州。奚与契丹的关系十分密切，两国互为表里，号曰两蕃③。唐末光启（885—887）中，契丹贵族钦德"乘中原多故，北边无备，遂蚕食诸郡，鞑靼、奚、室韦之属，咸被驱役"④。耶律阿保

---

① 《史集》汉译本，第一卷第一册，第 140—142 页。

② 王尧、陈践《敦煌古藏文本"北方若干国君之王统叙记"文书介绍（附译文）》，《中国史研究动态》1979 年第 12 期，第 9 页。森安孝夫著，陈俊谋译《敦煌藏语史料中出现的北方民族》，《西北史地》1983 年第 2 期，第 105 页。

③ 《旧唐书》卷 199 下，中华书局点校本，第 5354 页。

④ 《旧五代史》卷 137，中华书局点校本，第 1827 页。

机之父撒剌的（德祖）曾俘奚王部曲之半七百户①。耶律阿保机任挞马
狨沙里职时曾伐"六奚"克之②。至唐天复元年（901），契丹贵族钦德
称汗后，耶律阿保机受命多次出征奚部③。故《新唐书·奚传》曰：
"契丹方强，奚不敢抗，而举部役属。虏政苛，奚怨之，其酋去诸引别
部内附，保妫州（今怀来）北山（今张北一带），遂为东、西奚。"奚
贵族去诸的事迹亦见于五代史籍："契丹阿保机强盛，室韦，奚、霫皆
服属之。奚人常为契丹守界上，而苦其苛虐。奚王去诸怨叛，以别部西
徙妫州，依北山射猎……其族至数千帐，始分为东、西奚。"④

907 年，耶律阿保机即位后，加强了对奚的征服。910 年，"乌马山
奚库支"等叛，契丹"讨平之"。次年，阿保机"亲征西部奚。奚阻
险，叛服不常，数招谕弗听。是役所向辄下，遂分兵讨东部奚。亦平
之。于是尽有奚，霫之地"⑤。契丹的征伐并未能使奚人屈服。他们与
后唐往来以为援。奚贵族去诸之子曾收纳契丹叛臣⑥。天赞二年
（923），阿保机"讨奚胡损，获之，射以鬼箭。诛其党三百人，沉之狗
河"⑦。直至辽太宗耶律德光南下立晋（936）以后，西奚才降服于辽⑧。
奚贵族成为契丹国内有地位的世贵。辽中期以后，辽朝以奚王牙帐之地
为中京，府曰大定。

太宗以后直至辽末，史料上不再见有奚人大规模反叛契丹之事，奚
人的六部也完整地保留着。追踪 Qūn 族的 Qāy 人，或许是契丹兴起之
初，因不堪忍受压迫而西行的一部分奚人，或许是受命于契丹贵族，进

---

① 《辽史》卷1，中华书局点校本，第2页："德祖俘奚七千户"。卷33，第
387 页："俘其拒敌者七百户。"
② 《辽史》卷1，第1页。
③ 《辽史》卷1，第2页。
④ 《新五代史》卷74，中华书局点校本，第909页。
⑤ 《辽史》卷1，第4页。
⑥ 《新五代史》卷14，第910页。
⑦ 《辽史》卷2，第18页；卷33，第387页。
⑧ 《新五代史》卷74，第910页。

攻 Qūn 人的一支奚人部族军。在辽太祖西征战事中，奚部族军是从征的劲旅。天显元年（926）"以奚部长勃鲁思，王郁自回鹘、沙陀、吐蕃、党项"等从征有功，"优加赏赉"[①]。追踪 Qūn 族的 Qāy 人可能是在这种情况下出现的。汉文史料中没有西征奚军长驻彼方的记载，如果我们要肯定米诺尔斯基把 Qāy 比定为奚的猜测，则只能假定有一支奚人迁移到了西方，而汉籍漏载此事。本文前面提到，《史集》把 Qāy 说成是乌古思可汗的长子的后裔。乌古思可汗只是传说中的人物，如果说其传说能够给我们点启示的话，那就是：即使 Qāy 人确实起源于奚人，那么当 Qāy 人定居于西方后，他们也与自己所源出的那支 Tatabī（库莫奚）没有什么联系了。

四、花剌子模沙也斤赤

辽代中期，契丹人仍不断对西北用兵。开泰元年（1012），耶律化哥"伐阻卜，阻卜弃辎重遁走，俘获甚多。帝嘉之，封邠王"。耶律化哥归阙后，辽西北边吏向朝廷奏报，守兵粮乏马匹，势不可守，辽廷遂遣耶律化哥再次经略西境。"化哥与边将深入。闻蕃部逆命居翼只水（也儿的石河），化哥徐以兵进。敌望风奔溃，获羊马及辎重。路由白拔烈（突厥语地名 Bir-baliq），遇阿萨兰回鹘，掠。都监衰里继至，谓化哥曰：'君误矣！此部实效顺者。'化哥悉还所俘。诸蕃由此不附"[②]。上面提到的白拔烈（Bir-baliq），即元代之白八里城，亚美尼亚国王《海屯行纪》所载之 Berbalex。bir，突厥语，译言一，baliq，突厥语城也。《元史·哈剌亦哈赤北鲁传》中称作独山城，当为此名之意译，其地位于今新疆木垒县境。阿萨兰，突厥语 arslan，意为狮子，这是突厥、回鹘诸族常见的人名和称号。从这支阿萨兰回鹘的活动地在独山城一带

---

① 《辽史》卷2，第22页。
② 《辽史》卷94。

判断，当为高昌回鹘无疑。耶律化哥第二次出兵的行军路线，显然是沿漠北西行至也儿的石河，再南下入依附于辽的高昌回鹘北境。尽管我们无法确定，上文提到的"阻卜"和逆命居翼只水上的"蕃部"是否与奚（Qāy）或 Qūn（浑）有关。但辽兵的这类军事行动，无疑会给停留在漠或漠西某处的 Qūn 族以极大的压力，迫使他们继续西迁。

根据马卫集记载，曾任塞尔柱算端国内花剌子模沙的也斤赤（Äkinchi）是 Qūn 族人。这条史料对判断 Qūn 族西迁时间的下限有决定性的意义。

也斤赤（Äkinchi）的名字是纯粹的突厥语，意为"农民、播种者"。这个词是由突厥语 äki（谷物、种子、耕地），加上表示职业、身份的突厥语附加后缀"chi"构成的。后来蒙古人也有叫这个名字的[1]。也斤赤的父亲名为火赤哈儿（Qochqar），在突厥语中意为"公羊"。也斤赤的名称透露出 Qūn 族人所受到的农耕文化影响。

出自浑族（Qūn）的也斤赤担任花剌子模沙一事并非传闻，花剌子模诸沙中确有也斤赤其人[2]，他的事迹零散地保存在伊本·阿西尔的《历史大全》和志费尼的《世界征服者史》中。志费尼说火赤哈儿之子也斤赤曾是塞尔柱算端桑扎儿（Sanjar）的奴隶[3]，而伊本·阿西尔则说他是塞尔柱算端 Bark-yaruq 的奴隶，而正是这位算端任命他为花剌子模沙。Bark-yaruq 算端的统治始于 1094 年 10 月至 11 月间。他可能是在推翻其暴虐的叔父阿儿思兰·阿儿浑之后，首次视察呼罗珊时，任命也斤赤为花剌子模沙的。Bark-yaruq 算端 1096 年 4 月抵达彼处，在那里待了七个月以上。也斤赤汇集了一支一万人的军队，然后去麻里兀城见算端，但算端已西返。也斤赤本人在一次欢娱活动中被两名敌对大臣

---

① 拉施都丁《史集》第一卷第一分册，汉译本第 259 页。

② 《伊斯兰百科全书》新版卷 4，C. E. Bosworth "花剌子模诸沙"条，第 1067 页。

③ 《世界征服者史》，汉译本，上册，第 330 页。

所杀[1]。按志费尼的说法，也斤赤的继任者忽都不丁（Qutb al-Din）是在1097年至1098年登位的[2]。马卫集本人是麻里兀人，他关于也斤赤出于浑（Qūn）部的记载应是可信的。

也斤赤之前的花剌子模沙是呼罗珊木儿加布河流域的突厥族人纳失的斤（Nash-tegin），而其后任忽都不丁的则是纳失的斤之子。尽管也斤赤的任期十分短暂，但他对整个塞尔柱算端国东北部花剌子模事态的了解，必然是获得这一任命的先决条件。显然，至少在也斤赤之父火赤哈儿时代，浑（Qūn）族已是花剌子模一个势力显赫的部族，若非如此，也斤赤不可能获得塞尔柱算端的任命，而成为插在纳失的斤父子之间的花剌子模沙。以也斤赤壮年去世，逝年约40—50岁，而其父火赤哈儿长二十岁计，则浑（Qūn）族在花剌子模强盛起来的时代，应在11世纪二三十年代。当然，这个时间与我们上面所提到的耶律化哥的西征，相距过于短了一些。但无论如何，有一点似可肯定：浑（Qūn）族从10世纪上半叶受契丹人压迫而离开故土，到落脚于花剌子模并强盛起来，其间，经过了约一百年时间。米诺尔斯基已认识到，这样巨大的从我国蒙古高原东部开始，一环套一环直至黑海的民族迁移浪潮，不可能是一个短时期里的事情，其整个过程也不可能从外界某一个确定的地点观察到。他设想，这个民族迁移的链环也许分为两部分，即：Qāy-Qūn-Shāriya（撒里之地）和突厥蛮—乌护—佩奇内克。而这两部分的联结点或许在花剌子模[3]。火赤哈儿和也斤赤父子很可能亲自经历，并从内部和外部观察到了这一系列互为因果的迁移，而将自己所见、所历、所闻的情况在某种场合叙述出来，为马卫集所知。

---

① 见马卫集书，第101页。

② 《世界征服者史》，汉译本，上册，第330页。将奥菲译文中的也斤赤，与花剌子模沙也斤赤勘同的工作，首先是巴托尔德进行的（见《蒙古入侵时期的突厥斯坦》英译，第324页，马伽特1914年在《论库蛮族》中也进行了独立的讨论），见马卫集书，第102页，注1。

③ 见马卫集书，第102页。

五、浑（Qūn）族与聂思脱里教

13 世纪叙利亚史学家巴儿·赫卜烈思（Bar Hebraeus）的《圣教编年史》，引述 1009 年波斯麻里兀城聂思脱里教主致报达城（今巴格达）教长术安六世函，其中提到克烈王与其臣民受洗礼事。由于马卫集提到浑族是聂思脱里教徒，米诺尔斯基推测浑（Qūn）是克烈部或汪古部的一部分，或者浑（Qūn）是我们所熟悉的某一个以另一个名称闻名于世的突厥部落的一部分。其理由是：聂思脱里教总部，不可能对一个像浑这样重要部落皈依聂思脱里教毫无所知[①]。他据此再推测浑族（Qūn）西迁在 11 世纪初叶以后。米诺尔斯基的上述推测有重要的缺陷，他只在人们所熟知的突厥、蒙古部落中寻找浑族（Qūn）的踪迹。此外，他把浑族（Qūn）后来在花剌子模的重要地位向前推，设想这个部落在西迁以前，也是一个非常重要的部落。实际上，信奉聂思脱里教而其名称并未见诸景教总部文献的突厥、蒙古部落并不在少数，例如畏兀儿、乃蛮、汪古和一些蔑儿乞人等。目前没有任何材料说明浑族（Qūn）接受聂思脱里教的时间早于或晚于克烈人。预先假定浑族（Qūn）接受聂思脱里教晚于克烈部，是不必要的。笔者的推测是：1. 浑族（Qūn）可能在西迁开始以前已经是景教徒；2. 他们也有可能是在西迁途中，驻足某地，与某个信奉聂思脱里教的部落，例如克烈、汪古或乃蛮等为邻或杂处时，变成景教徒的。

在本文中，笔者已把 Qūn 比定为汉籍中的浑部。如果仅据马卫集的记载，会得出浑人（Qūn）举族西迁的结论，但实际上仍有浑人留在漠西与乃蛮和畏兀儿等为邻。十二十三世纪之交，蒙古兴起，漠北诸部互相兼并残杀，草原大乱。成吉思汗统一诸部后，屈出律率乃蛮余部投奔

---

① 见马卫集书，第 98 页。

西辽，亦有一些乃蛮、浑部及其他部落残种流入中原，为金政府收容，编为"忠孝军"。《金史》卷 123《忠义·完颜陈和尚传》云："忠孝一军皆回纥、乃满、羌、浑及中原被俘避罪来归者，鸷狠凌突号难制。"这里把浑与信奉景教的回纥、乃蛮等并列，可为马卫集称浑是聂思脱里教徒的一个旁证。直至元代，仍有浑人散居河西。《元史》卷 170《袁裕传》记："西夏羌、浑杂居，驱良莫辨。"这些浑人的下落，尚有待追寻。

有关 Shāri、突厥蛮和乌护的讨论，已超出本文的范围，这里从略。

六、Kimäk 部中的达旦人

历史上曾多次发生过游牧民族从东向西的迁移运动，原因不外乎扩张、战败或寻找牧场。仅见之于汉籍的，西汉时有月氏、乌孙的西迁，东汉时有北匈奴远遁，魏晋时有高车西行，唐代又有葛逻禄和回鹘的西迁，毫无疑问，除了这些见诸汉籍的大规模的游牧民族向西迁移活动外，还有许多为汉籍所漏载的，例如浑（Qūn）部西迁这样的行动，或小规模的、零星的迁移运动。840 年黠戛斯破回鹘后，经过约三百年时间，到《元朝秘史》时代，漠北草原基本上蒙古化了。由于史籍中并未明确记载达旦、蒙古诸部的西迁活动，所以漠北草原蒙古化的历史，成了许多学者研究的课题。长久以来，我国学者使用的主要是汉文史料。9 世纪以后，穆斯林地理科学繁盛一时。在一些穆斯林地理学家的著作中，保留了有关突厥、蒙古诸部的宝贵资料。从这些著作中寻找达旦、蒙古诸部西迁的蛛丝马迹，将它们与散见于各书的汉文记载相比较，无疑会促进我们对这一课题的研究。

波斯地理学家葛尔迪齐写于 1050 年前后的著作《报导的装饰》，提到了一部分达旦人向西迁移，进入也儿的石河流域，建立 Kimäk 部落的故事，其文曰：

　　至于诸 Kimäk 人（Kimäkiyān），其来源是这样的：诸达旦人（Tatārǎn）的首领死后遗下二子。长子占据了君位，幼子妒忌其兄。幼弟名设（Shad），他企图杀死其兄，但办不到，［从此］他为自己担忧起来。

　　这位设有一个年轻的女奴（kanīzak，妾），是他的情人（a'shiqe）。他带上女奴从其兄帐廷逃走。他前往一个地方，那里有一条大河（ab-i bururg，或一个大湖），许多树木和丰富的猎物。他在那里扎帐，定居下来（furūd āmad）。后来，七个出自达旦的 muwālidan［或为 muwālīyān（仆人之讹）］来到他们这里。第一个是 Imī；第二个是 īmāk，第三个是达旦（Tatār）；第四个是 Bilāndir（或应为 Ba‐yāndur）；第五个是钦察（Qifchaq）；第六个是 Lānīqāz；第七个是 Ajlād。这是一伙带着其主人们（khudāwandān）的一些马匹放牧的人，但马匹所在地已无多余的牧场。这样他们去设所在的地方寻找草场。当那个女奴看见他们时，她出来，并说道：“irtish”，意为“你们下马”，由于这个原因，这条河被命名为也儿的石（Irtish）。①

　　葛尔迪齐的这段记载，显然不能作为信史看待，但透过这个故事的情节，我们可以窥见 Kimäk 部落形成的大致过程：达旦部落中贵族子弟成年，须各自营生，于是，如同当初吐谷浑从慕容鲜卑分化出来一样，达旦部落的一个贵族“设”率部西行，到达也儿的石河。他们虽然脱离了达旦主体，但是仍然与它保持着联系。以至后来又有七个部落或氏族脱离达旦部落主体，来到也儿的石河，它们与设原先所率领的那个氏族一起，在也儿的石河建立了一个新的部落集团。

　　葛尔迪齐书记载的“也儿的石”的词源来历不明，可失哈里对它

――――――――――

　　① 马尔丁奈兹《葛尔迪齐书中关于突厥人的两章》，《中古欧亚文献》（A. P. Martinez, Gardizi's two chapters on the Turks, Archivum Eurasiae Medii Aevi），第二辑，1982 年，第 120—121 页。

另有一番解释，他写道，也儿的石是"Yemäk（即 Kimäk）草原中的一条河名"，源于一个词，意为："和我竞赛渡河，［看］我们中谁在渡河中更强些。"[1] 巴托尔德则认为"额尔齐斯的命名无疑不是突厥语"[2]。按葛尔迪齐的说法，西迁的达旦人构成了 Kimäk 部落的主体。治蒙元史学者都知道，达旦这个词的含义有两层：其一是指居于蒙古草原东部的塔塔儿部落，这是这个词的原义；其二是泛指漠北、漠南的许多游牧部落，例如蒙古人称为黑鞑、蒙鞑；汪古部称为白达达。拉施都丁说，塔塔儿人在古代征服了许多部落，由于他们的强大，其他部落也称为塔塔儿[3]。按葛尔迪齐的记载，后来加入设的部落的七个来自达旦的氏族中，有一个称为达旦。这个达旦应指塔塔儿部，而不可能是广义的达旦。设最初带出来的那个氏族可能也是塔塔儿人。其他六个氏族，包括钦察（Qifchaq），最初可能是这部分西迁的塔塔儿人的属部。

葛尔迪齐接着叙述道：这七个来自达旦部落的人在设那里放牧到冬天，当大雪来临（biyāmad）时，他们无法回去，也儿的石之地水草丰美，于是他们在那里驻冬。次年开春后，他们派出一个人去达旦部的居地（bungāh），但发现，在他们离开期间，敌人攻过来，杀害了达旦人，现在那里已变得荒凉而空无人烟，于是这七个人奉设为首领［（bi）riyāsat salam kardand］，并尊崇他（ū-rā buzurg dāshtand）。后来其他部落（qaum）得到消息，也投向他们，聚集了七百人。随着时间的推移，他们的人口增多了，就在也儿的石山地分布开来，按我们已经提到的七个人分成了七个部落[4]。

Kimäk 部落很早就已出现，《世界境域志》中已经提到过它，说其东为黠戛斯，南为也儿的石河，西为钦察，其王称为可汗，他手下有十

① 《突厥语大词典》英译本，卷 1，手稿第 61 页。
② 《中亚突厥史十二讲》，汉译本第 117 页。
③ 《史集》第一卷第一分册，汉译本第 116—167 页。
④ 《葛尔迪齐书中关于突厥人的两章》，第 20—121 页。

一个异密，可能是十一个部落。即使我们可以相信葛尔迪齐关于 Kimäk 人源于达旦人的说法，但这绝不可能是指 11 世纪的情况，这个传说的背后应该有真实的历史基础。漠北回鹘汗国时代，回鹘牙帐四周都是突厥、铁勒部落，他们各有份地。大约是在回鹘西迁之前或以后，一小部分达旦人来到也儿的石河流。他们起初还与达旦本部保持着某种联系，后来大约是由于相距地域遥远，或是由于战争、天灾等其他原因，这种联系断绝了，于是在 Kimäk 人中只保留下他们起源于达旦的传说。有些苏联学者猜测，Kimäk 的名字与西突厥的处木昆部或与契丹为邻的库莫奚有关。

可失哈里在解释"郁督斤"这个词时写道：它是"回鹘附近的达旦沙漠中的一个地名"[①]。可见当时达旦、蒙古部落已占据了突厥、回鹘汗国的中心一带，这是支持葛尔迪齐 Kimäk 源于达旦人的说法的一个佐证。

七、土土哈的故里武平折连川

与马卫集所记浑部（Qūn）跋涉万里西迁相类似的，还有汉文史料中记载的元朝大将土土哈所源出的那一支游牧部落西迁钦察的事迹。据史料记载，土土哈乃"钦察人，其先系武平北折连川按答罕山部族，后徙西北绝域。有山曰玉里伯里，襟带二河，左曰押亦，右曰也的里，遂定居焉，自号曰钦察"[②]。

土土哈这一族来自蒙古高原东部的钦察人，引起了中外许多学者的兴趣。1910 年，马伽特在其论文《论库蛮的民族性》中，将土土哈的传记摘译出来。他的论文迟至 1914 年才刊印出来。因第一次世界大战

---

① 《突厥语大词典》英译本，卷 1，手稿，第 81 页。
② 《枢密句容武毅王》，《元朝名臣事略》卷 3 之三，中华书局影印本，1996 年。

的缘故，伯希和1920年方读到马伽特的研究，于是作出长篇评论，刊于法国《亚洲学报》。屠寄作《蒙兀儿史记》时，也充分利用了土土哈的传记资料，并据此讨论这一族钦察人的族源。进入40年代，韩儒林在研究元代西北地理时，又依据这些碑传资料研究玉理伯里山的方位。屠寄的《蒙兀儿史记》出版后，极大地激发了伯希和的研究热情。他与韩百诗合作，在《圣武亲征录译注》中，评述了屠寄的研究成果，并再对土土哈先人源出的武平折连川，和他们西迁后的落脚地玉理伯里作了详细研究。80年代，美国学者爱尔森在研究蒙古军对钦察草原的征服时，着重考察了玉理伯里部族对西征蒙古军的抵抗活动。他的论文引起了在哈佛大学任教的突厥学家普里察克的注意，并引起讨论。

本节拟集中讨论土土哈祖先西迁前的居地"武平北折连川"，并以屠寄的研究作为深入的楔子。屠寄对"武平北折连川"作了如下解释：

"元武平路，本奚王牙帐地，辽时建城，号中京大定府，金改北京大定府，元初为北京路总管府，至元七年改大宁路，二十二年（《元史》卷59《地理志》，第1397页云：二十五年）改武平路，后复为大宁。古城在直隶朝阳府建昌县西北老哈河左岸地，属内蒙古喀喇沁右翼，土名白塔子，蒙兀呼为察罕苏巴尔罕者是也。折连川，蒙兀语石河。斛律金《敕勒歌》指此。唐置饶乐州都督府于此。敕勒、饶乐与折连为声转字。今屠称此水为英金河，源出围场白岔山，东流经赤峰县北，又东与老哈河会。按答罕山，在喀喇沁右翼旗东百五十里。《蒙古游牧记》称为哈特哈，即按答罕异文，义谓妠山，因其山顶不生草木故也。"[1]

依照屠寄的意见，折连，蒙古语，义为石。如是，则：折连当为现代蒙古语 Chilage（石头）的译音。按，此句以下，屠寄意见全误。Chilage 与"折连"音并不相合，况且元代蒙古语石应作 Chilao'un（赤老

---

[1] 《蒙兀儿史记》卷102。

温)。斛律金之《敕勒川歌》亦与此毫不相干。敕勒，即铁勒，应为"突厥"Türük 这个名称的另一音译。今西喇木伦河，唐以前称饶乐水，唐之饶乐州由此得名。饶乐水，又作弱洛水、如洛水。"乐""洛"两字都是以-k 收声的入声字，所以饶乐、弱乐和如洛在唐和唐以前的魏晋时代，读音几乎是相同的。契丹语研究者刘凤翥未考虑到中古汉语的入声问题，误以为"饶乐和弱洛都脱落了末尾的音节'个'或'瓀'"[1]。

《契丹国志·契丹国初兴本末》记西喇木伦河曰："袅罗个没里，复名女古没里……华言所谓潢河也。"潢即黄也。据此可知，饶乐、弱洛、如洛、袅罗个、女古，皆契丹语，意为黄。"没里"，相当于蒙古语"木涟"，译言河。又据《辽史》卷31《营卫志》，契丹"金曰'女古'"。则饶乐、弱洛、女古等又表示"金，金色"。刘凤翥将饶乐的契丹语原音值拟构为 rulugu[2] 的想法，似未考虑"饶""弱"等汉字的古声母。而屠寄所认定的来自蒙古语 Chilage（Chilao'un，赤老温）的"折连"，与敕勒、饶乐不是"声转字"。

伯希和在写作评论马伽特的《论库蛮的民族性》的文章《库蛮》时，似乎只读了屠寄《蒙兀儿史记》卷3《成吉思可汗本纪》中有关"乞卜察兀惕"（即钦察）的注释，故当时对屠寄"折连"〔Chilage（石头）〕饶乐之说未置一词[3]。后来，他显然读到了《蒙兀儿史记》中的《土土哈传》，于是在《圣武亲征录译注》中，对"折连川"等于石川之说详加驳斥。按伯氏的意见，"折连川"之"折连"的蒙古语原文应为 järän，译言黄羊。而"川"并非河（蒙古语"沐涟"），乃表示平川，蒙古语应为 kä'är（客额儿）。故"折连川"，汉言黄羊原也[4]。元

---

[1] 《契丹小字解读再探》，《考古学报》1983年第二期。

[2] 同上注。

[3] 《库蛮》，《西域南海史地考证译丛》二编。

[4] 伯希和、韩百诗《圣武亲征录译注》（Histoire des Campagnes de Gengis Khan，cheng-wou ts'in-icheng lou，traduit et annote par Paul Pelliot et Louis Hambis），卷1，来顿，1951年，第97—100页。

代汉文文献中屡次出现的折连怯儿、者连怯耶儿和折连怯呆儿[1]，可证伯希和以"折连川"当蒙文 järän kä'är（黄羊川）之设想的正确性，但他仍未对折连（饶乐）之说发表意见。

　　土土哈家族虽有其祖先来自东部的传说，但他们已举不出西迁前和西迁过程中的任何事迹，显然是这一族人在缺乏文字记载的情况下，记忆随时光流逝而逐渐淡漠所致。特别奇怪的是，碑传文献一律称土土哈一族的故土为"武平北折连川"。"武平"是金大定七年（1167）才出现的名称[2]。按屠寄的说法，武平的名称在辽代已经出现。他说辽中京府"统州七，次三曰武平"[3]。查《辽史》卷39《地理志》，中京府治辖州中次三曰武安。武安州亦见于《契丹国志》[4]。直至金大定七年方改名为武平。土土哈的祖先不可能迟至金大定七年故居改名为武平以后才西迁。比较合理的解释是，土土哈这一支钦察人在入居汉地以后，曾追寻过自己先人的事迹和祖居地。也许土土哈本人在参与平定乃颜之乱时，曾路过武平或其附近地域，或找过遗留故土的族人作过调查。《元史》在列举折连怯呆儿（折连川）官方牧场的千户名称时，提到了一位伯要觯[5]，即伯岳吾歹。这个伯要觯驻扎于折连川可能是出于偶然，但也极可能是土土哈先祖西迁钦察后，留居折连川的族人的后代（我们下面将要论述土土哈一族的族名乃伯岳吾的问题[6]）。土土哈家族确定武平北按答罕山是自己氏族的发源地的背景，应大致如此。

---

　　[1]　《元史》卷15；卷26，第582页："以者连怯耶儿万户府为右卫率府"，此名在卷86，第2156页和卷99，第2528页中误为"速怯那儿"。见校勘记。
　　《元史》卷100，第2553—2555页，并见《元文类·经世大典序录》，卷41《马政》及《大元马政记》。
　　[2]　《金史》卷24，标点本，第558页。
　　[3]　《蒙兀儿史记》卷3，第18页。
　　[4]　贾敬颜、林荣贵点校本，第209页。
　　[5]　《元史》卷100，第2555页。
　　[6]　应该指出的是，并非所有叫伯岳吾歹的人都是伯岳吾人。篾儿乞伯颜之弟也叫伯要台。

《史集》在记载哲别、速不台攻入钦察草原时记道，蒙古军曾向钦察首领递讯："我们和你们是同一部落（tāyīfa）的人，出自同一种族（jins）。"[1] 看来，至少哲别、速不台的部属中，有人知道武平北折连川按答罕山部族西迁钦察的历史。

以下我们先探讨一下伯岳吾氏的问题，然后再继续研究土土哈的祖先西迁及其族属诸课题。

八、蒙古伯岳吾氏

伯岳吾是一个引起许多元史研究者注意的氏族，因为他不但是蒙古部落的一个分支，还见于康里、Yemek 和钦察人中。伯岳吾又有伯牙兀忒、伯要歹、巴牙兀惕等异写，皆 Baya'ut 一字同名异译。蒙古语谓富为 bayan（伯颜），则此 Baya'ut 之名殆出自 bayan（伯颜）之蒙文复数[2]。从名称判断，这是蒙古氏族。伯岳吾氏散见于各族，正是研究文献所失载的蒙古、达旦部落迁移、分化历史的绝好材料。

按拉施都丁的划分，蒙古伯岳吾氏为迭列列斤蒙古，居地在薛凉哥水两岸，《史集·部族志》中有专节记叙。《元朝秘史》记载，成吉思汗十三世祖朵奔篾儿干时代（辽初），伯岳吾人马阿里黑因贫困，以己子向朵奔那颜换取鹿肉。这一支伯岳吾人从此成了蒙古部贵族的世仆[3]。

12 世纪末，蒙古部内两大贵族集团，乞颜氏和泰赤兀氏为争夺蒙古部汗权而发生十三翼之战时，伯岳吾氏加入成吉思汗之第八翼。伯岳吾氏得与蒙古乞颜氏联姻事见上引韩儒林师文。

---

① 《史集》卡里米（Karimi）博士德黑兰 1959 年刊本，第 382 页；汉译本，第一卷第二册，第 314 页。

② 韩儒林《西北地理札记·三·钦察、康里、蒙古之三种伯牙吾台氏》，《穹庐集》，第 80 页。

③ 《元朝秘史》，第十四至十六节。

九、Yemek 部中的伯岳吾氏

Yemek 就是我们在本文第六节中提到的 Kimäk 部，其居地在也儿的石河流域及以西之地。

目前能够见到的有关 Yemek 人中的伯岳吾氏族的唯一材料，是 13 世纪奈撒微写的《札兰丁传》。据他记载，成吉思汗时代花剌子模沙摩诃末的母亲 Terkän 哈屯和摩诃末本人的妃子，都出自 Yemek 部落的一个分支伯岳吾惕（Bayäwūt）[1]。除了《札兰丁传》以外，就笔者所知，还有志费尼和尤兹加尼提到过花剌子模沙摩诃末的母亲是 Terkän 哈屯的族属。在《世界征服者史》中，她被说成是康里突厥人[2]，阿布勒·哈齐也附和这种意见[3]，但《捍卫者阶层》则说她是钦察汗 Akrān（或 Ikrān）的女儿[4]。Yemek，钦察和康里的区分是一个困扰学者多年的老问题。本节不打算辨析上述诸部的区别。在上述三书的作者中，以《札兰丁传》的作者奈撒微与花剌子模沙王族关系最为密切，他的记载应该比《世界征服者史》和《捍卫者阶层》更为可信。

奈撒微的《札兰丁传》的法译者乌达，两次对"伯岳吾"这个名称作注，说这个部落属于迭列列斤，其居地在薛凉哥水的一条支流只答

---

[1]　韩儒林在《西北地理札记·三·钦察、康里、蒙古之三种伯牙吾台氏》一文中，引《札兰丁传》曰，摩诃末沙之皇后与其母 Terkän 哈屯均为康里部人。查《札兰丁传》原文，并未言及康里。参见 Nasawi, Histoire du Sultan Djela ed-Din Mankobirti, 巴黎，1891—1895 年，阿拉伯原文，第 25 页，乌达法译本，第 44 页。

[2]　何高济汉译本，第 556 页。何氏将志费尼书译为《世界征服者史》，按汉语习惯，个人传记不称为"史"。

[3]　《阿不勒·哈齐把阿秃儿汗的蒙古人和鞑旦人历史》（Histoire des Mogols et des Tatares par Aboul-Ghàzi Béhàdour khan, publiée, traduite et annotée par Le Baron Desmaisons, St. Petersbourg, Imprimerie de l'Acádériale des Sciences, 1874），察合台文原文，第 37 页；戴美桑法译本，第 37 页。

[4]　Tabakāt-i-Nāsirī, Raverty 英译本, A General History of the Mahammadan Dynasties of Asia, 伦敦，1881 年，第 240 页。

河上。按，乌达显然把这支伯岳吾人误认为是蒙古伯岳吾氏了。19 世纪，西方学者尚未注意到，除了蒙古伯岳吾部以外，在 Yemek，钦察和康里人中亦有伯岳吾氏。

至于 Terkän 哈屯和其父，我们下面再作讨论。

十、忒里褰哈屯及与此称号有关之诸问题

花剌子模沙摩诃末的母亲，出自 Yemek 部伯岳吾氏族的 Terkän 哈屯的名字，是又一个引起学者们讨论的问题。自 19 世纪以来，西方蒙古史研究者们，诸如乌达在翻译《札兰丁传》，拉弗梯在翻译《捍卫者阶层》，以及亚美尼亚人多桑在写作他的《蒙古史》时，都一致将这位哈屯的名称译写为 Turkän。冯承钧和余大钧在将《多桑蒙古史》和《史集》译为汉文时，均以"秃儿罕"音译之。《世界征服者史》的波义耳英译本虽已将这位哈屯的名称的译写改为 Terken，但何高济汉译时仍沿用旧译"秃儿罕"。查这个名称在波斯、阿拉伯文文献中作 TR-KAN。稍有突厥、蒙古语言知识的人都知道，因为这个词中含有辅音 -k-，根据语音和谐律，辅音 k 只出现在所有音节的元音都是前元音的词汇中，则这个词只能读为 ter(e)kän，tŭr(e)kän 或 tör(e)kän，而绝不可能读作 turkān。

可失哈里的《突厥语大词典》收录了一个词 tärkän，并作解释如下："tärkän，可汗王朝（khāqāniyya，按指哈剌汗朝国语）语的一个称呼，用于统治一块领土或一个省份的人，它只用于属于可汗王朝（王室）或国君（宗族）的人。这个词的意义为：'您，（一切都被您）臣服的人'（yā mutā）"[①]。可失哈里还在其书中举出实例：kälsä apang

---

① 卷 1，阿拉伯原文，第 222 页；英译第 322 页。

tärkänim "如果国君来的话"[1]；又 tärkän qatun，"皇后"[2]。很明显，后者恰恰就是穆斯林史书中所记载的花剌子模沙摩诃末母后的"名称"。

根据可失哈里的解释，我们可以确定，Terkän 哈屯并不是一个普通的名字，而是只有国君或王室贵族的女眷，或者与汗或王室有亲缘关系的男女才能拥有的头衔。英国突厥学家克劳森认为，它用于男性时，尊贵程度略低于可汗[3]。查检志费尼书和尤兹加尼书，可知 Terkän 和 Terkän 哈屯是突厥各族中使用了相当长时期的尊贵称号。

20 世纪初，普鲁士王国吐鲁番考察队在我国吐鲁番地区所发现的古代畏兀儿文文献中，tärkän 这个称号曾多次出现，均用于显贵出身者，特别是王室女眷，可证可失哈里的解释之不误，例如：

普鲁士王国吐鲁番考察队参加者冯·勒·科克的《火州出土的摩尼教突厥语文献》卷 3 中有："那些在赐福的土地上生活的（tä）rkän 公主们（qunchuilar），虔诚的的斤们（tängrikän tegitlär），国之于越（按即颉于加思）、使臣和智者们（el ügäsi elchi bilgälär）。"同书第 41 页："tärkän qunchui（公主）。[4]"此外，吐鲁番出土的两木杵铭文中有："信教女（upasanch），虔诚的的斤（tängrikän tegin），纯洁的 tärkän 公主帖林（silig tärkän qunchui tängrim），居士（upasch），杰出的亦难赤·沙州将军（kŭlŭg inanch sachu säng-gŭn）"[5]。在缪勒出版的约写于 830 年

---

① 同上书，卷 2，阿拉伯原文，第 371 页，英译第 67 页。

② 同上书，卷 1，阿拉伯原文，第 189 页，英译第 289 页。

③ 《十三世纪以前突厥语词源词典》（Sir Gerhard Clauson, An Etymolgica Dictionary of Pre-thirteenth-Century Turkish），剑桥，1972 年，第 544 页。

④ A. von Le Coq, Turkische Manichaica aus Chotscho, Ⅲ, APAW, 1922, Nr. 2, 34, 此据德福《新波斯语中的突厥语、蒙古语成分》（Gerhard doerfer, Türkische und Mongolische Elemente im Neupersischen），卷 2，威斯巴登，1965 年，第 495 页，第 889 条。

⑤ F. W. K. Mŭller, Zwei Pfahlinschrften aus den Turfanfunden，载《柏林普鲁士王国科学院论文集》（Abhandlungen der Preussischen Akademie Wissenschaften zu Burlin，简写作 APAW），1915 年，第三号，第 7 页。

的古回鹘文摩尼教赞诗 Mahrnamag 残片第 9 页有："sabci 摩诃（maγa）tärkän 于越"[1]，前三例 tärkän 称号用于王室女眷，尤其是公主，后一例用于男性。这个称号亦见于现存于武威文管所的回鹘文《高昌王世勋碑》第 187 行[2]。tärkän 这个词至今还保存在雅库特语中。在别卡尔斯基 1917 年至 1930 年出版的《雅库特语词典》第 2643 页有：tärgän，tärkän，旁注俄译"伟大的"[3]。

按《辽史》卷 71《后妃传》记云："辽因突厥，称皇后曰'可敦'，国语谓之'赋俚塞'。"同书卷 116《国语解》又记曰："忒里蹇，辽皇后之称。[4]"契丹皇室后妃的称呼赋俚塞、忒里塞，显然就是 terkän 这个词的音译。这样，立刻就会产生一个问题，可敦（哈屯）和忒里塞之间的区别，难道真像《辽史》所说的那样，前者是因突厥旧制而得来的称号，后者是契丹"国语"中的相应词汇吗？笔者曾论证过，可敦与可汗一样，并非源自突厥的称号，古代东胡系统的民族拓跋、乞伏、柔然、慕容、吐谷浑等早已用之，其中拓跋人甚至早在公元初，或公元前就用它们来称呼自己部落的首领[5]。而忒里塞的称号，虽说在突厥语中君主及其女眷都能使用，但从现存文献看，9—13 世纪时，男性已有减少使用的趋势。如果单单依据契丹语"忒里塞"仅用于称呼皇后这一点，似可推定，契丹人在保存东胡人祖先所传下来的可敦称号之后，又从突厥、回鹘人那里接受了 tärkän 这个称号。也即对契丹人来

---

① F. W. K. Müller, Ein Doppelblatt aus einem manichäischen Hymnenbuch（Mahrnāmag），APAW，1912，兹据德福《新波斯语中的突厥语、蒙古语成分》，卷 2，第 495 页。

② 卡哈尔·巴拉提，刘迎胜《亦都护高昌王世勋碑回鹘文碑文之校勘与研究》，南京大学《元史及北方民族史研究集刊》第八辑，1984 年，第 68、78、88 页。

③ 据上引德福书。

④ 中华书局标点本，第 1198 页，第 1548 页。

⑤ 参见拙文《拓跋鲜卑的故土及其迁移》（Liu Yingsheng, Zur Urheimat und Umsiedlung der Toba），载《中亚杂志》（CAJ）卷 33，第 1-2 号。

说，可敦是本族词汇，忒里蹇是外来语；而对突厥人来说，可敦是自东胡系统民族借入的称号，而忒里蹇才是突厥人的本族称号。这一推测与《辽史》的说法恰恰相反。

但克劳森和德福都怀疑 terken 不是源于突厥语的词，克劳森怀疑它是外来词[1]，德福猜测 terken 可解析为 ter+ken，有如 burxan（佛），pärikän（仙女，女妖）。后缀 -xan/-kän 义为领主，bur-〔汉语 but（佛），päri〕波斯语 pari（仙女）。他推测 terken 的 ter-或许与 tärim（"陛下，殿下"，元代音译作帖林）源于同一词根。他进一步推测，这个词根 tär 或许是来自柔然的语言[2]。魏特福和冯家升在《中国社会史》中讨论忒里蹇这一称号时说，"这个词使人想起蒙古语 terigǔn，'头、项，源'"[3]。门格斯也持这一看法[4]。德福反对这一看法，他根据《元朝秘史》terigǔn 这个词的汉字注音指出，terigǔn 这个词在 12 世纪肯定已发音为 teri'ǔn（帖里温），所以把 terken 与 teri'ǔn 相比较是无意义的[5]。据笔者的看法，德福的反驳是软弱的。尽管"头、项"这个词在 12 世纪蒙古语中已脱落了词中腭音（g），但这个腭音（g）在更早的时代无疑是存在着的，这就为 terigǔn（头项）与 terkän（忒里蹇）比较提供了基础。这又使我们想起伯希和关于契丹人操一种腭音很重的蒙古语的推测[6]。写到这里，需要声明的是，笔者自知所见有限尚不能解决花剌子模沙的母后出自 Yemek 伯岳吾氏族的忒里蹇哈屯称号的语源问题，书此留待于将来识者。

---

① 《十三世纪以前突厥语词源词典》，第 544 页。

② 《新波斯语中的突厥语、蒙古语成分》卷 2，第 498 页。

③ Karl A. Wittfogel and Feng Chia-sheng, *History of Chinese Society*，参见德福上引书，第 497 页。

④ K. H. Menges, Titles and Organizational Terms of the Qytan（Liao）and Qara-Qytay（Shi-Liao），RO，17（1953），第 68—79 页；兹据德福上引书，第 97 页。

⑤ 德福上引书，第 497 页。

⑥ 《库蛮》，《西域南海史地考证译丛》，二编。

伯希和对花剌子模沙摩诃末的母后的称号 TRKAN 读作 terkän 仍有怀疑，尽管《突厥语大词典》收录了这个词，但伯希和却以可失哈里不时出现的元音错误为理由，提出这个称号有可能读作 tŭrgǎn 或 tŭrägän。伯希和举出元太宗窝阔台之后脱列哥纳 törägänǎ 皇后的例子为证。脱列哥纳皇后在《元朝秘史》第 198 节中音译作朵列格捏（Döregene），《元史》称之为乃马真氏，意为乃蛮部女子。伯希和据此提出第一个假设，即脱列哥纳（törägänǎ）是"忒里蹇"（terkän）的一种（乃蛮）方言形式。当然不言而喻的是，伯希和已预先假定，乃蛮是操突厥语的部落。

伯希和循 tŭrgän 这种读法继续向前探索。他以可失哈里关于此名也施用于王室男性成员的说法为依据，在元代汉文文献中找寻带有此称号的人，居然有幸找到了。阎复的《太师广平贞献王碑》提到一个叛王乃颜的同党"哈丹秃鲁干"[①]。他显然就是《元史·宗室世系表》中所记成吉思汗之弟哈赤温的长孙[②]。而按《史集》，哈丹应是哈赤温的玄孙[③]。汉文和波斯文所记竟然相差了两代，看来《元史·宗室世系表》所记哈丹系谱恐有讹误。

屠寄在其书《乃颜哈丹列传》中解释哈丹秃鲁干这个名称的后半部分"秃鲁干"云："秃鲁干，蒙兀语，头人也。哈丹未嗣王爵，故旧史止称为秃鲁干。"[④] 屠寄这里提到的所谓蒙兀语"头人"无疑是 teri'ŭn（帖里温）这个词。这样这个问题几乎又绕回到我们前面讨论 terkän（忒里蹇）的辞源时所走到的那一步。由于问题不是讨论 teri'un（帖里温）与忒里蹇挂钩，而只是寻找"秃鲁干"的原字。所以伯希和直截了当地指出屠寄的比附是荒唐的。他认为应该考虑哈丹秃鲁干读为

---

① 《元文类》卷 23 及《元史》卷 119，第 2947 页。哈丹秃鲁干的名字还见于《元史》卷 15，第 312、316 页，同书卷 154，第 3634 页。

② 《元史》卷 107，第 2711 页。

③ 《史集》汉译本，第一卷第一册，第 76—77 页之间图表。

④ 《蒙兀儿史记》卷 75，第 3 页。

Qadan-Türǔgän 或 Qadan-Türgän 的可能性。另外，在《元史》卷 131 《伯帖木儿传》中提到一位乃颜、哈丹的部将忽都秃儿干，他的名字在《元史》卷 154《洪福源传》中写作古土秃鲁干，而在卷 166《王绰传》中又作古都秃鲁干[1]。伯希和认为，他名称的第一部分究竟应写作 Qodu 或 Qutuq 尚不能确定，但后一部分明显是 Türgän。如以秃鲁干当忒里塞，则这个古都秃儿干很可能也是宗亲诸王。伯氏还在波斯史料中寻索证据。《史集》提到了一个八邻部千夫长，名 Mongqol TRKAN，而同一个人在《成吉思汗纪》中作 Mongqol TURKAN[2]。这表明拉施都丁是把这个名称读作 Türgän 的。根据以上诸例，伯希和又作出另一个假设，即《突厥语大词典》对 tärken 这个词的标音可能是错的，而花剌子模沙摩诃末的那位伯岳吾忒氏母后的称号似应读为 Türkän 哈屯[3]。德福对伯希和的两个假设从根本上持反对意见，他认为把 terkän 与"脱列哥那"相对比是无意义的[4]。笔者认为，伯希和的两个假设有一定的合理性，尤其他认为从汉文和波斯文史料中检出的秃鲁干（Türkǎn），与可失哈里收录的 tärken 表示同一个称号，这一点的确是不容怀疑的。但伯希和没有考虑到《辽史》中提到的忒里塞这个称号，这使其第二个假设的基础变得十分虚弱。伯氏的第一个假设已给出了解决忒里塞与秃鲁干读法上区别的途径，即这可能是两种不同的方言对同一词汇的不同发音。

十一、Yemek 伯岳吾忒部长敝史及其称号

按奈撒微的记载，成吉思汗时代花剌子模太后忒里塞哈屯的父

---

① 《元史》，第 3195、3634、3892 页。
② 《史集》汉译本第一卷第一册，第 308 页，第一卷第二册，第 367 页。
③ 《圣武亲征录译注》，第 89—91 页。
④ 《新波斯语中的突厥语、蒙古语成分》卷 2，第 497—498 页。

亲，乃突厥伯岳吾部的一位王公，名 changshi。忒里塞哈屯嫁给了
1172 年至 1200 年在位的伊利·阿儿思兰之子花剌子模沙帖克失
（Tekesh）。当摩诃末 1200 年继承父位，登上花剌子模沙宝座时，忒
里塞哈屯曾率领其部周邻的全部 Yemek 突厥部落支持他。花剌子模内
部王位更迭发生纠纷时，她的一支七千人的骑兵起了重要作用，这支
骑兵"绝大多数是伯岳吾忒人，其统帅为 Tushi-Bahlawān，别名忽都
鲁·沙（Qutluq Shāh）"[1]。看来，Yemek 部的这一支伯岳吾人，在
12 世纪已发展为花剌子模北部的一个强大的势力集团。进入 12 世纪
中叶以后，游牧的 Yemek 伯岳吾忒人对花剌子模国的影响日益增加。
在这种情况下，花剌子模沙帖克失、摩诃末父子两代相继娶 Yemek 部
落伯岳吾氏贵族女子为后，伯岳吾氏成为花剌子模的后族，就毫不奇
怪了。

提到忒里塞哈屯父名的，除了《札兰丁传》之外，尚有尤兹加尼
书。书中说，忒里塞哈屯的父亲，乃钦察部长 Akrān（或 Ikrān），马伽
特则把他称为黑的儿汗（Qadir-khan）。因手头无其书，不明所据，暂
置不论。伯希和怀疑尤兹加尼所记 Akrān 乃 Aɣrāq 之讹[2]。由于词源不
明，亦无法深入。现在所能讨论的，只是奈撒微所提到的忒里塞哈屯的
父亲 changshi。

changshi 这个名字，乌达转写为 Djankachi，其阿拉伯原文为 JNK-
SH。明眼人立刻可以看出，它显然就是《辽史》中之敞史，译言官府
之佐史也[3]。伯希和、韩百诗在《圣武亲征录译注》中，已直截了当地
把忒里塞哈屯的父名转写为 changshi。

敞史（changshi）源自汉语"长史"，在唐代已传入突厥民族中。

---

① 《札兰丁传》，阿拉伯原文，第 42、56—57 页，乌达法译本，第 72、96
页。
② 《圣武亲征录译注》，第 95 页。
③ 《辽史》卷 116，标点本，第 1538 页。

黠戛斯人官职分为宰相、都督、职使（源自汉语"刺史"）、长史、将军、达干等六等，其中长史有十五员①。在卢尼字叶尼塞突厥文碑铭中，已有毗伽长史（bilgä changshi）的称号②。20世纪初普鲁士考察队从吐鲁番掠走的畏兀儿文文献中，亦有 changshi 的头衔③。进入辽代，这个来自汉语的官号被正式称作"敞史"④。而这个官职，在辽太宗会同元年（938）之前被称为"郎君"⑤。据《辽史·百官志》，敞史之职在南北枢密院、夷离毕院、北面皇族帐官的四帐都详稳司、北面诸帐官之遥辇侍中以下和大国舅司诸衙门、诸行宫斡鲁朵、北面坊场局诸路群牧使司内均有设置。

《辽史·耶律何鲁不传》记载，何鲁不"晚年为本族敞史"⑥。说明契丹人在宗族或部族中亦设敞史官职。

十二、十三世纪之交，蒙古人中有一个敞失兀惕氏，属尼仑蒙古乞颜氏，乃成吉思汗之伯父蒙格秃·乞颜之后裔。这个氏族名见于《元朝秘史》第120节、第213节和《史集》。

敞失兀惕，是敞史这个词的蒙语复数，表示"敞史之民"。很可能蒙格秃·乞颜本人受过金朝的册封，担任本部"敞史"。也许是因为这个氏族形成较晚，势力较小，故在《史集·部族志》中没有列出专条，在《元朝秘史》中也未如同泰赤兀、巴鲁剌思等氏族一样交代其来历。在十三翼之战中，敞失兀惕氏加入成吉思汗之第八翼。至于成吉思汗时

---

① 《新唐书》卷217下，第6148页。

② 拉德罗夫《蒙古的古突厥碑铭》（Radlov, Die altŭrk·lnschr·der Mongolei），第338、433页。

③ F. W. K. Mŭller, Festschrift fŭr Vilh. Thomsen，第211、213页，兹据《圣武亲征录译注》第80页。

④ 贾敬颜、林荣贵点校（宋）叶隆礼《契丹国志》，上海古籍出版社，1985年，第224页《建官制度》，敞史作敞失，或为印刷错误。

⑤ 《辽史》卷4，第45页：[改]"南北府、国舅帐郎君官为敞史"。同书《百官志》第714页："太宗会同元年，改郎君为敞史"。

⑥ 《辽史》卷77，第1259页。

代，这个氏族的首领是谁，《史集》与《元朝秘史》所记各异，此不赘述①。

尽管长史（changshi）这个词在唐代已传入突厥诸部，并保存在畏兀儿语中，但在中古突厥语的主要代表之一哈剌汗王朝突厥语中，似乎已很罕见。可失哈里在解释 changshi 这个词时说，这是"一位于阗异密的名字，该城曾被他征服，据说此名是从贾姆希德（Jamshid）变来的"②。作者未举出哈剌汗王朝西北诸部使用这个词的例子。看来不仅在该王朝宫廷上下已无人使用这个称号，而且似乎在当时中亚北部的突厥语中，这个在古代来自汉语的"长史"称号也已经消失，以至可失哈里已不明了"敞史"这个称号的含义。而哈剌汗王朝南部的突厥人，也只是隐隐约约地体会出这个称号有某种尊贵的意义，这才会产生《突厥语大词典》牵强附会地把它与波斯传说中的英雄贾姆希德联系起来的现象。

忒里塞哈屯的父亲 Yemek 伯岳吾忒部长拥有"敞史"的称号一事，应该说明这个来自汉语的称号，在经历了一个消失的时代断层之后，在花剌子模北部的突厥语中重新出现。如何解释这一现象呢？我们可以设想两种可能：1. 这支 Yemek 突厥人的统治民族伯岳吾人本身曾是契丹统治下的民族（例如奚、达旦等），他们从蒙古高原重新带来了"敞史"的称号；2. 忒里塞哈屯的父亲或先人受有西辽封号。

十二、钦察玉理伯里部的伯岳吾氏

现在我们回到本文第七节所提到的土土哈家族。土土哈及其子床兀儿是元代著名的钦察将领。土土哈之孙燕帖木儿为元末权臣，其女得立

---

① 韩儒林《成吉思汗十三翼考》，《穹庐集》，第 9—10 页。
② 《突厥语大词典》卷 2，哈佛，1984，阿拉伯文原稿，第 609 页，英译文，第 343 页。

为顺帝皇后，称伯牙兀后，故知土土哈家族乃钦察之伯岳吾氏①。伯希和 1920 年在其论文《库蛮》中，尚未提到土土哈的族属，而在他与韩百诗合著的《圣武亲征录译注》中，已提及从顺帝后伯牙兀氏纳答失里推知土土哈氏族族属的问题，其受屠寄启发是显而易见的。

《元史》卷 134 还提到一个钦察人名，乃"玉耳伯里伯牙吾台氏，祖哈剌察儿，率所部归太祖"。这个玉耳伯里，就是土土哈先人西迁后所落脚的那个玉理伯里。哈剌察儿既出于玉理伯里，又为伯岳吾氏，则他为土土哈的族人无疑②。

另一个比较著名的玉理伯里人是拜降。《元史》卷 131 称他是北庭人，故钱大昕编《元史氏族表》时，将他列为畏兀儿人。《新元史》将拜降改为伯行，并将其族属改为玉吕伯里，但未列资料出处。奇怪的是《新元史》在《氏族表》中仍照抄钱大昕书，称拜降，不称伯行，并称之为畏兀氏③。屠寄也把拜降改为钦察人，并注云："旧传称北庭人，似别失八里畏兀儿种贻误。碑称玉吕伯里氏"④，仍未交代资料所出。伯希和、韩百诗虽博识饱学，毕竟检索不易，他们在著《圣武亲征录译注》时，注意到拜降的族属问题，征引了屠寄的论述⑤。中华书局标点《元史》时，对《拜降传》未作任何校订。袁桷之《清客居士集》卷 26 有《江浙等处行中书省左丞玉吕伯里公神道碑铭》，显系柯绍忞、屠寄之所据。碑文曰："公系出玉吕伯里氏，讳伯行，大父阿鲁，家西北部，世安其俗，精骑射。父忽都，勇冠军伍，天兵定中原，因从征、冒阵略地，以积功领南宿州。"伯行即拜降之异译。拜降出自玉理伯里，并不等于他就是土土哈、和尚等的同族。伯岳吾是成吉思汗西征时代玉

---

① 《蒙兀儿史记》卷 102，第 1 页。

② 同上注。

③ 《新元史》卷 154、卷 29，并参阅韩儒林《西北地理札记·二、玉理伯里山之方位》，《穹庐集》，第 78 页，注 9。

④ 《蒙兀儿史记》卷 119，第 2 页。

⑤ 第 104—105 页。

里伯里部落的统治氏族，拜降之祖父亦或为当地土著。

还有一个引起争议的伯岳吾人是泰不华，《元史》有传，曰"世居白野山"。钱大昕称他是钦察人；《元史本证》的作者汪辉祖之子汪继培认为"白野"即玉理伯里[1]。屠寄则视之为奚种，并释"白野"为"伯颜"之异译，蒙古语义为富，盖因山为氏[2]。伯希和、韩百诗不同意汪继培、屠寄的解说，另辟蹊径诠释"白野"，认为它可能是蒙古语 chaγ-an-kä'är（察罕·怯耶儿）的意译[3]。笔者现无新发现，这大约是《元史》中许多难解的问题之一。不过陶宗仪《书史会要》既称泰不花是蒙古人，则他应为蒙古之伯岳吾氏。

十三、玉理伯里小考

拜降的族称提示我们，现在应该讨论一下所谓"玉理伯里"的问题。伯希和根据土土哈家族碑传中的玉理伯里和《元史·和尚传》中的玉耳伯里，设想这个名称的原名应为 Yǔr-beli。《元史》卷 124《忙哥撒儿传》记元宪宗蒙哥言曰："暨朕讨定斡罗思、阿速、稳儿别里、钦察之域，济大川、造方舟，伐山通道，攻城野战，功多于诸将。"蒙哥曾随拔都西征，此言指忙哥撒儿随军西征事。蒙哥提到的稳儿别里，似乎支持伯希和 Yǔr-beli 的假设。尤兹加尼也简要地提到了蒙古人这次西征之事。他说拔都征服了钦察、康里、Yemäk、ALBRI，斡罗思、扎耳哥（chärkä）和阿速[4]。若将上述《忙哥撒儿传》中蒙哥的话与尤兹加尼所记加以对比，则可确定，尤兹加尼书中的 Albri（ALBRI）就是汉文史料中的玉理伯里。如不误，伯希和所假设的 Yǔr-beli 就应修订为

---

① 《元史本证》，中华书局标点本，第 207 页。
② 《蒙兀儿史记》卷 131，第 1 页。
③ 《圣武亲征录译注》，第 105—106 页。
④ 《卫教者表》，拉弗梯英译本，第 1168—1170 页。

ülbäri。从前面几节的论述可知，钦察和玉理伯里是两个有各自含义范畴的名称，元代虽有玉理伯里的族称，但在《辍耕录·氏族·色目三十一种》中却未见其名，大约是归在"钦察"这个总名称之内了。

至于玉理伯里的地理方望，汪继培认为，汉文史料中反复出现的玉你伯牙、许泥百牙即为其名之异译[①]。按《元史·兵志》考其地望，玉你伯牙当在距折连川不远处，与远在西北绝域的玉理伯里毫不相干。《元朝名臣事略》卷3《枢密句容武毅王传》引阎复《句容武毅王纪绩碑》云：玉理伯里"襟带二河，左曰押亦，右曰也的里。"押亦即扎牙黑水（今乌拉尔河），也的里即伏尔加河。韩儒林按碑文称其地"川原平衍，草木盛茂"，设想此山应在上述两河下游近里海处[②]。然碑文又称其地"夏夜极短，日暂没辄出"，表明玉理伯里属于高纬度地带，似应于二河中游之间地求之。突厥文《乌古思可汗传》中已见钦察族名，足见它是一个古老的突厥部落。大食最早的地理学家伊本·胡尔达兹比赫的著作中也著录其名，所以钦察的历史并不是从土土哈的祖先开始的。《纪绩碑》说土土哈先祖定居其地后，"自号钦察"，恰好说明他们并不是钦察，仅自号其名而已。看来这支来自东方的伯岳吾人臣服了玉理伯里这个钦察部落，成了它的新统治者。

简言之，玉理伯里部是古代钦察部落联盟中的一个成员，得名于驻牧地的一座山脉。土土哈的祖先来到这里后，亦以玉理伯里人自居，称玉理伯里伯岳吾氏，以别于其他伯岳吾人。

他们很可能与西方钦察部的主体维持着某种联盟或臣属关系。

土土哈家族的碑传材料皆未言其先人西迁的准确年代。据阎复记载，土土哈之"始祖曲年（本传作曲出），高祖唆末纳，曾祖亦纳思，世为钦察（按指玉理伯里）国主"。1215—1217年间，当速不台奉成吉思汗之命征讨收容了蔑儿乞残部的玉理伯里人时，其国主是土土哈的曾

---

① 《元史本证》，第572页。

② 《穹庐集》，第76页。

祖亦纳思。可见至 13 世纪初叶,这支伯岳吾人已统治玉理伯里至少三
代人时间了。我们可以作一简单推算:1337 年拔都西征时,亦纳思已
年衰,其孙班都察率部众投降,这时亦纳思应在六十岁上下。根据虞集
的《句容郡王世绩碑》推测,伯岳吾人夺取玉理伯里统治权的事,至
迟应在亦纳思的祖父曲年时代。以曲年长亦纳思四十岁计算,曲年的青
年时代应大致为 12 世纪五六十年代。如果我们的推测不误,则玉理伯
里部落统治发生更迭的时代,也至少应在这个时代前后。但带领这支伯
岳吾人来到玉理伯里的,是不是曲年却很难确定,至于他们何时离开折
连川按答罕山、迁移持续多久、途经路线,史料中毫无记载。马伽特曾
提出,土土哈的祖先长途跋涉西徙,可能是由于金灭辽引起的[1],如
是,则可将这支伯岳吾人离开故土的时间,置于 12 世纪 20 年代左右。
当然,这只是一个推测。

普里察克曾考虑过将玉理伯里与俄罗斯编年史中提到的波罗伏齐
(Polovtsi)部落中的 Or' pliuve 或 Otperliueve 相勘同的问题。如果这一
勘同正确的话,那么玉理伯里的名字在欧洲文献中出现的时间,可确定
在 1152 年[2]。一些波斯、阿拉伯学者曾列举钦察诸部的名称,但因转手
抄录,音点或字形有误,难以认读。有一个部落,其名称写作 Brkwa,
马伽特在其论文《关于库蛮的民族性》(第 157 页)中转写为 Bärgǔ,

---

[1] 《关于库蛮的民族性》,第 136 页—137 页;参见爱尔森《西征的序幕:一
二一七——二三七年蒙古人在伏尔加—乌拉尔地区的经略》(Th. T. Allsen, Prelude
to the Western Campaigns: Military Operations in the Volga–Ural Region, 1217–1237)
载《中古欧亚文献》(Archivum Eurasiae Medii Aevi),第三辑,1983 年,第 7—8
页。

[2] 有的学者将俄罗斯编年史中的 Otperliueve 和《伊果尔故事》中的 Ol' berg
比附为另一个部落 Alp-erlü,见门格斯《最古的俄罗斯史诗"伊果尔故事"词汇中
的东方语成分》(K. H. Menges, The Oriental Elements in the Vocabulary of the Oldest
Russian Epos, The Igor' Tale),载 *Supplement to Word* 7,Monograph No. 1,纽约,
1951 年,第 41—42 页,并见 Golden, The Polovci Dikii,第 300 页;此据上引爱尔
森论文,第 8 页注 9。

而梯升豪辛（Tiesen-hausen）则转写为 Burly 和 Elbuli，多桑则读为 El-berli①。如果梯升豪辛和多桑所读不误的话，那么这个钦察部落 Brkwa 就是玉理伯里的讹写。

写到这里，我们应该提一下一件值得引起我国学者重视的史实，那就是印度北部德里算端国的开国之君，及其国最初几个算端都是玉理伯里人。德里算端国的开国君主亦里脱脱迷失（Iltutmish—按《伊斯兰百科全书》作 Iletmish）1211—1236 年在位。按尤兹加尼记载，他出自突厥斯坦之玉理伯里（Ilbarī）家族，其父为玉理伯里之伊利汗②。手下有众多的亲属、族人和随从③。阎复《纪绩碑》称，玉理伯里地宜马，当地富人有马至万匹者，可为印证。尤兹加尼接着说，在亦里脱脱迷失不到十岁时，其亲属出于忌妒，把他骗卖给商人，几经周折，最后被带到印度德里。当时的加兹尼王朝将领忽都不丁·爱·匍（Kutb al-Dīn Aybeg）买下了他，使之成为护兵④，这大致发生在 12 世纪 80 年代。由此推算，亦里脱脱迷失离开玉理伯里的时间，当在大约十年前，即 12 世纪 70 年代，恰好在我们推算的伯岳吾氏夺取玉理伯里氏统治权的时间之后。尤兹加尼未提到亦里脱脱迷失的氏族。其父亲的称号"伊利汗"在突厥语中意为"臣服之汗"。尤兹加尼书的英译者拉弗梯在一条注释中说，有些作者称亦里脱脱迷失的父亲"是突厥斯坦玉理伯里部族分支中的一个小群之首领"⑤。这个情况与"伊利汗"的称号是一致的。我推测，亦里脱脱迷失家族可能是玉理伯里的土著，在亦里脱脱迷失诞生前不久，被后来者伯岳吾氏土土哈家族所臣服。国外几乎所有研究德里苏丹国历史

---

① 见《圣武亲征录译注》，第 108 页。

② 在拉弗梯英译本中，这位玉理伯里贵族的父亲的称号写作 ī-lam 汗。但在注释中，拉弗梯指出，有的作者将他的名称写作 I-yal 汗，即伊利汗。这是突厥亲贵的一个常用称号，故取之。见第 599 页，注 10。

③ 《卫教者表》，英译本第 598—599 页。

④ 同上书，第 599—602 页。

⑤ 同上书，第 599 页，注 10。

的学者，在言及亦里脱脱迷失从中亚西北方遥远的玉理伯里部落流落到印度的经历时，均未考虑到玉理伯里部落内部发生变化的历史背景。

玉理伯里部落与德里算端国的关系并不止于此，蒙古将领速不台为征讨蔑儿乞，攻击玉理伯里部后，许多玉理伯里人被迫逃离故土。据尤兹加尼记载，玉理伯里部的统辖一万户人家的 Abar 汗的后代中，也有人流落到中亚，后来被上述德里算端国开国君主亦里脱脱迷失买下，成为御前奴隶，最后成为德里算端国的算端①。玉理伯里并不是一个很大的部落，统治一万户的汗大约只能是土土哈家族的祖先。所以这些被亦里脱脱迷失所买下的，出自玉理伯里贵族世家后来成为德里算端的人，很可能是土土哈这一支伯岳吾氏的同族人。特别是，尤兹加尼提到的上述 Abar 汗，如果我们把他设想为土土哈家族祖先序列中的某一位的话，那么亦纳思是最为合适的了。因为他正是速不台攻击玉理伯里部时的在位汗。而且，Abar 这个字，在波斯文中只要把音点移动、增减一下，就可能成为 Inaz。所以尽管伯希和、韩百诗在《圣武亲征录译注》中已讨论了亦纳思这个名字复原的种种可能②，但笔者仍打算把尤兹加尼提到的 Abar 汗看作 Inaz 这个名字的讹写形式，并据此认为亦纳思的原音可能是 Inaz。

十四、Yemek 伯岳吾与玉理伯里伯岳吾关系辨

Yemek 部与玉理伯里部中的伯岳吾人的异同，几乎是任何一位研究者都会考虑的问题。尽管葛尔迪齐提到，从达旦人中分离出来，加入Kimäk 的七个氏族中，有一个叫作钦察③，但这只表示，大约在 11 世纪以前，钦察人曾一度臣属过 Kimäk。笔者在本文第九节《Yemek 部中的伯岳

① 同上书，第791—799页；爱尔森上引论文，第16页，注50。
② 《圣武亲征录译注》，第102页。
③ 马尔丁奈兹《葛尔迪齐书中关于突厥人的两章》，第120—121页。

吾氏》已表示，不打算辨析这个困扰学者多年的 Yemek、钦察和康里的区别问题，所以这里讨论的，只是 Yemek 和玉理伯里人中的伯岳吾氏。

在本文第九节中，我们已经提到，尤兹加尼把 Yemek 伯岳吾氏部长敝史之女忒里塞哈屯，说成为钦察汗之女。如果说这条史料表明了 Yemek 与钦察的关系的话，那么这个"钦察"与玉理伯里又是什么关系？许多人未注意到，尤兹加尼在其书的结尾处写了一首诗，其中有两句直截了当地把玉理伯里与 Yemek 挂起钩来。

"致宇宙之主、伟大的汗，

他是玉理伯里之汗和 Yemek 之沙（按沙为伊朗语，指国君）。"[1]
按照这两句诗，Yemek 与玉理伯里这两个名词应该指的是同一个部落！

志费尼书中也有两条被伯希和认为与玉理伯里有关系的材料。志费尼在其中一处写道：az lashkar-i sultān ūrāniyān ka ham...，"在（花剌子模沙摩诃末）算端的军队中有 ūrān 种人，他们也……"[2]。在另一处，志费尼又写道：aghlab-i lashkar-i ū jamā'tī turkān budand az khail khweshān-i mādarash ka īshānrā ūrāniyān khwandandī，"他（按指花剌子模沙摩诃末）的大多数军队是突厥部队，乃其母亲的亲族的骑兵，人们称之为 ūrān-种"[3]。志费尼书波斯文本的校订者在上述两处页下注曰，他所据的几个抄本中，ūrān-iyān（ūrān 种人）分别有 ūrān?ān、ūrātiyān 和 ūīrātiyān 等几种异写形式。

巴托尔德已经注意到 ūrān 这个部落，他在《蒙古入侵时期的突厥

---

① 《卫教者表》，英译本第 1295 页。W. Nassau Lees1864 年波斯文刊本，将这两句诗中的玉理伯里（ALBRI）写作 ALRZI，Yemek 写作 SMK。见 The Tabaqāt-i Nāsiri，加尔各答，1864 年，第 453 页。

② The Ta'rikh-i-Jahán-Gushá of 'ALá' ud-Din 'Atá Malikri-Juwayni, edited with an introduction, notes and indices from several old mss. by Qazwini, E. J. W Gibb Mimorial, vol. xvi，Ⅱ，Leyden and London，1916 年（志费尼书可疾维尼波斯文校证本），第 35 页倒数第 1 行，何高济汉译本，第 354 页。

③ 志费尼书，可疾维尼波斯文校证本，第 109 页第 4 行；汉译本第 442 页。

斯坦》中说，法合鲁丁·马尔瓦鲁地（Fakhr ad-Din Marwarrūdī）所提到的突厥部落名称中有 ūrān[1]。因手头无其书，只得暂置不论。

伯希和及韩百诗把 ūrān 这个部名与玉理伯里联系起来。他们认为，这个部名的原始读法也许应为 ūrbaliyān（这个词最后的-yān 为波斯语以元音结尾的有生命名词的复数后缀），即尤兹加尼书中 albarī（玉理伯里）这个词中-l-和-r-两个舌尖辅音相互换位以后的形式。这种辅音 l 和 r 换位的现象，在穆斯林史籍拼写突厥语词汇时，偶尔可以见得。例如在塔拔里编年史中，kürsul＝突厥语 kül-chor（阙啜）[2]。如果伯希和、韩百诗的这一假说能够成立的话，那么不仅能确定汉文史料中的玉耳伯里、稳儿伯里在穆斯林史料（志费尼书）中的对应形式 ŭrbäli，而且说明玉理伯里人被志费尼视为花剌子模沙摩诃末的母后忒里塞哈屯的同族，换句话说，土土哈与忒里塞哈屯应出于同一支伯岳吾人。或者意味着，忒里塞哈屯的父亲敵史应与土土哈的祖先曲年或唆末纳有某种关系。

但事情并不那么简单，在本文第十三节《玉理伯里小考》所引述的尤兹加尼的记载中，Yemek 和玉理伯里是两个相提并论的部落。这说明尤兹加尼本人在使用 Yemek 和玉理伯里这两个名称时，含义并不固定，有时前后相互矛盾。也说明并非所有的史料都支持伯希和、韩百诗的假设。在这种情况下，对 Yemek 与玉理伯里部中的伯岳吾氏的关系作一个明确的结论是困难的，下面我们将作一些推测性描述。

十五、康里部中的伯岳吾氏

康里，突厥语 Qanqli，义为车。学者们几乎一致同意，它可能就是汉文史料中的"高车"的突厥语原名。有关康里部中的伯岳吾人的材

---

[1]　参见 E. D. Ross, 'Ajab-nāmah，第 407 页，注 17；《蒙古入侵时期的突厥斯坦》，第 343 页，注 2。

[2]　《圣武亲征录译注》，第 108 页。

料，与蒙古、Yemek 和玉理伯里诸都中的伯岳吾氏一样，首见于蒙古时代文献。

多桑断言 Yemek 部为康里的一个分支[①]，故将花剌子模沙摩诃末之妃与其母后忒里塞哈屯都说成是康里人。笔者在本文第九节《Yemek 部中的伯岳吾氏》一段中，曾引述《札兰丁传》称忒里塞哈屯是 Yemek 伯岳吾人的记载，又引述了志费尼关于忒里塞哈屯是康里突厥人的记述和阿布·哈齐附和的意见。多桑上述论断所根据的大致就是这些资料。笔者还提到吾师韩儒林曾征引《札兰丁传》，说忒里塞哈屯属康里伯岳吾氏。查《札兰丁传》，其中并无康里伯岳吾之说。估计吾师韩儒林在引据《札兰丁传》时，曾联想到志费尼和阿布·哈齐的上述记载。可失哈里的字典中虽然没有出现康里这个部名，但他却说康里是 Yemek 部中一位显贵的名字[②]。如果我们把这个首领的名称，理解成以他为首的部落的名字，那么在 11 世纪中叶以前，康里曾是 Yemek 的一个属部。康里的名称早已存在，《唐会要》记诸番马印一节中，有康曷利，即此部。将这几条材料汇集起来，我们看出，关于康里部中存在伯岳吾氏，与前述 Yemek 中存在伯岳吾氏的论点，所依据的穆斯林史料是同一组。这样，我们就必须先考虑以下两个问题：

1. 如果我们如本文第九节论证时所取的态度那样，认定《札兰丁传》关于忒里塞哈屯的族属的记载之可靠程度，高于志费尼和阿布·哈齐关于她是康里人的说法，那么在实际上就否定了依据穆斯林史料研究康里伯岳吾氏的可能性。

2. 如果我们把康里看作是 Yemek 的同义词，则又与本文第十三节《玉理伯里小考》中引用的尤兹加尼把康里和 Yemek 相并提的记载有些矛盾。

所以我们应该绕开穆斯林史料，而开始讨论汉文史料中关于康里伯

---

① 《多桑蒙古史》，冯承钧汉译本，上册，第 93 页。

② 见《可失哈里字典》英译本，卷 2，第 343 页；阿拉伯文抄本，第 609 页。

岳吾氏的记载。

目前，我们在元代汉文史料中所发现的元代入居汉地的康里人中有两支伯岳吾氏，一个是也速答儿家族，另一个是斡罗思家族，这两个家族在《元史》中都有传。

《也速觯儿传》曰："也速觯儿，康里人，伯牙兀〔氏〕，太祖时率众来归"①。在《也速觯儿传》之外，《元史》另有《艾貌传》②。屠寄在《蒙兀儿史记》卷155《色目氏族》中已指出，《艾貌传》与《也速觯儿传》重复。伯希和、韩百诗也同意屠寄的看法③。布来特施耐德在《中世纪研究》中简单介绍了《元史》各色目人传，但作者未能发现上述二传重复的问题④。中华书局校点本《元史》亦未在校勘记中提及上述诸家的观点，似不妥。

《艾貌传》云："艾貌拔都，康里氏。"屠寄以为，这里的拔都即蒙古语中常见的称号 ba'atur（把阿秃儿），义为勇士。伯希和、韩百诗为使上述二传文字一致，却倾向于认为拔都为拔〔要〕都（伯岳歹）之省略形式，就是说，他们认为原文应为："艾貌，拔要都康里氏。"毫无疑问，伯、韩二氏的假设是站不住脚的。伯岳歹这个名称在元代汉文文献中从未写作拔要。尽管上述两传重复，艾貌无疑为康里伯岳吾氏，但亦无须牵强附会地把"拔都"硬解释成是"拔要都"的省略。

《也速觯儿传》与《艾貌传》之所本，为程钜夫之《伯牙乌公墓碑》⑤，其文曰："杭里，漠北旧国也，伯牙乌氏，国中右族也。太祖圣武皇帝初定四方，杭里内附，伯牙乌氏亦内徙。有爱伯者，来居济阴。"屠寄在其书《色目氏族》中称康里之酋为巴牙兀氏，肯定是本于程钜夫的上述记载。不过"国中右族"，是指康里部内的世家大姓，并无康里的汗

① 《元史》卷 133，第 3238 页。
② 《元史》卷 123。
③ 《圣武亲征录译注》，第 106—107 页。
④ E. Bretschneider, Mediaeval Researches, 卷 1, 伦敦, 1910 年, 第 303 页。
⑤ 《雪楼集》卷 17, 台湾元代珍本文集。

族也是伯岳吾氏的意思。从这层意义上说，屠寄的断言是毫无根据的。

《元史·斡罗思传》云："斡罗思，康里氏。曾祖哈失，伯要。国初款附，为庄圣太后（成吉思汗第四子拖雷妃唆鲁禾帖尼）牧官。"[1]近代以来，史家读此传时，多将注意力放在"哈失伯要"上。布来特施耐德把"哈失伯要"标点为"哈失，伯要"，并训伯要为伯岳吾[2]。屠寄的看法相同，认为，哈失伯要乃"缀名于氏，并称之也。伯要，即伯牙兀异译"[3]，伯希和、韩百诗亦把此句译为 Qashi（ou Qash?）le Bayau［t］，即"哈失，伯要氏"[4]。唯中华书局《元史》校点本在"哈失"与"伯要"之间不点断，亦不在校勘记中注明诸家的观点。笔者以为，上述诸位学者的观点是正确的，斡罗思乃康里伯岳吾氏。

十六、关于伯岳吾氏的思考

以上我们已经用了不少篇幅来讨论伯岳吾氏的问题。韩儒林针对19 世纪法国学者乌达在翻译、注释《札兰丁传》时，将忒里塞哈屯所出之伯岳吾氏与蒙古伯岳吾部混为一谈的错误，指出《史集·部族志》把伯岳吾列为多儿勒斤蒙古，乃指蒙古伯岳吾，而蒙古部族之分类未可施之于康里人。13 世蒙古部落与突厥、钦察二部皆有伯岳吾氏，名称虽同，种属迥异[5]。韩儒林此议意在纠正前人不区别不同伯岳吾氏间之差别的错误。而今本文重点在于寻求各支伯岳吾人迁移的历史足迹，故可从另一个角度入手讨论。

由于伯岳吾的名称来源于蒙古语"富"这个词的蒙古语复数形式，

---

① 《元史》卷 134，第 3263 页。

② 《中世纪研究》卷 1，第 303 页注 738。

③ 《蒙兀儿史记》卷 123，第 1 页，并见同书卷 155，第 22 页。

④ 《圣武亲征录译注》，第 106 页。

⑤ 《西北地理札记·三·钦察、康里、蒙古之三种伯牙吾台氏》，《穹庐集》，第 80 页，第 85 页注 1。

所以 Yemek 等西方突厥部落中的伯岳吾氏不可能是土生土长的突厥氏族，他们一定与东方的其他蒙古人有某种联系。本文前面几节将传统的钦察伯岳吾的概念分解，根据史书的记载，建立玉理伯里伯岳吾氏和 Yemek 伯岳吾氏的概念。在各种伯岳吾人中，玉理伯里与 Yemek 两部居地相近。本文第十四节业已说明，此二部中的伯岳吾人之间有密切关系。根据土土哈家族碑传资料，玉理伯里伯岳吾氏来自武平北折连川按答罕山。如果我们排除土土哈家族以外，另一支伯岳吾人独立地迁入 Yemek 部，与玉理伯里伯岳吾为邻这种历史偶然性的话，那么玉理伯里伯岳吾人和 Yemek 伯岳吾人更可能在早先是同一支西迁的伯岳吾人。从 Yemek 伯岳吾部长敌史嫁女忒里塞哈屯予花剌子模沙 Täkish（1172—1200）的史实判断，敌史应是 12 世纪下半叶人，他活动的年代当在1170—1180 年之间。看来这一支伯岳吾人在 Yemek 定居的年代早于土土哈家族开始统治玉理伯里的时间。我们是否可以这样设想，这支来自折连川按答罕山的部族，西迁后首先进入 Yemek，然后一部分人离开Yemek 进入玉理伯里，夺取当地的统治权。进入玉理伯里的是土土哈家族，留在 Yemek 的是敌史家族。这也许就是穆斯林史家有时混淆Yemek 与玉理伯里的原因。

至于康里人中的伯岳吾氏，我们还很难判断他们究竟与蒙古伯岳吾氏，还是与玉理伯里（或 Yemek）伯岳吾氏关系更密切些。从程矩夫《伯牙乌公墓碑》称康里为漠北旧族，以及《元史·海蓝伯传》所记载的克烈部中的康里人看，康里人中的伯岳吾氏可能与蒙古伯岳吾部有关。如果情况果真如此，则我们可以设想，最初的伯岳吾人可能有两支，一支是蒙古伯岳吾，另一支是折连川按答罕山伯岳吾。这两支伯岳吾人之间可能有两种关系：1. 分别出自不同的祖先。由于伯岳吾的名称来自一个极普通的蒙古语词汇"伯颜"（富），所以不同的蒙古部落都有可能独立地采用这个词作为自己的部名。这样的话，蒙古伯岳吾与折连川按答罕山伯岳吾同名只是出于偶然。另一个可能性是这两支伯岳吾人都来自同一个古代的额儿古纳·昆的伯岳吾氏族。如果真是这样的话，那么蒙古伯岳吾氏与折连川伯岳吾氏之间的分离，也许在成吉思汗之第十三世祖朵奔蔑儿干时代以前（辽初）已经发生。因为在《元朝秘史》中所出现的用孩子与朵奔伯颜交换鹿肉的伯岳吾人和后来参加成吉思汗十三翼之战的伯岳吾氏，都只是蒙古伯岳吾氏。《元朝秘史》闭口不言其他各支伯岳吾氏，这反映出草原蒙古人与其融入突厥部落的同族之间，因地理距离增加而关系淡化的趋向，总之伯岳吾人的起源应在东方，他们融入突厥部落的历史，是蒙古、达旦人向西迁移过程中的几个片段。

十七、结束语

本文通过对 9 世纪以后，见诸文献记载的浑（Qūn）、Qay（奚？）、达旦和折连川按答罕山伯岳吾等部落西迁史事的详细探讨，试图论证达旦、蒙古诸部向西迁移运动，是在相当长的历史时期内和相当广阔的地域上不断发生的。诸突厥、蒙古部落的被迫或自发地迁移是分散的行动，并无固定的目的地和明确的路线，但有一个总的大致趋向——自东向西。

由于蒙古帝国和元朝的建立，蒙古人直接接触了汉地高度的文明，并扩张到遥远的西方，蒙古人还创立了自己的文字，这些因素使得蒙古时代汉文和非汉文史料中有关北方及中亚民族的记载特别丰富，这些记载成了目前的研究基础。仅从辽朝灭亡到成吉思汗兴起的八十余年中，除了我们已经探讨过的土土哈家族折连川按答罕伯岳吾氏的迁移外，史料中明确提到的还有：耶律大石率部自漠北西迁垂河流域，建立西辽；12 世纪下半叶王罕在克烈部内讧时逃奔西辽；成吉思汗灭克烈后，王罕之子桑昆率残众逃入龟兹；成吉思汗灭乃蛮后，乃蛮残部溃入西辽境，屈出律勾结花剌子模篡夺西辽皇位；蔑儿乞贵族霍都越也儿的石河，进入玉理伯里等数次。足见这类大小规模不等的游牧部落西迁运动，历史上必定发生过多次，只不过许多未见于文献记载而已。

形成这种西迁浪潮的原因是什么呢？稍作分析，便可发现，在亚洲大陆东部，南方是大片宜农地区，与之相邻的北方是辽阔的蒙古草原。在宜农地区发展起来的汉地文明，是一个稳定的实体。蒙古草原优良的载畜条件与汉地长久以来对其地产生的巨大政治、文化影响和压力相结合，使蒙古草原一再成为强大游牧行国的摇篮。而在亚洲东部之西，无论是农耕地区还是草原，长期缺乏强大的政治经济中心。对蒙古草原来说，其效果就是，在相当长的历史时期内，东西方所受压力不均衡。这样历史上就出现了：

1. 由于汉地经济、军事力量强盛，压迫草原行国，迫其抛离故土西迁，例如北匈奴西迁。

2. 蒙古草原以东的受农耕文化影响，而本身又与游牧民族有密切关系的民族强大起来，南迫汉地，北掠诸邻，致使诸部西迁。契丹的兴起造成例如浑（Qūn）族和 Qay（奚?）族的迁移。女真勃兴引起的耶律大石西迁也可大致归入这一类。

3. 蒙古草原的行国强大起来，其邻族或降或逃。出逃者如大月氏、乌孙、回鹘等。

除了上面提到的游牧民族受武力压迫而引起的迁移外，天灾或其他原因也会引起游牧民为寻找牧场而迁移，例如 Kimäk 部落中的达旦人。

由于西方所受压力较小，所以这些迁移多数是向西的。虽然本文的重点在于讨论 840 年回鹘西迁所造成的漠北、中亚突厥、达旦部落，为争取生存空间而产生的迁移。但达旦、蒙古部落迁移的时间上限，并不是 840 年。有些学者提出，唐代铁勒诸部中的骨利干部，就是后来蒙古时代的豁里蒙古部落。尽管骨利干和豁里这两个名称之间的勘同问题尚未完全解决，但并不妨碍人们考虑，在唐代甚至更早的时候，已有达旦、蒙古部落沿今色楞格河下游及贝加尔湖南岸，向今唐努山方向迁移。由此再向前推，汉魏时代东胡系统的鲜卑、柔然先后占据蒙古草原的历史，也应置于我们勾画的背景图像之中。匈牙利的 K·Czcglédy 在其长文《从东方到西方：欧亚游牧民迁移的时代》，[①] 从更长的时间跨度（本文所论述的时代之前）和更广阔的地理范围内，考察了这种游牧民族从东向西的迁移运动，尽管文中某些观点可以商榷，这种建筑在精细的局部研究之上的历史中观乃至宏观的眼光，无疑也应用于观察达旦、蒙古部落的西迁运动。

分析近千年来欧亚连接地带游牧部落自东向西迁移的历史背景，有助于我们深入探讨操蒙古语的达旦、蒙古部落逐渐占据蒙古高原的历史。成吉思汗所出的这一支唐代居于望建河（今额尔古纳河）的蒙古部，迁移到三河之源，只是我们上面所概述的许多游牧部落类似运动组成的链锁中的一个环节。

（原文载南京大学《元史及北方民族史研究集刊》，第 12—13 期，1989—1990 年，第 80—106 页）

---

① K. Czcglédy 撰，P. B. Golden 译，From East to West：The Age of Nomadic Migration in Eurasia，载 *Archivum Eurasiae Medii Acvi*，卷 3，威斯巴登，1983 年，第 25—125 页，原文为匈牙利文。

读《定宗征拔都》

《中华文史论丛》1979 年第二辑刊载了杨志玖先生 1943 年 4 月的一篇旧作《定宗征拔都》。该文对岑仲勉先生 1935 年写的《蒙古史札记》"（五）定宗征把秃"[①]一节的论点提出异议。岑文将袁桷《拜住元帅出使事实》中之"把秃"[②]一词释为阿巴斯朝哈里发所居之"报达"城。杨先生认为，"把秃"应该是术赤之子拔都。杨先生的文章写出后，岑先生提出几点反驳。[③]为此，杨先生 1943 年又写了《与岑先生之商榷》一文，[④]对岑先生的论点逐点辩驳，分析得十分透彻。我很赞成杨先生的意见。此外，我注意到岑仲勉先生怀疑历史上是否确有"定宗征拔都"一事。在此问题上，杨先生当年因条件所限，未能引据更多的材料。[⑤]本文打算综合所能见到的中外史料，对《定宗征拔都》

---

① 见《国立中央研究院历史语言研究所集刊》第五本第四分，第 480—481 页。

② 袁桷《拜住元帅出使事实》中有语："拜住不敢他引古事为此，维昔定宗皇帝征把秃王，有灭国真薛禅使者谏罢征。"见《清容居士集》卷 34，《四部丛刊》初编缩本，第 513—514 页。

③ 见《中华文史论丛》1979 年第二辑，第 404—406 页，附录（二）《岑先生来论》。

④ 同上书第 406—409 页，附录（三）《与岑先生之商榷》。

⑤ 杨先生和岑先生的文章都提到国外著名学者多桑、巴托尔德、格鲁赛等人对"定宗征拔都"一事的叙述，这几位学者都认为定宗有征拔都之事。然而霍渥思（Howorth）不加肯定。见 *History of the Mongols*，Part Ⅰ，1976 年伦敦版，第 165 页。

一文作一点补充。

岑先生说："谓定宗有征拔都一事，无非袁桷文'定宗皇帝征把秃王'一句引起……使把秃即拔都，何以西史于定宗主动方面都无此词。此中西比勘而知其不确者一。"（以下略）[①]

然而定宗征拔都在历史上是确有其事的。我们知道，窝阔台死后，先由脱列哥那皇后执政，然后召集忽里勒台大会，讨论选立新汗。拔都以身体有病为由拒绝出席。到会的诸王大臣们同意将汗位保留在窝阔台家族里。窝阔台家族里当时有三个主要的竞争者：一个是窝阔台之子合丹；一个是阔出之子，窝阔台之孙失烈门；一个是贵由。诸王和大臣们讨论的结果是决定立贵由为大汗。

贵由的即位，使他从窝阔台封地的主人变成全蒙古的大汗。于是他以大汗的身份行事，对当时蒙古大汗的直辖地，如华北、河中、南疆、西亚和临近印度之地的统治机构进行调整。太宗死后，蒙古帝国出现分裂的端倪，各地的诸王和大臣们自行其是，政出多门。贵由以维护约孙和扎萨为由，将发牌子的权力收回，只对拖雷之妻唆鲁禾帖尼例外。

贵由对诸王封地的事务，也以大汗的身份加以干预。志费尼书记载说："窝阔台死后不久，察合台也死去，根据窝阔台和察合台生前的意愿，其孙哈剌斡兀立（QaraO g hul）继立，而察合台之子也速没有干预其事，[②] 但贵由与也速相友善，乃出面过问曰：'有其子岂能立其孙？'遂立也速为察合台封地之主，并在各方面增强他的力量。"[③]

至于贵由对拔都有什么打算，《元史》、志费尼书和拉施都丁书都写得不清楚。《元史》记载得太简单，仅说："［定宗二年］秋，西巡。

---

① 见《中华文史论丛》，1979 年第二辑，第 405 页，附录（二）《岑先生来论》。

② 拉施都丁记曰："而其子也速蒙哥却不得允许干预其事。"见《史集》第二卷波义耳英译本《成吉思汗的继承者》（*The Successos of Genghis Khan*），1971 年哥伦比亚大学版，第 183 页。

③ 见志费尼《世界征服者史》，波义耳英译本，第 257 页。

八月，命野里知吉带率搠思蛮部兵征西。"[①] 此事在志费尼书上记载得略为详细些，拉施都丁书中关于野里知吉带西征的那段文字基本上是抄志费尼书的。志费尼曰："对西方，他（贵由）派去了野里知吉带（Eljigitei）和一支大军。他下命诸王位下每十人须签发两名归野里知吉带统辖，当地所有丁男都须从军随行，大食之民（Taziks）每十人应鉴发两名出征，他们首先应攻击异教徒。他们相约，贵由本人应当随后去。贵由除了将所有的军队和归附的人民置于野里知吉带统率之下以外，还特意将鲁迷（Rum）、谷儿只、阿勒颇、毛夕里和 Takavot 的事务委付于野里知吉带，这样可以排除任何人的干涉，并且当地的算端和长官可以对他承担交纳贡赋的义务。"[②] 仅从这两段文字，还很难看出贵由此举与拔都有什么关系。然而，野里知吉带所去之地，正是术赤封土的西南界。志费尼说："对于长子术赤，他（成吉思汗）将自海押立和花剌子模地面直到最遥远的撒克森（Saqsīn）和不里阿耳以及在那个方向上蒙古马蹄所能及的一切地方，都分给了术赤。"[③] 乌马里进一步指出："成吉思汗将领察草原（Dašta-Qibǧaq）及其附属地面挑选出来，再加上阿兰、帖必力思、哈马丹和蔑剌合之地一起授给了术赤。"[④] 拔都既然将这些地方视为自己的势力范围，当然不容许别人，尤其是贵由来染指。

其后贵由就打算对拔都动武。贵由与拔都积怨由来已久，杨志玖先生已经指出："《元朝秘史》载巴秃（即拔都）于收捕乞卜察（即钦察）等部后，会诸王做筵席'，自以年长，'先吃了一二盏'，古余克（即贵由）怒，詈之为'带弓箭的妇人'欲以柴击其胸，此当系二人起衅之

① 见《元史》卷 2，中华书局标点本，第 39 页。

② 志费尼《世界征服者史》，波义耳英译本，第 257 页。

③ 同上书第 42 页。

④ 乌马里《眼历诸国行纪》，克劳斯·莱西（Klaus Lecd）德译本《蒙古世界帝国》（Das Mongolische Weltreich），1968 年威斯巴登版，第 100 页。

由。故定宗即位时，拔都托故不赴大会。积怨愈深，猜忌益烈。"①

志费尼书没有记载贵由出征拔都的理由。除了记载贵由与野里知吉带相约，贵由本人随后西征之外（见前引《世界征服者史》文），志费尼仅记载说，"……他（贵由）离开了国都，……带着最可畏的军队和大批人马前往西方国度。当他到达忽木升吉儿（Qum-Sengjl）边境之地，离开别十八里一周路程时，他的天数已尽，无法再离开其地一步。"② 此时，拔都已东进到阿拉套山一带。对于这一场即将爆发的冲突，《元史》失载，仅记下了"三年戊申春三月，帝崩于横相乙儿之地"③ 这几个字。当然，《元史》和志费尼书关于贵由死去的地点是一致的。拉施都丁书对于这件事提到好几次，记述得也较为详细。拉施都丁在《拖雷汗纪》中记载说，拔都是诸王之长，他借口痛风病拒不参加选立贵由的忽里勒台。"贵由为此举所恼，心中盘算着诡计对付拔都。他借口叶密立的气候对他的病体有利，出发前往那个方向。唆鲁禾帖尼别吉由于知道他的打算，秘密地传出消息，并警告拔都"。④

拉施都丁在《贵由汗纪》中又记载说："当新的一年来临时，他（贵由）说，'叶密立的空气于我身体有好处，那里的水亦于我病有益'。于是他率领尽可能多的可畏的武力和大批人马，前往西方国度。……这时唆鲁禾帖尼别吉——她是个有知识极聪明的妇女——认识到他（贵由）匆忙地踏上征程是怀有恶意的。她秘密地派出一名信使到拔都那里说：'做好准备，贵由已率领一支大军到这个地方来了。'拔都十分感激，并准备与之作战。然而当他（贵由）到达撒马儿罕边

① 参见杨志玖《定宗征拔都》，载《中华文史论丛》1979 年第二辑，第 401页。

② 志费尼《世界征服者史》，波义耳英译本，第 261 页。关于拔都此时所在地点，可参见此书第 263、267、557 页。

③ 《元史》卷 2，中华书局标点本，第 39 页。

④ 拉施都丁《史集》第二卷，波义耳英译本《成吉思汗的继承者》，第 170页。

境，离别十八里一周路程时，他的天数已尽，无法再离开其地一步，他逝去了。"①

拉施都丁在《术赤汗纪》中还写道：拔都故意缓慢地东进，这样他还未来得及到达忽里勒台大会，到会诸王已经决定将大汗之位授予贵由汗。贵由苦于一种慢性病的折磨，他借口他父亲（窝阔台）授于他的封地（yurt）的水土于其病体有利，率领一支大军前往叶密立霍只（Emil-Qochin）②之地。当他接近这一地区时，拔都发觉了。由于术赤汗和拖雷汗之间以及两个家族之间自成吉思汗时代就有着友好的关系，拖雷汗之长妻唆鲁禾帖尼别吉传信［给拔都］，［告诉他］贵由汗的西行带有某种阴谋。于是，他（拔都）更加不安，警惕地等待贵由汗的到来。当后者（贵由）到达撒马儿罕，离别十八里一周路程时，他死于折磨了自己多年的那种病，时为回历 640 年（1242—1243）。③

对于这场迫在眉睫的大战，乌马里的说法与拉施都丁有些不同。其书云："继承成吉思汗汗位的窝阔台死后，其子贵由继立。贵由为人奸邪狡猾，刚愎自用，专权且粗暴无礼。他在成吉思汗的国家实行专制统治。为了对付拔都，夺取其土地，他向阿兰及其附近的拔都封地派去一位名叫野里知吉带的大异密，带有逮捕当地长官的命令。当地长官上书拔都，要求依靠他的部下进行抵抗。然而窝阔台之子贵由的使臣野里知吉带提前到达，下令进行逮捕，为了便于将他们带到贵由那里，他给这些被捕的长官套上枷锁。就在这时，传来了拔都的命令，以同样的方式对付野里知吉带。被捕长官们的随从因而奋起反抗，打碎他们的枷锁，

① 同上书，第 185 页，撒马儿罕为忽木升吉儿之误。见该书第 121 页，注 95。

② Emil-Qochin，波义耳认为可与《元史》卷 121 的也迷里霍只勘同，此处从波义耳之勘同，译写为叶密立霍只。

③ 拉施都丁《史集》第二卷，波义耳英译本《成吉思汗的继承者》，第 120—121 页。此处拉施都丁纪年有误。贵由实死于 1248 年春，参阅同上书第 121 页，注 96。

抓住野里知吉带，把他缚送到拔都庭帐。在那里，他们把野里知吉带送进（一釜水）中煮死。

当使臣之死的沉痛消息传到贵由那里后，他出动了六十万骑兵，两人（拔都和贵由）互相推进，以进行一场血战，将对方毁灭。在双方相距十日程的地方，贵由［突然］死去，这消息惊动四方。诸王们和异密们一致协论与拔都结盟。他们致信拔都，通报了贵由之死的消息，并告诉他，他现在可以登上空缺的大汗宝座，可以按自己的意愿行事。拔都则说，他无意要求大汗之位，而应推举拖雷之子蒙哥汗［为合罕］。"①

这里应指出，乌马里关于野里知吉带之死的说法与各书不同。志费尼在贵由死后在塔剌思还曾亲眼见过野里知吉带。② 则野里知吉带当死于蒙哥即位之后。志费尼又说，蒙哥即位后，命 Ghadaqan Qochi 将野里知吉带逮捕，送往拔都处处死。③ 拉施都丁说，蒙哥即位后，野里知吉带的两个儿子因唆使窝阔台系诸王谋反事泄，用嘴里被塞满石头的办法处死，他们的父亲也被送到拔都处，遭到与他儿子同样的下场。④《元史》的记载与志费尼书和拉施都丁书大致相同："［蒙哥元年］冬，以宴知吉带违命，遣合丹诛之，仍籍其家。"⑤

———————————

① 乌马里《眼历诸国行纪》，克劳斯·莱西德译本《蒙古世界帝国》，第100—101 页。这段史料杰克逊已经提到。参见杰克逊《蒙古帝国的瓦解》，载《中亚杂志》1978 年第三—四期，第 200 页。但杰克逊未将这段史料全文引出。说贵由出动 60 万人，这个数字显然夸大了。

② 参阅志费尼《世界征服者史》，波义耳英译本，第 512 页。

③ 同上书，第 590 页。

④ 拉施都丁《史集》第二卷，波义耳英译本《成吉思汗的继承者》，第212—213 页。

⑤《元史》卷 3，中华书局标点本，第 45 页。杰克逊已经注意到乌马里和其他各书对野里知吉带之死的不同说法，见《蒙古帝国的瓦解》，注 55。《多桑蒙古史》取志费尼和拉施都丁的说法，见该书冯承钧汉译本上册第 265 页。

鲁不鲁克的叙述杨志玖先生已经提到,[①] 此处不再赘引。

综上所述,可知定宗实有征拔都之举。袁桷的《拜住元帅出使事实》也说明,元人确知其事。惜"谏罢征"的灭国真薛禅使者事迹于今已无从考证。

(原文载《内蒙古社会科学》1982 年第 4 期,第 63—66 页)

---

① 《中华文史论丛》1979 年第二辑,第 407 页,附录(三)《与岑先生之商榷》。

早期的察合台汗国

一、察合台与元太宗窝阔台

蒙古兴起称雄时期，中亚史的一个重要问题，就是镇守西域的察合台与大汗及其在西域属地的关系问题。

元《经世大典序录》记曰："国初征伐，驻兵不常其地，视山川险易，事机变化而位置之，前却进退无定制。及天下平，命宗王将兵镇边徼襟喉之地如和林、云南、回回、畏兀儿、河西、辽东、扬州之类。"[1]

上述诸地中，回回即指中亚奉行伊斯兰教之地。将兵镇守回回之地的是察合台。所以《太师广平贞宪王碑》称："皇子察合台出镇西域，有旨从武忠（按指博儿术）受教。武忠教以人主经涉险阻，必获善地，所过无轻舍此（止?）。"成吉思汗谓皇子曰："朕之教汝，亦不踰是。"[2] 由于察合台率军出镇中亚历时多年，故忽必烈即位之初，即制定祭祀"皇伯考察合台"的乐章："雄武军威，滋多历年。深谋远略，协赞惟专。流沙西域，饯日东边。百国畏服，英声赫然。"[3]

诸王镇边为元之国制。察合台并非一般的镇边诸王，他的封地也在自己出镇之地的范围之内。大约在西征之前，成吉思汗已将军队和

---

① 《国朝文类》卷41，《四部丛刊》，第457页。

② 阎复《太师广平贞宪王碑》，《国朝文类》卷23，《四部丛刊》，第228页。"人主"，《元史》卷119作"人生""所过无轻舍此"，第2946页。

③ 《元史》卷69，第1718页。

牧地在诸子中作了分配。《元朝秘史》记成吉思汗授予察合台八千户属民，而拉施都丁则记成吉思汗授予察合台四千户属民。属民以千户、百户编制起来，故又被称为军队。拉施都丁还说出了察合台所属两个千户的名称：即以哈剌察儿（Караджар）为首的巴鲁剌思（варулас）千户和以木哥那颜（myra - пойон）为首的宏吉剌忒（кунгират）千户。[①] 在游牧民族中，牧民总是与一定的草场联系在一起的。波斯伊利汗朝人瓦萨夫在其著作《瓦萨夫史》中屡次提到，说在一部名曰 Dschihankuschai 的书中，详细地记述了蒙古国土地的划分情况。这本书就是志费尼的《世界征服者史》。可见穆斯林作者在谈及成吉思汗分封诸子时，首先倚重的是志费尼的著作。志费尼书中所记察合台的兀鲁思规模，并不是成吉思汗始封时的规模，它反映出西征以后察合台兀鲁思的面貌，其文曰：察合台的份地"从畏兀儿之边（hudŭd）伸展到撒麻耳干和不花剌"。[②] 可以看出，畏兀儿之地并不在察合台封地之内，西域的农耕城郭之地也不在其份地之内。察合台所占据的是从畏兀儿之边到河中的草原地带。

---

① 《史集》俄译本第一卷第二册（Рашид - ад - Дин Съорник Летонисей，TomI，Кига BIopaя），1952 年，莫斯科，列宁格勒，第 275 页。哈剌察儿，俄译本据塔什干抄本，译写作 Каралджара，而在伦敦抄本、列宁格勒萨尔蒂科夫——谢德林公共图书馆抄本、德黑兰抄本和法国国家图书馆抄本以及贝勒津书中，均作 Карāджар，应以后者为是。

② 见志费尼书可疾维尼波斯文刊本，卷 1，第 31 页；此据爱尔森（Thomas T. Allsen）《13 世纪的元朝与鲁番畏兀儿》（The Yüan Dynasty and the Uighurs of Turfan in the 13th Century），载《中国及其周边》（China among Equels，The Middle Kingdom and its Neighbors，10th—14th Centuries），加利福尼亚大学出版社，1983，第 294 页。爱尔森在注（39）中指出，波义耳英译本《世界征服者史》第 42 页—第 43 页相应的一段译文，未将 hudud 即"边境"一词译出。爱尔森在其论文注（40）中还指出，可疾维尼刊本的另一段话（卷 1，第 226 页）："他（察合台）及其诸子的军队的营地，从撒麻耳干一直伸展到别十八里之边（Kanar）"，在英译本（第 272 页）中，Kanār 即"边境"一词也未译出。而巴托尔德在《中亚突厥史十二讲》中引用志费尼这段话时，将边境的意思译了出来（见俄文全集本，1968 年莫斯科版，第 146 页；德文本，1935 年柏林版，第 181 页）。

　　察合台在成吉思汗在世时，臣服于其父自无问题。所以实际上，他与大汗的关系，集中地体现在他与继承父位的亲弟元太宗窝阔台的关系上。成吉思汗在世时，虽已决定窝阔台为其继位人，但其长后孛儿帖所生四子术赤、察合台、窝阔台和拖雷只有长幼之别，并无贵贱之差。成吉思汗死时，由于术赤已死，察合台为诸王之长，因此他对窝阔台即位的态度对维系蒙古国的统一有决定性的意义。窝阔台即位之初受到拖雷的反对，《耶律楚材传》这样写道："己丑（1229）秋，太宗将即位，宗亲咸会，议犹未决。时睿宗（即拖雷）为太宗亲弟，故楚材言于睿宗曰：'此宗社大计，宜早定。'睿宗曰：'事犹未集，别择日可乎？'楚材曰：'过是则无吉日矣。'遂定策，立仪制，乃告亲王察合台曰：'王虽兄，位则臣也，礼当拜。王拜，则莫敢不拜。'王深然之。及即位，王率皇族及臣僚拜账下，既退，王抚楚材曰：'真社稷臣也。'国朝尊属有拜礼自此始。"[1]《中书令耶律公神道碑》所云："乙丑，太宗即位，定册立仪礼，皇族尊长皆令就班列拜。尊长之有拜礼盖自此始"[2]，即指此。这样，成吉思汗诸子之间，在长幼关系之上又加上了一层君臣关系。成吉思汗死后诸子间君臣名分的确立对蒙古国的稳定无疑是有重要作用的。对于这一点，除汉文史料之外，穆斯林史料亦有所载。《史集》记道："由于对其兄弟窝阔台和拖雷有着特殊的友谊，因此他（指察合台）不遗余力地拥立窝阔台。按父亲的命令，走到开阔的原野上为之加冕。他与拖雷和其他宗亲一道，行了九叩跪拜之礼。"[3]由于察合台带头对窝阔台行臣下之礼，故窝阔台即位后，尊察合台为皇兄。[4] 这是窝阔台为褒奖其兄拥立之功所赐予的正式封号。到一百年后的1329年，元政府尚命"送太宗皇帝旧铸皇兄之宝于其后嗣燕只哥
膌"。[5]

① 《元史》卷146，第3457页。
② 宋子贞《中书令耶律公神道碑》，《国朝文类》卷57，第633页。
③ 《史集》第二卷俄译本第95页；英译本第147页。
④ 《永乐大典》卷10889，《雍古公神道碑》，中华书局影印本，册101。
⑤ 《元史》卷139。

察合台遵从成吉思汗遗命，奉立亲弟窝阔台为大汗，并率诸王宗亲对之行"九叩跪拜之礼"的行动，实际上树立了一代之制度，即边藩诸王奉大汗为宗主，大汗视镇边诸王为藩臣。这一行动奠定了后代西北三藩国，即察合台汗国、伊利汗国、钦察汗国与元朝关系的基础。①

由于察合台的禹儿惕和军队都在中亚，他又以皇子的身份出镇西域，而中亚城郭之地的统治权却属于大汗，这样就必然产生他与大汗派驻中亚的大臣之间的矛盾。尽管汉文史料和《史集》都称颂察合台对窝阔台的畏服，但实际上，随着察合台坐镇西域天长日久，他在中亚的势力日益增长，于是吞并大汗在中亚的属地的野心也滋长起来。《史集》中记载了一次察合台蓄意侵夺大汗辖地的事件："据说在窝阔台合罕时代，察合台发出一道旨令，擅自变动河中地区几个州郡的长官（而按窝阔台合罕之命河中是由牙剌瓦赤管辖的）。牙剌瓦赤遂将此事向合罕报告，合罕对察合台降下一道圣旨，对其行为进行斥责，责令他书面陈明原委。察合台复信道：'我之所为系出于无知，

---

① 《史集》接着讲了一个故事，说明察合台虽然身为皇兄，却总是对其弟窝阔台保持着严格的君臣之礼：一天在缓步蹓马时，察合台趁着醉意要求与窝阔台赛马以赌输赢。两人打赌后进行了比赛，结果察合台的马稍快一点，赢了。当晚在自己的营帐里察合台回想起这一情景，他想："怎么能和合罕打赌并让我的马赢了他的，这一行动破坏了礼仪。因为这一行为，我们和其他人都会变得无法无天起来，这样就会导致祸害了。"于是天还未亮，他就召集诸大臣说自己昨天犯下了罪过，要求大家和他一起到窝阔台那里，以便确定他的罪名并给予处罚。于是一大群人比平时要早地来到了窝阔台帐前。窝阔台既为合罕，则他的大帐不得允许，就是察合台也不能随便进入。值番怯薛向他报告察合台带领大批人前来，窝阔台虽然对察合台很信任，但也感到忧虑，不知他究竟是来干什么的，于是命使臣出来发问。察合台表示，他和其他宗亲在忽里台大会上都立下誓言并立下书面字据，承认窝阔台是合罕，宗亲均应循忠顺之道而行，不得违抗他。因此昨日他无权与合罕打赌和赛马。现在前来自首并准备承受处罚，"该杀还是该打，由他决定"。窝阔台闻得此言感到惭愧，然而仍派人传话，说察合台是皇兄，不必介意如此小事。双方各执一词，最后达成协议，由必阇赤宣布，合罕饶恕了察合台的性命，但察合台要交付九匹马。《史集》的这一段叙述表明，窝阔台即大汗位后，察合台对其弟是恪守臣下之礼的。这一点对我们理解以下事实颇有帮助（见《史集》第二卷俄译本第95页以下，英译本第147页以下）。

且因无人指导，又给不出什么可以写下的理由。既然合罕命我写，我遂鼓起勇气写下这些话。'合罕很高兴地接受了这一自责，并把那个州郡赐给察合台作为封地"。[①] 这一事件很清楚地表明，河中之地的州郡是大汗的属地，由朝廷命官治理，察合台虽贵为镇守其地的诸王，亦无权干预当地的政务。他擅自变动州郡长官的行为是越轨之举，受到窝阔台的斥责是理所当然的。所以当不花剌的人民起义时，当地长官只同牙剌瓦赤联系，而牙剌瓦赤也直接向窝阔台报告，根本没有提到察合台，所以志费尼这样记载是很容易理解的（前来镇压起义的蒙古军中可能有察合台的军队）。但是这一行动毕竟证明察合台与大汗在中亚的力量对比发生了某种程度的变化。以致窝阔台尽管斥责了察合台的无理行为，又不得不将一个州郡交给他，作为妥协。事后，察合台迁怒于牙剌瓦赤。不久，牙剌瓦赤奉调中原。

前面已经提到，成吉思汗西征以后，牙剌瓦赤及其子麻速忽就治理着河中诸城邑。志费尼记道：成吉思汗"攻下不花剌和撒麻耳干后，仅屠杀一次和抢掠一次便作罢，并没有走到总屠杀的极端。至于隶属这两城，或与之接壤的地区，因他们都纳款投诚，对他们也就手下留情。尔后，蒙古人安抚残存者，进行恢复工作"。"按众人的愿望，这些州邑的政权，在大臣牙剌瓦赤及其忠顺的儿子麻速忽别乞的有才干的手掌握之下。因为他们公正治理，恢复了该地的创伤"。"牙剌瓦赤废除了征税（hashar）及军队（Chtrig）方面的强迫服务和种种临时赋税（avārizāt）的负担、摊派。"[②]

牙剌瓦赤调往中原后，麻速忽承担起管理整个中亚诸城邑的责任。故《史集》说："合罕曾将整个契丹之地置于麻哈没的·牙剌瓦赤管领之下，自别失八里和哈剌火州，忽炭、可失哈儿、阿力麻里、海押立、撒麻耳干和不花剌，直到阿姆河岸，都置于牙剌瓦赤之子麻速忽别乞的管领之下。而且呼罗珊至鲁迷（Rūm）和生荒之地（Diyār Bakr）（的

---

① 《史集》第二卷俄译本第 102 页；英译本第 156 页。
② 《世界征服者史》英译本第 96—97 页；汉译本第 114 页。

地区）置于异密阿儿浑管领之下。他们常征集所有这些国家的捐税，并递送到合罕的宝库中去。"①《蒙古秘史》中关于牙剌瓦赤管领中原，麻速忽管领中亚的记载，指的就是这一情况。

1241年，元太宗窝阔台死去，帝位空缺，窝阔台长子贵由西征尚未归来，因此按照在先体例就在其妻木哥（Möge）哈敦的斡耳朵或宫廷的门前发号施令和召集众人。但脱列哥那哈敦是窝阔台几个年长的儿子的母亲，故"察合台和其他诸王遣使表示，脱列哥那哈敦是有权继承汗位的诸皇子之母，因此在忽里台大会召开之前，正是她应该指导朝政，旧臣应留任在朝中，这样新旧札撒才可以不从法律上被改变"②。

---

① 《史集》第二卷，俄译本第94页。别十八里和哈剌火州为畏兀儿亦都护领地，海押立和阿力麻里分别为两支哈剌鲁人的居地，这些地方各部首领在归降成吉思汗后，仍然维持着他们的统治，但蒙古大汗派驻中亚的大臣的地位却在他们之上。可以看出，蒙古可汗是通过驻守中亚的大臣来统治监领各属部的。Diyār，ديار 波斯语，译言"地方、国家"；Bakr，بكر，波斯语，译言"生荒的、未耕种过的"，故 Diyār Bakr 译作"生荒之地"。其地在今土耳其西南部，迪亚巴克尔省（首府迪亚巴克尔），仍沿用旧名。

② 《世界征服者史》，英译本第240页，汉译本第282页。木哥哈敦，志费尼说她是"按照蒙古风俗从其父成吉思汗那里传给他（按指窝阔台）的"。也就是说，他是按"父死妻其诸母"的旧俗继承成吉思汗的诸妻的。木哥哈敦的名称在《元史》卷106《后妃表》中成吉思汗诸妻一栏找不到。脱列哥那，即乃马真后。按《元史·后妃表》，窝阔台之正宫为"孛剌合真皇后"，此即《史集》之 Boraqchin（第二卷，英译本第18页）。《元史》在正宫孛剌合真皇后之后就是"脱列哥那六皇后"（后面列第五位的"秃纳乞纳六皇后"重出），《史集》亦称之为第二个妻子。《世界征服者史》中关于窝阔台死后，按在先体例，在木哥哈敦的斡耳朵门前发号施令的说法很值得注意。在12、13世纪的蒙古人中，妇女在社会上相当有地位。据《元朝秘史》（节70、71、72、73）记载，在成吉思汗的曾叔祖俺巴孩合罕死后，蒙古部的祭祀是由其二妻斡儿伯和莎合台主持的，其后她俩又决定抛弃成吉思汗母子。当也速该的部众随泰赤兀惕人抛下成吉思汗母子时，也速该的寡妻诃额仑出马追回一半。此事亦见于《元史》等诸书。下面还要提到，贵由死后斡兀立，海迷失皇后按在先体例权理国事。在察合台之孙合剌旭烈死后，其妃兀鲁忽乃也长期监理兀鲁思事。伽尔辟尼在叙述拔都之兄斡儿达的斡耳朵时，也提道："那个斡耳朵或宫廷属于他（按指斡儿达）的一个统治此地的妻子。鞑靼人的习惯是这样，（诸王和贵族死后）他们的宫庭并不分裂，总是指定某些妇女统治他们"（《伽尔辟尼朝见贵由汗的旅行》，第5页）。

于是脱列哥那皇后掌握了政权。很显然，脱列哥那是由于察合台的干预才取代木哥哈敦执掌朝政的。

据志费尼说脱列哥那还在窝阔台在世之时，已开始干政，所以与窝阔台的大臣有矛盾。志费尼说："在合罕活着期间，在她心中已经积存了对几个廷臣的仇怨，这个创痛日益加深。一旦她被委与朝政，她的地位增强，而且没有人敢于跟她争辩，她就决定立即行动，不丢失时间，也不坐失良机（如这半行诗说：'赶快，因为时间是把犀利的剑。'），向这些人一个个报复以消她的心头恨。她因此遣使者到契丹去取丞相牙老瓦赤来，也企图抓获异密镇海。"脱列哥那这一铲除前老臣的做法，也影响到中亚。牙剌瓦赤既为脱列哥那的眼中钉，其子麻速忽也必然被牵连。所以"异密麻速忽注意到这一形势，他也认为留在自己的辖境内不是办法，觉得以急投拔都的宫廷为宜"。[①] 麻速忽究竟是否逃到拔都那里尚不清楚。在贵由即位的忽里台大会上，他是作为西域的长官出席的。不过，麻速忽为了躲避祸害，必然花费了许多心计。志费尼说："他曾惊恐和战栗而来，经历了艰难和险阻，迄至最后逃脱了那个危险。"[②] 脱列哥那的做法的后果之一，就是严重地破坏了蒙古国的法度，"诸王各自为政。贵人则分别依附他们当中的一个，因此他们在国土上宣写敕令，散发牌子"。[③] 这种情况在中亚也不会例外。

察合台为太祖、太宗两朝驻跸西域的地位最高的蒙古诸王，成吉思汗曾命他执掌札撒，即蒙古法，故西域人民往往把蒙古法的苛严归罪于他。对于成吉思汗对四子的分工，志费尼说："成吉思汗的长妻生了四个儿子，他们拼着性命去建立丰功伟绩，犹如帝国宝座的四根台桩，汗

---

① 《世界征服者史》英译本第241、243页；汉译本第283—284页。

② 《世界征服者史》英译本第597页；汉译本第700页。志费尼这段话接在蒙古任命麻速忽为别十八里行尚书省事之后。这里所讲的麻速忽所经历的苦难显然是指麻速忽躲避迫害一事。

③ 《世界征服者史》英译本第255页；汉译本第299页。

国宫廷的四根台桩。成吉思汗替他们各自选择了一项特殊的职务。他命长子术赤掌狩猎，这是蒙古人的重要娱乐，很受他们的重视。次子察合台掌札撒和法律，既管它的实施，又管对那些犯法者的惩处。他选择窝阔台来负责〔一切需要〕智力、谋略的事，治理朝政。他提拔拖雷负责军队的组织和指挥，及兵马的装备。"①拉施都丁就察合台掌管札撒一事说："察合台是一个正直、有能力和令人敬畏的统治者。其父成吉思汗曾言与诸异密曰：'若欲习札撒及王位之约孙，必从察合台学。'"②由于察合台受命出镇西域，又受命执掌札撒，故蒙古国时，曾在穆斯林文化地区中强行推行蒙古习惯法。蒙古习惯法是在蒙古民族的长期历史发展过程中形成和发展起来的，其许多内容对穆斯林聚居地区是根本不适用或完全违反当地的风俗习惯的。这样，察合台在许多穆斯林作家的笔下成了一个邪恶的人物。

尤兹加尼写道："可恶的察合台是蒙古成吉思汗的次子，他是一个专横的人，残忍且凶暴无礼，又是一个干坏事的人。""在整个〔以他为首的〕诸部中，甚至曾经不许可按伊斯兰的训令去杀一只羊，这样所有的羊都搞得不洁。"③志费尼身为蒙古国官吏，当然不敢如尤兹加尼一样公然写下上述诅咒之词，但他也透露出抱怨之意："因为怕他的札撒和惩罚，他的臣民秩序井然，以致在他统治期间，旅客只要接近他的军队，在任何一段道路上都无须保镖和卫士；而且有那么个夸大的说法：一个头顶黄金器皿的妇女可以不用担心害怕地单独行走。他制定了精密的札撒，这对诸如大食等类人说是难以忍受的重负，例如，人们不可以按照穆斯林的方式屠宰牲畜，不得白天入流水中沐浴，等等。禁止按照

① 《世界征服者史》英译本第40页；汉译本第44页。

② 《史集》第二卷，俄译本第93页；英译本第145页。

③ 尤兹加尼书，拉弗梯英译本《亚洲包括印度穆斯林王朝通史》(Jūzjānt Ṭabak-at-i-Nasiri, tr by H·G·Raverty, A General History of the Muhammadan Dynasties of Asid, Including Hindūstān, London, 1881), 第1144—1146页。

合法方式杀羊的札撒，他颁发到各地；因而一度没有人公开在呼罗珊杀羊，穆斯林被迫吃腐肉。"①

在蒙古习惯法中规定：春秋两季人们不可以白昼入水，或者在河流中洗手，或者用金银器皿汲水，也不得在原野上晒洗过的衣服。据志费尼说，这是因为蒙古人"相信，这些动作增加雷鸣和闪电……蒙古人害怕雷击，对遭到雷击的人视为妖魔一般，远而避之。蒙古札撒中禁止人们入水的原因突出于此"。② 在穆斯林作家的笔下，察合台总是被描写成一个死板地执行札撒的人，而窝阔台的各种善行则以种种赞颂之词被记录下来。实际上，穆斯林是把察合台作为压制他们的蒙古法的化身来看待的。这一类蒙古法，随着时间的推移，在穆斯林人民中渐渐不再推行。

---

① 《世界征服者史》英译本第272页；汉译本第321页。
② 《世界征服者史》，英译本第204—205页；汉译本第241—242页。志费尼接着叙述了一个赞扬窝阔台的故事，其中提到了察合台："有天，合罕和察合台从猎场归来，中午时他们看见一个穆斯林坐在河中洗身。察合台原来对执行札撒十分热心，而且不宽恕一个哪怕稍有违犯它的人。当他看见这个人在水中时，出自他的愤怒火焰，他想把这个人焚骨扬灰，要他的命。但合罕说：'今天天晚了，我们也累了。把这个家伙监禁到明天，那时我们能审问他的案子，弄清楚他破坏我们札撒的原因。'于是他叫答失蛮哈只把此人看守到早晨，以查清他有罪或无罪；他又偷偷叫答失蛮把一个银巴里失扔进那个人沐浴的水中，教那个人在受审时说，他是个负了很多债的穷人，这个巴里失是他的全部家当，正是这个原因他才如此鲁莽行事。第二天，犯人当着合罕受审。合罕嘉纳地倾听申辩，但为慎重起见，叫人到出事地点去，把那个巴里失从水中捞出来。这时合罕说：'谁胆敢故意破坏我们的札撒和法令，或者胆敢丝毫违反它！但看来这个人是个赤贫如洗的家伙，所以才为了仅仅一个巴里失而牺牲自己。'他命令在一个巴里失外再给他十个巴里失；并从他那里得到一纸保证说他不再犯类似的罪行。因此他不仅逃脱一死，还获得了钱财。"这同一件事在尤兹加尼书中还有另一种大致相同的说法。这个故事具有浓厚的记述波斯帝王逸事的札记文学的色彩，并不能当作完全真实的事情来看待。但是同一则故事，在大体同时成书的不同史书中被记录下来，这反映当时中亚曾广为流传此事。

二、察合台和他的臣下

在蒙古国，朝廷命官与诸王位下的大臣分属两个不同的系统。朝廷命官受制于大汗，而诸王的大臣则由诸王自己任命。志费尼书中记载的牙剌瓦赤的话，最清楚不过地说出了这种区别：在牙剌瓦赤向窝阔台告发了察合台企图吞大汗在河中的某些州郡，窝阔台下诏斥责察合台后，牙剌瓦赤去拜访察合台，受到了指责。牙剌瓦赤对察合台的大臣瓦齐儿说："我乃合罕之大臣。察合台不和合罕商量就不能杀我。而我要是在合罕面前进你的谗言，就会处死你。要是你为我妥善地处理诸事，那就很好。否则，我要在合罕面前揭发你。如果你在察合台面前把这些话讲出来，则不管怎么问我，我都不承认，无证据可言。""于是瓦齐儿被迫妥善地处理诸事。"[①] 显然，牙剌瓦赤是因为得罪了察合台，心里感到害怕，找瓦齐儿用朝廷命官和诸王之臣地位上的差别来威胁他，让他在察合台那里为他活动，以保全自己。

如果说，牙剌瓦赤代表了一类驻边大臣，他们虽然为朝廷办事，却又不得不顾及镇边诸王，那么还有一类朝廷命官，他们不畏诸王，遇事敢于直言。董文用就是其一。据《元史》记载："至元改元，召［董文用］为西夏中兴等路行省郎中。""时诸王只必帖木儿镇西方，其下纵横，需索无算，省臣不能支。文用坐幕府，辄面折以法。其徒积忿，谮文用于王。王怒，召文用。使左右杂问之，意叵测。文用曰：'我天子命吏，非汝等所当问，请得与天子所遣为王傅者辨之。'王即遣其傅讯文用。其傅中朝旧臣，不肯顺王意。文用谓之曰：'我汉人，生死不足计。所恨者，仁慈宽厚如王，以重威镇远方，而其下毒虐百姓，凌暴官府，伤王威名，于事体不便。'因历历指其不法者数十事。其傅惊起，

---

① 《史集》第二卷，俄译本第 102 页；英译本第 156 页。

去白王。王即召文用谢之曰：'非郎中，我殆不知。郎中持此心事朝廷，
宜勿怠。'自是潜不行而省府事颇立。二年，八奏经略事宜还，以上旨
行之，中兴遂定。"[1] 董文用与王傅之间的关系，与牙剌瓦赤和瓦齐儿
之间的关系在实质上是一样的。

察合台汗国早期最重要的大臣是瓦齐儿（Vazir）、阿迷的（Amid）
和撒迦吉（Sakkaki）。瓦齐儿的真实姓名现在已不清楚，人们只知道他
是汉人（Khitayan），瓦齐儿是他当了察合台的大臣以后的称号。[2] 瓦齐
儿早期的身世从一个侧面反映出被蒙古贵族掠到中亚的汉地知识分子的
遭遇。他是一个文人，被蒙古军俘虏后，起初在察合台的一位汉医那里
做侍仆。那位汉医死后，瓦齐儿又成为察合台麾下的大臣札剌亦儿人忽
速黑（Qushuq）的牧奴，因为一个偶然的机会，忽速黑发现了他的才
能，并为察合台所知。后来察合台把他要去，做自己的随从。不久，他
就得许可在察合台面前自由陈述意见，地位渐渐显赫起来。窝阔台也承
认和赞许他的才学，又见他受到察合台的重用，遂为他起名为瓦齐儿。
拉施都丁说他身材虽矮，相貌亦属平常，但却极为勇敢、机智，富有才
华，会说善辩。瓦齐儿在察合台的斡耳朵里的地位高于诸大臣，在察合
台面前，没有一个人能像他那样言所欲言。有一次，察合台之妻打断了
他的话，他竟对她大声斥责道："汝妇人也。此事无庸汝言！"还有一
次，察合台一个儿子之妃被指控与他人私通，瓦齐儿未经察合台批准就
将这位王妃处死。当察合台问起此事时，他答道："殿下之媳如何能做
出此等羞耻之事，并玷污汝之女眷之荣名？"察合台竟然同意了他的这
一行动。

拉施都丁还记载了一个瓦齐儿的故事，反映出汉族文人的才能是

---

① 《元史》卷148，第3496页。
② 这个词与阿拉伯—波斯语词汇 Vozir（وزیر，意为大臣）偶然相似。vazir 在
突厥语中为外来词，源于梵文 vajra（汉译伐阇罗、跋拆罗或跋阇罗），意为金钢
杵，指帝（Indra，汉译因陀罗）之笕，霹雳之神。参见《史集》第二卷，英译本
第154页，注43。

如何受到蒙古贵族的重视。有一次，窝阔台问察合台道："我的丞相（按指镇海）和你的谁更好些？"察合台答道："当然是镇海好。"在一次宴会上，窝阔台和察合台都在忆诵"圣言"（必勒格，bilig）。瓦齐儿记起这些"圣言"后，走到外面写起来。察合台和窝阔台也记起了这些"圣言"，于是他们背诵"圣言"，并要瓦齐儿书写。他们想考核一下瓦齐儿，看看他究竟能不能准确地记下来。他写毕呈上后，察合台和窝阔台发现，瓦齐儿写得十分准确，只是个别字句有些颠倒。窝阔台称赞瓦齐儿比镇海更能干。看来窝阔台和察合台在文字书写上都没有受过很好的教育，他们对自己民族的许多传说、"圣言"甚至历史知识，几乎是只能依靠记忆。瓦齐儿书写所用的当是汉字。从瓦齐儿这样的文人受到察合台如此重用看来，这时察合台汗国的统治集团在文化上还处于十分落后的阶段。由于察合台的封地远离中原，而汉人非有一技之长则完全不受重视，故察合台斡耳朵里供职的高级官吏中，汉人不会很多。

瓦齐儿作为一个汉人，在蒙古宫廷中获得高位，无疑要引起许多贵族和官僚的嫉恨，尤其他在职期间对待察合台的亲属的态度，更开罪了许多贵族，他在察合台的斡耳朵中是十分孤立的。为此，瓦齐儿曾公开对察合台说："为了您，我失去了一切朋友，殿下去世后，没有人会怜悯我。"察合台死后，不久他就以毒死察合台的罪名被处死。①

---

① 《史集》第二卷，俄译本第101—102页；英译本第154—156页。察合台死后，被处死的人不止瓦齐儿一个。志费尼记道：察合台"有个突厥丞相，一个叫胡只儿（Hujir）的人，在他（指察合台）统治末期拥有权势，并接管朝政，和医师麦术丁（Majd-al-Din）一起，这个人尽他的一切能力来治疗察合台的病，表现出很大的关怀和忧虑。然而，察合台死后，其长妻也速伦（Yesülün）下令把他们两人连同他们的子女一起处死"。（《世界征服者史》，英译本第272页；汉译本第321—322页）伐阇罗在现代蒙古语中作 ochir。这个所谓突厥丞相 Hujir，可能就是瓦齐儿。他做过汉医的侍仆，可能也通医术。

阿迷的，据《史集》记载是讹打剌（Utrār）人。① 从成吉思汗征服河中时代起，他就追随察合台，并成为察合台的主要大臣之一。成吉思汗曾把花剌子模沙摩诃末算端的两个女儿赐给察合台。察合台又把其中的一个转赐给阿迷的。

阿迷的在察合台时代主要的政敌是撒迦吉。今天我们所能见到有关撒迦吉的记载，都带有某种传说色彩。据宏达迷儿说，撒迦吉是一位博学的学者，在他所著的书中有一部名曰《修辞与雄辩术之钥匙》，在当时很有名气。因阿迷的和其他官吏的推荐，撒迦吉的才学为察合台所知。不久察合台把他召来做自己的随从。由于撒迦吉有广博的知识，所以赢得了察合台的尊敬。撒迦吉得宠于察合台引起了阿迷的的嫉妒。撒迦吉发觉了这一点，抢先对察合台说："从星象显示的征兆看来，很清楚，阿迷的的幸运之星已经衰落，臣恐其恶运会影响殿下之福。"察合台立刻听信了这番话，将阿迷的解职。一年后，汗国境内的社会秩序和财政状况都恶化了。察合台意识到解除阿迷的的职务是不利的，于是察合台亦以星象家的口吻对撒迦吉说："人的恶运预兆的星象不会一成不变，或许阿迷的的吉星又开始得势了。"撒迦吉看出察合台有意重新起用阿迷的，遂附和察合台的意见。于是阿迷的官复原职。阿迷的复职后，与撒迦吉的明争暗斗愈演愈烈。他甚至指控撒迦吉有野心。察合台对撒迦吉的猜忌也加深了。最后，他把撒迦吉囚禁起来。三年后，撒迦吉死在

① 《史集》第二卷，俄译本第 102 页；英译本第 156 页。另据札马勒·合儿昔（Jamāl Qarshi）称，阿迷的是不花剌附近的起儿漫（Karmina）人，而奈撒微（Nasawi）的《札兰丁传》（Sirat Sultan Jalal al-Din）说，他出自呼罗珊的 ustuWā 地区。阿迷的的全名为 Qutb al-Din Habash Amid al-Mulk。在《蒙古入侵时期的突厥斯坦》第五章的手稿中 Habash Amid 常写作 جيش Jaysh-Amid，后来巴托尔德将此名校正为 Habash-Amid。参见《蒙古入侵时期的突厥斯坦》，英译本，1968 年版，第 500 页，注 44。

狱中。[①] 撒迦吉与阿迷的的斗争反映出伊斯兰贵族为了在宫廷里争宠，如何不择手段地互相诋毁，以图借助蒙古主子之手把对手除掉。这种斗争只是统治阶级内部的派系之争，并没有反映社会上广大群众与蒙古贵族的矛盾。投降蒙古的伊斯兰贵族在蒙古宫廷里的地位同样是不稳定的，他们稍有得罪蒙古主子之处，就可能被处死刑，同汉人瓦齐儿一样，他们有些人还成了蒙古贵族间互相斗争时的牺牲品。察合台的医生麦术丁就是如此。

察合台的主要军事将领，我们目前知道稍多一点的只有巴鲁刺思氏贵族哈刺察儿。据宏达迷儿记载："在他（按指成吉思汗）死时，他确定速忽吉斤（Sughujijin）之子，异密帖木儿驸马之五世祖巴鲁刺思氏亦儿答木吉（Airdamaji）之子哈刺察儿（Oarāch ar）那颜为察合台兀鲁思之大臣。"而成吉思汗死后，"察合台将权柄即军队，臣民诸事交予哈刺察儿"。[②] 多桑称："按著名的帖木儿之后的穆斯林史家的说法，其五世祖哈刺察儿统帅察合台之军队，受到这位宗王的完全信任，在其斡耳朵中享有崇高的威望。然哈刺察儿既未为志费尼，也未为拉施都丁

---

① 宏达迷儿书，德弗雷麦里法文摘译本《突厥斯坦与河中的蒙古汗史》（*Histoire des Khans Mongols du Turkistan et de la Transoxiane*, *exf raite du Habib Essiier de Khondēmir*, *Traduite du persan et accomagne de notes*, par M. C. Defremery, Paris, 1853），第60—63页。撒迦吉全名为 Abū yaqūb al-sakāki，其所著《修辞与雄辩术之钥匙》阿拉伯文标题为 al-Miftah，据宏达迷儿说，他在占星学、巫术、炼金术等方面都有广博的知识。宏达迷儿的叙述是基于迷儿黑汪忒（Mirkhwānd）对撒迦吉的描述，不过语言更为华丽。据迷儿黑汪忒称，撒迦吉不仅掌握了占星术、巫术和炼金术，还掌握了"所有伊斯兰和希腊科学"。参见《蒙古入侵时期的突厥斯坦》，英译本，1968年版，第506页。

阿布勒加齐的《突厥世系》也简要记载了阿迷的（不过书中没有写出他的名字）诋毁撒迦吉，撒迦吉被囚禁至死的故事。见戴美桑法文译本《阿勒加齐把阿秃儿汗的蒙古人和鞑靼人史》，（*Aboul-Ghāzi*, *traduite par Le Baron Desmaison*, *Histoire des Mongols et des tatares par Aboul-Ghāzi Bēhadour Khan*, St. peters bourg, 1874）卷2，第157页。

② 宏达迷儿书法文摘译本，第52—53页。

提及。他们曾提到许多察合台统治时代的有影响的人物，诸如麻速忽、哈巴失·阿迷的等等。"① 德弗雷麦里亦持此说。多桑以志费尼、拉施都丁诸书对证较晚的穆斯林史籍的方法当然是正确的。不过他所忽略的是，拉施都丁在其《史集》中确曾提到哈剌察儿。我们在论及诸子分封时曾引述《史集·成吉思汗纪》的记载，即他分给察合台的四千户中，第一个就是巴鲁剌思哈剌察儿千户。拉施都丁在《察合台传》中也提到了这一点。

1238 年，不花剌发生了塔剌必领导的起义。据宏达迷儿说，哈剌察儿所属的军队亦参加了镇压。塔剌必死后，其两个弟弟继续领导起义军，"这时，消息传到异密哈剌察儿那里，他指令两位勇敢的那颜来镇压叛乱，因为他统领了一支为数可观的军队。塔剌必死后一周，两位统领抵达不花剌。塔剌必的两个弟弟也与蒙古人面对面地整顿军队准备战斗。一场残酷的战斗开始了，双方有近两万人战死，塔剌必的弟兄们也阵亡了，他的人落荒而逃。蒙古人于是向不花剌开进，打算劫掠、放火杀人，然而一队有尊严的人带着礼品迎面过来，并对他们说：'不要紧逼这座毁坏的城池，以便情况可以为异密哈剌察儿所知，以便你们接受他的命令。'这些异密们接受了他们的要求，于是这位正直的那颜（即哈剌察儿）得知了这一情况，他命令异密们和军队撤回，不要欺压不花剌人。于是，由于哈剌察儿那颜的干预，不花剌人民从塔剌必的同伙的叛乱引起的灾祸中，从蒙古军的威胁中解脱了出来"。② 这段哈剌察儿镇压不花剌起义的描述为其他诸书所无。不过哈剌察儿下令保存不花剌的说法，很明显是帖木儿帝国的文人，为了美化帖木儿的祖先，把牙剌瓦赤的事迹移花接木，编造在哈剌察儿头上。除了哈剌察儿以外，关于察合台时代原成吉思汗所授几个千户的情况我们几乎一无所知。

---

① 《多桑蒙古史》法文本（D'Ohsson, Histoire des Mongols depuis Tchinguiz-khan Jusqu; a Timour Bey ou Tamerlan），卷2，第108—109页，注。

② 宏达迷儿书法文摘译本，第59—60页。

三、几点结论

本文所谈的早期察合台汗国，主要是指察合台时代，也就是元太祖成吉思汗、元太宗窝阔台两朝的察合台兀鲁思。这个时期最主要的特点，就是成吉思汗所遗下的庞大的帝国为其三子窝阔台所继承。察合台身为皇兄、诸王之长，率先向其弟执臣下之礼，使蒙古国得以继续维持统一。

察合台的封地与后来的察合台汗国并非一回事。察合台原先只领有畏兀儿之边到河中的牧地。他利用镇边诸王和皇兄的身份，着手吞并大汗在河中的辖地一事，实际上是后来其后代与元世祖忽必烈争夺中亚的先声。穆斯林史家对察合台颇多微言，究其原因当是蒙古征服中亚后在当地严厉推行蒙古法，使当地人民深受苦难。察合台受命出镇西域，又执掌札撒，自然成为人们指责的目标。

察合台的臣子主要有三种人组成：一种是如瓦齐儿一类被掠至中亚的汉人，他们在其斡耳朵事务中不占重要地位；一种是如阿迷的和撒迦吉一类的回回人，他们起着相当大的作用。最后察合台汗国统治者皈依伊斯兰教，与这些回回大臣的影响是分不开的；最后一种是巴鲁剌思氏哈剌察儿、宏吉剌氏木哥和扎剌亦儿氏忽速里一类的蒙古人。他们的地位最高，执掌军权，大部分居于草原，形成世臣世卿。

有关初期察合台汗国的情况，汉文史料记述极少，穆斯林史料虽有一些记载，但欲深入研究必先花费气力从各种著作中翻检。作者不揣浅陋，就平日读史所见，论述如上，以求教于专家学者。

（原文载《新疆社会科学》1984 年第 2 期，第 74—84 页）

至元初年的察合台汗国

　　元前期的历史发展明显地分为两个阶段，即蒙古国或前四汗时期（前四汗指元太祖成吉思汗、元太宗窝阔台、元定宗贵由和元宪宗蒙哥）和世祖、成宗两朝。中统年间的忽必烈、阿里不哥争位之战，是这两个时期之间的转折关头。作为元代西北诸汗国之一的察合台汗国，其早期历史与蒙古国的历史是密不可分的。前四汗时代，蒙古国基本上是一个统一体，蒙古大汗的诏令行于四方，突厥斯坦和河中之地是蒙古国版图的重要组成部分，蒙古朝廷自收抚海押立、阿力麻里的哈剌鲁部，攻灭乃蛮残部控制的西辽、花剌子模后，就在这里驻军镇守，设官收税。到蒙哥即位后，这里的统治机构被正式命名为"别十八里等处行尚书省"。察合台汗国的统治者只能在自己的领地（自畏兀儿之边延伸到河中的草原地带）之内发号施令，不能干预中亚农耕城郭之地的事务。从这一点来看，在当时的突厥斯坦和河中之地，察合台汗国在政治上不占重要地位。每当察合台汗国汗位空缺，大汗就从察合台后裔宗王中择定继位人充任。除此而外，蒙古大汗甚至有权任意废黜察合台汗国旧汗，扶立新汗。大汗在察合台汗国汗位继承问题上的这种决定权，集中地反映出蒙古国时期诸王兀鲁思对大汗的依附关系。

　　中统年间的忽必烈、阿里不哥争位之战，既是蒙古国至元朝的历史转折时期，也是察合台汗国从蒙古国内的诸王份地发展为半独立化的西北藩国的转折时期。1259 年，元宪宗蒙哥在出征南宋时死去，接着，在疆域辽阔的蒙古国内同时出现了两个自称继承了正统统治权力的政治集团，一个是拥立蒙哥幼弟阿里不哥即皇位的蒙古贵族集团，另一个是聚集在元世祖忽必烈周围的蒙古、色目贵族及汉族官僚集团。前者的中心在蒙古国都城和林，后者在开平。很明显，忽必烈和阿里不哥都意识到，自己的统治中心偏于东部，而位于蒙古国西部的蒙古宗王已经发展为强大的割据势力，要获得西北其他宗王（主要是当时术赤兀鲁思之主别儿哥和阿姆河以南诸地的蒙古军统帅旭烈兀）的支持，成为合法地继承成吉思汗大位的蒙古国皇帝，就必须控制河中和突厥斯坦。

蒙哥即位之初，察合台兀鲁思之汗合剌旭烈就已死去，其子木八剌沙年龄方幼，乃由其母兀鲁忽乃妃子摄国。忽必烈和阿里不哥为控制中亚，采取了相同的办法，即按蒙古国时代，大汗有权决定察合台汗国汗位继承人的旧例，从各自身边的察合台系宗王中择定人选，使赴国就位。当时河西之地为阿里不哥军控制，忽必烈派出的察合台系宗王阿必失哈在中途被叛军截获，不久被处死，这使元廷控制中亚的打算受挫。不久，阿里不哥派出的阿鲁忽到达阿力麻里，宣布即汗位。阿鲁忽利用阿里不哥与忽必烈争位，河中和突厥斯坦诸大臣茫然失措、不知所从的有利时机，以受大汗阿里不哥所遣亲贵诸王的身份，吞并了河中、突厥斯坦大片原属大汗管辖的土地，一举成为当时中亚政治舞台上一支举足轻重的力量。他进而背叛阿里不哥，降附忽必烈。有关上述历史，笔者已在拙文《阿里不哥之乱与察合台汗国的发展》（《新疆大学学报》，1984年第二期）中作了探讨，兹不赘述。本文拟讨论阿鲁忽的继位者八剌与元廷、窝阔台汗国之汗海都和钦察汗蒙哥帖木儿之间的关系。

一、斡端城得失之间

1265年，阿鲁忽死去，兀鲁忽乃妃子在察合台汗国诸王亲贵大臣的支持下，立己子木八剌沙为汗。木八剌沙原先曾受元宪宗蒙哥圣旨，继承其父合剌旭烈的汗位，但因年幼，由母后兀鲁忽乃妃子监国。中统年间，阿鲁忽受命阿里不哥，夺兀鲁忽乃的权力，称汗。阿鲁忽死后，以兀鲁忽乃妃子为首的察合台系诸王贵戚集团和元朝中央政府在汗位继承的问题上产生了分歧。在兀鲁忽乃妃子等人看来，木八剌沙乃合剌旭烈之子，地位高贵自不必言，又曾受先皇蒙哥旨意承袭父位，他的复辟在情理之中。但在占据成吉思汗大位的元世祖忽必烈看来，因循蒙古国时旧例，由朝廷择定阿鲁忽的继承人，才是天经地义。元廷与兀鲁忽乃妃子等人之间在汗位继承问题上的分歧，显现出在察合台汗国蒙古贵族中滋长出一种对朝廷离心的倾向。这种概念上的分歧，是客观上阿里不哥之乱后，大汗与察合台汗国之间在突厥斯坦力量对比发生重大变化的反映。八剌就是在这一历史背景下，被忽必烈从汉地派到察合台汗国去的。关于八剌夺取汗位的经过，笔者已在拙文《元朝与察合台汗国的关系——一二六〇—一三〇四年》（《元史论丛》，第三辑，中华书局）中作了详细讨论，这里不再重复。

忽必烈派八剌去突厥斯坦，本来是为了加强对西域的控制。八剌把木八剌沙赶下了台，夺取了察合台汗国的政权，实现了忽必烈的预想，按理说应该是元廷的胜利，但事情在向相反的方面发展。八剌即位为汗后，不再只是忽必烈和元中央政府的代理人，更重要的是，他成了察合台系宗王的政治代表。忽必烈既打算控制突厥斯坦，就不可避免地要削弱察合台汗国的割据势力。八剌即位之初，便面临着一个问题，即把阿鲁忽时代夺取的原属大汗的河中和突厥斯坦之地的控制权也继承下来，或归之于元中央政府。八剌将采取什么态度来处理他与元廷的关系，只需简单回顾一下他向木八剌沙夺权的经过，便可推知。八剌当初从汉地归国，虽携有取木八剌沙而代之的圣旨，但当时木八剌沙已控制察合台汗国权力，这一圣旨除了赋予八剌夺权以合法外衣外，只是一纸空文，八剌若出示圣旨，无疑自取灭亡，所以他不敢出示诏旨，而是凭借个人的努力与计谋，才夺取了权力。由是可以想见，对于上述问题，八剌在夺取汗位后只会采取一个态度，即竭力保持对河中和突厥斯坦的控制，竭力限制元廷在突厥斯坦的影响，这就不能不使他与元廷的潜在矛盾逐渐演化为公开的斗争，也不能不把他逐步引向与元廷对抗的道路。

阿里不哥进攻阿鲁忽时，曾席卷突厥斯坦东部，阿鲁忽只得避居可失哈儿、斡端一隅。阿里不哥败亡后，至元初年，元中央政府的势力伸到这里。汉文史料在记这几年历史时，不断出现突厥斯坦东部的地名。例如，至元二年（1265）忽必烈"敕徙镇海、百八里、谦谦州诸色匠户于中都，给银万五千两为行费"。① 镇海，即称海城，位于今哈腊乌斯湖（浑麻出海）之南。② 百八里，当还原为 Berbaliq。ber，突厥语，译言一也，baliq，突厥语，意为城，汉译独山城。又如，次年，忽必烈命畏兀儿亦都护马木剌的斤之子火赤哈儿为亦都护③，统治畏兀儿地。斡端大约也在这时回到大汗手中。《元史》中有至元三年（1266）置"忽丹八里局"，置大使一员，"给从七品印"④ 的记载。忽丹，当为忽炭的异译，又作斡端。说起元政府势力到达斡端，令人想起《暗伯传》中的记载：

> 阿鲁忽居于阗时，"世祖遣薛彻干等使阿鲁忽以通好，阿鲁忽留使数月弗遣，暗伯悉以己马驼赆之，令逃去。薛彻干等脱归，具以白世祖，世祖称叹久之。既而命元帅不花帖木儿等征于阗，暗伯乘间至行营，见薛彻干于帐中，薛彻干曰：'公之忠义，已上闻矣。'不花帖木儿遂承制命暗伯权充枢密院客省使。俄有旨护送暗

---

① 《元史》卷6，第105页。

② 称海城今地应在今蒙古科布多省东部之宗海尔罕山山北某地，或即清代地图上之库楞塔剌地，见陈得芝《元称海城考》，南京大学《元史及北方民族史研究集刊》，第四期，第14—17页。

③ 虞集《高昌王世勋之碑》，《道园学古录》卷24；《元史》卷122；火赤哈儿（Qocqar，突厥语公羊之意）为巴而术阿而忒的斤曾孙。

④ 《元史》卷85，第2149页。

伯妻子来京师"①。

从字面上看，这里提到的不花帖木儿征于阗之役，似乎与阿里不哥失败后，斡端回到大汗手中有关。但细细推敲，可知不花帖木儿征于阗事当在元灭宋以后②。斡端之地究竟是如何从阿鲁忽手中转归为忽必烈控制的，目前尚不清楚。

据拉施都丁记载，时忽必烈派驻突厥斯坦的大将名蒙古台（Mu-ghultai）③。拉施都丁没有言明蒙古台的驻地，但从他所记后来八剌击败蒙古台，劫掠斡端城的记载来看，蒙古台的营地应在斡端一带，或者可以说，阿里不哥失败后，斡端一带成了元朝驻突厥斯坦大将蒙古台的防区。八剌在夺取了木八剌沙的汗位之后，势力急剧地膨胀着，这使他情不自禁地着手吞并阿里不哥之乱结束后复归忽必烈所有的原大汗在突厥斯坦的属地。我们手头最足以说明这一点的材料，莫过于穆斯林史籍所记八剌劫掠斡端城事。

拉施都丁是这样叙述八剌把忽必烈的势力逐出斡端的过程的：

> 当时来自合罕方面的一位名叫蒙古台的人是突厥斯坦的都督（沙赫那）。八剌派出了异密别乞迷失，目的是占领他的地方。蒙

----

① 《元史》卷133，第3237页。

② 《汉西域图考》以为不花帖木儿征于阗，是在中统三年（1262）之前，岑仲勉先生认为应与刘恩守斡端事大致同时（见《〈耶律希亮神道碑〉之地理人事》）。据《元史》，不花帖木儿曾命暗伯权充枢密院客省使，按《元史·百官志》载，世祖中统四年（1263）始置枢密院之官属，则不花帖木儿征于阗，命暗伯权充枢密院客省使只能在此之后。此外，暗伯所受之客省使一职，亦见于《百官志》："客省使，秩从五品。大使二员，副使二员。至元十四年置大使一员。十六年，增一员……〔大使〕二员，从五品，副使二员，从六品。"（第2155—2156页）从品序来看，客省使大使应当就是暗伯所受之"客省使"的全称，此职设在至元十四（1277）年，看来，不花帖木儿征于阗的时间大约也在此前后，与阿里不哥之乱平定后斡端复归朝廷管辖并无联系。

③ Mughul，为波斯文中蒙古（Monggol）一名的写法，这位大将的名称为部名 Mughul 再加上蒙古语男性人名后缀 -tai 构成的，故这里按元代汉译通例译作蒙古台。

古台遂前往合罕陛下处，并奏明情况。他派出了一名大异密名叫火你赤率六千骑去除灭别乞迷失，并担任都督之职。八剌派遣一名异密率三万人迎战。由于火你赤明白任何时候也不能抵敌，便退回契丹之地。八剌的军队抢劫了斡端①。

八剌之军在斡端究竟做了些什么，拉施都丁没有说。但宏达迷儿书中保留了一段《洁净园》（Ruset al-Sefa）的记载，为他书所无。而这一记载恰为我们了解八剌所属察合台汗国之军在驱逐了元廷的驻军后在斡端城之所为，提供了一些材料，今录之如下：

> 当八剌在察合台兀鲁思的王位上坐稳后，他偏离了正义和公正之路，不阻止士兵的不义行为。这些信奉异教的蒙古人在河中和突厥斯坦推行他们（那种）应受谴责的习惯，这些不幸的居民承受痛苦，成为一切种类灾难的牺牲品。在统治之初，八剌就重新集结了一支军队，并制定了远征斡端之边的计划。他在将忽必烈合罕派驻于其地的人驱走之后，开始掳掠。在这个地方（按指斡端），有个蒙古人穿越过一个住处，在那里看见了一个燕子窝，他射出一支箭，没有（看见）任何理性（生命）。奇异的珍珠从

---

① 《史集》第三卷，巴库1957年波斯文刊本，第107页。在这一段史料中，第一句是一个关键的句子，波斯文原文作：dar an vaqt mughultai-i nami sahneh-i turkstan bud az gebal-i qaan buzurg emir-i bekemis ra beferestad……。按波斯语一般句法原则，谓语动词置于句末，则此句应译作："那时，一位名叫蒙古台的人是突厥斯坦的都督（沙赫那），来自合罕方面（az qebal-i qaan），八剌派出了别乞迷失异密……。"俄译本正是这样译的。但这种译法（主要是断句法）与史实自相矛盾。八剌身为察合台兀鲁思之汗，怎么能从合罕方面派出大将（别乞迷失）？别乞迷失既为合罕方面派出的大将，奉命取代蒙古台，蒙古台又怎么会归至合罕处奏报？合罕又怎么会派另一名大将火你赤去消灭他不久前派出的别乞迷失？短短数行史文，竟无一句可以说得通。其实只要把"来自合罕方面"（az gebal-i qaan）一语断归前句，即蒙古台是合罕处派驻突厥斯坦的都督（沙赫那），别乞迷失是八剌派出夺取蒙古台权力的大将，这样整段史料皆可说通。唯一可能的解释是，拉施都丁把这个介词短语置于句末是为了强调蒙古台是从合罕处派来的这一事实。过去波斯语如同古汉语，无标点符号，这对阅读是一个困难，也造成了产生歧义的可能性。

那里滚下来，（燕子）巢下有一个井，珍珠就滚进里面。这个蒙古人下到井下，在那里发现了五十个巴里失金子。（另外又有）许多八剌的士兵，在一天晚上走进一个院子，把他们的马拴在一棵树干上，这树干内部已经（朽）空了。突然，这些马因为什么事情受到惊吓，使这棵腐烂的树折断了，人们在树中发现了六千巴里失的银子。八剌的军队都被吸引来了，有了这些财宝，全部军队的给养都够了。（士兵们）把这件事看作这位宗王（八剌）的运气的征兆。这时八剌从斡端撤回到他的都城，他比过去更加不义和暴虐[1]。

《洁净园》的这些叙述，虽然具有某些传说色彩，却正可与上述拉施都丁的八剌劫掠斡端的记载相呼应。如果说，仅根据《史集》，尚无法判断蒙古台、别乞迷失、火你赤等人发生冲突的确切地点，只知离斡端不远，但宏达迷儿的关于八剌集结军队，"制定了远征斡端之边的计划"，并在把"忽必烈合罕派驻于其地的人驱走之后，开始掳掠"的说法，对拉施都丁的记载是很好的补充。即使宏达迷儿关于八剌的军队在斡端掠取财富的记载过于离奇，但无疑是现实的一种曲折的反映，即八剌在驱走了忽必烈的大将蒙古台和火你赤，侵占了斡端城后，掠获了大量的财富，使其军队获得大量给养。忽必烈之所以听任八剌在突厥斯坦为所欲为，当与他正全力灭宋有关。

二、八剌与海都的斗争

八剌受世祖之命归国夺取权力，得立为察合台汗国之汗，奉忽必烈为大汗，以藩王自居，忽必烈也把八剌看作出镇一方的诸王，经常如同

---

[1] 宏达迷儿《旅行者之友》（Habib al-Siyar），德弗雷麦里波斯文节刊本及法文节译璧本《突厥斯坦和河中的蒙古汗史》，巴黎，1853 年，波斯文第 20—21 页，法文翻译第 70—72 页。

其他诸王一起给以赏赐。斡端一带的冲突并没有使双方的关系完全破裂，他们之间仍保持着君臣关系。《元史》中至元五年（1268）五月"癸酉，赐诸王禾忽及八剌合币帛六万匹"[1]的记载，就是一个证明。忽必烈当初派遣八剌去取代木八剌沙的主要目的之一，就是为了对付海都。按瓦萨夫的说法，海都"是一位有理智、正直和幸运而又雄心勃勃的亲王，是一个正直而严厉的人，如同忽必烈合罕一样，他的骑兵同钦察人一样多"[2]。

八剌除了奉元世祖忽必烈之命，负有与海都作战的义务之外，当时察合台汗国与窝阔台汗国之间关系变化的本身，也有一些促使八剌对海都诉诸武力的因素。阿力麻里附近的虎牙思，原先一直为察合台汗国大斡耳朵驻地。至八剌即汗位时，阿力麻里已为海都侵夺。海都侵夺阿力麻里的时间可以简要考察如下：《元史》中有"诸王海都行营于阿力麻里等处，盖其份地也"的记载。窝阔台的份地本在叶密立、霍博一带，不在阿力麻里。《元史》接着又提到"至元五年海都叛"[3]，自阿力麻里举兵东犯，由此可知海都侵夺阿力麻里以为"份地"的时间，当在此之前。在海都占据以前的几年中，阿力麻里曾几度易手。中统元年（1260）底，阿鲁忽受阿里不哥之命，即察合台汗国之汗位于阿力麻里。阿鲁忽叛阿里不哥，归顺世祖后，阿里不哥率大军攻占此地。阿里不哥失败后，此地复归阿鲁忽所有。阿鲁忽死前曾与海都争战，先负后胜。从木阴关于阿鲁忽死后葬于阿力麻里的记载[4]看，至其死，即1265或1266年初，阿力麻里仍在察合台汗国的控制下。但在一年内，情况

---

① 《元史》卷6，第118页。

② 《瓦萨夫史》（Tarikh-i Wassaf），第一卷哈默、普尔格施塔勒波斯文刊本及德文译文合璧本，维也纳，1856年，波斯文第132—133页，德文译文，第126—127页。

③ 《元史》卷63，第1569页。

④ 《木阴历史选》，阿基姆什金俄文摘译本，见《吉里吉思人及其地历史资料》卷1，莫斯科，1973年，第114页。

就发生了变化。最明显不过的证据就是瓦萨夫提到了八剌在讹迹刊宣布即汗位的史实，时为1266年。八剌击败木八剌沙后，即位的地点不在传统的大斡耳朵所在地阿力麻里附近的虎牙思，说明海都趁木八剌沙新汗初立之际，或乘八剌与木八剌沙争夺汗位之机，夺取了阿力麻里。依据《元史》，我们仅知海都占据阿力麻里的时间在至元五年（1268）以前，然上述木阴《史选》中有关阿鲁忽死后葬于阿力麻里和瓦萨夫关于八剌即位于讹迹刊的记载，恰好对海都侵占阿力麻里的时间给出了上下限。据此，我们可以进一步把这一事变的时间大致框定在木八剌沙在位之时，即1266年，也即至元三年（1266）。此后，据汉文史料，我们知道忽必烈为对付海都，派其子北平王那木罕行营于阿力麻里，不过这是后话了。

海都夺取阿力麻里并非孤立的事件。察合台汗国与窝阔台汗国在中亚许多地方发生冲突。阿里不哥失败后，忽必烈坐稳了皇帝大位，这时另一个敌人的势力正在迅速增长，这个敌人就是海都。海都兴起之初，势力尚弱，他除了拒不应诏赴诸王大会外，并不直接与元政府冲突。他把扩张的目标放在远离汉地的突厥斯坦。我们已经提到，阿里不哥之乱是察合台汗国历史发展的一个重要里程碑。阿鲁忽利用这一时机，把察合台汗国从受大汗严密监视的诸王兀鲁思，一跃变为突厥斯坦和河中的一支强大力量。现在海都既谋求窝阔台汗国的发展，在中亚争夺地盘，就不能不与察合台汗国发生冲突。汉文史料对这一时期西北诸王的活动记载不多，使我们不得不主要依据波斯史籍的有关记载来分析这时察合台汗国与其他西北诸藩的关系。拉施都丁说："由于察合台的兀鲁思与海都之地相接，有些地方为海都所占，八剌曾数度与海都作战。[1]"可惜他未说明被海都占据的地方。为海都所占据的，除了汉文史料中所提到的阿力麻里之外，尚有其他地方，这在

---

[1] 《史集》第二卷，俄译本第91页；英译本第139—140页。

《瓦萨夫史》中记载得最为清楚，作者说海都占据了"从塔剌思、肯切克、讹打剌、可失哈儿和阿姆河那边地区的整个地带"[1]。作者接着又说："当海都利用事端变化（据上下文，似为阿鲁忽死后，察合台汗国之内乱），抱着寻找合罕军队的目的，从塔剌思和肯切克出动时，八剌恐怕他无法让自己的军队向撒麻耳干和不花剌开进，而他（指八剌）是希望占据（这些地方）的。由于这个想法，他企图在他（海都）之前到达，燃起战火……[2]"

三、关于肯切克（Kenjek）城

在上面瓦萨夫叙述的两段话中提到的一连串地名中，值得提出来讨论的是肯切克。此名在波斯文中写作 Kenjek。读者或会注意到，瓦萨夫两次都是在提到塔剌思之后紧接着就提到肯切克的。同样的情况亦见于《史集》："（回历）六六七年（1269）春，所有这些诸王都会聚于塔剌思和肯切克草原。"[3] 这一点非常重要，我们下面就将讨论。

---

[1] 《瓦萨夫史》第一卷，波斯文第 133 页，德译第 127 页。

[2] 《瓦萨夫史》第一卷，波斯文第 135 页，德译第 128 页。

[3] 《史集》第三卷，1957 年巴库波斯文刊本，第 109—110 页。笔者在写《阿里不哥之乱与察合台汗国的发展》（《新疆大学学报》，1984 年第二期），因手头仅有《瓦萨夫史》的德文译本，无波斯文本，曾猜测瓦萨夫书德译本提到的 Kundschuk，或可比附为危素《耶律希亮神道碑》中提到的换扎孙，今查波斯文，方知不然。Kenjek 之名在《史集》巴库波斯文刊本所据的各种抄本中，有种种异写，除了德黑兰抄本以外，其他各抄本此名写法的差别只在于词中"n"字母的音点有无或位置不同而已，唯德黑兰抄本脱漏字母"n"。见巴库刊本，第 110 页，注 3。值得注意的是，在阿鲁忽时代受命管理河中财赋的麻速忽，现在又转为海都和蒙哥帖木儿服务。阿里不哥势衰时，曾将麻速忽交给阿鲁忽。这样，麻速忽从朝廷命臣转变为诸王位下之大臣，他所管领的所谓别十八里等处行尚书省，也转为阿鲁忽服务。但现在麻速忽又向海都和蒙哥帖木儿献策反对八剌，这表明他所处的地位仍然十分特殊，虽然从朝廷命臣转变为诸王位下之大臣，但并未限定服务某一诸王。解剖麻速忽的地位转变过程，对了解中亚从蒙古大汗的直辖地变为西北诸王的争夺场所的这一段历史有决定性的作用。

肯切克亦见于《突厥语大词典》，该词典说肯切克是塔剌思附近位于钦察之边的地名，又是一支突厥部落的名称[①]。按可失哈里的说法，白水城（Isfijab）、塔剌思和八剌沙浑的居民说粟特语和突厥语。从白水城（作者说自塔剌思）至八剌沙浑的整个地区被称为阿鲁温（Arghu）。在可失哈里时代，这些居民被看作一个民族，称为肯切克[②]。而且肯切克这个部落已经突厥化了，但仍在一些词的形态上和发音特点上保持着他们母语的因素。在哈剌汗朝，人们认为最纯正的突厥语是"合罕之突厥语"，而可失哈儿一带的农村地区，则流行"肯切克语"，即一种当地的突厥化居民所使用的语言[③]，这种语言被称为肯切克语（Kajaki）。而在可失哈儿城，人们则使用"合罕之突厥语"（khaqani）。米诺尔斯基试图解释瓦萨夫书中的肯切克城，与《突厥语大词典》中提到的可失哈儿城外的操肯切克语的居民的关系，他认为瓦萨夫书中提到的肯切克或许是可失哈儿周围操肯切克语的部落所建的移民点[④]。米诺尔斯基没有注意到，在可失哈里时代，肯切克城与可失哈儿周围的肯切克部落是并存的，11世纪的肯切克城一直延续到蒙古时代，而米诺尔斯基所假设的肯切克城的建立者、可失哈儿城周围的操肯切克语的部落却不再见于文献记载。在《突厥语大词典》中，肯切克城被称为Kenchek-Sengir，Sengir，突厥语译言沙岬。Kenchek-Sengir 即肯切克岬。

---

① 布劳克曼《按马合木·可失哈里〈突厥语大词典〉编成的中古突厥语词汇》，布达佩斯和来比锡，1928年，第245页。

② 巴托尔德《中亚突厥史十二讲》德文本，1935年，柏林，第82页。巴托尔德在同页中说，肯切克的名字不见于任何其他史料，这无疑是错误的。他是熟读伊斯兰史籍的人，竟然会这样写，很是奇怪。前面已经提到，拉施都丁在叙述塔剌思大会时就说，八剌、海都与别儿哥乞儿会聚的地点就在塔剌思与肯切克。巴托尔德还说，阿鲁温（Arghu）之名也不见于任何其他史料（同书第28页），其实阿鲁温是元代回回人中一个很常见的姓氏，这一名称在元代应当还在使用。

③ 《中亚突厥史十二讲》，德文本，第82、135页。所谓肯切克语，当指一种与粟特语有密切关系的语言。

④ 《世界境域志》米诺尔斯基英译本，第280页。

从《史集》《瓦萨夫史》和《突厥语大词典》的记载可以推定，肯切克和塔剌思是两个相邻的地方。蒙古时代的其他文献在提到肯切克时，常同时提到塔剌思。例如志费尼在叙述镇守阿姆河以西呼罗珊之地的大臣阿儿浑在赴蒙古本土的旅程时写道："一行人不断赶路，来到答剌思，这时传来了贵由汗的死讯，恰好野里只吉带同时到达该地。异密阿儿浑和一群蒙古人去迎接后者，轻装前进；他命令灭力克和萨都拉（Sadr）留在肯切克。野里只吉带极力催他回去组织大军，准备军队的装备……"[①] 这段史料中的肯切克一名，波斯文校勘者可疾维尼无法识读，只得照字形写作 K??K，英译者波义耳校作 Kenchek，并作了勘同研究。波义耳的勘同无疑是正确的。人们可以注意到，志费尼书中的这个肯切克，一定是一个离塔剌思不远的地方。

除此而外，鲁卜鲁克在他的游记中也提到了一个叫 Kinchat 的城，一般学者都把它比附为上述 Kenjek，同时鲁卜鲁克在他的描述中也提到了塔剌思：

> 在万圣节后第八天（the octave of All Saints），我们进入一个被称为 Kinchat 的萨拉森人的城子，城子的长官拿着蜂蜜酒和酒杯到城外来迎接我们的向导。因为这是他们的风俗：所有降服于他们的城市，都须以食物和饮料来迎接拔都和蒙哥汗的使者……我询问这个地区的名称，但是由于我现已进入另一个地区，他们除了这个城子的名称之外，不能告诉我任何东西。这个城子很小。一条大河从山上流下，他们引水灌溉了整个地区。这条河不流入任何海，而是被土地所吸收，并形成若干沼泽……
>
> 第二十三章……第二天我们来到另一个村落……我也询问塔剌思城的情况[②]。

---

① 《世界征服者史》，可疾维尼波斯文校刊本，吉布纪念文集卷 16（Ⅱ），第 248 页；波义耳英译本第 512 页，中译本第 608 页。

② 《出使蒙古记》，吕浦汉译本，中国社会科学出版社，1983 年，第 152 页。

这里提到的 Kinchat 城，道森（Christopher Dawson）认为可能是斋桑泊之南的塔城（Tarbagatai）一带的 Chuguchat，道森还把流经此城侧的大河当今之楚河，显然是错误的。柔克义已将 Kinchat 勘同为乌马里书中的 Kenjek 和《突厥语大词典》中的肯切克岬（Kenchek-Sengir）。鲁卜鲁克书汉译本注释者周良霄已注意到道森的错误，指出流经那里的大河应当是塔剌思河[①]。还有一点应当提出，鲁卜鲁克所述："……他们的风俗：所有降服于他们的城市，都须以食物和饮料来迎接拔都和蒙哥汗的使者"一事正与他在后面所提到的拔都和蒙哥统治的分界相对应，这一分界穿越塔剌思和垂河之间的草原[②]。Kinchat 城的长官有义务迎送拔都和蒙哥的使臣，说明该城位于拔都和蒙哥统治交接处西侧，故这里提到的"一条大河"，显然是塔剌思河。

前面已经提到了乌马里，这里必须专门提一下他的记载，以结束关于肯切克城的冗长的讨论。乌马里死于 14 世纪中叶，是埃及马木路克王朝的史家，他著有《眼历诸国纪行》一书，记蒙古人事甚多。在众多的提到肯切克城的史料中，只有他明确地说出了肯切克的地理方位及其与塔剌思的关系。今择其要者录之如下：

> 自撒麻耳干汗八里的路程应［为］：自撒麻耳干至养吉二十日程。养吉由四座城组成，互相距离为一个帕剌伤（Parasang），各有自己的名字：养吉、养吉八里、肯切克（Kenjek）和塔剌思。自上述城市养吉至阿力麻里为二十日程[③]。

据此，我们得知，肯切克和其他三座包括塔剌思在内的城构成一个大城，名曰养吉（yangi，突厥语 yengi，译言新地，此言新城）。几个邻近的小镇子合为一座城的现象在古代中亚是很常见的，例如别十八里本身

---

① 《出使蒙古记》，汉译本第 152 页。

② 《鲁卜鲁克游记》，柔克义英译本第 128 页。

③ 乌马里《眼历诸国纪行》，克劳斯·来西阿拉伯文刊本德文翻译合璧本《蒙古世界帝国》，乌马里在其著作《眼历诸国纪行》中对蒙古国的描述，威斯巴登，1968 年，阿拉伯文第 29—30 页，德文译文第 111 页。

就是五城的意思。帕剌伤为波斯长度单位，约相当于我国市制十里。肯
切克离塔剌思的距离是很近的。这四座城镇中，塔剌思是最著名的，自
《汉书·陈汤传》中的"都赖水"的名字出现起算至蒙古时代，已有一
千余年历史。肯切克也很出名，11 至 14 世纪的历史文献中不断地与塔
剌思一起出现。但鲁卜鲁克的记载却告诉我们，它在当时只是一个很小
的城镇。

四、忽阐河之战及察合台家族与
河中之地的关系

本文第二节所提到的海都所占诸地，除了阿力麻里以外，从前并不
归察合台汗国所有，而是蒙古大汗的属臣麻速忽等人的辖地，蒙哥即位
为元宪宗时，统治这些地区的机构被命名为别十八里等处行尚书省。这
些地方只是在中统年间的战乱中，才为阿鲁忽据有。现在，八剌已经把
这些阿鲁忽趁乱从大汗控制下夺过来的土地，看作应由他自己来统治的
地方了。当初阿鲁忽是依靠侵吞大汗在河中和突厥斯坦的土地和财富强
大起来的，现在海都兴起了，当他的目光移向了这同一块土地时，他在
争夺这块土地控制权的斗争中，面临的主要对手首先是受到元廷支持的
察合台汗国。而八剌，为自身利益，为力图保住阿鲁忽时代已经得到的
权益，则必须对抗海都的扩张，这无疑应是促使八剌向海都作战的主要
原因之一。

阿里不哥失败后，海都是依靠术赤系诸王，尤其是钦察汗别儿哥的
支持才变得强盛起来的。在阿鲁忽受命阿里不哥赴突厥斯坦和河中之地
为军队征集兵员、催办给养之前，术赤系统在中亚的势力最为显赫。所
以当阿鲁忽在中亚扩张势力时，利益受到损失的，除了大汗以外，就是
术赤兀鲁思，他们扶持海都对抗察合台汗国的原因就在于此。拉施都丁
在记载八剌与海都的矛盾时写道："当八剌推翻了木八剌沙，控制了察

合台兀鲁思时，他踏上了压迫和横暴之路，海都制止他这样的行动，由于这个原因，他们之间发生了分歧。"除此以外，拉施都丁在叙述了八刺纵军劫掠斡端之后说："当八刺的力量达到极盛时，他打算远征海都和蒙哥帖木儿。麻速忽向他们（指海都和蒙哥帖木儿）指出，应预防八刺方面的暴力行为，并鼓动他们与之（指八刺）作战。"[1] 当时别儿哥已死，术赤兀鲁思以蒙哥帖木儿为汗，仍与海都结盟[2]。八刺在东方虽驱走了忽必烈的大将蒙古台、火你赤，占领了斡端，但却遇到了朝廷悉心经营的据点——畏兀儿之地，一时无法逾越。而他在西方，在维护察合台汗国既得利益的斗争中面临的对手就是得到蒙哥帖木儿支持的海都。

整个蒙古国时期到元初，中亚的历史显现出这样一种趋势，就是朝廷对中亚的控制逐渐被西北诸王取代。元太宗窝阔台时代，察合台已有吞并朝廷在突厥斯坦属地的行为。至定宗朝，术赤系势力首先膨胀起来，几乎控制了突厥斯坦西部。进至宪宗朝，中央政府虽立别十八里等处行尚书省，但拔都一系在中亚的权力始终与朝廷的统治并存。世祖忽必烈即位，突厥斯坦乃至河中之域，变为朝廷之力所不能及之地。应该说，突厥斯坦西部和河中成为西北诸王争斗的场所，起始于世祖忽必烈即位之初。很明显，朝廷的打算是控制住突厥斯坦的东部（以畏兀儿地为中心），同时扶植一支抗衡西北叛王的力量——八刺。

八刺奉忽必烈之命与海都作战，是他对元廷保持臣属地位的重要证明。这应当是尽管八刺劫夺了斡端，忽必烈直至至元五年（1268）仍对八刺赏赐的主要原因。《史集》记道：忽必烈合罕派八刺"去管理察合台兀鲁思，并对海都作战。八刺去了，并与之作战，海都击败之"[3]。

---

① 《史集》第三卷，1957 年巴库波斯文刊本，第 107 页；俄译本第 70 页。

② 按《元史·铁连传》的说法，蒙哥帖木儿曾有配合元廷袭击海都的打算。但此事不见于其他史料记载，可能是虚词应付铁连。

③ 《史集》第二卷，俄译本第 13 页；英译本第 24 页。

《史集》还记道："海都曾结盟于阿里不哥，又曾拒绝觐见合罕，合罕曾命令八剌击退海都。他服从这项命令，马上聚起一支军队，八剌率领一军与海都作战。起先八剌战败。接着又开始第二回合战斗。"[1]

从忽必烈这方面说，他虽然也向突厥斯坦派出了军队，但其数量与八剌、海都和蒙哥帖木儿的军队相较，已不占据优势。实际上元廷已无恢复大汗对河中地区控制的计划，这就使得这一时期的突厥斯坦西部和河中之地，形成以海都、蒙哥帖木儿为一方，以八剌为另一方的两大势力对峙的局面，而八剌的背后有忽必烈的支持，这就是这一时期突厥斯坦西部和河中地区形势的主要特点。

对于八剌与海都、蒙哥帖木儿之间的战争，拉施都丁和瓦萨夫有具体的描述。双方的初战战场在忽阐河（今锡尔河）畔，此战八剌获胜，初战时，术赤系诸王并未参战。《史集》记道：

> 最后，双方的军队来到细浑河畔（即忽阐河），八剌设置伏兵，巧妙地击败了海都和（合丹之子）钦察的军队，杀死了其中许多人，并获得大量战利品。他（指八剌）于是变得傲慢起来，胆子也大了，他的骄傲和自大情绪也因之滋长起来[2]。

我们知道，由于阿鲁忽时代察合台汗国的扩张，蒙哥帖木儿在位时，术赤系在突厥斯坦西部和河中之地的影响已经削弱。术赤兀鲁思的统治中心在钦察草原，当中亚崛起了察合台汗国这一咄咄逼人的势力时，术赤系宗王单靠自己的力量是无法与之对抗的。这就使蒙哥帖木儿与海都之间的关系成为一种互相依存的关系。海都依靠蒙哥帖木儿的支持才得以强大起来，而蒙哥帖木儿则指望海都限制八剌的影响。如果海都不能制止八剌的力量发展，或者如果海都在与八剌的斗争中失败，察合台汗国就会急剧地膨胀起来，把术赤兀鲁思在河中和突厥斯坦西部所

---

[1] 《史集》第二卷，俄译本第 98 页；英译本第 152 页。

[2] 《史集·阿八哈传》，卡尔·扬波斯文刊本和德文节译合璧本（《阿八哈至海合都时代的伊利汗史》），波斯文第 11 页；《史集》俄译本第三卷，第 70 页。

剩的权益吞没，这应是蒙哥帖木儿与海都之间关系的实质所在。海都果然战败了，蒙哥帖木儿不得不出援窝阔台汗国，拉施都丁对此记曰：

> 当海都和钦察战败的消息传至蒙哥帖木儿处时，他勃然大怒。为了帮助海都，他派出了自己的叔叔别儿哥乞儿（Berkecar）率五万骑到海都那里，（海都）再一次收集败兵。于是他们举兵再战，击败了八剌，打散了他的军队，迫使之溃逃，他（指八剌）的军队中有许多人战死或受伤[1]。

八剌的残兵向西溃退，好不容易才到达河中之地，再度集结起来[2]。

有关八剌退向河中准备整军再战的活动，《史集》的记载正可与瓦萨夫的描述互相补充。瓦萨夫提道：

> 由于战败，八剌只得限制自己，考虑退向不花剌的行动。现在当他逃向不花剌的时候，他想补充军备给养，准备一场新的战争。他开始布置户口统计和其他（税收）负担。他通过大夫（Taifu）和太师（原文为 yusa，似应读作 Tusa，或为汉文太师的音译）向撒麻耳干和不花剌下令说：如果他们顾及自己妻儿的安全，只需自动离城，这样无以为生的军队可进城抢劫他们的财产[3]。

八剌的这一命令不但暴露了他的残酷，更重要的是说明，中亚之地并入蒙古版图虽然已达四十余年之久，但当地的许多蒙古贵族仍然没有认识到农业和城市经济的重要性。河中诸城在蒙古人统治下的最初四十余年中，被战争破坏的经济已有相当程度的恢复。这一地区为维持蒙古贵族的豪华生活和保证军队的供给，每年都提供大量的赋税收入。1238 年，

---

① 《史集·阿八哈传》，卡尔·扬波斯文刊本，第 11 页；《史集》俄译本第三卷，第 70 页。别儿哥乞儿，据拉施都丁讲，为术赤第四子，见《史集》第二卷英译本，第 110 页。他曾参加拥立元太宗窝阔台和元定宗贵由的忽里台大会。

② 《史集·阿八哈传》，卡尔·扬波斯文刊本，第 11 页；《史集》俄译本第三卷，第 70 页。

③ 《瓦萨夫史》第一卷波斯文及德文翻译合璧本，波斯文第 135 页，德译第 129 页。

当蒙古军镇压了不花剌发生的塔剌必领导的起义时，曾打算屠城，后因镇守河中的回回大臣牙剌瓦赤的劝阻，才算作罢。阿鲁忽即察合台汗国汗位之初，在河中和突厥斯坦扩张，排挤大汗和术赤势力时，又曾发生过屠杀不花剌城术赤系诸王属民的事件。中亚之地各支蒙古宗王势力交错，他们依草原旧俗，互相劫掠对方的属民，蒙古贵族之间的这种争权夺利和掠取财富的野蛮手段，是当时阻碍中亚地区社会经济文化恢复发展的最大障碍。《史集》也记载了八剌的这一打算：

> 倒霉的八剌好不容易才到达河中之地，他再一次集结了被打散的军队，采纳了军队将领的建议。他们说，"在这些败击我们的人生存的条件下"，国家不能长期维持。"现在最好莫过于，从撒麻耳干开始，破坏抢劫这一繁华地区"。这些想法很合这些军队将领的心意①。

瓦萨夫说的是不花剌，后面他又提到"两城"，拉施都丁说的是撒麻耳干，两城相距不远，可见八剌要抢掠的是河中的腹心地带。

八剌的命令遭到了不花剌人民的反对，人们向八剌祈求，最后八剌动了恻隐之心，作出让步。瓦萨夫记载道：

> 两座城市（指撒麻耳干和不花剌）的贵人和长老们前来请愿，事情遂如此安排：（他们）立下字据，规定他们应按军队单位和家宅摊派，征收大量巴里失的金子，充作军费。他（指八剌）命工匠以其双手日夜劳作，制造武器，努力改善装备，目的是准备再战，在装备的竞赛场上去寻求他的运气②。

八剌的这一让步还不能说明他已开始认识到城市经济对于维系自己统治的重要作用，保存一座城市能使蒙古统治者得到比单纯地抢劫更多的财富，因为他不久就为准备入侵伊利汗国而在河中大肆搜刮，任意摧残当

---

① 《史集·阿八哈传》，卡尔·扬波斯文刊本，第11页；《史集》俄译本第三卷，第70页。

② 《瓦萨夫史》第一卷波斯文，第135页；德文节译，第129页。

地人民。这一点，我们将在今后再作讨论。

我们应该认识到，八剌对不花剌、撒麻耳干的居民采取这种毫不顾惜的政策是另有原因的。不花剌的居民，按瓦萨夫的记载，是由术赤系、拖雷系和充任蒙古国大汗的家族分领的，没有察合台系的份额。撒麻耳干的分领情况虽不见记载[①]，但从八剌采取的政策推测，可能也没有察合台系份额。阿鲁忽在阿里不哥之乱中席卷中亚、排挤大汗和术赤系诸王的势力后，虽然控制了河中的突厥斯坦之地，但城郭居民由各支宗王分领制度并未立即废止。八剌在被海都和蒙哥帖木儿联军击败后，首先想到依靠对不花剌和撒麻耳干的居民实行残酷的抢掠政策来获取财富，继而用立约方式迫使两城居民交付赎金并服劳役，他的这些所作所为说明，自阿鲁忽至八剌时代，察合台汗国控制河中虽已达八九年之久，但察合台汗国的统治者还没有把这两城的居民看作自己的属户。

八剌在河中大肆搜刮、残酷榨取的消息传至他的对手海都和帖木儿处后，引起了他们的忧虑。他们同八剌竞争作战的目的，无非是为了分享富饶的河中的财赋收入，如果河中之地的生产遭到破坏，他们的利益就将蒙受巨大的损失。于是窝阔台、术赤二系宗王向八剌倡议约和。这一建议导致了一个标志蒙古国分裂为几个兀鲁思的会议——塔剌思会议的召开。这一点，我们拟在另一篇文章中论述。

---

① 《元史》提道：至大元年九月，"万户也列门合散来自薛迷思干等城，进呈太祖时所造户口青册，赐银钞币帛有差"（卷22《武宗纪》，第502—503页），同段中又有"薛迷思干、塔失玄等城，三年民赋以输县官。今因薛尼台铁木察往彼，宜令以二年之赋予宽阇（按当时的察合台汗国可汗），给予元输之人，以一年者上进。"无疑，大汗在撒麻耳干城是有属民的，大汗在那里的利益，直至14世纪初，还为察合台汗国所承认。大汗的属民户载在"户口青册"之上，为成吉思汗所定。文中提到的"以一年者上进"，当是元武宗象征性地收取属大汗的份例。薛迷思干（Samizkant），意为肥城，伯希和称它为撒麻耳干的突厥语写法，并说 Samizkant 的写法 Albiruni 在11世纪上半叶已有之，亦见于《突厥语大词典》，中国人在12世纪才知其名。《辽史》中已见寻思干名，所据史料当源于12世纪。见 les koko dabtar et les hou-k'eou ts'ing-ts'eu，《通报》1930年，第195—198页，冯承钧汉译《西域南海史地考证译丛》第三卷，第50—53页。

五、几点小结

一、察合台汗国在蒙古国时期在中亚政治舞台上不占重要地位，阿里不哥之乱中，阿鲁忽在突厥斯坦和河中排挤大汗和术赤系诸王的势力，一举使察合台汗国发展成为一支强大的足以左右突厥斯坦和河中政治局面的力量。八剌受忽必烈命赴国夺取政权后，实力增长与元廷在斡端发生冲突，把朝廷势力排挤出斡端。

二、八剌除受命朝廷，负有对海都作战的义务外，海都侵夺阿力麻里等地，威胁察合台汗国的既得利益，也是促使八剌与海都对抗的原因。

三、肯切克一名在 11 世纪中叶既指可失哈儿郊外逐渐突厥化的土著部落，又为塔剌思附近的一个地名。在 13—14 世纪，肯切克的第一个意义不再见于文献，而作为塔剌思附近的地名见于许多文献。最足以使人们确定它地理方位的记载是乌马里在《眼历诸国纪行》中的描述。

四、至元初年，随着朝廷对中亚影响的削弱，在突厥坦斯西部和河中之地出现了以海都和蒙哥帖木儿为一方，以受到元廷支持的八剌为另一方的成吉思汗家族支系为控制中亚而相互斗争的局面。八剌在对海都的初战中获胜，随后又败于蒙哥帖木儿与海都的联军，被迫西窜河中。

河中之地虽受察合台汗国控制数年，但民户仍由诸支宗王分领，海都为染指河中，分享当地财赋，挟战胜之威，提议约和。

这一时期，中亚由大汗辖地演变为西北诸王争夺的场所，出现多元政治的局面。

（原文载南京大学《元史及北方民族史研究集刊》1985 年第 9 期，第 45—56 页）

13—18 世纪回回世俗文化综考

穆斯林文化大规模进入中国，并发展成中国文化的一部分，这个过程经历了元、明、清三代。文化有宗教文化与世俗文化之分，穆斯林的宗教文化和伊斯兰教联系在一起，而其世俗文化的含义则要广泛得多，包括穆斯林语言文字学、史学、哲学、阴阳学、医药学、天文历算、地理舆图、工程技术等。上述各个领域，中外学者曾分别作过探讨。本文拟按各分类先后顺序，依次介绍前人研究成果，并略陈己见，以就教于专家同仁。

一、回回语言文字学

伊斯兰教像佛教一样，不是中国土生土长的宗教，而是由外来移民带入的外来宗教，其经典均非汉文，而是以阿拉伯文和波斯文写成。就像虔诚的佛学家孜孜不倦地研习梵文，为求真经不远万里前往印度一样，由外来移民后裔为主体形成的回族和其他中国信奉伊斯兰教的民族，为了世代保持自己的宗教信仰，面临的第一个问题便是穆斯林语言文字的教育学习。我国伊斯兰学界素有明末陕西胡登州创办经堂教育之说①。世上不会有无根之木和无源之水，仔细核查材料后，我觉得研究

---

① 参见庞士谦《中国回教寺院教育之沿革及课本》，载《禹贡》半月刊，第七卷第 4 期；并见白寿彝《中国伊斯兰史存稿》，宁夏人民出版社，1982 年。

经堂教育，不应忽视中国的穆斯林语言文字之学。从目前的资料分析，中国的穆斯林语言文字之学兴起于元代，明代胡登州的经堂教育应该是元代和明初官办穆斯林语文教育的继承和发展。目前有关中国古代穆斯林语文教育的材料主要是有关波斯文的，这一点与中国古代入华的穆斯林移民不是阿拉伯人，而是操波斯语或受波斯文化影响地区的民族相一致。

本节有关元代部分的侧重点，在于回回国子学和回回国子监。这个问题一般论述元史的通史性著作有简要介绍，其中涉及的所谓"亦思替非文字"问题，已故韩儒林、邵循正两位先生曾作过探讨。我的工作主要是从各种史料中寻找有关回回国子学和回回国子监教学的教材的蛛丝马迹。明代部分的研究，区分为官方的和民间经堂穆斯林语文教学两大类。其中官方的波斯文教学，应讨论"四夷馆"和"会同馆"的《回回馆杂字》和《回回馆译语》；唯此两部分已在笔者的两篇论文《唐、元时代中国的伊朗语文与波斯语文教育》和《明代中国的官办波斯语言教学》（分别刊于《新疆大学学报》和《南京大学学报》）中作了叙述，故这里只作简述。明代民间的波斯语文教习，以笔者本人对常志美的《米诺哈志》的研究成果为基础。清代前期部分，主要是有关汉籍中著录的穆斯林语文学书目的分析溯源。这一部分的基础是澳大利亚学者莱斯利（Donal Daniel Leslie）等人对刘智《天方典礼》和《天方性理》两书中所列的参考书目的研究。

（一）元代官办回回语文教学

1. 回回字

元代区别于中国其他朝代的重要特征之一在于其文化上的多元性。由于成吉思汗及其子孙的征服，中原汉地与波斯之间的关系空前地密切起来了。元代蒙古国通行汉文、蒙古文和回回文三种文字。

总的来说，"回回文"一般指波斯文。但《黑鞑事略》所记："鞑人本无字，然今之所用者有三种：行于鞑人本国者，则只用小木，长三四寸，刻之四角……行于回回者，则用回回字，镇海主之。回回字只有二十一个字母，其余只就偏旁上凑成。行于汉人、契丹、女真诸亡国者，只用汉字，移剌楚材主之。"又云：在汉文文书的年月之前，镇海常"亲写回回字，云付予某人。此盖专防楚材。故必以回回字为验。无此则不成文书"①。吾师韩儒林先生曾把镇海常掌管的"回回字"当作波斯文，笔者也发表过相同的意见②。反复考虑后会发现，这一推测有重要缺陷，即忽视了镇海所主持的"回回字"只有 21 个字母，而波斯文有 32 个字母，与此数不符。史书对镇海的族属说法不一，但不外于克烈人和畏兀儿人③。

当时克烈人信奉的是聂思脱里教。克烈人是否有文字，如果有的话是什么文字，目前尚无资料说明。与克烈人同样信奉聂思脱里教的汪古人行用的是以叙利亚字拼写的突厥文。畏兀儿人信奉的则是佛教或聂思脱里教，他们使用的是畏兀儿文（回鹘文）。在尚未伊斯兰化的情况下，很难想象克烈、畏兀儿这两部分人中会存在有组织地研习波斯文的活动。

查畏兀儿文（古回鹘文）使用 19—33 个字母，其数目因时代和文献而异。元陶宗仪《书史会要》说，畏兀儿字有二十余个字母④，正前引《黑鞑事略》所谓"回回字只有二十一个字母"相合。《黑鞑事略》所说"其余只就偏旁上凑成"，应指畏兀儿文元音和辅音相拼后形成的音节。特别是《黑鞑事略》提到，蒙古字与"回回字殆兄弟也"。我们

---

① 王国维《黑鞑事略笺证》，《海宁王静安先生遗书》，第 39 册，第 8 页。

② 韩儒林《所谓"亦思替非文字"是什么文字》，原载《文物》1981 年第 1 期，并见《穹庐集》，上海人民出版社，1982 年，第 255—257 页；笔者拙文《〈回回馆杂字〉与〈回回馆译语〉研究》，第 145 页。

③ 丁国范《镇海族属考辨》，载南京大学《元史及北方民族史研究集刊》第 10 期。

④ 《四库全书》子部艺术类。

知道，波斯文与蒙古文之间，除了勘同源于古代阿拉美字母以外，没有什么直接的渊源关系，而畏兀儿文却与蒙古文有着直接的渊源关系。蒙古文字是由成吉思汗灭乃蛮部时俘获的在乃蛮为官的畏兀儿人塔塔统阿创造的，换句话说，蒙古文是受畏兀儿文启发才创制出来的。因此，镇海所主持的"回回字"，很可能是畏兀儿文。如果镇海是克烈人的话，则说明克烈部中有人会畏兀儿文。基于如上分析，《黑鞑事略》所记：燕京城里"市学多教回回字及鞑人译语"，"才学会译语便做通事"一段记载与元代穆斯林语文教学并无关系。

2. 回回国子学与回回国子监

元代回回国子学和回回国子监内教习波斯语的教材，今已不存。元陶宗仪《书史会要》中称："回回字，其母凡二十有九。横行而写，自前向后，复归于前"。这是说回回字从左向右横写，一行写完再另起一行。陶宗仪在其书中还录写了他所提到的回回字的 29 个字母。为清楚明了起见，在录入本文时我为每个字母加上了序号。受印刷条件限制，回回字母的原字只能采取拉丁转写的办法录出。在转写时，回回字母的辅音按 Steingass《波—英字典》注音体系转写，用大写字母表示。其后的汉字是陶宗仪写明的音译。圆括号里的内容是陶宗仪本人加注的发音要点，方括号里的是笔者标出的这些字母的真正名称，以供读者比较汉字注音。例如"2. B 别（重呼）［be］"，表示陶宗仪列出的 29 个回回字母中的第二个是 B；陶宗仪汉字注音为"别"；陶宗仪指出这个字母发"别"音时需要"重呼"；［be］是这个字母的名称。

29 个"回回字母"如下：

1. A 阿里夫［alif］　　　　　　2. B 别（重呼）［be］

3. T 铁（重呼）［te］　　　　　4. S 些［se］

5. J 直寅［jim］　　　　　　　6. H 黑（轻呼）［he］

7. Kh 黑（重呼）［khe］　　　　8. D 打（重呼）勒［dat］

9. Z 查勒［zat］　　　　　　　10. R 来（台［舌？］）［re］

11. Z 斜 [ze]   12. S 昔（重呼）因 [sin]

13. Sh 昔因 [shin]   14. S 沙 [sad]

15. Z 查 [zad]   16. T 戴（平声）[ta]

17. Z 赛（平声）[za]   18. ' A 阿因 [' in]

19. Gh 孩因 [ghin]   20. F 废（平声）[fa]

21. Q 加（喉音）夫 [qaf]   22. K 揩（喉音）夫 [kaf]

23. L 蓝 [lam]   24. M 眉因 [mim]

25. N 奴 [nun]   26. W 蛙乌 [waw]

27. H [he]   28. La 捺麻失里 [lam-asli?]

29. Y 耶 [yei]（13）

上面 29 个字母中的 28 个，都是阿拉伯字母。余下那一个"La 捺麻失里 [lam-asli?]"（序号 28）无论在阿拉伯文还是在波斯文中都不是独立字母，而是字母"L 蓝 [lam]"（序号 23）和字母"A 阿里夫 [alif]"（序号 1）的连写形式。其名称"捺麻失里"的原字 [lam-asli?] 是笔者根据陶宗仪的汉语拟测的，释义为"初始的 lam"，其可靠性尚有待于进一步证实。

陶宗仪称"回回字，其母凡二十有九"。阿拉伯文有 28 个字母，就是上述 29 个字母中除了"28. La 捺麻失里 [lam-asli?]"以外的那 28 个字母，而波斯文有 32 个字母，其中也包括这 28 个字母。由于达里波斯语的字母源于阿拉伯文，其发音也仿阿拉伯语，所以从汉字注音上无法看出陶宗仪写的"回回字母"，究竟是阿拉伯文还是波斯文。基于这一点，说陶宗仪所录的是阿拉伯文字母，则肯定是正确的。

如果我们坚持"回回字"在元代主要是指波斯文的想法，那么必须设想：也许波斯人在阿拉伯文字母基础上创造的另外 4 个波斯字母 P [pe]、Ch [chim]、Jh [jhe] 和 G [ge] 当时还未被看作独立字母，被归纳并在与之相近的（也即以为创造新字母基础的）阿拉伯字母之下。例如，P [pe] 归在"2. B 别（重呼）[be]"之下，Ch [chim]

归在"5. J 直寅〔jim〕"之下，Jh〔jhe〕归在"11. Z 斜〔ze〕"之下，G〔ge〕归在"22. K 揩（喉音）夫〔kaf〕"之下，所以没有列出。这样才能讲通。

陶宗仪的这份回回字母表，与回回国子学或回回国子监的教材或许有一点关系。

3. 亦思替非文字

元代回回国子学内除了波斯文之外，还教习一种被称为"亦思替非"的文字。这种文字至元二十四年（1287），汉地已经很少有人掌握了。关于"亦思替非文字"，《通制条格》有一段很重要的记载：

> 至元二十四年正月初八日，总制院使桑哥、帖木儿左丞等奏："前者麦木〔术〕丁说有来：'亦思替非文书学的人少有。这里一两个人好生理会得有，我则少些会得。咱每后底，这文书莫不则那般断绝了去也么？教学呵，怎生？'道有来。么道，奏呵：'麦木〔术〕丁根底说者，交教者。'"么道圣旨了也。钦此①。

上述这段文字中，提出需要培养懂"亦思替非文字"人才的那位麦术丁的名字，在《通制条格》中写作"麦木丁"。《通制条格》的点校者据《元史·世祖纪》改为"麦术丁"，并在校记中已说明"麦术丁系元世祖至元年间重臣，官至中书平章政事、右丞。木误，当作术"②。其实这位提议教习"亦思替非文字"的麦术丁，就是在王恽《中堂事记》中提到的那位"以木笔挑书普速蛮字"的回回译史麦术丁，这一点对我们有很重要的意义。

麦术丁对总制院使桑哥、帖木儿左丞等人提出："亦思替非文书学的人少有，这里一两个人好生理会有，我则些少理会得。"这是说，当时社会上学习亦思替非文字的人极少，麦术丁手下只有一两个人会这种文字，而他本人只是稍通。麦术丁恐怕"咱每后底，这文书莫不

① 《通制条格》，浙江古籍出版社，1986 年，第 80 页。
② 同上书，第 81 页。

则那般断绝了去也么"，他担心下一辈人将不再懂得亦思替非文字，遂要求政府设置官学，教授这种文字。世祖同意了麦术丁的请求，要他负责这项工作。此事如何实行，我们尚不清楚。根据《元史·百官志》记载，两年以后，至元二十六年（1289），尚书省向元世祖提出，翰林院益福哈鲁丁通亦思替非文字，要求授之以学士之职，"凡公卿大夫与夫富民之子，皆依汉人入学之制"，进行教习。这一建议再次得到了元世祖的批准。

吾师韩儒林教授曾推测，亦思替非文字可能是波斯文①。我们应注意，要求设置官学教习亦思替非文字的，是《中堂事记》中提到的麦术丁，他曾任回回译史，通普速蛮字（波斯文），可是他自己说他本人只稍许会一点亦思替非文字，这说明亦思替非文字绝不可能是波斯文。况且，元政府各部门都设有专职回回译史、回回椽史和回回令史等类人员专掌波斯文，译写文书。可见懂波斯文的人并不是很少，这也证明亦思替非文字并不是波斯文。那么伊斯兰化的波斯文人，在没有学过的情况下，能够稍许会一点的，而他们又认为很重要的文字，应该是一种什么文字呢？我想，很可能是阿拉伯文。邵循正先生在《剌失德丁〈集史·蒙哥汗纪〉译释》中已经指出，"亦思替非"应该是阿拉伯文 istafa 的对音，义为穆罕默德之文字②。按此意见，亦思替非文字应为阿拉伯文。华涛同志曾提出，塞勒柱突厥政权中有"亦思替非刁完"（istafa diwan）③ 一职，值得注意。在这个问题没有完全解决之前，暂从邵循正

---

① 韩儒林师《所谓"亦思替非文字"是什么文字》，原载《文物》1981 年第 1 期，并见《穹庐集》，上海人民出版社，1982 年，第 255—257 页；笔者拙文《〈回回馆杂字〉与〈回回馆译语〉研究》，第 145 页。

② 《邵循正历史论文集》，北京大学出版社，1985 年，第 12 页。

③ （明）陈诚、李暹《西域番国志》〔北平图书馆善本丛书第一集（据明抄本影印），第 1b 页〕记帖木儿朝都城哈烈（元代译称"也里"，今阿富汗赫拉特）曰："不设大小衙门，亦无官制，但管事之人称'刁完官'。凡小大之事，皆由'刁完'计议处置。""刁完"，为阿拉伯语 diwan "大臣"之明代音译。

先生说。

《回回馆杂字》和《回回馆译语》的情况，笔者已在《南京大学学报》中刊出的那篇《明代中国的官办波斯语教学教材源流研究》中做了重点介绍，这里不再重复。

（二）明与清初时代中国民间波斯文、阿拉伯文教学

1.《米诺哈志》

以上涉及的是，与元、明两代官方为培养译人而进行的穆斯林语文教学活动有关的材料。前面已经提到，元代民间回回人中必定也有穆斯林语文教学活动，虽然有关这方面的直接材料还没有找到。明、清两代有关中国穆斯林世俗文化存留资料不在少数，其中应有所发现。从目前所见资料看，中国民间穆斯林语言文字之学主要存于穆斯林经堂教育之中。我国回族学者论述经堂教育历史的文献虽然不少，其中包括庞士谦先生的杰出论文《中国回教寺院教育之沿革及课本》[①]，但深入研究民间经堂教育中穆斯林语文教育的却很少见。

1978 年夏，伊朗学者谢里亚特为编写校订《波斯语词典》在北京收集资料。他在东四清真寺参加聚礼时，发现那里收藏的书中有三份内容相同、他过去从未听说过的波斯文著作抄本，题为 Minhajal-Talib，译言"学习门径"。作者自称"中国山东学者 Zinimi 之子穆罕默德"。书成于回历阴历 1070 年 5 月主麻日〔顺治十六年（1659）十二月至顺治十七年正月（1660 年 1 月至 2 月）〕。

从内容上看，这是一部波斯语语法书。这位伊朗学者相信，这是古代中国学者编写的用来教授波斯语的教科书，他认识到它的珍贵价值，得允复制携回伊朗，他利用上述三种抄本互校，整理出校正文本，于

---

① 原载《禹贡》半月刊，第七卷第 4 期，复重刊于白寿彝《中国伊斯兰史存稿》中。

1981 年在伊斯法罕出版①。谢里亚特查证资料后发现，这部著作是世界上独一无二的以最古老的波斯文写成的波斯语语法书。得知这一发现后，笔者按图索骥，在南京太平路清真寺中也发现了这部著作的一个手抄本，足见其流传之广。

笔者经过研究发现，这部题名为 Minhaj al-Talib 的著作，就是明末清初回族著名学者常志美撰写的《米诺哈志》，这是明清时代民间穆斯林经堂教育的语言教材之一。所谓"中国山东学者 Zinimi 之子穆罕默德"中的 Zinimi，应为 Zinini 之讹。Zinin 即山东济宁，Zinini 义为"济宁人"。常志美生前曾长期主持山东济宁清真寺（东大寺）教务，所以自称"济宁人"。

《米诺哈志》全书分为上、下两篇。上篇包括以下各节：不规则动词词法不定式、过去时、其附属人称及否定形式、将来时、其附属人称及否定形式、命令式和否定命令式、主动名词和被动名词、形容词。

其内容大致如下：作者把波斯语词汇分为 3 类：名词、动词和虚词。这种分类明显受到传统的阿拉伯语语法体系的影响，与波斯语的实际词类并不相符。在动词这个大门类下，作者对其变化规则作了细致的描述和讨论。他按波斯语动词的过去时态与将来时态的相应人称形式进行的异同程度，把它们分为 4 组：

第一组，指过去时与将来时词干书写形式完全相同，但发音有区别的一类动词。例如过去时 Khurd "他吃了"，将来时 Khurad "他吃"。这两个字字形完全相同，但将来时形式的发音中多出一个不写出来的短元音 -a-。

第二组，指构成过去时态词干的字母数，少于构成将来时态词干的

---

① 学者 Zinimi 之子穆罕默德著，谢里亚特博士校勘《学习门径——最古老的波斯语语法书》，伊斯法罕，伊斯兰太阳历 1360 年（Minhaj al-Talib, Kuhantarin Dastur-i Zaban-Farsi, Muhammad b. al-Hakim al-Zinimi, bakushish-i Duktur Muhammad Jawad Shi r't Isfahan, 1360）。

字母数的一类动词。例如：过去时 afarid "他称赞了"，将来时 afarinad "他称赞"。其中将来时词干 afarin-ad 比过去时词干 afarid 多出一个字母-n-。

第三组与第二组相反，指构成过去时态词干的字母数，多于构成将来时态词干的字母数的一类动词。例如：过去时 parastid "他照顾了"，将来时 parastad "他照顾"。

第四组，指过去时词干与将来时词干不相同的动词。例如：过去时 afrakht "他升高了"，将来时 afrazad "他升高"。其中将来时态词干 afrazad 中的辅音-z-，在过去时态词干中变为-kh-；过去时态词干中的尾辅音-t 在将来时态词干中由清音变为浊音-d。这一类动词实际上属于强变化不规则动词。

上篇接着论述及物动词、不及物动词。不定式一节中叙述原形动词、断尾原形动词、派生名词、同根形容词等。应该指出的是，常志美在使用上述语法术语时，有时其意义并不等同于今天的意义。例如不定式在常志美的语法体系中就是一个含义极为广泛的概念，不等于原形动词。其后作者叙述过去时主动态、过去时被动态及其否定形式（jand）、将来时动词（其安排同于过去时动词）、命令式及否定命令式等。常志美受传统的阿拉伯文语法影响，把命令式分为两类：在场的（hazir）和缺席的（ghayab）。即所谓对称（第二人称）和他称（第三人称）命令式。他对对称命令式动词前出现 gu "说"的解说特别引人注目。此后作者介绍主动名词和被动名词。最后是有关形容词的章节（fasl-isifat）。作者把形容词分为 3 类：1. 派生形容词，如 rawan "流畅的"，guya "善于辞令的"；2. 主题形容词（muzu'），即一般所谓原生形容词；3. 合成形容词（murarkab），如 nik-khuy "好脾气"，mah-ruy "貌似明月的"等。本章以论述由名词构成的形容词结束。

下篇包括名词章、动词章、虚词章和结语。

名词章的内容十分庞杂。常志美对名词的定义是：名词是指明自身意义的词，没有时间概念。其特点是：可充任主语、谓语、行为者和行为对象。在主语、谓语节中，作者叙述了动词的人称词尾（常志美把它称为 huruf-i ma'huda，意为"已知词"），动词与主语的对应关系。此后常志美讲述行为者、动词附属部分等内容。他还讨论了宾语的位置、宾格标志-ra 的出现与不出现的场合、中心词和修饰语等。

接在动词章之后的虚词章的内容也十分丰富，包括介词（harf-i izafa）、连词、前缀（Pishwand）、后缀（Puswand）和一些副词。结语部分讨论了阿拉伯语和波斯语的区别以及许多常用词，如关系代词 ka-，代词 an、in，副词 chun、ta、ham，以及系动词 budan 的现在时单数第三人称形式 ast 等。从规模上来看，《米诺哈志》已经包括了波斯语书面语的绝大多数语法现象。

不过笔者仔细阅读此书后感到，它作为波斯语的入门书并不合适，通篇是干巴巴的语法条文，难怪中国回族经堂教育中，波斯语的教学效果多不佳。

本文将要进行的是：全书翻译为汉语，进一步分析作者的其他语法概念，书中所收语法的覆盖范围、方言特征等。

2. 有关 13—18 世纪回回语言文字学的书目

元和元以后通过各种途径传入中国的阿拉伯文、波斯文图书为数众多，细心搜捡史料可以发现其中有关穆斯林语言文字学的材料并不在少数。例如《秘书监志》卷 7 罗列的一大批回回图籍中有一种名为"蛇艾立诗"。马坚先生 35 年前已指出"蛇艾立"乃其原书阿拉伯文书名 Shi'r 的元代汉语音译，意为"诗歌"[①]。《回回馆杂字·文史门》有"舍额儿"（Shi'r），旁注"诗"，即此。"诗"是此书名的元代汉语意译，元秘书监存此书 1 卷（部）。看来在元政府中出官为宦的回回人，有舞文吟诗雅兴的并不在少数。

---

① 《〈元秘书监志〉回回书籍释义》，载《光明日报》1955 年 7 月 7 日。

除了《秘书监志》以外，录载中国回回书籍最多的著作是清康熙年间学者刘智的《天方性理》和《天方典礼》两书。刘智在《天方性理》中列出他写书时的"采辑经书目"（即参考书目）40 种，在《天方典礼》中又开列"采辑经书目"45 种。剥除这两份"采辑经书目"中的重复部分，实得刘智写书时所使用书目 66～68 种。刘智的这两份书单是研究中国穆斯林图籍的最重要资料，近百年来引起世界许多学者的兴趣。

最早注意刘智书目的恐怕是达伯理，他于 1878 年发表的论文《中国和东突厥斯坦的伊斯兰教》[①] 中提到了中国的 26 种阿拉伯文书籍名称，主要取自于刘智的著作。1887 年，俄国驻中国东正教使团第 13 届、15 届团长、修士大司祭帕拉迪·卡法罗夫在其著作《中国穆斯林文献》[②] 中，以西里尔（斯拉夫）字母对刘智汉语音译的 67 种书名进行转写，并把刘智的意译书名重译为俄文，但是他没有进行波斯文、阿拉伯文书原文的复原工作。此后不久伯希和开始了复原刘智书目原名的工作，但是他没有发表自己的研究成果[③]。

在刘智书目研究中做出突出贡献的是日本学者桑田六郎，他于 1933 年发表了《关于刘智的采经目录》[④]。桑田六郎的研究引起了许多日本学者的注意。田坂兴道的巨著《中国伊斯兰教的传入及其传播》

① C. L. Dabry de Thiersant, Le Mahometisme en chine et dans le Turkestan oriental, 1878, 二卷本，参见卷 2，第 366 页。

② 载《帝俄考古学会丛刊》，第 18 辑，1887 年，第 1—334 页。1909 年重印本，第 163—496 页（见第 284—288 页）。

③ 参见《通报》卷 21（1922 年），第 417—418 页；高第耶（H. Cordier）在 1905 年提交阿尔及尔国际东方学家会议论文中曾提及伯希和的这一篇未发表的论文，见莱斯利和瓦塞尔论文《刘智所使用的阿拉伯文和波斯文史料》（Donald Daniel Leslie and Mohamed Wassel, Arabic and Persian Sources used by Liu Chih），载《中亚杂志》（Central, Asiatic Journal）1982 年，卷 26，第 1—2 号，第 79 页，注 4。

④ 《关于刘智的采经书目》，载《市村瓒次郎喜寿文集》（Ichimura Festschrift），1933 年，第 335—353 页。由此至第 159 页注③均据上引莱斯利和瓦塞尔论文《刘智所使用的阿拉伯文和波斯文史料》。

之有关章节①主要依靠的是桑田的成果，只作了很少的修正。此外还有日本学者今长清治，他注意到刘智汇集的书目中的苏菲派倾向性②，值得注意的还有日本学者佐口透的论文《中国的伊斯兰经典》③。而最新的成果是澳大利亚学者莱斯利和瓦塞尔的论文《刘智所使用的阿拉伯文和波斯文史料》④，他们在桑田六郎研究的基础上，查核了布洛克曼的《阿拉伯文学史》、斯达理的《波斯文献》、布洛晒的国民图书馆《波斯文抄本目录》和胡格的《伊斯兰字典》⑤，修正了前人的研究，使刘智使用的书目的原貌基本清楚。

根据莱斯利和瓦塞尔的论文和刘智本人对其所使用的每一本书的意译，我们发现，刘智在他的著述过程中使用了不少有关穆斯林语文学的书籍。兹将可识者录之如下：

《天方性理》所列参考书目第 10 种《鲁把亚惕》，应为阿拉伯文书名 Rubahiyat "四行诗集" 之清代汉语音译。刘智意译为《性学歌诀》。虽然单凭"鲁把亚惕"的译音和"性学歌诀"的意译，尚不能确定其原本，它与前面提到的元《秘书监志》中的《蛇艾立诗》是同样性质的书则无疑问。这是爱好文学、喜吟诗歌的回回人从西域带入的图书。

再如《天方性理》所列参考书目第 40 种《米幅他合·欧鲁密》，应为阿拉伯文书名 miftah al-'Ulum "学问之钥匙" 的清代汉语音译。其中"米幅他合"（Miftah），意为"钥匙"；"欧鲁密"（al-'Ulim），

---

① 参见第 1237—1267 页，特别是第 1286—1289 页。

② 《关于中国伊斯兰教苏菲主义之一个考察》，载《廣島大學文學部纪要》，卷 32（1973 年），第 46—64 页，特别参见第 57—64 页。

③ 载《東洋學报》，卷 32，1950 年，第 480—508 页。

④ 参见本文第 158 页注③。

⑤ 这些文献的原名分别为：C. Brockelmann，*Geschichte der Arabischnen Literatur*' 第三次增补本，1942 年；C. A. Storey，*Persian Literature*，三卷本，1927—1953 年，及其 1972 年俄文译注本；E. Blochet，*Catalogue des Manuscrits Persans*，四卷本，1934 年；T. P. Hughes，*A Dictionary of Islam*，1885 年版之 1964 年拉合尔（Lahore）修订本。

此言"学问、知识"（复数）。刘智意译为《文钥》。其作者应即逝于回历阴历 629 年/公历 1229 年之波斯学者西剌合都丁（Siragh al-Dịn Ya'qub Yu. b. a. Behr b. M. b'A. al-Sakkaki）。这也是一部语文书。

《天方典礼》所列参考书目第 44 种为《母格底墨·额得壁》，这个译名应为阿拉伯文书名 Muqaddimat al-Adab "学问之基础"的清代汉语音译。其中"母格底墨"（Muqa-ddimat）意为"前言、基础"；"额得壁"（Adab），此言"礼仪、学问、文学"。刘智意译为《字义类编》。应为阿布·哈希姆（A bu'l Q. Mahmud b. 'O. al-Zamahshari）的作品。作者生于回历阴历 467/公历 1075 年，逝于回历阴历 538 年/公历 1144 年。根据刘智的意译可知，这是一部按字义编排的著作。

《天方性理》及《天方典礼》两书所列参考书目第 39、45 种为《索哈合》，它应是阿拉伯文书名 Sahah "完整的、正确的"的清代汉语音译。刘智意译为《字正》。虽然单凭"索哈合"的音译和《字正》的意译尚难确定其原本与作者，但它无疑是一部有关阿拉伯文的教科书，可能专讲正字法问题。

《天方典礼》所列参考书目第 31 种为《特尔林·穆特二林》，它应为阿拉伯文书名 Ta'limal-Muta'allim "求学者之训导"的清代汉语音译。其中"特尔林"（Ta'lim）意为"求学者、学生"；"穆特二林"（Muta'allim），此言"讲授、训导"。刘智意译为《为学须知》。应为不鲁罕丁（Burhan al-Din al-Zarnughi）回历阴历 600 年/公历 1203 年之作品。从书名和刘智的意译判断，这应是一部初级启蒙书。

《天方性理》及《天方典礼》两书所列参考书目第 2 种为《特福西尔·噶最》，意为《噶最〈古兰经〉注》（Tafsir al-Qadi）前 3 部之清代汉语音译。刘智意译为《噶最真经注》。其中"特福西尔"（Tafsir），即《天方性理》及《天方典礼》两书参考书目第 3 种"特福西尔·咱吸堤"（Tafsir al-Zahidi "咱希德真经注"），及上述两书参考书目第 4 种"特福吸尔·白索义尔"（Tafsir al-Basa'ir "大观真经注"）中之

"特福西尔",此言"说明、阐明、注释";"噶最"(Qadi)意为"法官"。这是阿拉伯语读法的汉语音译,元代通常按其波斯语读法译为"哈的"或"合的"。据庞士谦介绍,"特福西尔·噶最"为经注学之较大者,系波斯设拉子人阿卜杜拉·伊本·乌马儿('Abd al-Allah Ibn 'Umar)所作。作者曾充任法官,因名夔尊(法官)。逝于回历阴历791年。此书为逊尼派中沙菲尔派,趋重文法及文章之构造,而缺少理论。文简意赅,适合研究文学。

《米诺哈志》的内容,和刘智的书目中的这些与穆斯林语文学有关的书籍,给我们描绘了一幅明清两代中国回族经堂教育中波斯语、阿拉伯语教学活动的大致图像。结论是,虽然中国民间穆斯林经堂教育兴办语言文字之学的目的在于讲习、理解和传播伊斯兰教经典,但纯粹从语言教学的角度来看,其中部分内容源于元、明两代的官方波斯文、阿拉伯文教育,即与元回回国子学、回回国子监和明"四夷馆""会同馆"中的"回回馆"有一定关系,应是没有疑问的。

二、史学、哲学与阴阳学

唐宋时代回回民族的先民入华时,起先是作为移民居住在中国,他们中的知识分子必定带来一些历史、哲学、阴阳星象的书籍。这一点虽然目前尚无可靠资料来说明,但当研究元以后回回先民中的学者所使用的图书时,使人们相信这个假设是能够成立的。研读自己穆斯林祖国的历史,可以寄托对遥远故乡的怀念之情,穆斯林哲学既与阿拉伯人所继承的希腊、罗马古典学术有关,也与伊斯兰教联系在一起,阴阳学则是古代回回民族风俗的一部分。

目前我们所拥有的有关回回历史、哲学和阴阳学的材料,主要是元、清两代所留下来的回回书目。其中元代主要是王士点的《秘书监志》所录回回书目,而清代前期的,则主要是在刘智《天方性理》和

《天方典礼》两书中保存的书目。《秘书监志》的书目有马坚先生的研究，刘智的书目西方、日本的学者曾作过详细研究，这些前面已经介绍，兹不赘述。明代的材料暂付阙如，有待于发现。

1. 回回历史学

本文中的"回回历史学"这个概念，不包括我国有关伊斯兰教入华史的碑刻和回族学者以汉文撰写的历史著作，而专指清初以前，我国穆斯林所汇集的有关波斯、阿拉伯历史的著作。从这个意义上来讲，本节讨论的是汉地回回人手中的回回史籍问题。

王士点《秘书监志》卷 7 有书名《帖里黑总年号国名》。"帖里黑"乃其原书阿拉伯文书名 Tarikh 的元代汉语音译，译云"年代、历史"，《回回馆杂字·文史门》有"忒洼列黑"（tawarikh），旁注"史"（第620 词），乃此词的复数。"总年号国名"是此书名的元代汉语意译，其实穆斯林诸国并无"年号"之说。这是一部历史著作，元秘书监存此书 3 卷（部）。此书既称作"总年号国名"，则说明它应该是一部有关西亚诸国历史的著作。

刘智《天方性理》及《天方典礼》两书所列参考书目第 34 和第 29种《吉所·密迩刺直》，应为波斯文书名 Qisas-i Mi'raj"穆罕默德登霄故事"的清代汉语音译。其中之"吉所"（Qisas），即《天方性理》及《天方典礼》两书所列参考书目第 32、28 种之"吉所·安秘雅"（Qisas al-Anbiya'"列圣纪"或"列圣纪录"）中的"吉所"，意为"童话、故事、传说"；"密迩刺直"（al-Ma'raj），意为"阶梯、楼梯"，又专指穆罕默德之登霄。刘智意译为《登霄录》。其作者可能为逝于回历阴历 907 年/公历 1501—1502 年的穆阴（Mu'in ad-Din Fara-hi）。这是一部有关伊斯兰教创始人穆罕默德早期活动的作品，带有传说和神话色彩。

《天方性理》及《天方典礼》两书所列参考书目第 32 和第 25 种《吉所·安比雅》，应为阿拉伯文书名 Qisas al-Anbiya'"诸圣传"的清代汉语音译。其中之“吉所”（Qisas），即《天方性理》及《天方典礼》两书所列参考书目第34、29种之“吉所·密迩剌直”（Qisas al-Ma'raj“登霄录”）中的“吉所”，意为“童话、故事、传说”；“安比雅”（al-Anbi -ay'），即《天方典礼》所列参考书目第27之“西尔知·纳秘”（Sirat al-Nabi“先知传”）中之“纳秘”（al-Nabi“先知”）的复数，此言“诸圣”。刘智在《天方性理》中意译为《诸圣纪录》，在《天方典礼》中意译为《诸圣记》。单凭“吉所·安必雅”的音译和《诸圣纪》或《诸圣纪录》的意译，尚不足以确定其原本。从名称上判断，这是一部讲述穆罕默德之前伊斯兰教所承认的其他先知（如耶稣等）事迹的书。

《天方性理》所列参考书目第35种《特自启尔·奥理雅》，应为阿拉伯文书名Tadki-rat al-Auliya'“圣徒传”的清代汉语音译。其中“特自启尔”（Tadkirat），意为“传记、纪念”；“奥理雅”（al-Auliya'），即“外力”（Wali，“圣徒”）之复数。刘智意译为《群贤录》。单凭“特自启尔·奥理雅”的音译和《群贤录》的意译尚难确定其原本与作者。从阿拉伯文原名和刘智的意译判断，它应是一部记载穆罕默德的主要追随者的著作。

《天方性理》及《天方典礼》两书所列参考书目第36、35种《设哲尔·拿默》，应为波斯文书名Shajar Nama“世系记”的清代汉语音译。其中“设哲尔”（Shajar），意为“树、分枝”，“拿默”（Nama），即《天方性理》与《天方典礼》两书所列参考书目中第38、37种“合哲尔·拿默”（Hajar Nama），及《天方典礼》参考书目第38种“克尔白·拿默”（Ka 'aba Nama）中之“拿默”，此言“信、笔记、志”。刘智意译为《世谱源流》。单凭“设哲尔·拿默”的音译和《世谱源流》的意译尚难确定其原本与作者。这应当是一部记载穆罕默德世系或其后裔（即所谓“圣裔”）的作品。

《天方典礼》所列参考书目第36种《设尔合·黑咱吸卜》，应为阿

拉伯文（Sharh al-Madahib）"宗教、学说"之清代汉语音译。其中
"设尔合"（Sharh）与《天方典礼》所列参考书目第 11 种、33 种、34
种"设理合·而噶一德"（Sharh al-'Aqa'id）、"设理合·伟噶业"
（Sharh al-Wiqaya）及"设理合·默瓦吉福"（Sharh al-Mawaqif）中之
"设理合"为同一词，意为"叙说"；"黑咱吸卜"（al-Madahib）即
《天方性理》所列参考书目第 37 种《默咱吸卜》（Madahib），意为"诸
教派、诸学说、诸教义、诸宗教、诸学派"。《设尔合·黑咱吸卜》应
为《默咱吸卜》的注释。由于刘智将此两书均意译为《教类源流》，亦
有可能是同一部书。单凭"默咱吸卜"或"设尔合·默咱吸卜"的音
译和《教类源流》的意译，尚难确定其原本与作者。

　　《天方性理》所列参考书目第 37 种《默咱吸卜》，应为阿拉伯文书
名 Madahib "诸教派、诸学说、诸教义、诸宗教、诸学派"的清代汉语
音译。刘智意译为《教类源流》。此书应为《天方典礼》所列参考书目
第 36 种"设尔合·默咱吸卜"（Sharh al-Madahib，刘智也意译为《教
类源流》）之略称。单凭"默咱吸卜"或"设尔合·默咱吸卜"的音
译和《教类源流》的意译，尚难确定其原本与作者。《设尔合·默咱吸
卜》和《默咱吸卜》两书应该都是讲述伊斯兰教不同教派产生发展历
史的著作。

　　从上述材料可以看出，回回人收藏的史学著作大多与伊斯兰有关。
由于宗教观念的限制，回回人阅读西亚历史著作的主要目的，是了解伊
斯兰教历史，这就限制了回回知识分子的眼界。当然，回回学者在对伊
斯兰时代以后的西亚历史知识上，要比同时代的汉族学者强得多。

　　2. 回回哲学

　　回回哲学的情况与回回史学大致相近，多与伊斯兰教"认主学"
有关，这些已经超出本文所讨论的"世俗文化"的范围。本节所谓
"回回哲学"是就纯哲学的意义而言，这类资料很少有人提到，不过我
们毕竟找到了一种。《秘书监志》卷 7 有书名曰《艾竭马答论说有无源

流》。"艾竭马答"乃其原书阿拉伯文书名 Hikmat 的元代汉语音译。译云"智慧、哲学";"论说有无源流"是此书名的元代汉语意译。这无疑是一部哲学著作,元秘书监存此书 12 卷(部)。从部头上来看,此著作分量很重。大约是一部研究"存在"的书,但其详细内容已不得而知。由于宗教观念的限制,穆斯林学者不太注重讨论纯哲学问题。凡是涉及纯哲学问题的作品,几乎都在一定程度上受古希腊哲学的影响。故此书会不会是一部古希腊哲学著作的翻译亦很难说。

3. 回回阴阳学

阴阳学是古代回回人世俗文化中很有特色的一部分。它与前面提到的主要是围绕伊斯兰而产生的回回哲学有很大的不同。这类书在书目中发现得很多,而且主要集中在元代,可见古代入华的回回人对阴阳学极为重视。回回阴阳学的一个重要特点就是它的实践性。古代回回学者阅读它们的目的就是为了运用这一套理论来预测灾福。与我国古代的星历学相似,回回阴阳学也把天体自然现象与人间的祸福联系起来,把命运看作自然意志的表现。所以回回阴阳学往往与回回星历学有关。回回星历学者在元代有时被称为"阴阳人"。

《秘书监志》卷 7 所著录的回回图书中有《阿堪决断诸般灾福》。"阿勘"乃阿拉伯文 ahkam 的元代汉语音译,即清康熙时刘智《天方性理》的参考书目中第 24 种"额合克目·克瓦乞卜"(Ahkam al-kawakib,意为"诸星决断",刘智译作《天经情性》,此书详见本节下文及"回回天文学"部分)中之"额合克目",译云"命令、决断";"决断诸般灾福"是其汉语意译名称。原书卷数不明。如果《额合克目·克瓦乞卜》与《阿勘决断诸般灾福》是同一部书,则"阿堪"(Ahkam) 为这部根据星象占卜凶吉的书之略称。

《秘书监志》卷 7 有书名《福剌散相书》。"福剌散"乃其原书阿拉伯文书名 Farasah 之波斯语读法 Farasa 的元代汉语音译,译云"相术、看相",《回回馆杂字·人物门》有"法剌塞忒"(Farasat) 旁注"相士"（第 196 词），即此。"相书"是此书名的元代汉语意译，元秘书监存此书 1 卷（部）。看来这是一部根据人和相貌或手相来预卜未来的书。这部书虽今已亡佚，确切内容无法推知，但从元时传入中国，藏于元廷，入明后译成汉文的《回回天文书》的个别章节中，还可以窥见这一套学问的大致面貌。《回回天文书》第三类第五门《说人生禀性》详细介绍了当主持某人的日月五行处于某处时，某人"发黑，颜貌黄白似蜜色，胸前有毛，眼生得中，禀性润"，或"颜貌如小麦色，发稀身瘦，上下相称，目黑，禀性干燥"，或"容貌白色，有光彩，身体长大，发生得中，美好，目亦生得中，动静安详，禀性热润"，或"容貌淡白，无光彩，发稀直，干燥，目生得中，身矮小，禀性润"等等[1]。

《秘书监志》卷 7 提到了一种名为《蓝木立占卜法度》的书，元秘书监存此书 15 部（卷）。"蓝木立"为阿拉伯语 Ramt 书名之元代汉语音译，意为"沙、沙卜"。"沙卜"是阿拉伯人抓沙撒在地上，按其所成形状判断事物凶吉的一种占卜法。"占卜法度"为此书的元代译名。此书部头很大，内容相当丰富。

《秘书监志》卷 7 还著录了《麻塔合正灾福正义》一书。"麻塔合正"，或为"麻合塔止"之讹。"麻塔合止"（阿拉伯 Mugtaj），意为"必需"。这部书的全名可能是《占卜必读》。"灾福正义"，是元代此书名称的意译。《秘书监志》卷 7 著录的另一种阴阳学书籍是《密阿辨认风水》，"密阿"乃其原书阿拉伯文书名 Mir'at 的元代汉语音译，译云"镜子"，这是一部有名的著作，全名为 Mir'at al-Gaib，其中之 al-为阿拉伯语定冠词，Gaib 意为"秘密、隐秘"。Mir'at al-Gaib 此言"幽玄宝鉴"，"辨认风水"是此书名的元代汉语意译，这是一部讲占卜凶吉的书，元秘书监存此书 2 卷（部）。清康熙年间学者刘智《天方性理》所录参考书目之 15 为《米拉土·引撒尼》（Mai'at al-Insan），其

---

[1] 《回回天文书》，海答儿、阿答兀丁、马沙亦黑、马哈麻等译，洪武十六年（1383）刻本，《涵芬楼秘笈》第三集，《译天文书序》下册，第 12a-b 页。

中之"米拉土"即此"密阿"。

《回回天文书》，此书元时为宫廷所藏，未有汉译。元亡后落入明太祖手中。洪武十五年（1382）朱元璋下令附元的回回人与汉族文人合作，将它译成汉文，次年刊印成书。据笔者见闻所及，这是目前仅存的一部有汉译本的回回星历阴阳学图书，是探究回回阴阳学的极重要资料。明代汉族文人阅此书后，感叹道："今观西域《天文书》，与中国所传殊途同归。则知圣理精微之妙，充塞宇宙，岂华夷而有间乎?"[①]

其内容分为四类：第一类，总说题目；第二类，断说世事；第三类，说人命运并流年；第四类，说一切选择。详细分目如下：

第一类，凡二十三门：

第一门，说撰此书为始之由；第二门，说七曜性情；第三门，说七曜吉凶；第四门，说七曜所属阴阳；第五门，说七曜所属昼夜；第六门，说各星离太阳远近；第七门，说五星东出西入；第八门，说杂星性情；第九门，说十二宫分为三等；第十门，说十二宫分阴阳昼夜；第十一门，说十二宫分性情；第十二门，说十二宫分度数相照；第十三门，说七曜所属宫分；第十四门，说七曜庙旺宫分度数；第十五门，说三合宫分主星；第十六门，说每宫分度数分属五星；第十七门，说每宫分为三分；第十八门，说各星宫度分位；第十九门，说七曜相照，第二十门，说各星气力；第二十一门，说命宫等十二分位；第二十二门，说福德等箭；第二十三门，说各宫度主星强旺。

第二类，凡十二门，断说世事吉凶：

第一门，总论题目；第二门，论上下等第应验；第三门，说灾祸征战之事；第四门，说天灾疾病；第五门，说天时寒热风雨；第六门，说阴雨湿润；第七门，说天地显象之事；第八门，断说天象；第九门，说物价贵贱；第十门，说日月交食；第十一门，说土木二星同度相缠；第

[①] 《回回天文书》，海答儿、阿答兀丁、马沙亦黑、马哈麻等译，洪武十六年（1383）刻本，《涵芬楼秘笈》第三集，《译天文书序》上册，前言，第 2b—a3 页。

十二门，说世运。

第三类，凡二十门，说人命运并流年：

第一门，总论题目；第二门，说人生受胎未生之前事；第三门，说安命宫度备细；第四门，说人幼年时皆有屋辰照管；第五门，说人生相禀气；第六门，说人寿短长；第七门，说人内外病症；第八门，说人生智识；第九门，说人风证病患；第十门，论人父母；第十一门，论兄弟姐妹；第十二门，说财帛福禄；第十三门，说人生何艺立身；第十四门，说婚姻；第十五门，说男女；第十六门，说朋友并仇人；第十七门，说迁移；第十八门，说人寿终缘故；第十九门，说人生每一星主几年；第二十门，说流年并小限。

第四类，凡三门，说一切选择：

第一门，总论选择；第二门，细分选择条件；第三门，总结推用此书之理。

此书所记风俗，我们在研究元代西域不花剌城塔剌必起义时，曾经在志费尼《世界征服者史》中读到过，但估计我国回族中如今已经不再保存。因此有许多地方值得我国研究回回古代风俗的学者注意。例如第二类第三门《说灾祸征战之事》（中册，第 8a-b 页）中，作者说："先看交年命宫并四季命宫，坐阿宫分。若火、土二星相冲，或二弦照，则有灾祸征战之事。若此二星在四柱宫，则其事尤大且急。"

又如同类第九门《说物价贵贱》（中册，第 23a 页）中提出："凡物价贵贱，看各月朔望要命主星"，在此基础上"若宫分是土局，主一切五谷之类；若宫分是水局，主一切水中出产之物；若宫分是火局，主一切矿中所产之物；若宫分是风，则干系奴仆，六畜之类"等等。

汉人婚姻论生辰八字，回回人亦有类似风俗。本书第三类第十四门《说婚姻》中写道："凡论人婚姻，男看第七宫，并宫主星；又看金星，又看婚姻宫，并宫主星。女亦看第七宫，并宫主星；又看太阳；又看婚姻宫，并宫主星。已上各星，看何星张旺有力，与命宫，并命宫主星。

相照，主婚姻事成，夫妇各睦。若已上各星与命宫，并命宫主星恶照者，婚姻亦成，但夫妇不和。若已上各星与命宫，并命宫主星不相照者，婚姻事难成。"此外，书中还谈到"与有名望之家结婚""与豪富之家结婚"以及"与贫贱之家结婚"的种种预兆星象。

其书有关天文学的部分，将在"回回天文学"部分中介绍。

刘智《天方性理》所列参考书目中亦有数种与回回阴阳学有关的图书，例如《天方性理》所列参考书目第 31 种《克密理·特尔比而》，应为阿拉伯文书名 kamil al-Ta'bir "解释大全"之清代汉语音译。其中"克密理"（kamil），意为"完全"；特尔比而（Ta'bir），此言"解释"。刘智意译为《解梦大全》。可能是逝于回历阴历约 600 年/公历 1203 年的第比利斯人阿布·法道勒（Abu'l-Fadl Hu. b. lbrahim b. Muh. al-Tiflisi）的作品。这应是一部讲解梦境与现实和未来之间关系的作品，即我们通常所说之"圆梦"。

《天方性理》所列参考书目第 24 种《额合克目·克瓦乞卜》，上文在介绍《阿勘》时已经提到，应为阿拉伯文 Ahkam al-kawakib 之清代汉语音译，意为"诸星决断"。其中，"额合克目"，即《秘书监志》卷 7 所载《阿勘决断诸般灾福》中之"阿勘"，意为"决断"；"克瓦乞卜"（Kawakib）为阿拉伯语 Kukib "星"之复数。刘智意译为《天经情性》，可能与"阿勘决断诸般灾福"是同一部书。单凭"额合克目·克瓦乞卜"的音译和《天经情性》的意译尚不足以确定其原本。但无疑是一部根据星历现象来判断灾福、预言未来的书。

三、回回自然科学

回回自然科学是中国穆斯林世俗文化中一个重要的组成部分，除了马坚教授研究过回回历以外，我国回族史学界对这一领域尚未引起足够重视。由于回回自然科学含义范围广泛，非一人之力可以为之。故本文重点只在于作现存书目和研究情况的介绍。其中回回医药学以《回回药方》为主；回回天文历算之学以《元史·天文志》所载"西域仪象"、《秘书监志》所录书目中有关本领域的书籍、明代回回天文学资料以及刘智书目中的有关材料为依据；回回舆图学部分以《元史·天文志》所载"西域仪象"、《秘书监志》所录书目中有关本领域的书籍，以及刘智书目中有关材料为依据；回回工程技术学不涉及中国伊斯兰建筑等领域，以《秘书监志》所载书目中有关内容为主，兼及其他；回回矿物学、珠宝学和化学部分亦主要是书目研究。

（一）回回医药学

1. 元代的回回医药学

先秦时代，我国中原地区就与周边邻族及西域、海外部落发生联系。及至西汉，张骞"凿空"西域，开始了中外交通蓬勃发展的时期。此后外族、外国的物种出产，源源不断地输入中国，番药的品种和功效也渐渐为中国人民所熟悉。中国的回回医药学就是中外文化交流长河的一条支流。

唐、宋时代泛海东来的大食、波斯番客可能已经把回回医药学带入中国。只是这些番客当时大部分还是以移民的身份在华居住，他们的各种图籍当然也主要在这些移民圈子内流传，外人知之无多。伊斯兰医药学知识大规模传入中国是在蒙古、元时代。由于成吉思汗及其子孙的武力征服，蒙古统治地域向西达到地中海东岸。元人形容"适千里如在户庭，之万里如出邻家"，西域回回地区与中原汉地的往来空前密切起来。除了沿陆路跋山涉水，往来于东西之间的使臣、商贾以外，海上交通也得到很大发展。元末伟大的航海家、旅行家汪大渊曾在《岛夷志略·后序》中写道："皇元混一声教，无远弗届。区宇之广，旷古所未闻。海外岛夷无虑数千国，莫不执玉贡琛，以修民职；梯山航海，以通互市。中国之往复商贩于殊庭异域之中者，如东西州焉。"

　　大批随蒙古统治者入华的回回人带来了各种书籍。元政府也着力收集各民族的图书文献，回回医书药典当然在搜罗范围之内。元王士点《秘书监志》卷 7 录有回回图籍名称数十种计六百余部，其中有一部名《忒毕医经》，元秘书监存此书 13 部（卷）。"忒毕"，乃阿拉伯文书名 Tibb 之元代汉语音译，意为"医学"。"医经"，是元代此书名称的意译。

　　1368 年明太祖发兵攻入大都，收元廷藏书，其中有"西域书数百册，言殊字异，无能知者"[1]。这些"西域书"中的大多数应该是回回图书。如果元政府北逃时所弃宫中藏书悉数为明政府所接收的话，那么元廷藏书中的回回医药书也一定落入了明政府的手中。除此之外，某些元代入华的回回人的随身行囊中带有医药学书籍，后来散落民间也是可以想见的。有关元代回回医药学的情况，已在笔者的一篇论文[2]中作了阐述，为避免重复，本节只作简述。

　　回回人大量入华后，西域奇医名药随之而来。许有壬曾指出，唐虽一统天下，但对远方诸部只能一时怀柔，不能一家。所以"异方物产，有不得悉者已"。而元朝"开辟以来，幅员之广"，旷古所无。"东极三韩，南尽交趾，药贡不虚岁。西逾于阗，北逾阴山，不知名几万重，驿传往来，不异内地。非前代虚名羁縻，而异方物产邈不可知者"。他还说"此西北之药，治疾皆良。而西域医术号精，药产实繁。朝廷设官司之，广惠司是也"[3]。

　　伊斯兰医药学知识的大规模传入中国，使中土人民的眼界大开，原有的《本草》类著作不完善的缺陷暴露得十分明显。元世祖忽必烈曾对旧《本草》"中土且遗阙多，又略无四方之药"[4] 表示不满。忽必烈

　　[1] 《回回天文书》，海答儿、阿答兀丁、马沙亦黑、马哈麻等译，洪武十六年（1383）刻本，《涵芬楼秘笈》第三集，《译天文书序》，第 1a 页。
　　[2] 载《新疆社会科学》1990 年第 3 期。
　　[3] 《至正集》卷 31《大元本草序》。
　　[4] 《牧庵集》卷 29《南京路医学教授李君墓志铭》。

显然接受过回回医师的治疗，服用过回回药物，并就汉药和回回药的问题向汉族医生们打听询问过《本草》收药的情况，否则的话，一个出身于北族的皇帝不可能知道《本草》这样的学术著作缺载什么。

忽必烈在了解了旧《本草》收药不全的缺陷后，下诏征天下名医增广《本草》，其主要目的之一是要把西域药物也补入《本草》。据苏天爵记载，当时名医韩麒等人奉诏入宫，世祖忽必烈"各询其人所能。出示西域异药，使辨其为何药也。公（按韩麒）食其味，独前对曰'此与中国某药侔'"①。韩麒等人在忽必烈宫内所从事的，实际上是中西药物的异同辨析工作。

广惠司是元政府中执掌"修制御用回回药物及和剂"的机构，它还负责治疗"诸宿卫士及在京孤寒者"②，即所谓"广惠司者，回回之为医者隶焉"③。至元七年（1270），始置提举 2 员；元世祖忽必烈末年，在大都、上都各设"回回药物院"，其职守是"掌回回药事"。后来，这两个机构并入广惠司④。

除了在朝廷奉职的回回医官以外，元代还有不少西域人在汉地民间行医。王沂的《老胡卖药歌》惟妙惟肖地描绘道："西域贾胡年八十，一生技能人不及。神农百草旧知名，久客江南是乡邑。朝来街北暮街东，闻掷铜铃竞来集……金丝膏药熬较好，伤折近人人苦多。川船南通有新药，海上奇方效如昨。"⑤ 王沂所歌的这位坐摊卖药的"老胡"早年曾是一位"西域"贾商。他贾贩些什么，是否贩运药物，我们不得而知。他医术独精，世人所不及，在江南行医已久。元末文人丁鹤年的曾祖元初入华经商。他们家族到丁鹤年这一代虽然已经汉化很深，而丁

---

① 《滋溪文稿》卷 22《太医院使韩公行状》。以上见陈高华《忽必烈修〈本草〉》，载南京大学《元史及北方民族史研究集刊》，1986 年，第 10 辑。
② 《元史》卷 88，中华书局标点本，第 2221 页。
③ 陶宗仪《南村辍耕录》卷 9《奇疾》，中华书局标点本，第 109 页。
④ 《元史》卷 88，第 2221 页。
⑤ 《伊滨集》，《四库全书珍本初集》，卷 5。

鹤年本人仍然"于导引方药之术，靡不旁习"。入明以后，他曾在四明（今宁波）卖药[1]，其景况大约与王沂上面诗歌中所提到的那位"老胡"有几分相似[2]。

2.《回回药方》

（1）概况

在中国穆斯林医药学著作中最著名的是《回回药方》。全书原为36卷，今大部分亡佚，仅残存4册，存北京图书馆善本部，被定为明抄本。抄录笔迹前后不一，估计由不同人合作抄录而成。此书以汉文为主，夹杂着阿拉伯文和波斯文（多为汉文番药名称的原文）。抄录者显然学过波斯文或阿拉伯文，笔法纯熟。但阿拉伯文和波斯文部分错误很多，可见这部《回回药方》不是原始写本，而是一部经过几道反复过录以后的抄本。抄录者阿拉伯文或波斯文程度不是很高，有些明显错误的字形也未能更正。

残存四册中的第一册为《目录下》，记第19卷至第36卷目录；第二册为《卷12众风门》；第三册为《卷30杂证门下》；第四册为《卷34金疮门、折伤门、针灸门、汤火所伤门、棒疮门、治人齿所伤门》。

根据"卷12"（即上文之第二册）和"目录下"（即上文第一册），我们可复原全书目录部分的一半多一点（带＊号者为笔者复原的部分）：

＊目录上（此部分亡佚）。

目录下，本部分今存，即上文第一册，共计58页。

卷12众风门。此卷今存，即上文之第二册，计本卷目录4页，正文63页。分类子目为：左瘫右痪口眼歪斜类、疏风顺气类、风湿筋搐类、肠风类、风魔类、胡想类、风癫癫类、众风杂治类。

---

① 戴良《高士传》，《九灵山房集》，四部丛刊初编本，卷19。
② 参见拙文《〈回回药方〉与中国穆斯林医药学》，载《新疆社会科学》1990年第3期。

卷 19 咳嗽门

卷 20 胸膈门

卷 21 肠风肚腹门

卷 22 泻痢门

卷 23 呕吐门、痞证门、秘证门、劳瘵门、补益门

卷 24 众热门、众冷门

卷 25 众气门、众血门、时气斑疹门、疟疾门

卷 26 身体门

卷 27 黄病门、蛊证门、积聚门

卷 28 脚气门、脱肛痔漏门、榖道门

卷 29 杂证门上

卷 30 杂证门下。此卷今存，即上文之第三册，共计本卷目录 3 页，正文 63 页。

卷 31 妇人众疾门、小儿众疾门

卷 33 众疮肿毒门、疮癣门

卷 34 金疮门、折伤门、针灸门、汤火所伤门、棒疮门、治人齿所伤门，此卷今存，即上文之第四册，共计本卷目录 3 页，正文 49 页。

卷 35 众虫兽伤门、众毒门、辟虫门

卷 36 修合药饵门、修合诸马准门、众香煎门、活物治病门、众花果菜治病门。

全书估计原来有 40 册左右，二千余页，共达一百五十余万字，真是一部科学巨著。可惜今存者仅原书规模的十分之一。

我国学者 30 多年前就已注意到《回回药方》的学术价值，冯家升和马坚两位先生曾在他们的文章《从历史上看阿拉伯与中国的友好关系》①《中国与阿拉伯悠久的传统友谊关系》② 提到北图收藏的《回回

① 《光明日报》，1955 年 6 月 9 日。

② 《回族史论集》，宁夏人民出版社，1983 年。

药方》残本。《新中医药》杂志 1957 年 8 月号刊有谢仲墨的《〈回回药方〉简介》[1]，详细介绍了此书残卷的篇目。

近年来我国学者对这部著作的研究相当活跃。香港中文大学从事化学和药理研究的两位学者关培生、江润祥一直在从事这项工作，他们先后与福建社会科学院陈达生和中国社会科学院历史研究所的宋岘合作，已完成若干课题。关培生、江润祥曾参加了第三届中国科学史国际讨论会，并提交论文《从〈回回药方〉看中外药物交流》，其摘要刊于《中华医史杂志》[2]。笔者曾向关、江两位学者致函请赐论文，未获答复。由于仅见其论文摘要，故无法评价成果。兰州大学历史系马明达与福建社会科学院陈达生的合作研究已进行了相当长时间。陈达生已经完成了《回回药方》残卷第 12 卷的番药名称的同名异写，以及相应的拉丁名分类的查对工作。1990 年，中国社会科学院历史研究所陈高华的论文《舍儿别与舍儿别赤的探讨》[3]，也使用了《回回药方》中的材料。笔者 1991 年发表的论文《〈回回药方〉与中国穆斯林医药学》[4]，是一篇有关《回回药方》的长文（尚未全文发表）的摘选。此文讨论了中国穆斯林医药学史、《回回药方》的原本、中国穆斯林医药学中的古希腊、罗马科学家成分等。

根据我的研究，《回回药方》不是一部由中国穆斯林药物学家独立写成的著作，而是一部翻译作品，它的原本是什么，我们目前尚不清楚。从书中出现的外文名称和汉文译名分析，它的原本应是一部阿拉伯文医书。不过这并不意味着《回回药方》是直接从一部阿拉伯文医药书译成汉文的。这部阿拉伯文医药书首先被译成或改写成波斯文，然后再由波斯文重译为汉文。

---

① 《新中医药》1957 年 8 月号。
② 《中华医史杂志》1982 年第 2 期。
③ 《历史研究》1989 年第 2 期。
④ 《新疆社会科学》1990 年第 3 期。

（2）《回回药方》中的古希腊、罗马科学家成分

《回回药方》中提到了不少医学圣贤的名字，他们中的每一位都被译者当作回回医生，但实际上其中有的并不是回回人，而是古希腊人和罗马人。例如卷30提到"亦西刊达而国王"（原文下注 Iskandar）的"古医人阿思他黎西"（原文下注 Arastatalis）。"亦西刊达而国王"是古希腊马其顿亚历山大大帝的波斯文名称，而"阿思他黎西"乃古希腊科学家亚里士多德，他是亚历山大大帝的老师。再如，卷30提到的"古回回医人"扎里奴思，也不是回回人，而是古罗马医学家伽仑（Galen，Galenos）的阿拉伯文、波斯文写法 Jalinus 的汉语音译。又如，同卷中还提到"先贤鲁肥西"，是古希腊医生 Rufus 的阿拉伯文、波斯文写法的汉语音译。属于同一情况的还有卷34中提到的"古回回医人"卜忽剌忒，他就是著名的古希腊医学家希波克拉底（Hippokrate）。"卜忽剌忒"是其名称阿拉伯文写法 Abuqrat 的汉语音译；而卷30提到的"古回回医人"法里福而欲西，则为罗马哲学家 Porphyrios 的阿拉伯文、波斯文写法 Farfuriyus 的汉语音译。

《回回药方》所使用的番药中，有不少乍看是回回药物，但仔细核查后会发现它们的名称却是希腊语和拉丁语的音译。例如卷30在叙述一种欲纳尼地面（希腊）的方子时，提到一种"阿福体门汤"（aftimun）。aftimun 乃希腊文 epithymon 的阿拉伯文写法，指百里香草、菟丝子。这种"阿福体门汤"中包含有一味药名曰"乌速突忽都西"（ustukhudus），亦为希腊文 stoichas 的阿拉伯文、波斯文转写形式，指一种留兰香类药用植物。同卷还提到一种"阿福散汀汁"，旁注"即艾汁"。这也是一种来自希腊语的药草，其希腊语原名写作 afsinthion。卷12有一个方子用药名"法而非荣"（farfiyun）。"法而非荣"（farfiyun）源于拉丁语 euphoibium，指大戟属植物。上述"法而非荣方"内需一种药名"阿里浑"（ghariqun）。"阿里浑"不是阿拉伯语、波斯语的固有名词，它来自希腊语 agarkon，指伞菌、蘑菇。同卷的一个方子内有一

种药名"可儿纳不"（karanb），此即希腊语之 krambae，指卷心菜。卷30 中记载的一个亚里士多德的方子内有药"可马达而玉西"（kamadariyus），这是一种希腊药，其希腊语原名为 chamaedrus，指草本"石蚕状婆婆纳"。同卷的另一个方子内需用药"可马肥徒西"（kamafitus），这是一种利尿剂，亦来自希腊文 Chamaepitus。《回回药方》中采用非波斯、阿拉伯语名称的药物不少，其中以源于希腊语、拉丁语的为数最多。

本节通过对《回回药方》中提到的古希腊、罗马的科学家的人名的溯源和各种药方中所用希腊、罗马药物名称的分析，试图说明以《回回药方》为代表的中国穆斯林医药学所反映的，并不完全是波斯、阿拉伯本土的医药学知识，而是伊斯兰和伊斯兰以前时代，东地中海沿岸诸民族医药学知识的汇集[1]。

（二）穆斯林天文历算之学

在中国穆斯林世俗文化中，影响最为广泛的是回回天文法。回回历法在元代传入中国，起初只在回回人中通行。由于人们发现回回星历学推算历日十分精密，较之传统汉族制历法有许多独到之处，故入明以后，发展迅速，成为明政府承认的历法制度，与明大统历分庭抗礼。这种局面一直保持到明末西方传教士来华为止。这个专题拟分为几个小题讨论。

1. 扎马剌丁及其同仁

扎马剌丁（Jamal al-Din）又作"扎马鲁丁"，是元代入华的回回人中杰出的星历学家及地理学家，生卒年不详。他除了在汉地进行星历科学研究以外，还参加并倡导了编绘整个元帝国地图的工作，是一位对促进当时中外文化交流有很大贡献的人物。他的生平在汉籍中零星地保

---

[1]　以上参见拙文《〈回回药方〉与中国穆斯林医药学》。

存在《元史·天文志·西域仪象》《元史·百官志·回回司天监》《秘书监志》和许有壬《至正集》中。

据上引《回回司天监》条记载，"世祖在潜邸时，有旨征回回为星学者。扎马剌丁等以其艺进，未有官署"[①]。这是说扎马剌丁是在元宪宗蒙哥在位时投奔忽必烈的。他在此之前的事迹，汉籍缺载，幸而《史集》保留了一点记载。拉施都丁的叙述旭烈兀批准纳速剌丁·途昔（Nasr al-Din Tusi）在波斯的篾剌合建造天文台的背景时说：蒙哥曾打算建设天文台，"下令让不花剌人穆罕默德·只底之子扎马剌丁·塔希儿"做天文台的主要掌管人[②]。这表明扎马剌丁其时已在汉地，他的学识曾受到元宪宗蒙哥的赏识。大约是因为蒙哥许诺的天文台迟迟未建，其才能得不到发挥。适逢忽必烈征招懂"回回星学者"，他才投向当时尚未称帝的忽必烈。

从扎马剌丁活动的年代判断，蒙哥在位时，他年纪还轻。当时汉地穆斯林文化的发挥程度，尚不足以培养高水平的回回科学家。因此扎马剌丁的天文学、地理学知识不可能得自汉地的回回学者，而应学自于西域。综合其龄、学识和求学时间等项因素推测，他应在蒙哥注意到他不久以前来到汉地，至于他幼年时是否在波斯活动过，与著名波斯学者纳速剌丁有无往来，目前均不清楚[③]。

扎马剌丁于至元四年（1267）进"万年历，世祖稍颁行之"。同年他又造回回天文仪器。至元八年（1271），元政府立回回司天台后，扎马剌丁任司天台提点。回回司天台官序从五品。至元十年（1273），以司天台提点充秘书监。至元十七年（1280），元政府又置回回司天行监，官序正四品。至元二十四年（1287），官集贤院大学士中奉大夫行

---

① 《元史》卷90，第2297页。
② 《史集》巴库合校本，第67页。
③ 参见拙文《旭烈兀时代汉地与波斯使臣往来考略》，载《蒙古史研究》第2辑，内蒙古人民出版社，1986年。

秘书监事。延祐元年（1314），回回司天条监官序升至正三品。回回司天监这一类机构的品序不断上升，足以证明由于扎马剌丁这批回回科学家的卓有成效的工作，他们在元政府中的地位也不断上升。

同在元秘书监任职的回回天文学家还有可马剌丁。他至元十五年（1278）为司天少监。可马剌丁编写了"回回历"，除了供元政府使用以外，还供给信奉伊斯兰教的诸王贵戚，当时镇守陇西的安西王阿难答就是其中之一。据《秘书监志》记载，安西王阿难答曾命可马剌丁每年编写两部"回回历日"供他使用，其纸张还要用上等"回回纸扎"。这种"回回历日"的编写工作必须在新的一年到来之前完成。可马剌丁是专职负责这项工作的学者[①]。回回历不但官方使用，民间也有不少人购买。据记载，仅天历元年（1328）年，就售出过 5257 册，每册售价中统钞 1 锭[②]。这种《回回历日》是否就是明洪武十五年（1382）海答儿等人翻译的《回回历法》（以及《明史》卷 37、38、39《回回历法》），尚有待于研究。

除了可马剌丁以外，扎马剌丁的同事还有名苦思丁（又作赡思丁）者，在《秘书监志》中提到过多次。他长期在回回司天台工作，也是一位回回星历学家，但事迹不详。

2. 元代回回天文仪器

元代回回司天监所用的仪器有多少，我们已不清楚。《元史·天文志》所记载的 7 种回回仪象都是扎马剌丁于至元四年（1267）负责建造的，安置这些西域仪象的地点大概就是回回司天监所在地。这 7 种西域仪象中有 6 种是天文仪器，此外在《秘书监志》中也提到了几种。马坚教授曾对这些仪器的原名作了杰出的研究[③]。现略做修订附之如下：

---

① 《秘书监志》卷 7。
② 《元史》卷 94。
③ 《回历纲要》，中华书局，1955 年。

（1）"阿剌的·杀密剌测太阳晷影"，名见《秘书监志》卷 7。"阿剌的·杀密剌"乃其原书阿拉伯文书名 Alat Shamil 之波斯语读法 Alat-i Shamil 的元代汉语音译，译云"包罗万象的仪器"。其中"阿剌的"为阿拉伯语 alat"仪器、工具"加上波斯语表示属格意义的"耶扎菲"结构-i 以后的元代汉语音译，意为"……的仪器"。alat 即《秘书监志》卷 7 所列回回图书中之"撒那的·阿剌式（San'at-i Alat，意为"仪器的工艺"）造浑天仪香漏"中之"阿剌式"。"杀密剌"（Shamil），为阿拉伯语，译言"包罗万象的"。元回回司天台内的天文学家们用这种仪器来测量日影，故译作"测太阳晷影"。元秘书监存此仪器 1 台，这台仪器大约是蒙古西征时从西域带来的。

（2）"苦来·亦·撒麻"，不花剌人扎马剌丁至元三年（1266）所进，为阿拉伯语 Kurah Sima' 的波斯语读法 Kura-i Sima' 的汉语音译，古代中国人称宇宙为"浑天"，故译作"浑天球"。其中"苦来"（Kura），意为"球、苍穹"，即《秘书监志》卷 7 所列回回图书中之"兀速剌八个窟勒小浑天图"（或为"兀速剌八·窟勒"Usturlab Kurah，意为"球形星盘"之讹）中的"窟勒"。"亦"（-i）为波斯语"耶扎菲"结构，表示属格意义；"苦来·亦"（Kura-i），此言"……的球"。"撒麻"（Sima'），意为"天空、顶棚"。"苦来·亦·撒麻"（Kura-i Sima'），《元史·天文志》译作"浑天图"，并述其制形曰："其制以铜为丸，斜刻日道，交环度于其腹，划二十八宿于其上。外平置单铜环，刻周天度数列于十二辰位，以准地。而侧立单环二，一结于平环之子午，以铜丁象南北极；一环结于平环之卯酉，皆刻天度。"这是一种类似于我国古代的浑天仪，但不能运转窥测的仪器。这是一台在回回星历学者指导下在汉地制成的天文仪器。

（3）"鲁哈麻·亦·渺凹只"，不花剌人扎马剌丁至元三年（1266）所进，为阿拉伯语 Luhmah Mu'wajj 的波斯语读法 Luhma-i Mu'wajj 的汉语音译，意为"曲纬"。其中"鲁哈麻"（Luhma）意为"纬线"；

"亦"(-i)为波斯语之"耶扎菲"结构，表示属格意义。"鲁哈麻·亦"(Luhma-i)，此言"……的纬线"。"渺凹只"(Muwajj)意为"弯曲的、拆弯的"。"鲁哈麻·亦·渺凹只"(Luhma-i Muwajj)，《元史·天文志》称作"春秋分晷影堂"，并述其制形曰："为屋两间，脊开东、西横罅，以通日晷。中有台，随晷影南高北下，上仰置铜半环，刻天度一百八十，以准地上之半天。斜倚锐首铜尺，长六尺，阔一寸六分，上结半下之中，下加半环之上，可以往来窥运。侧望漏屋晷影，验度数，以定春秋二分。"这是一种采用 360 度角度进位制，观测日影长度，根据其极大、极小值确定春分、秋分时节的仪器，是在回回星历学者指导下在汉地制成的仪器。

（4）"鲁哈麻·亦·木思塔余"，不花剌人扎马剌丁至元三年（1266）所进，为阿拉伯语 Luhmah Mustawi 的波斯语读法 Luhma-i Mustawi 的汉语音译，意为"平纬仪"。"鲁哈麻"(Luhma)意为"纬线"；"亦"(-i)为波斯语之"耶扎菲"结构，表示属格意义；"鲁哈麻·亦"(Luhma-i)，此言"……的纬线"。"木思塔余"(Mustawi)意为"平的"。"鲁哈麻·亦·木思塔余"(Luhma-i Mustawi)，《元史·天文志》称为"冬、夏至晷影堂"，并述其制形曰："为屋五间，屋下为坎，深二丈二尺，脊开南北罅堂，以通日晷。随罅立壁，附壁悬铜尺，长一丈六尺。壁仰画天度半规，其尺亦可往来规运，直望漏晷影，以定冬、夏二至。"这是一种根据日晷投影的极大、极小值，确定冬至、夏至时节的仪器，是在回回学者指导下在汉地制成的。

（5）"兀速都儿剌不"，不花剌人扎马剌丁至元四年（1267）所进，《元史·天文志》作"兀速都儿剌不定"，"定"字衍。"兀速都儿剌不"为阿拉伯语—波斯语中希腊语 astrolable 的借词 Usturlab 的汉语音译，意为"星盘"，与《秘书监志》卷 7 所列回回图书中之"兀速剌八·窟勒"(Usturlab Kura)中的"兀速剌八"为同一词汇的不同元代汉语音译。"兀速都儿剌不"(Usturlab)，《元史·天文志》称为"昼夜时刻之器",并述其制形曰:"其制以铜,如镜圆而可挂。面刻十二辰位,昼夜时刻。上加铜条,缀其中,可以圆转。铜条两端各屈其首,为二窍以对望。昼则视日影,夜则窥星辰,以定时刻,以测休咎。背嵌镜片三面,刻其图凡七,以辨东西南北。日影长短之不同,星辰相背之有异。故各异其图,以画天地之变焉。"这是一种根据日光投影和星辰方位确定时刻的仪器,它是回回学者在汉地制成的。

(6)"兀速剌八个窟勒小浑天图",名见《秘书监志》卷 7。"兀速剌八个窟勒"或为"兀速剌八·窟勒"之讹。其原书名称应为阿拉伯文 Usturlab Kurah,即"兀速剌八·窟勒",意为"球形星盘"。其中"兀速剌八"即《元史·天文志》所列至元四年(1267)不花剌人扎马剌丁所进之回回天文仪器"兀速都儿剌不"(《元史·天文志》作"兀速都儿剌不定","定"字衍),为阿拉伯语—波斯语中希腊语借词 us-turlab(astroblale)的汉语音译,意为"星盘"。《元史·天文志》称为"昼夜时刻之器",并述其制形曰:"其制以铜,如镜圆而可挂。面刻十二辰位,昼夜时刻。上加铜条,缀其中,可以圆转。铜条两端各屈其首,为二窍以对望。昼则视日影,夜则窥星辰,以定时刻,以测休咎。背嵌镜片三面,刻其图凡七,以辨东西南北。日影长短之不同,星辰相背之有异。故各异其图,以画天地之变焉。"这是一种根据日光投影和星辰方位确定时刻的仪器。"窟勒"即《元史·天文志》所列扎马剌丁至元四年(1267)所进回回天文仪器"苦来·亦·阿儿子"和"苦来·亦·撒麻"中之"苦来"(Kurah),译言"球"。"兀速都儿剌不"是一种平面星盘,而"兀速剌八·窟勒"是一种球状星盘。古代中国人把宇宙称为"浑天","小浑天图"是此球状星盘的元代汉语意译。这大概是一台蒙古西征时从西域带回汉地的天文仪器。

(7)"咱秃·哈剌吉",不花剌人扎马剌丁至元四年(1267)所进,为阿拉伯语 dhat halaq 的波斯语读法 zat halaq 的汉语音译,意为"环体"。其中"咱秃"(zat),即《元史·天文志·西域仪象》中之"咱秃·朔八台"中之"咱秃",意为"自身、本身";"哈剌吉"（halaq），意为"环、箍"。中国古代天文学家把宇宙称为"浑天"，故《元史·天文志》译"咱秃·哈剌吉"为"浑天仪"，且述其制形曰："其制以铜为之，平设单环，刻周天度，画十二辰位，以准地面。侧立双环，而结于平环之子午，半入地下，以分天度。内第二双环，亦刻天度，而参差相交，以结于侧。双环支地平三十六度，以为南北极。可以旋转，以象天运，为日行之道。内第三、第四环，皆结于第二环，又去南北极二十四度，亦可运转。凡可运三环，各对缀铜方钉，皆有窍，以代衡箫之仰窥焉。"这是一种观测太阳沿周天赤道运行的仪器，它是在汉地制成的。

（8）"咱秃·朔八台"，不花剌人扎马剌丁至元四年（1267）所进，为阿拉伯语 dhat samawat 的波斯语读法 zat samawat 的汉语音译，意为"周天"，或为阿拉伯语 dhat samut 的波斯语读法 zat samut 的汉语音译，意为"天空方向"。其中"咱秃"（zat），即《元史·天文志·西域仪象》中之"咱秃·哈剌吉"中之"咱秃"，意为"自身、本身"；"朔八台"的对音尚不能确定。《元史·天文志》称之为"测验周天星曜之器"，并述其制形曰："外周圆墙，而东面启门。中有小台，立铜表，高七尺五寸。上设机轴，悬铜尺，长五尺五寸。复加窥测之萧二，其长如之。下置横尺，刻度数其上，以准挂尺。下本开图之远近，可以左右转而周窥，可以高低举而偏测。"这是一种观测天空星座坐标的仪器，它也是在汉地制成的。

3. 天文星历图籍

回回星历图籍是回回天文学赖以传之后世的基础。元代在秘书监收藏的图书中，有许多是天文图籍。此外在回回学者集中的回回司天台中肯定也有这类图籍。目前我们能够看到的确切是元代传入中国的回回天文图书，仅有前面在叙述回回阴阳学时提到的明初译成汉文的《回回天文书》等数种一道译成汉文的书籍（详见下文）。其他元代官方收藏的回回星历图书，集中著录在《秘书监志》中，马坚教授曾对此作过研究，今仿前例，略做修改后附于下。明代的回回天文学资料比元代要丰富得多。杭州大学黄时鉴教授数年前在澳大利亚访问时已经注意到这类资料。本节拟将笔者历年收集汇总的材料作简单介绍。清初的回回星历学资料研究尚为空白，这里只根据莱斯利等人的研究，对刘智《天方性理》和《天方典礼》中提到的有关图书作一概述。

（1）元人著录的回回天文星历图籍

《秘书监志》卷 7 有书名《海牙剔穷历法段数》，彼处存此书 7 部（卷）。"海牙剔"乃阿拉伯文书名 Hay'at 之元代汉语音译，意为"形状、形象、天文学"。"穷历法段数"，是元代此书名称的意译。马坚教授认为这部《天方性理》和《天方典礼》两书所列参考书目第 28、43 种为《海亚士·额噶林》（《七洲形胜》）。因根据不充分，今不取。

《秘书监志》卷 7 还提到书名《积尺诸家历》，共 48 部（卷）。"积尺"乃阿拉伯文书名 Zij 之元代汉语音译，意为"天文历表、天文计算法"。"诸家历"是元代此书名称的意译。这大约是一种讲解利用天文坐标来制定历法的书籍。

《秘书监志》卷 7 除了提到上述两种回回天文书籍外，还有一部书名为《速瓦里·可瓦乞必星纂》共 4 部（卷）。"速瓦里·可瓦乞必"乃阿拉伯文书名 Suwal Kawakib 的波斯语读法 Suwal-i Kawakib 之元代汉语音译。其中"速瓦里"（Suwal-i），乃阿拉伯文 suwal"问题"加上波斯语表示属格意义的"耶扎菲"结构-i 以后的元代汉语音译，意为"……的问题"；"可瓦乞必"（Kawakib），即清康熙时刘智《天方性理》的参考书目中所列《额合克目·克瓦乞卜》（阿拉伯文 Ahkam kawakib，意为"诸星决断"，刘智意译为《天经情性》）中之"克瓦乞卜"，此言"诸星"。"速瓦里·可瓦乞必"（Suwal-i Kawakib），此言"星象问题"；"星纂"是元代此书名称的意译。这大概是讲述天体运行规律的书。

（2）明代回回天文学

《回回天文书》，这部书我们前面已经在讲述回回阴阳学时提到过。如前所述，它不仅是我们目前所能见到的有关回回阴阳星象学的仅有资料，也是现存回回天文学图书中少数几部能够确定在元代传入中国的书之一。其作者为 11 世纪初叶阿拉伯科学家阔识牙耳（Kushyar）。汉译者为仕于明廷的回回学者海答儿、阿答兀丁、马沙亦黑、马哈麻等人。《涵芬楼秘笈》第三集收此书，为洪武十六年（1383）刻本影印本。

据《回回天文书》前言称，1368 年，明军攻入大都，收得元廷藏书档案若干万卷，席卷运至南京。洪武十五年（1382）秋，朱元璋理政闲暇，命儒臣选故元图书讲解，发现"西域图书数百册，言殊字异，无能知者"。明初汉人文士皆知，"西域阴阳家推测天象至为精密有验。其纬度之法，又中国书之未备"。可惜元时回回秘籍束于官府，汉人但闻其名而终不得一见。元亡后，像朱元璋这样过去的汉人、南人有幸得见其书。他们确实很急于了解回回学者学术上的独到之处究竟在哪里。朱元璋召仕于明廷的回回人海答儿等，"出所藏图书，择其言天文、阴阳、历象者，次弟译之"。《回回天文书》即其一。明翰林吴伯宗在这篇前言中指出："是书远出夷裔，在元世百有余年，晦而弗显。"他认为这部回回天文科学著作能够在明代"为中国之用，备一家之言"，是极大的幸事。

在翻译时，朱元璋命曰："尔西域人素习本音，兼通华语，其口以授儒，尔儒译其义，缉成文焉。惟直其述，毋澡绘。"可见它是由上述几位回回学者口译成汉语，汉族儒士笔录整理成文。这大概是因为这几位回回学者汉文程度不够好的缘故。朱元璋的基本要求是，汉族儒士的译文应忠实于上述几位回回学者的口述。如此看来，现存的汉文译文是相当可靠的。如果将来能够在阿拉伯、波斯古籍中找到《回回天文书》的原本，将两者进行比较，将是一件十分有意义的工作。

此书虽以阴阳学为主，但其基础却是回回天文学。书中说："凡书中紧要之理，则备言之。其说有两：第一等，说要知天轮行度之法，必用浑仪，并测之物，以算法推详其理……第二等，说天轮七曜有吉有凶，应世上之吉凶。"由此可知，回回星历学是一种复杂的学问，科学同迷信混在一起。

《天文书》，此书未见。孙毓修在《译天文书跋》中提道："《文渊阁书目·阴阳类》有《天文书》二部，均注二册，阙。不知即此书否（按指上述之《回回天文书》）。"我想，这二部《天文书》应与《回回天文书》第一类第一门《说撰此书为始之由》中提到的一句话有关："凡书中紧要之理，则备言之。其说有两：第一等，说要知天轮行度之法，必用浑仪，并测之物，以算法推详其理。为此已撰二书在前。若人于此书精通，则知此为至高至实之文。"这两部《天文书》会不会就是作者（阔识牙耳）另外所写的两部书呢？

《回回历法》一卷，为洪武十六年（1383）内府刻本，现藏北京图书馆善本部，藏书号：3484。这也应是朱元璋从收得元廷藏书中所择出的"其言天文、阴阳、历象者"之一，故它也应当是一部回回天文图书的汉译本。其汉译方法估计与《回回天文书》相同，由上述海答儿、马沙亦黑等回回学者口译，汉儒整理成文。本书记回回阴阳历换算、日月名称、闰法、太阳仰角、行星经纬度、月亮与行星的凌犯、交食（日月食）等。

书中提到一年中 12 个月份大小及名称：

第一月，大，名：法而斡而丁（乃波斯文　Farwardin）

第二月，小，名：阿而的必喜世（乃波斯文　Urdibihisht）

第三月，大，名：虎而达（乃波斯文　Khurdad）

第四月，小，名：提而（乃波斯文　Tir）

第五月，大，名：木而达（乃波斯文　Murdad）

第六月，小，名：沙合列斡而（乃波斯文　Shahriwar）

第七月，大，名：列（梅？）黑而（乃波斯文　Mihr）

第八月，小，名：阿班（乃波斯文　Aban）

第九月，大，名：阿咱而（乃波斯文　Azar）

第十月，小，名：答亦（乃波斯文　Day）

第十一月，大，名：八哈曼（乃波斯文　Bahman）

第十二月，小，名：亦思番达而麻的（今波斯语作　Iafand）

回回太阳历每年以公历 3 月 21 日为岁首，按太阳回归周期制历。而回回太阴历以月亮亏盈为基准，所以相对于太阴历来说，回回太阳历的日子每年都不同。换句话说，阳历相对阴历来说是运动的，所以原文又说"已上十二月，即回回历书所谓'动的月'者是也"。

此书在"释七曜数及本音名号"一节中，给出了一周七天的名称：

"日一数，名：也闪别（乃波斯文 Ik Shanba）"。陈诚《西域番国志》记帖木儿朝首府哈烈（今阿富汗赫拉特）风俗："用事自有定规，每七日一转，周而复始。七日之中第……三日为亦闪伯。"[①] 这里"也"和"亦"均为波斯语 ik 的音译，意为"一"，"闪别"或"闪伯"为波斯语 Shanba，意为"七的，周，星期、公历星期六"。穆斯林以公历星期五为一周之首，ik shanba 是第三日（相当于公历星期日）。《回回历法》所谓"日一数"中的"日"，是中国古代以日月配五行译称"七曜"中的第一曜；而"一数"是直译。《西域番国志》的"第三日"是按排列顺序而言，这是意译。两者都是对的。

"月二数，名：都闪别（乃波斯文 Du Shanba）"。《西域番国志》："七日之中第……四日为都闪伯。"这里"都"为波斯语 du 的音译，意为"二"。穆斯林以公历星期五为一周之首，du shanba 是第四日（相当于公历星期一）。《回回历法》所谓"月二数"中的"月"，是中国古代以日月配五行译称"七曜"中的第二曜；而"二数"是直译。《西域番国志》的"第四日"是按排列顺序而言，这是意译。两者都是对的。

---

① 《原国立北平图书馆甲库善本丛书》第一集影印明抄本。

"火三数，名：写闪别（乃波斯文 Sa Shanba）"。《西域番国志》："七日之中第……五日为且闪伯。"这里"写"和"且"都是波斯语 sa 的音译，意为"三"。穆斯林以公历星期五为一周之首，sa shanba 是第五日（相当于公历星期二）。《回回历法》所谓"火三数"中的"火"，是中国古代以日月配五行译称"七曜"中的第三曜；而"三数"是直译。《西域番国志》的"第五日"是按排列顺序而言，这是意译。

"水四数，名：察儿闪别（乃波斯文 Chahar Shanba）"。把 Chahar 读作"察儿"，省略词中的辅音 -h-，说明译者可能有某种东突厥语背景，例如维吾尔语把 Muhammad "穆罕默德"读作"买买提"。《西域番国志》："七日之中第……六日为闪伯。"前已述及，"闪别"或"闪伯"意为"七的，周，星期、公历星期六"。故这里《西域番国志》"闪别"前应有脱文。"察儿"前已述及是波斯语 chahar 的音译，意为"四"。穆斯林以公历星期五为一周之首，Chahar Shanba 是第六日（相当于公历星期三）。《回回历法》所谓"水四数"中的"水"，是中国古代以日月配五行译称"七曜"中的第四曜；而"四数"是直译。《西域番国志》的"第六日"是按排列顺序而言，这是意译。

"木五数，名：盘闪别（乃波斯文 Panj Shanba）"。《西域番国志》："七日之中第……七日为攀闪伯。"这里"盘"和"攀"都是波斯语 panj 的音译，意为"五"。穆斯林以公历星期五为一周之首，panj shanba 是第七日（相当于公历星期四）。《回回历法》所谓"木五数"中的"木"，是中国古代以日月配五行译称"七曜"中的第五曜；而"五数"是直译。《西域番国志》的"第七日"是按排列顺序而言，这是意译。

"金六数，名：阿的那（乃波斯文 Adina）"。《西域番国志》："七日之中第一日为阿啼纳。"这里"阿的那"和"阿啼纳"都是波斯语 adina 的音译，意为"星期五"。穆斯林以公历星期五为一周之首，adina 是第一日。《回回历法》所谓"金六数"中的"金"，是中国古代以日月配五行译称"七曜"中的第六曜；而"六数"是直译。《西域番国志》的"第一日"是按排列顺序而言，这是意译。

"土七数，名：闪别（乃阿拉伯-波斯文 Shanba）"。《西域番国志》："七日之中第……二日为闪伯。"这里"闪别"和"闪伯"都是波斯语 shanba 的音译，意为"公历星期六"。穆斯林以公历星期五为一周之首，shanba 是第七日。《回回历法》所谓"土七数"中的"土"，是中国古代以日月配五行译称"七曜"中的第七曜；而"七数"是直译。《西域番国志》的"第二日"是按排列顺序而言，这是意译。

上面列出的这些资料中浓重的波斯文化色彩使我们相信，《回回历法》的原书出自波斯。其书虽为海答儿等人所译，但书中又在多处提到回历与中国阴历的换算问题，这些显然不是原书的内容，而是翻译时增加的，所以它不是一部简单的翻译作品。

《明史》卷 37、38、39《回回历法》部分乃据此书而成，详见下文。

《明史·回回历法》，载《明史》卷 37、38、39，其底本应即明洪武十五年（1382）海答儿、马沙亦黑等人所译《回回历法》，并应与元时回回司天少监可马剌丁奉安西王阿难答令旨所编《回回历日》有密切关系。据《明史》称："《回回历法》，西域默得纳国王马哈麻所作。其地北极高二十四度半，经度偏西一百〇七度，约在云南之西八千余里。"又云"其法不用闰月，以三百六十五日为一岁。岁十二宫，宫有闰日。凡二十八年而宫空三十一日。以三百五十四日为一周。周十二月，月有闰日。凡三十年月闰十一日。历一千九百四十一年，宫、月、日、辰再会。此其法之大概也。按西域历数见于史者在唐有九执历，元有扎马鲁丁之万年历。九执历最疏，万年历行之未久。唯回回历设科隶钦天监，与大统历参用二百七十余年。虽于交食之有无、深浅，时有出入，胜然于九执，万年远矣。但其书多脱误，盖其人之隶籍台官者，类以土盘布算，仍用其本国之书。而明之习其术者，如唐顺之、陈壤、袁黄辈之所论著，又自成一家言。故翻译之本不行于世，其残缺宜也。今博访专门之裔，考究其原书，以补其脱落，正其论舛为《回回历法》，著于篇。"

此言西域历法行于中国之历史。唐、元时代，回回历主要为回回人所用，而其鼎盛时代为明代。明政府网罗懂回回历法的学者，使供职于钦天监。这些人始终保持自己的语言文字，直至明亡。在他们的教授之下，亦有汉人学者掌握了回回历法推算的精要，并将其要旨以汉文写出。

《西域历法通径》，明"承德钦天监夏官正安"刘信编辑，残存 8 卷。这 8 卷分别为：卷11　求金星第二差；卷12　定金星第二差成立；卷13　求水星第二差；卷14　求五星之泛差；卷21　凌犯用数；卷22　凌犯时刻立成；卷23　凌犯时刻立成；卷24　凌犯时刻立成。

北京图书馆有此书缩微胶卷，其藏书号：1416。胶卷上有编号 Fr. 610：341，美国国会图书馆缩微胶卷（英文字样：Microfilmed by the Library of Congress Photo Duplication Service），应为抗战时中国政府送美国保存的那批善本图书中的一部。《明史·回回历法》前言中提及，有些汉人学会回回星历之术，并以汉文写下有关著述。此书作者刘信虽不见《回回历法》提及，但是书为识回回星学的汉人学者所写的几部著作之一，应无疑问。

《七政推步》7 卷，明南京钦天监监副贝琳修辑，收在《四库全书》子部天文算法类（台湾影印本，786 册，311 页以下，及《四库珍本初集》子部算法类）。"七政"指日、月、土、木、火、金、水七星。"推步之术"是古代天文学常用的代称。贝琳的名字不见前人论及，窃以为可能是 Bihlam 的音译，这是一个波斯人常用的名称。词中辅音 -h- 略而不发音是具有某种东突厥语方言背景的人常见的现象。据书中前言曰，贝琳自跋称："洪武十八年（1385），远夷归化，献土盘法，预推六曜干犯，名曰纬度"，后有历官译为"汉算，而书始行于中国"。其实此书沿袭明洪武十五年（1382）海答儿、马沙亦黑等人所译《回回历法》处甚多。其中"释月分大小及本音名号"各"释七曜数及本音名号"全部抄自《回回历法》，连译音错误也照抄不误。例如，波斯阳历七月写作"第七月，大，名：列黑而"。波斯阳历七月的本名是 Mi-hr，其正确的音译应该为"梅黑而"。这里却把第一个辅音误写为"列"，同《回回历法》一模一样。可能贝琳根据"土盘算法"，对《回回历法》又作了补充。除了《七政推步》以外，贝琳还有一部书，名曰《回回历法释例》，为清抄本，四册。今藏北京图书馆，藏书号为：科 272。

中国科学院自然科学史研究所有人曾对回回历法和郭守敬的授时历的精度作过比较，发现回回历法与授时历各有所长。这就是回回天文历算能够作为与中国传统历法相对照的体系，进入明代钦天监，并与汉历参用，在明代通行二百七十余年的原因。不过明时人们已经发现，回回历法所推交食之有及深浅并不完全应验。这说明一门科学如果墨守成规，不图发展，迟早要过时落后，至明末西方传教士大量来华，带来许多欧洲的新科学知识。利玛窦、熊三拔、邓玉函、阳玛诺、罗雅谷等欧洲传教士，与受欧洲文艺复兴文化知识影响的李之藻、徐光启等中国学者撰写了大量天文历算书籍，回回天文学迅速被淘汰。

（3）刘智书目中的天文学图书

刘智虽是清初中国回族知识分子中出类拔萃的人物，但他没有机会接触当时已经传入中国的欧洲新文化。因此他的著述中所反映的，仍然是旧的回回星历之学。刘智提到的回回星历学图书笔者均未见到，故只能根据莱斯利等人的研究略做介绍。

《阿撒尔·欧六巍》，名见《天方性理》所列参考书目之第 25 种，应为阿拉伯文 Atar al-'Ulwiya 之清代汉语音译，意为"天体现象"。其中"阿撒尔"（Atar），意为"痕迹、现象"；"欧六巍"（'Ulwiya）意为"上天的、天空的"。刘智意译为《玄穹象解》。这可能就是阿不·

阿里·西讷（阿维森纳）的作品《科学现象》（Atar al-’Ulum）。

《额福阿禄·额福剌乞》，名见《天方性理》及《天方典礼》所列参考书目之第 23、40 种，应为波斯文书名 Af’al-i Aflak "天体运动"之清代汉语音译。其中"额福阿禄"（Af’al），意为"动作、行为"（复数）；"额福剌乞"（Aflak），此言"天空、天体"。刘智意译为《天德元机》。单凭"额福阿禄·额福剌乞"的音译和《天德元机》的意译尚不足以确定其原本。

《额合克目·克瓦乞卜》，名见《天方性理》所列参考书目之第 24 种，此书在本文"回回阴阳学"一节中已经提及，应为阿拉伯文 Ah-kam al-kawakib 之清代汉语音译，意为"诸星决断"。其中"额合克目"，即《秘书监志》卷 7 所载"阿堪决断诸般灾福"中之"阿堪"，意为"决断"；"克瓦乞卜"（Kawakib）为阿拉伯语 Kukib "星"之复数。刘智意译为《天经情性》，可能与"阿堪决断诸般灾福"是同一部书。单凭"额合克目·克瓦乞卜"的音译和《天经情性》的意译尚不足以确定其原本。很可能与《回回天文书》一样，是一种天文学与星象学混杂的书。

《二林·亚法咯》，名见《天方性理》所列参考书目第 21 种，应为阿拉伯文书名’Iim al-Afaq "宇宙之科学"之清代汉语音译。其中"二林"（’Iim）意为"科学、学术"；"亚法咯"（Afaq），此言"宇宙、视野、地平线"。刘智意译为《环宇述》。单凭"二林·亚法咯"的音译和《环宇述》的意译尚不足以确定其原本。这部书中可能包含了古希腊人的天文学知识。

《二数度·克比尔》，名见《天方性理》及《天方典礼》所列参考书目之第 25、39 种，刘智意译为《历学大全》，或为阿拉伯文 al-’Ahd al-kabir 之清代汉语音译，意为"伟大的时代"。其中"克比尔"（Kabir），意为"伟大"，或为阿拉伯文 al-’Asr al-kabir 之清代汉语音译，意为"伟大的纪元"；尚不能确定的是"二数度"的对音。其原本亦不能确定。

（4）回回数学

回回数学是穆斯林学术中一个值得骄傲的分支。它继承了古希腊数学的成果，传入中国后独树一帜。前面已经提到，《回回天文书》说"要知天轮行度之法，必用浑仪，并测之物，以算法推详其理"。"以算法推详其理"就是对仪器观测的结果加以数学演算。《回回历法》前言部分提到"盖其人之隶籍台官者，类以土盘布算，仍用其本国之书"，这是说他们演算时所用方法不同于中国学者，使用"土盘法"。现存有关回回数学的资料，大部分是元代的，集中保存在《秘书监志》中，大致有以下这些：

"拍儿可儿潭定方圆尺"，名见《秘书监志》卷7，元秘书监存此仪器1件。"拍儿可儿"，乃波斯语 pargar 之元代汉语音译，意为"圆规、分规、两脚规"。圆规可用来作圆及确定直角，故元代意译为"潭定方圆尺"，这是元代对圆规的称呼。

"呵些必牙诸般算法"，名见《秘书监志》卷7，元秘书监存此书8部（卷）。"呵些必牙"，乃阿拉伯文书名 Hisabiya 之元代汉语音译，意为"算学、计算"。"诸般算法"是元代此书名称的意译。这是一部有关数学的科学专著。

"撒非那诸般法度纂要"，名见《秘书监志》卷7，元秘书监存此书12部（卷）。"撒非那"，乃阿拉伯文书名 Safina 之元代汉语音译，意为"集、汇集"，与《秘书监志》卷7所列回回图书中"撒唯那·罕答昔牙诸般算法段目仪式"中之"撒唯那"为同一词汇的不同汉语音译。此书名"撒非那"（Safina）以后的字被省略。"诸般法度纂要段目仪式"，是元代此书名称的意译。由于阿拉伯文书名是简称，尚不能推知其"诸般法度"的具体内容。估计"诸般法度"中包括代数、几何学等，是故暂以数学书视之。

"撒唯那·罕答昔牙诸般算法段目仪式"，名见《秘书监志》卷7，元秘书监存此书 17 部（卷）。"撒唯那·罕答昔牙"乃阿拉伯文书名 Safina Handasiya 之元代汉语音译，意为"几何学集"。其中"撒唯那"（Safina）意为"集、汇集"，与"撒非那诸般法度纂要"中的"撒非那"为同一词汇的不同汉语音译，"罕答昔牙"（Handasiya），意为"几何学的"。"诸般算法段目仪式"，是元代此书名称的意译。这是一部有关回回几何学的著作，很可能包含了古希腊的数学知识。

"兀忽烈的四劈算法段数"，名见《秘书监志》卷 7，元秘书监存此书 15 卷。"兀忽烈的"应为古希腊数学家《几何原本》15 卷的作者"欧几里得"的阿拉伯语译名 Uqlidas 的汉语音译。"四劈算法段数"应为《几何原本》的元代汉语意译。"四劈算法"大约是指几何学中常用的图形分割术。据波斯文史籍《史集》记载，元宪宗蒙哥曾在穆斯林学者的指导下做过欧几里得的几何习题①。

（三）回回地理学

1. 元人著录的回回地理仪器图籍

元帝国横跨亚洲大陆，疆域辽阔。在蒙古国时，东、西方蒙古之间的联系主要通过陆道进行。入元以后，因为海都阻隔，中、西陆路交通不能畅达，迫使元政府另辟新途。元灭宋后，很快发现了海路交通的优越性。元人不但继承了宋代的航海传统，并且元政府比宋政府更重视回回人的航海知识。《秘书监志》提到至元二十四年（1287），元政府下令在擅长航海的回回人中寻找"回回文剌那麻"。"剌那麻"即波斯语 rahnama，意为"行路指南"②。

蒙古人征服西亚诸国后，极大地开阔了中国人的眼界，丰富了中国的地理知识。宋代以前，中国的地图至多只绘到今天西北边疆一带。蒙

---

① 《史集》第三卷，苏联巴库合校本，第 67 页。

② 陈得芝《元代海外交通与明初郑和下西洋》，载《郑和下西洋论文集》，南京大学出版社，1985 年，第 199 页。

古人建立地跨欧亚大陆的大帝国后，绘制元帝国全图的工作提到了议事日程上，这就是回回著名天文、地理学家扎马剌丁于至元二十三年（1286）上奏"方今尺地一民，尽入版籍，宜以为书以明一统"的原因。扎马剌丁计划在这部书中应包括一幅元朝全图，把汉地的图与回回舆图拼接起来。他说："在先汉儿田地些小有来，那地里的文字册子四五十有来。如今日头出来处，日头没处，都是咱每的。有的图子也者，那远的他每怎生般理会的？回回图子我根底有，都总做一个图子呵。"汉族传统上是采用方格法画图，回回人使用圆形地图，并接受了古希腊人的大地为球形的概念，双方差异很大，要把它们纳入一个体系，特别是纳入中国传统的方格体系是一件不容易的工作。扎马剌丁的地图没有传下来，但从1330年成书的《经世大典》地图和《元史·地理志·西北地附录》收录了钦察汗国、伊利汗国和察合台汗国的许多地名判断，回回人的地理学显然已经与汉地舆图学融合在一起，所以才能产生《经世大典图》这样伟大的科学成果。

在《元史·天文志·西域仪象》中我们看到一种仪器名"苦来·亦·阿儿子"，为不花剌学者扎马剌丁至元三年（1266）所进。"苦来·亦·阿儿子"为阿拉伯语 Kurah arz 的波斯语读法 kura-i arz 的元代汉语音译，意为"地球〔仪〕"。其中"苦来"（kura），意为"球、苍穹"，即《秘书监志》卷7所列之回回图书中之"兀速剌八个窟勒小浑天图"（或为"兀速剌八·窟勒"Usturlab Kurah，意为"球形星盘"之讹）中的"窟勒"。"亦"（-i）为波斯语"耶扎菲"结构，表示属格意义。"苦来·亦"（Kura-i），此言"……的球"。"阿儿子"（arz），意为"陆地、土地、国家"。"苦来·亦·阿儿子"，《元史·天文志》译为"地理志"，并述其制形曰："其制以木为圆球，七分为水，其色绿；三分为土地，其色白，画江河湖海脉络，贯穿其中。画作小方井，以计幅圆之广袤，道里之远近。"这实际上是一个地球仪，球面上之小方井，即经、纬线。根据其比例尺，可度量距离面积。阿拉伯人在接受古希腊科学以后，很快认识到大地是球形。清康熙年间学者刘智在其《天方性理》中曰："地者……其体浑圆而位于空中之中央，周九万里"；他在《天方典礼》中又引述《天方舆地经》曰："地为圆体如球，乃水、土而成。其土之现于水面而为地者，盖球面四分之一也。……又自东至西作一直线，距南北极等，为地经中线（按，即赤道）。"这一理论较中国古代地理学者对大地的认识要先进得多。

2. 刘智书目中的地理类图书

《查米尔·必剌地》，名见《天方性理》所列参考书目之第 27 种，应为阿拉伯文 Jami'al-Bilad 之清代汉语音译，意为"诸国全集"。刘智意译为《天下方域》。其中"查米尔"（Jami'），意为"集、汇集"，拉施都丁的《史集》的"集"用的就是这个字；"必剌地"（al-Bilad），意为"地区、方域"。这是一部地理著作。单凭"查米尔·必剌地"的译音和《天下方域》的意译尚不能确定其原本。

《海牙土·额噶林》，名见《天方性理》及《天方典礼》两书所列参考书目第 28、43 种，应为阿拉伯文书名 Hay'at Aqalim 之清代汉语音译，意为"诸国形象"。其中"海牙土"（Hay'at），即元《秘书监志》卷 7 所载"海牙剔穷历法段数"中之"海牙剔"，此言"形象、形状、天文学"；"额噶林"（Aqalim）为 aqlim"国家、地区"之复数。刘智意译作《七洲形胜》。其原本尚不能确定。马坚先生认为《海牙土·额噶林》可能与《秘书监志》所提到的《海牙剔穷历法段数》是同一部书，因证据不够充分，兹不取。

"七洲"，是以希腊地理学家托勒密为代表的古代西方学者，对当时所了解的世界的区划。指东半球从赤道到北极间的地区，也即今非洲埃塞俄比亚以北地区和欧、亚大陆而言，阿拉伯人接受了这一学说。刘智在《天方性理》卷 2 中，具体地引述了阿拉伯人所谓七洲的名称：阿而壁（阿拉伯）、法而西（波斯）、偶日巴（欧罗巴）、赤尼（中国）、细尔洋（？）、欣都斯唐（印度）和锁当（苏丹）。

《默拿集理·必剌地》，名见《天方性理》所列参考书目第 28 种，应为阿拉伯文书名 Manazil al-Bilad "诸国站途"之清代汉语音译。其中"默拿集理"（Manazil），即《天方性理》所列参考书目之第 9 种"默拿集理"，意为"站、停留处"，刘智意译为《践趋品弟》；"必剌地"（al-Bilad），即《天方性理》所列参考书目第 27 种"查米尔·必剌地"（Jami' al-Bilad）中之"必剌地"，意为"地区、方域"。"默拿集理·必剌地"，刘智意译为《坤舆考略》。单凭"默拿集理·必剌地"的译音和《坤舆考略》的意译，尚不能确定其原本。

《哲罕·打尼识》，名见《天方性理》所列参考书目第 22 种，应为波斯文书名 Jahan Danish "世界之知识"之清代汉语音译。其中"哲罕"（Jahan），意为"世界"，明《回回馆杂字·地理门》有"者哈恩"（Jahan），旁译"世"，即此字；志费尼的《世界征服者史》之"世界"用的就是这个字。"打尼识"（Danish），此言"知识、学识"。刘智意译为《环宇述解》。这应是一部阿拉伯文著作的波斯文译本。

以上几种都是关于地理学的一般性著作。回回人因为宗教信仰的关系，对伊斯兰教起源地的地理特别注意。刘智《天方典礼》所列参考书目第 38 种《克尔白·拿默》，此名应为波斯文书名 ka' aba Nama "天方志"的清代汉语音译。其中"克尔白"（Ka' aba），意为"天方、四方形建筑物"，又特指天房；"拿默"（Nama），即《天方性理》及《天方典礼》两书所列参考书目第 36、35 种"设哲尔·拿默"（Shajar Nama "世谱源流"），及上述两书参考书目第 38、37 种"合哲尔·拿默"（Hajar Nama "宝产谱"）中之"拿默"，和前面提到的元代回回人的海图"剌纳麻"（rahnama）中的"纳麻"。此言"笔记、信、志"。刘智意译为《天房志》。单凭"克尔白·拿默"的音译和《天房志》的意译尚不足以确定其原书及作者，但无疑是一部有关麦加的地理志。

由于回回地理学的前身古希腊地理学极为发达，所以回回地理学比起汉地传统的舆地说有不少长处。其突出的特点就是建立在大地是球形基础之上的经度、纬度体系。《回回天文书》第一类第十五门《说三合宫分主星》提道："又，但是有人烟、生物之处，亦分作四分。从中道上纬度往北分起，至纬度六十六度处止。经度自东海边至西海边，一百八十度。经、纬度取中处：纬度三十三度，经度九十度。东西南北共分为四分。但是地方纬度三十三度以下、经度九十度以下者，此一分属东南；若纬度三十三度以下、经度九十度之上者，此一分属西南；若纬度三十三度以上，经度九十度以下者，此一分属东北；若纬度三十三度之上，经度九十度之上者，此一分属西北[①]"。这表明回回人对欧、亚、非旧大陆赤道以北的地理区划是很清楚的。

（四）回回工程技术学

汉文史料中有关回回工程学的记载虽然不多，但毕竟还可以找到一点。从《元史·天文志》的描述来看，扎马剌丁至元三年（1266）所进"西域仪象"是在汉地制造的。回回科学家不可能凭空制造仪器，一定有所依据。下列书籍似乎或多或少与扎马剌丁这些回回学者制造"西域仪象"活动有关：

《黑牙里造香漏并诸般机巧》，名见《秘书监志》卷7。"黑牙里"乃其原书阿拉伯文书名 Hiyal 的元代汉语音译，hiyal 为阿拉伯文 hailh 之复数，译云"技巧、谋略、策划"，指利用科学原理以制造机械，利用力学原理以搬运重物而言。"造香漏并诸般技巧"是此书名的元代汉语意译，元秘书监存此书 2 卷（部）。这部书中很可能包含有古希腊人的科学知识。

《麦者司的造司天仪式》，名见《秘书监志》卷7，元秘书监存此书 15 部（卷）。"麦者司的"，乃阿拉伯人对古希腊亚历山大城天文学家托勒密（ptolemy）的文集，Msrtocn 的阿拉伯文转写 Majisti 之元代汉语音

---

① 《回回天文书》，海答儿、阿答兀丁、马沙亦黑、马哈麻等译，洪武十六年（1383）刻本，《涵芬楼秘笈》第三集，上册，第22a 页。

译。"造司天仪式"是此书的元代意译书名。单凭书名我们就可以确定这是托勒密的一部著作的翻译文本。

《撒那的·阿剌忒造浑天仪香漏》，名见《秘书监志》卷 7，元秘书监存此书 8 部（卷）。"撒那的·阿剌忒"，乃阿拉伯文书名 San'at-i Alat 之波斯语读法的元代汉语音译，意为"仪器的工艺"。"造浑天仪香漏"是此书的元代汉语意译。其中"撒那的"，乃阿拉伯文 san'at "工艺"加上波斯语表示属格意义的"耶扎菲"结构-i 的对音，意为"……的工艺"。"阿剌忒"（alat），意为"工具、仪器"，与《秘书监志》卷 7 所列回回图书中之"阿剌的·杀密剌（Alal-i Shamil）测太阳暑影"中的"阿剌的"乃同一词汇的不同元代汉语音译。这部书同扎马剌丁等人所制造的"西域仪象"有很明显的关系。

（五）回回矿物学、珠宝学及化学

1. 矿物学、珠宝学

古代中国素有西域人识珠宝之说。蒙古西征以后，西域成了他们掠取财富的主要地区之一。一些回回商贾向蒙古朝廷进奉各种罕见的珠宝，借以讨取统治者的欢心并获取高额利润。《南村辍耕录》中就记载有各种"回回石头"及其价值的高低。鉴定珠宝的价值及其"回赐"数额的多少，需要回回人的珠宝学知识。在元代文献中我们只发现了以下一种矿物学、珠宝学书籍：《者瓦希剌别认宝贝》，名见《秘书监志》卷 7。"者瓦希剌"乃其原书阿拉伯文书名 Jawahir 的元代汉语音译，译云"珠宝、钻石"。清康熙年间学者刘智《天方性理》所列参考书目第 11 种为"哲瓦希尔"，他意译为"理言珠玑"。其中"哲瓦希尔"即此"者瓦希剌"。"别（辨）认宝贝"是此书名的元代汉语意译。元秘书监存此书 5 卷（部）。以 Jawahir 为标题的书有好几部。单凭"者瓦希剌"的译音和"辨认宝贝"的意译，尚不能确定其原本。

在刘智的书目中，我们也发现了以下两种：

《哲瓦希尔》，名见《天方性理》所列参考书目第 11 种，上面已经提到"哲瓦希尔"应为阿拉伯文书名 Jawahir"珠宝、钻石"之清代汉语音译。《秘书监志》卷 7 有"者瓦希剌别认宝贝"，其中"者瓦希剌"即为"哲瓦希尔"（Jawahir）这个词的元代汉语音译，故曰"别（辨）认宝贝"。刘智意译为《理言珠玑》。与上述"者瓦希剌"一样，以 Jawahir 为标题的书有好几部。单凭"哲瓦希尔"的译音和《理言珠玑》的意译，尚不能确定其原本。

《合哲尔·拿默》名见清刘智《天方性理》及《天方典礼》两书所列参考书目第 38、37 种，应为波斯文书名 Hajar Nama"宝石录"或"贵生记"的清代汉语音译。其中"合哲尔"（Hajar）意为"宝石、石头"，又为亦思马因（Isma'il）之母亲的名字；"拿默"（Nama），即《天方性理》及《天方典礼》两书所列参考书目第 36、35 种"设哲尔·拿默"（shajar Nama"世谱源流"），以及《天方典礼》参考书目第 38 种"克尔白·拿默"（ka'aba Nama"天房志"）中之"拿默"，此言"笔记、信、志"。刘智意译为《宝产谱》。单凭"合哲尔·拿默"的音译和《宝产谱》的意译尚难确定其原本与作者。莱斯利把此书看成一部讲述亦思马因诞生的书。但如果把"合哲尔"（hajar）解释成"石头"，则这部书应是一部有关宝石鉴定学的著作，与刘智《宝产谱》的意译亦能吻合。

2. 化学（炼丹术）

这种资料在汉籍中保存得不多，仅有书名一种，即《亦乞昔儿炼丹炉火》，名见《秘书监志》卷 7，元秘书监存此书 8 部（卷）。"亦乞昔儿"，乃阿拉伯文书名 Iksir 之元代汉语音译，意为"点金术"。这个名称加上定冠词 al 则为 al-Iksir 或 Aliksir，英语中的 elixir 即来自于此。"炼丹炉火"，是元代此书名称的意译。科学史界把炼丹术看作现代化学的前身。

穆斯林世俗文化的范围很广，上面列举书籍只是其中的一部分，而笔者所研究的更是"一部分"中的一部分，且常有力不从心之感。之所以进行这个课题的研究，是觉得上述各个领域的进展可能对有关学科，例如中国穆斯林语文教学史（含经堂教育）、中西文化交流史、中国–伊朗关系史、中国穆斯林文化史、古代中国外来宗教文化史、古代汉语中音译外来词汇（穆斯林时期）和回族史等产生影响。我想，回回世俗文化研究的每一个成果，都会促进这些学科的发展。

（原文载《中国回族研究》1991 年第 1 辑，第 93—124 页）

从周密别十八/五国城的信息来源探视江南蒙古、色目-汉族士人的文化交流

　　宋靖康元年（1126）金兵破汴京。掳宋徽宗、宋钦宗二帝北上，置于五国城，被囚禁至死。因而"靖康之耻"被深深刻入宋人的心中，而五国城也成为宋人最熟悉的金朝地名之一。

　　五国城地名源于五国部。《辽史》载："五国部：剖阿里国、盆奴里国、奥里米国、越里笃国、越里吉国，圣宗时来附，命居本土，以镇东北境，属黄龙府都部署司。"[①] 五国部中越里吉部居主导地位，其治所为盟城，被称为"五国头城"，或"五国城"。关于五国部与五国头城，学者们曾做专门研究，[②] 兹不重述。

　　近年来，学界对宋徽、钦二帝囚禁于五国城之事做了深入的研究，有系列成果发表，如张帆、刘文生、张泰湘等人合作的论文《宋朝徽、钦二帝北迁行踪研究——"靖康之难"系列研究之一》，[③] 张泰湘、刘文生之《徽、钦二帝在五国城的囚禁生活——"靖康之难"系列研究

---

　　① 《辽史》卷33，中华书局1974年版，第392页。

　　② 陈继礼《五国城故址刍议》，《学术论坛》1980年第6期；李英魁《辽金五国城丛谈——省级文物保护单位之一》，《北方文物》1982年第3期，第94—96页；于庆东《五国城通考》，《黑龙江民族丛刊》2005年第3期，第53—57页。

　　③ 《北方文物》2001年第1期，第71—74、80页。

之二》，①刘文生、张泰湘的《随徽、钦二帝往五国城的人员考——
"靖康之难"系列研究之三》，②温洪清、廖怀志合撰《宋人蔡鞗撰
〈北狩行录〉记述徽、钦二帝在五国城的囚禁生活》③等。

至明清，人们犹在寻找五国城。查《嘉庆重修一统志》记：

> 五国头城［在宁古塔城东北。《契丹国志》：女直东北与五国
> 为邻，五国之东接大海，出名鹰，自海东来者谓之海东青。辽人酷
> 爱，岁求之女直，至五国战斗而后得，不胜其扰。《大金国志》：
> 天会八年（1130）宋二帝自韩州如五国城。城在金国所都之东北
> 千里。《明一统志》：自此而东分为五国，故名。旧传宋徽宗葬于
> 此。高士奇《扈从录》：自宁古塔东行六百里曰章图哩噶善，松
> 花、黑龙二江合流于此，有大土城，或云五国城］。④

再查《盛京通志》卷102《古迹三·三姓》曰：

> 五国部在宁古塔城东北，亦曰五国头城。《辽史·营卫部族
> 志》五国部：博和哩（笔者按，剖阿里）国、博诺（笔者按，盆
> 奴里）国、鄂罗穆（笔者按，奥里米）国、伊埒图（笔者按，越
> 里笃）国、伊勒希（笔者按，越里吉）国。圣宗时来附，命居本
> 土，以镇北境，属黄龙府都部署司。
>
> 重熙六年，设节度使以领之。《契丹国志》：女直东北，与五
> 国为邻，五国之东接大海，出名鹰，自海东来者，谓之海东青。辽
> 人酷爱，岁岁求之女直，至五国战斗而后得，不胜其扰。
>
> 《大金国志》：宋二帝自韩州徙五国城，五国城者，在西楼东
> 北千里。《北盟汇编》：五国之东，接大海，出海东青。女直每发
> 甲马千余人，入五国界，接东海巢穴取之，与五国战斗而后得。

---

① 《学习与探索》2003年第2期，第127—128页。
② 《学习与探索》2002年第1期，第137—139页。
③ 《黑龙江史志》2007年第8期，第39—40、59页。
④ 《嘉庆重修一统志》卷68，《四部丛刊》本，第16页。

《金史·本纪》：景祖时，五国博诺（笔者按，蒲聂）部节度使叛辽，鹰路不通，景祖袭擒之。又，辽咸雍八年，五国穆延部舍音贝勒（笔者按，没撚部谢野勃堇）叛辽，鹰路不通，景祖袭之，舍音（笔者按，谢野）败走。《元一统志》：开元路，三京故国，五国旧城，东北一都会也。又云：混同江发源在长白山北，流经渤海建州西五十里，会诸水东北流上京，下达五国头城北，又东北注于海。《明一统志》：五国头城，在万里卫北一千里，自此而东，分为五国。旧传宋徽宗葬于此。高士奇《扈从录》：自宁古塔东行六百，曰章图哩噶善，松花、黑龙二江合流于此，有大土城。或云五国城。按五国城之说不一，或谓宁古塔东，松花、黑龙二江合流之处，有土城焉；或以为在朝鲜北境，近宁古塔，有故城在山上；或以为去燕京三千八百里，西至黄龙府二千一百里；或谓宁古塔相近抢头街，有旧城址五，疑即是也。据《金太宗本纪》云，天会六年，徙昏德公、重昏侯于韩州。八年，再徙瑚尔哈（笔者按，鹘里改）路，则实在宁古塔地。《宋史》称韩州、五国城，误合为一地，第诸书皆约略之辞，未有实据。今三姓地方，有五国城遗址。博和哩（笔者按，剖阿里），国语，解见《吉林山川》卷，原作"剖阿里"，国语。博诺（笔者按，盆奴里），雹也，原作"盆奴里"，亦作"蒲聂"，蒙古语。鄂罗穆（笔者按，奥里米），渡口也，原作"奥里米"。伊埒图（笔者按，越里笃），蒙古语，解见《名宦》卷三，原作"越里笃"。伊勒希（笔者按，越里吉），国语，解见《人物》卷二，原作"越里吉"。穆延（笔者按，没撚），八旗姓，原作"没撚"。舍音（笔者按，谢野），国语，解见《人物》卷三，原作"谢野"。"章图噶善"，蒙古语"章图"，有性情也；国语"噶善"，村庄也。原作"突里噶尚"，今俱译改。①

① 刘凤仁主编，廖怀志、石成柱编纂《依兰史志文献汇编》，依兰县政协文史委员会，2010年，第220页。

又《吉林外记》在《三姓·五国部》一节言：

在宁古塔城东北，亦曰五国头城。《辽史·营卫部族志》："五国部：博和哩（笔者按，剖阿里）国、博诺（笔者按，盆奴里）国、鄂罗木（笔者按，奥里米）国、伊埒图（笔者按，越里笃）国、伊勒［布］（希）（笔者按，越里吉）国。"《元一统志》云："混同江发源在长白山北，流经渤海建州西五十里，会诸水，东北流上京，下达五国头城北，又东北注于海……（文字同于上引《盛京通志》，略）

第诸书皆约略之辞，未有实据，今三姓地方有五国城遗址。读《宋史》，徽、钦二宗初移韩州，后移冷山，遍考不知何地。元年，将军富俊奉命，赴边外昌图厅八面城，查办地亩控案，得一土埋铜镜，周刻篆字三十一，背面楷书铸：韩州刺史四字。八面城为金之韩州已有确据矣。金太祖克宁江州；次来流即拉林河。《松漠纪闻》："中江州去冷山百七十里，地苦寒。"以拉林上下河口度之，冷山去阿勒楚喀不远，五国城似在阿勒楚喀界。金太宗天会六年，徙昏德公、重昏侯于韩州；八年，徙瑚尔哈（笔者按，鹘里改）路，五国城似在宁古塔界。高士奇《扈从录》云："大乌拉去船厂八十余里"。即辽之宁江州，五国城似又在吉林界。自萨英额高祖由京升吉林正黄旗佐领至今，五世为吉林人，留心查考，无此城基。常见阿勒楚喀、三姓各官访问，皆云阿勒楚喀并未闻有五国城遗址及冷山之名。阿勒楚喀时令寒暖，与吉林相同，惟三姓城东北一千余里，松花江南岸有五城遗址，地极寒冷，不种五谷，北岸有一大山，疑即《松漠纪闻》所言冷山也。又《元一统志》："混同江东北流上京，下达五国城头，东注于海。"（松花江发源于长白山，北至吉林折而东，北出法特哈边门至伯都讷，又东北至三姓，北受黑龙江东入于海。五国城近临松花江，非宁古塔界可知矣。高士奇《扈从录》：松花、黑龙二江合流之处为五国城，与《元一统志》所称之地无异。考论

古今，五国城在三姓无疑。《松漠纪闻》、士奇录里数、地名传闻互异，似不足为证。姑论此，以俟后之博览君子①）

上述诸史料的有关五国城的文字从时代性来看，元代者甚少。元人如何看待五国城？该城在元代还存在吗？如果存在的话，它叫什么？为什么这样叫？这是本研究的缘起。

一、元代诗文中的五国城

五国城因系金人囚禁宋徽、钦二帝之处，在汉地甚为有名。入元以后，文人诗文中提到此地的仍有不少，如袁桷有诗《皇姑鲁国大长公主图画奉教题徽宗扇面》② 云：

> 水殿风高菡萏③清，手题纨扇墨花轻。
>
> 君王犹道宫中热，竟上临潢五国城。④

袁桷写诗时自署为"泰定元年（1324）三月癸卯"。元成宗之后，

---

① 萨英额撰，史吉祥、张羽点校《吉林史志·吉林外记》，吉林文史出版社，1986年，第138—140页。

② 元人柳贯有诗《题宋徽宗扇面》：瑶池池上万芙蕖，孔雀听经水殿虚。扇影已随鸾影去，轻纨留得瘦金书。（《柳待制文集》卷6，附录，上海商务印书馆《四部丛刊》缩印元至正刊本）柳贯与袁桷所题诗中，均提到"水殿"，足见他们所见的是同一幅宋徽宗扇面。

③ "菡萏"，即荷花。

④ 《清容居士集》卷45，上海商务印书馆《四部丛刊》缩印元刊本。至元十三年（1276）元军入临安，在宋廷向元军交出国玺、奉表纳土之后，元军统帅伯颜"命董文炳入宋宫取宋主，居之别室，封府库归之有司"。（元明善《丞相淮安忠武王碑》，载《国朝文类》，上海商务印书馆《四部丛刊》缩印元至正杭州西湖书院刊本卷24）董文炳所保护者，为宋府库。宋宫廷用品，多为蒙军所得。上述诗中提到的鲁国大长公主收藏的宋徽宗纨扇，即绢丝所制团扇，应为其中之一。（鲁国大长公主所藏名画甚多，有关研究参见李彦朴《元朝鲁国大长公主祥哥剌吉收藏的隋唐书画考》，《赤峰学院学报》2018年第9期；杨德忠《元代皇室书画鉴藏活动中的政治意涵》，《南京艺术学院学报》2017年第6期；云峰《论元代鲁国大长公主祥哥剌吉及其与汉文化之关系》，《中央民族大学学报》2006年第1期）

先后即位的武宗海山、仁宗爱育黎拔力八达均为真金之子答剌麻八剌之子，而泰定帝也孙帖木儿为真金另一子晋王甘麻剌之子。南阿不剌为真金之女，故为这三位皇帝的姑母。因此袁桷所受命的"皇姑鲁国大长公主"当即此南阿不剌。此名在《特薛禅传》中写为"喃哥不剌公主"[1]，在近年韩国发现的《至正条格》残本中作"南加八剌公主"。[2]

袁桷在扇面提诗时，设想到被囚禁于遥远北方的宋徽宗，夏日中感到宫中炎热，走上临潢府的五国城头，临风纳凉的景象。临潢府即辽上京，遗址位于今内蒙古自治区东部赤峰市巴林左旗林东镇南郊，滨西拉

---

[1] 《元史》卷 118，中华书局点校本，第 2916 页。

[2] 《至正条格》卷 26，韩国中央研究院，2007 年，影印本第 56—58 页；校注本，第 59—61 页。元代拖雷家族公主有几位受封为"鲁国大长公主"，首封者为"也速不花（Yesü Buqa），睿宗女也，适皇国舅鲁忠武王按嗔那颜子斡陈驸马"。（《元史》卷 190，中华书局点校本，第 2757—2758 页）世祖第三女囊加真（Nanqiajin）公主，受封为"皇姑鲁国大长公主"。（刘敏中《敕赐应昌府罔极寺碑》，《中庵集》卷 3，北京图书馆珍本丛刊第 92 册，影清抄本；并见《元史》卷 190，中华书局点校本，第 2758 页）程钜夫：宏吉剌部纳陈子"帖木儿（Temür）尚帝季女囊加真（Nanqiajin）公主。未几，升府为路。至元十四年（1277），帖木儿北征，有大勋，赐号按答儿图那演。元贞元年（1295），封济宁王主为皇姑鲁国大长公主。"（《应昌府报恩寺碑》，《国朝文类》卷 22，《四部丛刊》本）（清）毕沅、阮元《山左金石志》记《济宁路总管府记》曰："案碑中所列公主、驸马之名，以《元史·公主表》校之，间有互异者。《表》云：鲁国大长公主也速不花，睿宗女也，适皇国舅鲁忠武王案嗔那颜子斡陈驸马。鲁国公主薛只干，太祖孙女，适斡陈弟纳陈驸马。鲁国长公主完泽，适斡陈男斡罗真驸马。鲁国大长公主囊家真，世祖女，适纳陈子帖木儿，再适帖木儿弟蛮子台。碑与《史表》互校，更得其详。碑云：州人敬述遗命，请于斡罗真驸马（即斡陈驸马——笔者）、囊家真公主。以《史》考之，则斡罗真之妻乃完泽，而囊家真之驸马乃帖木儿也。囊家真奏立巨野县，事在至元六年（1269），而此碑立于至元二十四年（1287），相距二十年。史称囊家真初适帖木儿，再适蛮子台，不知此碑后段所列之驸马，是帖木儿抑为蛮子台，不可考矣。"〔卷 21，嘉庆二年（1797）阮氏小琅嬛仙馆刻本〕此人封号中虽有"皇姑"二字，但从年龄上计算，不可能是上述袁桷提到的"皇姑鲁国大长公主"。在她之后，还有"南阿不剌（Nanqiabala），裕宗女，适蛮子台"，继封为鲁国大长公主。（《元史》卷 190，中华书局点校本，第 2758 页）裕宗即忽必烈子真金。

木仑河。河名乃蒙古语 Šira Müren 的音译，意为"黄河"，即汉文史料中的潢水，临潢府乃辽城。而五国城，即五国头城，其遗址位于黑龙江省东部松花江下游南岸，依兰县城北门外，西濒牡丹江。辽上京与五国城并非一处，相距很远，足见袁桷对五国城只有模糊的知识，并不清楚它所在的准确位置。

袁桷在为宋徽宗亲笔诗书写题跋时还提到，"道君书①此诗当在宝箓宫②所制，笔法飞动，有凌云步虚之意，真元杳冥诗中有'一点真元在杳冥'之句，验于五国城下，殆诗谶。于泰定元年（1324）三月癸卯，袁桷书"。③

袁桷以外，其他元代诗文中间或亦有提及五国城者。元中后期文人郑元祐《岳武穆王墓》诗，其中有句曰：

> 恨虽无血可化碧，世故有人能范金。
> 恭惟父子一抔土，尚想君臣千载心。
> 万松岭前行殿废，五国城头寒漏沉。
> 空令遗黎痛至骨，荒坟一上一哀吟。④

作者录友人龚开之诗《古墙行》时记：

> 某童时侍先人到杭，访诸故家，其数至则循王府⑤也。府在省西天井巷，其北则油车巷也。宋诸王子孙居之者如蜂房。其家粗完，则月润先生也。先生讳楫，与菊存先生兄弟行。先人言论孤峭，尊俎间每谓循王功名去韩、岳远甚，特与高宗意合，故享富贵

---

① 宋徽宗信奉道教，自称道君皇帝。

② 即上清宝箓宫，宋徽宗命建于汴京皇宫附近。

③ 《书徽宗御书诗》，《清容居士集》卷 46，上海商务印书馆缩印元刊本，《四部丛刊初编》集部，第 656 页。

④ 郑元祐《侨吴集》卷 2《岳武穆王墓》，《元代珍本文集丛刊》，台湾"中央图书馆"编印，第 2 页。

⑤ 循王即张俊。明人田汝成《西湖游览志》记："清河坊，与兴礼坊对，宋有张循王俊赐第在焉。俊封清河郡王，故称清河坊。"（上海古籍出版社，1998 年，第 154 页）

寿考耳。其昆季每闻先人抗论，往往引去，今几五十年。^①杭故家扫地尽矣，而循王府亦为江浙省官署。向年淮阴龚圣予与菊存交厚，^②见王府环墙犹坚，完知其版筑时取土于南山，其用意远矣。为赋《古墙行》，其词于王多所褒美。然岂春秋笔削之谓哉，为赋此，庶几黄太史涪溪读碑诗意夫。

其中有关五国城的诗句为：

当时能留岳忠武，返旗定可铭燕然。

嫖姚忘家子壻戮，宰嚭卖国身名全。

偷安湖山忘大辱，诏谕江南等臣仆。

萧墙缭周千柱宫，只欠甗泥蒸后筑。

带砺镌铭在甲第，筑墙不厌高于屋。

远雁秋横五国城，帛书无复泪交倾。

可怜忠臣痛刻骨，空令志士死结缨。

佞显忠诛谁得失，二百年余昭白日。^③

上引郑元祐诗与其幼年伴父游杭时所录张仲实诗都是感慨岳飞遇害，令远囚于五国城徽、钦二帝归国无望。元末文人张宪在《岳鄂王歌》中也提到了五国城：

君不见，南熏门，铁炉步，神矛丈八舞长蛇，双练银光如

---

① 这里提到的月润、菊存兄弟，当指宋将张俊后裔，元诗文集中数见。"张仲实，名横，号菊存。杭人，系出西秦循王五世孙，牟巘翁之壻，官江阴学正"。（厉鹗《东城杂记》卷上，清《粤雅堂丛书》本）其两兄弟分别名"横"与"栱"，至入元尚为其五世祖先辩护。

② 龚圣予即龚开，略传见明人程敏政《宋遗民录》卷10所录《苏州志》文（明嘉靖二年至四年程威等刻本）。

③ 郑元祐《侨吴集》卷2，第2—3页。笔者在《〈混一疆理历代国都之图〉中的五国城等地》〔南京大学韩国研究丛书《〈大明混一图〉与〈混一疆理图〉研究——中古时代后期东亚的寰宇图与世界地理知识》，凤凰出版社，2010年，第51—75页（具体见第66—67页）〕，曾以为此诗为郑元祐所作，今细读其记，知作者为张俊五世系张仲实。

雨注。

又不见，铁浮屠，拐子马，斫踅钢刀飞白霜，贯阵背鬼纷解瓦。

义旗所指人不惊，王师到处壶浆迎。两河忠义望风附，襄邓荆湖唾手宁。

朱仙镇上马如虎，百战经营心独苦。赐环竟坏回天功，卷施归来卧枢府。

虎头将军面如铁，义胆忠肝向谁说。只将和议两封书，往拭先皇目中血。

将军将军通军术，君命不受未为失。大夫出疆事从权，铁马长驱功可必。

功成解甲面赤墀，拜表谢罪死不迟。五国城头帝鬼啼，金人相酹平安酒。①

这首歌辞也是说岳飞北伐时因奉高宗诏，功败垂成，惋惜他的忠君思想，打碎了徽、钦二帝归国之梦。另一位元代文人杨维桢在《金人击球图》诗中也写道：

于乎，五国城，一丸土，不为羊哥封国户。②

细读上述提及五国城的元人诗文，其背景多为追念宋金旧事，但均未提到元时"五国城"的具体情况，甚至有的作者（如袁桷）连五国城在什么地方也不清楚。其实，1216 年成吉思汗第二次侵金时，便攻取辽东。此后，不但辽东不复为金所有，连金中都也落入蒙古人手中。因此可以说，南宋后期，特别是入元后，多数江南人似已多年没有得到五国城的消息了。

---

① 《玉笥集》卷 2《岳鄂王歌》，《粤雅堂丛书》初编第二集，咸丰元年（1851）伍崇曜刻，第 11—12 页。

② 《铁崖乐府补》卷 2《金人击球图》，《四库全书》本，第 7 页。

二、别十八——五国城的别名

（一）周密的记载

笔者注意到，宋末元初人周密在描述"狗站"时有一段重要的记载：

> 伯机云："高丽以北地名别十八，华言乃五国城也，其地极寒，海水皆冰，自八月即合，直至来年四五月方解，人物行其上，如履平地，站车往来，悉用四狗挽之，其去如飞，其狗悉谙人性，至站亦破狗分例，稍不如仪，必至啮死其人。"①

元末人陶宗仪抄录了周密的这段记载，并增添了一些内容，且调整了字句。其文如下，其中楷体字部分为陶宗仪所变动者：

> 高丽以北名别十八，华言连五城也。*罪人之流奴儿干者，必经此*。其地极寒，海亦冰，自八月即合，至明年四五月方解，人行其上，如履平地。*征东行省每岁委官至奴儿干给散囚粮，须用站车*，每车以四狗挽之。狗悉谙人性，站有狗分例。*若克灭之，必啮其主者，至死乃已*。②

上述史文中的高丽以北的地名"别十八"，乃为突厥语 Beš-balïq 的音译。beš，突厥语数词，意谓"五"；balïq，亦突厥语，此言

---

① 《癸辛杂识·续集》上"狗站"，吴企明点校，中华书局 1988 年版，第 133 页。

② 《南村辍耕录》卷八"狗站"条，中华书局，1959 年，第 97 页。站狗有例粮事亦见其他史料记载。如："辽海以犬曳小舆，载使者行冰上。"（《国朝文类》卷41，《杂著·驿传》第71页）"元贞元年（1295）六月九日，丞相完泽奏哈儿宾地界旧立狗站十二所。前者当站粮食出于百姓，然其地不事耕稼，数年以来站狗多死，至站无以交换，又赴前站，转致损乏，站户苦之。每户乞振钞十定。闻其俗用青珠宜相，兼与之。奉旨准奏。"（《国朝文类》卷41，《杂著·驿传》第72页）辽阳狗站的数目，《元史》所记有所不同："辽阳等处行中书省所辖总计一百二十处，马六千五百一十五匹，车二千六百二十一辆，牛五千二百五十九只。狗站十五处，元设站户三百，狗三千只，后除绝亡倒死外，实在站户二百八十九，狗二百一十八只。"（《元史》卷101，第2592页）

"城"。"别十八"意即"五座城"。这一点几乎为治元史者的公共认识，正与周密的注文"华言乃五国城也"相符。向周密提供消息的伯机，即元代著名文人与书法家鲜于枢（1246—1302），号困学民、直寄老人，伯机为其字。鲜于枢生于汴，其时金已灭，但他属四等人中的汉人，而周密为宋遗民，即南人。他们聚在一起时，交流过有关五国城的信息。[①] 在《癸辛杂识》中，周密径直将"别十八"汉译为"五国城"，[②] 足见鲜于枢与周密在交流这条信息时，都知道辽阳行省番言称为"别十八"的地方，就是一百多年前金囚禁宋徽、钦二帝之所。

别十八，元代又译写为别石八里、鳖思马、别石把等，在多数元代史料中乃北庭的突厥名称 Beš-balïq 的音译。北庭"五城"之名初见于《旧唐书》卷40《地理志》"北庭都护府"项下："金满，流沙州北，前汉乌孙部旧地，方五千里。后汉车师后王庭。胡故庭有五城，俗号五城之地。"[③] 其遗址位于今新疆吉木萨尔境内，即高昌回鹘狮子王的度夏地。但这里的"别十八"并非指北庭之别十八里，而是指辽东的五国城。[④] 特别值得指出的是，鲜于枢既然将五国城称为别十八，且告之于周密，足见五国城在元代仍然存在。

鲜于枢有关五国城的消息来历是一谜。当试图解开这个谜时，人们不禁会产生疑问：

---

① 宁希元在其《散曲家鲜于枢行年考》中注意到周密与鲜于枢的交往，他在"至元二十六年（1289）己丑"项下记："其与伯机交往，当更在此年前。观其所作《癸辛杂识》，其得之于伯机者，有《续集》之华夷图石、凿井法、狗站、姨夫眼眶、铁钽；以及《别集》之天市垣、燕子城铜印等多条，可见二人交往之密。"（《中华戏曲》2006年第2期，第215页）

② 《南村辍耕录》中的解释为"连五城"，见上。

③ 《旧唐书》卷40，中华书局，1975年，第1646页。

④ 李文田《元史地名考》：《辍耕录》云："高丽以北地名别十八，罪人之流奴儿干者必经之，其地有狗站云云。此正诸王合丹所迁之别石八里，在五国城地，今之宁古塔也。"〔光绪二十四年（1898）胡玉缙钞本〕按，李文田误，诸王合丹所迁之"别石八里"非此地，详后。

1. 五国城位于女真旧地，当地居民并非操突厥语民族；而元朝的统治民族为蒙古人，他们所操的也非突厥语。

2. 如果鲜于枢有关五国城的消息得之于金故老，则他不应以突厥语名此城。

3. 如果他的消息乃入元后所得，且如果他与熟悉辽东的女真人或蒙古人有联系，则五国城这个地名可能被鲜于枢以女真语汉字译音记作"顺扎·黑彻舍"（五城），[①] 或以蒙古语汉字译音记作"塔本·八剌合速惕"（五城）。但实际情况却并非如此。[②]

4. 鲜于枢一生并未去过辽阳行省，他的有关别十八/五国城的信息究竟从何而来？为什么他会以突厥语称呼这个辽阳行省东北地区的名称？

（二）廉希宪家族几位人物考——以廉希贡为中心

为解答此疑问，笔者专门搜检了有关与鲜于枢交游的士人中与辽阳地区有联系者，特别是其中操突厥语的色目人，以图发现一些蛛丝马迹。与鲜于枢交流密切的有突厥语背景的色目士人，值得注意的是畏兀儿人廉希贡。据《元史》记载，他是畏兀儿人布鲁海牙之子，[③] 其次兄廉希宪为廉氏家族中最著名者，曾任职辽阳，《元史》有传。

---

① 据日本阿波文库本《女真译语》"地理门"与"数目门"拟构。女真语"五"汉字音译为"顺扎"（参见贾敬颜、朱风合辑《蒙古译语、女真译语汇编》，天津古籍出版社，1990 年，第 306 页），金光平、金启孮先生复原为 ʃundza（见氏著《女真语言文字研究》，文物出版社，1980 年，第 213 页）；道尔吉、和希格先生复原为 šunja（见氏著《〈女真译语〉研究》，《内蒙古大学学报》1983 年增刊，第 167 页），两者实同，仅转写有别。而"城"，女真语汉字音译为"黑彻"（参见上引《蒙古译语、女真译语汇编》，第 264 页），道尔吉、和希格先生复原为 hečen ni，对应于满语 hečen（见上引氏著《〈女真译语〉研究》，第 85 页）。女真语复数附加成分为 -šĭ，-sə，-ə，-ta，且以添加 -šĭ，-sə 者更为常见（上引金光平、金启孮《女真语言文字研究》，第 196 页）。

② 辩见拙文《〈混一疆理历代国都之图〉中的五国城等地》，第 70 页。

③ 《元史》卷 125 所列诸子中排位第八，第 3072 页。

先看廉希贡与鲜于枢的关系。廉希贡官至两浙都转运使，鲜于枢自称"余在运幕，知公最详"，①"公"即指廉希贡。前人有关廉氏家族研究中，虽提及廉希贡，但在其仕履中未提及任"两浙都转运使"事。②查鲜于枢任职两浙都转运司的时间在至元二十四年（1287）至二十七年（1290）之间，职务为经历，乃七品小官。③他自称与廉希贡就职于同一官衙，虽地位悬殊，故称"知公最详"。但这一点有很多疑问，容后再辩。

鲜于枢说廉希贡"读书略通大义"，即只不过粗通汉文，"尤喜读《易》"。④廉希贡为居杭的书法家群体中的一员，而鲜于枢正是当时的书法名家。鲜于枢有一段有关廉希贡病重的记载，引起史家注意，其中称至元二十七年（1290）廉希贡病危，其一位兄长适在杭，他记载了其兄弟两人之间诀别的情景：

> 两浙都转运使廉希贡，中统初平章公之弟，累官至正议大夫⑤。余在运幕⑥，知公最详。公于阗人，读书略通大义，尤喜读《易》。为人沉静寡言，乐善有守。至元二十七年七月末旬下血。适其兄参政公以事来杭。八月八日疾革，沐浴易衣冠而逝。家人举哀久之，忽摇手止哭者，起坐谓其兄参政公曰："吾与兄生同胞，相离十余年。今幸遇会于此，谓必能承事颜色，接杯酒之欢，数月

---

① 鲜于枢《困学斋杂录》，《知不足斋丛书》本。

② 王梅堂《元代内迁畏吾儿世家——廉氏家族考述》，刊于《元史论丛》第七辑，江西教育出版社，1999年，第129页（以下版本信息略）。尚衍斌《元代高昌廉氏家族研究》，《中国边疆研究》第十辑，中央民族大学出版社2016年版，第32—33页（以下版本信息略）。

③ 宁希元《散曲家鲜于枢行年考》，《中华戏曲》2006年第2期，第213—217页。

④ 宁希元《散曲家鲜于枢行年考》，《中华戏曲》2006年第2期，第213—217页。鲜于枢所谓廉希贡"读书略通大义"，在他眼中廉希贡的汉文水平并未达到汉族文人的水平。

⑤ "正议大夫"为元文资正三品最高阶，参见《元史》卷92，第2320页。

⑥ "运幕"，指转运使机构。

而别。岂期一病至此，今将永诀。兄能无一杯相饯乎？"时久不饮酒，参政公手斟酪浆一杯饮之，且谓曰："吾父母去矣，大兄去矣，五弟、六弟又去矣。吾二人年各五十之上，死不为夭。勿以妻子之故乱汝身后。汝之妻子吾竭力以恤之。汝去之后，吾继汝去矣。"公首肯。又嘱其弟端夫理问，及其子可忠等，勉以忠孝，促令备马。既告辞，复卧而逝。身后家无一钱，行台赙楮币五十四，乃归中山。[1]

上文中提到的"中统初平章公"即廉希宪，世祖朝名臣，而这里的"公"，即廉希贡。鲜于枢因曾在"运幕"任事，故称"知公最详"，所以上述有关廉希贡兄弟诀别的这段描述有一些疑点，须一一辩清。

首先，他称廉希贡为"于阗人"，误，应为畏兀儿人。于阗在元代并不属畏兀儿。其次，史料中说廉希贡至元二十七年（1290）病重而逝。尚衍斌已指出，鲜于枢所记不确。在其他文献中，廉希贡此后仍然在世。[2] 这一点将在后面进一步讨论。第三，我们将注意力集中于廉希贡在杭病重时，看望他的"其兄参政公"。此人是谁？笔者在《〈混一疆理历代国都之图〉中的五国城等地》曾认为这位参政公是廉希宪，[3]有误，今订正。原因如下：

廉希宪在元灭宋后虽曾至江南，受命执掌江陵，但查《元朝名臣事

---

① 鲜于枢《困学斋杂录》，第 3 页。此段文字在陶宗仪所编《说郛》卷 25 下中全文抄录，但文字略有不同。王梅堂未言明原因，径将此条史料联系于布鲁海牙第四子廉希尹，见《元代内迁畏吾儿世家——廉氏家族考述》，第 128 页。（这位来看望廉希贡的兄长"参政公"在交谈中"大兄""五弟、六弟"，似王梅堂先生将这位"参政公"比为廉希宪，而"大兄"则为布鲁海牙长子廉希闵。按《元史·布鲁海牙传》，其子排第五、第六者分别为廉希颜与廉希愿。大概基于此，王梅堂将此段史料的事主系之于布鲁海牙第四子廉希尹）鲜于枢这段史文，查《困学斋杂录》手边可之《知不足斋丛书》本与《畿辅丛书》本，皆写明言任"两浙都转运使""累官至正议大夫"的是廉希贡无误。故王梅堂显然错误。

② 尚衍斌《元代高昌廉氏家族研究》，第 33 页。

③ 拙文《〈混一疆理历代国都之图〉中的五国城等地》，第 70 页。

略》中之《平章廉文正王》与《元史》本传，知其一生并未至杭州。此外，廉希宪逝于至元十七年（1280）十一月，至鲜于枢所描述的至元二十七年（1290）时，已去世十年。

笔者注意到，《元史·廉希宪传》提道："子惇，江西等处行中书省参知政事"，① 那么，他是否就是看望廉希贡的"参政公"呢？笔者先按以下几点思路讨论。

一是，廉惇是否担任过江西行省参知政事。元人刘岳申的《廉参政寿诗序》提道："江西地大物众，号称难治。自参政廉公下车以来，称贤相者必曰：廉公公何以得此声于江广哉！昔公先正太师恒阳文正王，以硕德元勋，为国名臣。其功业见知于圣主，而声光流于贤子孙。公以朝之勋旧家之名德，世济其美。"② 他所提到的廉参政，应当就是廉惇。其先公硕德元勋，国之名臣"太师恒阳文正王"，乃廉希宪。还应当注意的是，元人朱思本提到，"江西大参公迈先生，提举损斋先生③，宪幕德机先生④理学精微，作古文，行古道，追配古人者，学者之宗师也"。⑤ 朱思本所称官居"江西大参"的"公迈先生"，就是廉惇，公迈为廉惇的字号。足见廉惇的确担任过江西行省参知政事。

如果在杭看望廉希贡的"参政公"真是廉惇的话，则说明鲜于枢对廉希贡并非十分了解，因为廉惇乃廉希贡之侄，他们不是兄弟，而是叔侄。是否属实，待详辩于下。

二是廉惇何时担任江西行省参知政事？《秘书监志》在著录秘书监

① 《元史》卷126，第3096页。
② 刘岳申《申斋集》卷1，台湾"中央图书馆"藏嘉庆年间（1796—1820）杭州赵完伯从其家藏明初抄本传录本，《元代珍本文集汇刊》，台湾"中央图书馆"编印，1960年，第32页；《四库全书》本，第18页。
③ 即刘有庆，字元长。
④ 即范德机。
⑤ 朱思本《与欧阳南阳书》，《贞一稿》卷1，《宛委别藏》清抄本，第22—25页。

官员时，提到过一位廉惇："廉惇〔字公迈，高昌人，至治元年（1321）二月初二日以亚中大夫上〕。"① 这位廉惇字公迈，又是高昌人，足见他就是本文讨论的廉希宪之子廉惇。按《元史·百官志》，亚中大夫为从三品最低阶，原称"少中"大夫，延祐时改称亚中。② 秘书卿为正三品，③ 行省参知政事为从二品。④ 从此条记载判断，廉惇从秘书卿提升为江西行省参政当在至治元年（1321）之后。

吴澄在为前宋进士熊朋来所撰之《前进士豫章熊先生墓表》中提道：先生"寿年七十八，至治癸亥（1323）五月壬寅卒，十二月壬申合葬袁氏墓右。江西行省参政廉惇，自初丧至葬亲临哀送，如弟子礼"。⑤ 这时廉惇已官至行省参政，与上引《秘书监志》所记吻合。

三是廉惇以后的去向。虞集在为前文提到的亡宋进士熊朋来所撰之《熊与可墓志铭》中提道："至治三年（1323）五月先生卒矣，享年七十有八。……是年十二月望日，葬先生于豫章城南石马之阡。太古与其门人，今陕西行省左丞廉惇、前进士曾翰等使以书来京师求铭。"⑥ 可见廉惇至治三年（1323）以后从江西省参知政事又调至陕西，晋升为行省左丞。这一点从《元史》中可得证实：泰定二年（1325）"九月戊申朔，分天下为十八道，遣使宣抚"。遣"山东宣慰使秃思帖木儿、陕西行省左丞廉惇之四川省"。⑦ 苏天爵在为萧㪍所撰之《墓志铭》中提

---

① 王士点、商企翁编《秘书监志》卷 9，高荣盛点校，浙江古籍出版社，1992 年，第 161 页。

② 《元史》卷 91，第 2320 页。

③ 王士点、商企翁编《秘书监志》卷 9，高荣盛点校，第 160 页。

④ 《元史》卷 91，第 2305 页。

⑤ 吴澄《临川吴文正公集》卷 71，《四库全书》本。元人刘岳申也曾数次提及廉公迈官居江西行省参知政事，其在位时间亦在至治三年（1323），见《申斋集》卷 4 所收之《与江西参政廉公迈书》；卷 6 所收之《读书岩记》及《送廉公迈觐省之燕》（元代珍本文集汇刊）。前已提及，公迈即廉惇字。

⑥ 《道园学古录》卷 18，上海商务印书馆，《四部丛刊初编》（集部），第 235—236 页。

⑦ 《元史》卷 29，第 660 页。

道：至治三年（1323）间"故四川行省左丞廉公惇""时方在朝"，[①]故而汪辉祖说"是惇官不止江西参政也"。[②]

所以结论是，廉惇担任江西行省参政其事远在至元二十七年（1290）之后许多年，他虽然与廉希贡是叔侄，但却不可能是鲜于枢提到的"参政公"。查《元史》提到至元二十八年（1291）五月，"以参知政事廉希恕为湖广等处行省右丞，行海北海南道宣慰使都元帅"。[③] 可见此前，即至元二十七年（1290）廉希恕的职位是参知政事。[④] 廉希恕在《布鲁海牙传》所列诸子中位列第三，居前者为廉希闵与廉希宪，而廉希贡为布鲁海牙第八子，故而希恕与希贡为兄弟关系。这一结论正与鲜于枢所记"参政公"与廉希贡是兄弟相合。

因而结论是，至元二十七年（1290）因事至杭州与病中的廉希贡见面的"参政公"是其三兄廉希恕。鲜于枢称他为廉希贡之兄是正确的。在两人见面时，已经去世之"五弟、六弟"分别为廉希颜与廉希愿。从鲜于枢绘声绘色地描述廉希贡与其兄诀别的情景判断，他或是在廉希贡家中遇见过廉希恕，或是廉希恕离杭后他通过廉希贡或其家人之口了解到廉希恕的情况。

至于上引对话中，"参政公"廉希恕所嘱"其弟端夫理问"，郑元祐曾记："高昌廉公讳希真，字端甫，由按察金事累任廉使，以蓟国公致仕。"这里郑元祐所提到的"廉希真"，当为廉希贡之误。廉希宪兄弟，并无名希真者。其字"端甫"，即上引之"端夫"，又作"端父"。[⑤]

---

① 《元故集贤学士国子祭酒太子右谕德萧贞敏公墓志铭》，《滋溪文稿》卷 8，陈高华、孟繁清点校，中华书局 1997 年版，第 114—120 页。

② 《元史本证》卷 35，证遗十二，姚景安点校，中华书局，1984 年，第 389 页。

③ 《元史》卷 16，第 346 页。

④ 张建伟已注意到这一点，见氏撰《高昌廉氏与元代的多民族士人雅集》，《中央民族大学学报》2014 年第 4 期，第 114 页。

⑤ 尚衍斌《元代高昌廉氏家族研究》，第 32 页。

而"理问",宋遗民周密提到,至元二十七年（1290）"九月十日,偕伯几访端父理问,出商尊一,曰父己,商器也,昔沈老卖之。董瓒者绝妙,其质如漆,或黄或红,或绿或青,文藻尤精,十二定买之"。^①宁希元已指出,此"端父理问"即廉希贡,"时为江浙行省理问所理问"。^②周密记载他与鲜于枢访问的时间恰为至元二十七年（1290）,其准确日期"九月十日",上距鲜于枢《困学斋杂录》所记廉希恕访问廉希贡的"七月末旬"不过一个半月左右,可见鲜于枢所述廉希恕"既告辞"后,廉希贡"复卧而逝"全不可信。

至于周密所称他与鲜于枢访问廉希贡时,其行省理问所"理问"乃正四品,^③而前述鲜于枢记载廉希贡所任之"两浙都转运使"为正三品高官^④。廉希贡在一个多月的时间内从正三品职连降三级,贬为正四品的可能性极小。

所以结论只能是,在至元二十七年（1290）鲜于枢任职两浙都转运司时,廉希贡并未在该司任都转运使,而是就职于江浙行省理问所,时为正四品官。高克恭有诗《丁酉秋季偕廉理问端甫、王井西来游》。^⑤丁酉为大德元年（1297）,足见廉希贡至此时乃为江浙行省理问所官,尚未除授两浙都转运使。

廉希贡并未如鲜于枢所称在至元二十七年（1290）夏去世,而是其后不久便康复,所以才有前引周密所记之与鲜于枢之访。而廉希贡任两浙都转运使,则是大德元年（1297）以后的事,是时鲜于枢早已不在该司,两人并未同时在两浙都转运司就职过。

鲜于枢所称其兄希恕离去后,廉希贡不久逝去,"身后家无一钱"

---

① 周密《志雅堂杂钞》卷上,清《粤雅堂丛书》本。

② 宁希元《散曲家鲜于枢行年考》,《中华戏曲》2006年第2期,第216页。

③ 《元典章·吏部》卷1《典章七》,陈高华、张帆、刘晓、党宝海等点校本,中华书局、天津古籍出版社2011年版,第198页。

④ 《元典章·吏部》卷1《典章七》,第195页。

⑤ 孟宗宝《洞霄诗集》卷12,清嘉庆《宛委别藏》本。

亦全不可信。廉希贡家中收藏大量宋亡后流散的文物，除前面提到的廉希贡从"沈老"手中买得的商尊父己，被周密当着鲜于枢以至元钞12锭的价格买走之外，周密还提到他所见廉希贡藏各种文物：

> 敦二，大小相似，皆有款，恐亦三代物。又尊一，无款，恐只汉器，一径尺，无精神。汉鼎，无盖，细文。天禄、辟邪、研滴，皆近博伯几者。以蛮人骑狮子一、玉博棋一、瘗鹤铭二，又观音一轴，细甚，亦佳，恐是唐人画向。芗林（按，芗林为廉希贡字号）灵璧石、又灵璧立石、袁氏伯长汉印二。琴皆雪白，玉轸足，其一琼响庆历五年道士卫中正奉圣旨研，崇宁三年马希亮奉圣旨重修。其一秋籁，唐僧三慧大师物，并秘省坡仙所画竹石小壁一堵，龛而为屏，既而入大衍库，归谢起翁，今始归廉，闻已为江右丞索去。又铜铎二，或以为三代，恐只汉物。红桑大阮二面，锦背《阮谱七册》必御府物也。

又曰："琼响（廉端父）、唐僧三慧大师有琴（在廉端父家）。"[1]鲜于枢自己也记廉希贡所藏文物："廉端父理问汉镜，铭云：'田民作镜，世未有位三公兮。'""廉端父琼响（庆历年道士卫中正研，崇宁年马希先重修）。"[2]

而清代孔继汾所编《阙里文献考》又载，"元世祖至元三十一年（1294），五十三代孙江南行台照磨淑，以曲阜祖庙祭器未备，请于台，往句吴制造。中丞韪之同僚助成其事。江东廉访副使廉希贡赠以汉釜一"。[3]综上所述，可见至元二十七年（1290）廉希恕来访时，廉希贡绝非贫，而是利用在杭州就职之机，搜罗了许多宋亡后流散的文物。但这里廉希贡至元三十一年（1294）任职"江东廉访副使"的记载，与前述高克恭大德元年（1297）称廉希贡为"理问"的题记相矛盾，待考。

---

① 《志雅堂杂钞》卷上。
② 鲜于枢《困学斋杂录》。
③ 孔继汾编《阙里文献考》卷22，清乾隆刻本，第1页。

（三）廉氏家族的突厥语背景

据元明善《廉希宪神道碑》记，其父布鲁海牙自廉希宪"蚤岁""延明师教之以经，辄掇其要言，试诸行事。年十九宿卫世祖王邸。一日问王：'所怀何书？'。对曰：'孟子'。又问大指，对曰：'陈王道，明义利，不忍一牛，恩充四海。'上善之，尝呼王'廉孟子'"①。

郑元祐曾提道："高昌廉公讳希真，字端甫"，"尝出其兄平章公讳希宪像，白皙如满月，冠巾团领，袍手执《孟子》"。② 这里郑元祐所提到的"廉希真，字端甫"，"端甫"即廉希贡的字号。故而"廉希真"当为廉希贡之误。至于廉希恕之孙，元人胡助在描述廉希恕之孙阿年八哈时，亦曰其"从祖希宪，为至元名臣，有大勋劳于国，官至中书平章政事，封恒阳王，通孟子学，人呼为廉孟子"。③ 故诸家皆以畏兀儿廉氏为儒化之典型。④

学界已注意到廉氏家族男性成员名称中，有许多带有汉字写为"海牙"的语尾。如廉希宪曾祖父名牙儿八海牙，祖父名吉台海牙，父名布鲁海牙等。至廉希宪这一代，因其兄弟皆以廉为姓，多以汉名形式出现，如《元史·布鲁海牙传》记其诸子希闵、希宪、希恕、希尹、希颜、希愿、希鲁、希贡、希中、希括⑤等，以及《元史》未载的另一弟希哲。⑥

钱大昕早已注意到，廉氏家族成员兼有本名与汉名的现象，他

---

① 《国朝文类》卷 65，《四部丛刊》景元至正本；并见《元史》卷 126，第 3085 页。

② 《遂昌杂录》，《四库笔记小说丛书》，上海古籍出版社，1991 年，第 1040—1041 页。

③ 《纯白斋类稿》卷 18，传类，民国金华丛书本，第 17 页。

④ 陈垣《元西域人华化考》，上海古籍出版社 2000 年版，第 9—10 页。

⑤ 《元史》卷 125，第 3072 页。

⑥ 考见王梅堂《元代内迁畏吾儿族世家——廉氏家族考述》，第 129—130 页。

写道：

> 《宰相表》延祐七年、至治元年、二年平章政事无廉恂，而有廉
> 米只儿海牙。盖廉米只儿海牙即廉恂，犹梁暗都剌即梁德珪，段那
> 海即段贞，洪双叔即洪君祥，皆一人而二名也。《纪》《传》据志状
> 之文，多用汉名；《表》所据者，案牍之文，故多从国语。……廉氏
> 系出畏吾，虽读儒书，取嘉名，仍循国俗，以畏吾语小字行。见于
> 《史》者，惟希贤一名中都海牙。至如希宪一名忻都，恂一名米只儿
> 海牙，以予考博二十年始能知之。盖《元史》之难读视他史为
> 甚也。[1]

虞集《陈文肃公神道碑》有句："天子方忧陕西地重而势近，以平
章廉公忻都忠谅有为，命以分省往镇，辟公以行。"[2] 廉公即廉希宪，
可见其本名忻都，这一点尚衍斌已注意到。[3]

近年有学者发现上海与无锡图书馆均藏有始修于明正统年间，终补
于清光绪间之《廉氏宗谱》，遂加利用。[4] 该宗谱除列布鲁海牙诸子汉
名之外，还提供了他们的本名，引起笔者注意。如：除前引廉希宪曾祖
牙儿八海牙、祖父吉台海牙、父布鲁海牙名之外，现再录尚衍斌文所抄
《廉氏宗谱》中所列廉希宪兄弟辈汉-畏兀儿名如下：廉希闵，又名脱
别里海牙；廉希恕，又名伯颜里海牙；廉希尹，又名小云失海牙；廉希
颜，又名忙兀海牙；廉希愿，又名孛鲁迷失海牙（不鲁迷失海牙、布鲁
迷失海牙）；廉希贡，又名小居海牙；廉希中，又名阿鲁浑海牙；廉希

---

① 钱大昕《潜研堂金石文跋尾》卷 18《松江宝云寺记》（至大元年五月），
陈文和主编《嘉定钱大昕全集》第六册，江苏古籍出版社，1997 年（2016 年增订
本），第 443—444 页。钱大昕亦将此意见写入《廿二史考异·元史》卷 9《廉希宪
传》条，陈文和、张连生、曹明升校点，凤凰出版社，2008 年，第 1054 页。

② 虞集《道园学古录》卷 42，《四部丛刊》景明景泰翻元小字本。

③ 尚衍斌《元代高昌廉氏家族研究》，第 23 页。

④ 见前引尚衍斌《元代高昌廉氏家族研究》及杨绍固、李中耀《蒙元畏兀儿
廉氏家族新考》（《中国边疆史地研究》，2018 年第 3 期）。

括，又名秃满海牙；廉希哲，又名干栾鲁海牙；廉希贤，又名中都海牙，为益特思子，前已提及。[①]

海牙，当为突厥语 qaya 之音译，意为"秃山、峭岩"。廉希宪曾祖名牙儿八海牙，或可还原为 Yarmaq qaya。yarmaq，此言钱。[②] 其祖父名吉台海牙，或可还原为 Qïtay qaya。Qïtay 即契丹，当指西辽。其家族有以国、民族起名的传统，如其孙廉希宪名忻都（Hindu），即印度。廉恂本名米只儿海牙。米只儿，当为埃及名（Misr）等。廉希宪父名布鲁海牙，或可还原为 Bïruq qaya。Bïruq，译言"命令"，为字号。《元史》中有《哈剌亦哈赤北鲁传》，哈剌亦哈赤北鲁中之"北鲁"应即此"不鲁"，成吉思汗时乃蛮塔阳汗弟名不亦鲁黑，亦以此字为名，相当于唐之突厥官号梅录。布鲁海牙弟名益特思，在《宗谱》中又写作"依的"。益特思，不知可否还原为 idi-si，idi 在突厥语中意为"主人"，为蒙古语中 eǰen "额真（主人）"之词源，对应于《宗谱》中之"依的"，-si 为属格第三人称单数，意为"他的"。idi-si，意为"其主人"，但这种命名法是否成立，需再找其他旁证。

廉希宪兄弟辈：

廉希闵之本名脱别里海牙中之"脱别里"，或可还原为突厥语 töpölig，由 töpö "山""丘" +lig "有……的"构成，译言"有山的""多山处"。

廉希恕本名伯颜里海牙，或可还原为 Bayanlïq qaya。Bayan，蒙古语，谓"富饶"，-lïq，名词后缀，意为"有……的"；Bayanlïq，此言"有富"。

廉希尹本名小云失海牙，或可还原为 Yafïnč qaya。元代畏兀儿人名小云失/小云石者尚有贯云石，自号小云石海牙。Yafïnč，又译为也云

---

① 尚衍斌《元代高昌廉氏家族研究》，第30—35页。

② 可失哈里《突厥语大词典》，丹考夫、凯利英译本，哈佛大学出版社，1982—1985 年（Mahmūd al-Kašgharī, *Compendium of the Turkic Dialects*, ed. & tr. by Robert Dankoff and James Kelly, Harvard University Printing Office, 1982-1985, vol. 3, p. 216）。

赤,西域地名,见《元史·地理志·西北地附录》笃来帖木儿位下。也云赤显然是《世界征服者史》中西辽派监领官所至之 Yafinch,亦即《突厥语大词典》之 Yawinč,该书称之为"亦列河附近的一座城市"[1]。同时,作者在谈到双河城时又说,"它是一个边镇,称为'双河'(Eki ögüz),这是一个位于两条河之间的镇子:亦列和也云赤。"[2] 小云失海牙,当为以民族名命名。

廉希颜本名忙兀海牙,或可还原为 Manγu qaya。忙兀当源自蒙古氏族名忙兀,属木华黎五投下之一。此为以族名命名。

廉希愿本名孛鲁迷失海牙,又作不鲁迷失海牙、布鲁迷失海牙等。此名或可还原为 Bïruqmïš qaya。Bïruqmïš 为 Bïruq "命令"之动名词,多用于构成人名,如阿史那弥射、脱脱迷失、亦黑迷失等。

廉希贡本名小居海牙,或可还原为 Sekü qaya。sekü,此言登。

廉希中本名阿鲁浑海牙,显然可还原为 Arqun qaya。Arqun,指混血的,元代又音为阿鲁温,为回回人之一种。此为以民族名命名。

廉希括本名秃满海牙,当还原为 Tümen qaya。Tümen,意为万。

廉希哲本名干栾鲁海牙,其中之干栾鲁,或即"哈剌鲁"之另译,如能成立,当还原为 Qarluq qaya。此为以民族名命名。

廉希贤本名中都海牙。此名显然是汉名"中都"加海牙构成,为以地名命名。

其他廉氏后裔:

据《宗谱》,不鲁迷失海牙孙辈中分别有名陈家驴与福州驴者。[3] 两人名字前半部"陈家"与"福州"皆为地名,其后之"驴"当为突厥语-lï,置于地名后,表示某某地人。此种用法至今仍十分常见,如 Turpanlï "吐鲁番人"、kašgharï "喀什噶尔人"等。

---

① Mahmūd al-Kašgharī, *Compendium of the Turkic Dialects*,第 3 册,第 243 页。
② 同上书,第 1 册,第 103 页。
③ 杨绍固、李中耀《蒙元畏兀儿廉氏家族新考》,第 142 页。

廉希中孙辈中有名金陵奴者。[①] 此名后半部奴，亦当为突厥语-lï。金陵奴者，当为金陵人，与上面的命名法相同。

限于篇幅，这里不再一一考证，但所举资料已经可以见得，廉氏虽然在汉籍中以崇奉儒学形象出现，但其畏兀儿文化背景在该家族定居汉地后，仍然保持了相当长时间。从这个视角，我们再来回视将五国城以突厥语别十八称呼的现象。

（四）鲜于枢的五国城信息源头为廉希宪辩

从鲜于枢有关他对廉希贡的了解，及廉家兄弟之间的密切关系的描述，使笔者联想到廉希宪家族中的某位人物，或许为鲜于枢上述"别十八／五国城"的知识来源。

首先看廉希宪的情况。廉希宪至元初曾官至平章政事，因开罪世祖而居家赋闲。[②] 时元政府在辽河上游地区设有北京行省。[③] 阿合马执政之初，北京行省由木华黎之后头辇哥执掌。因木华黎曾受封为国王，故头辇哥拥有"嗣国王"的头衔。辽西地区为成吉思汗诸弟东道诸王以及与蒙古部贵族世代联姻的宏吉刺与亦乞列思部的驻牧地。木华黎出自成吉思汗家族的世仆札刺亦儿人，此地的诸王、驸马势力很强，不把代表朝廷的头辇哥国王放在眼里。如东道诸王塔察儿的使臣传达其令旨时，头辇哥不能坐着，必须"立听"。是故，当廉希宪身体稍好后，世祖决定派他出镇辽阳，取代头辇哥。临行时，廉希宪乘轿入宫陛辞。世祖表示，北京行省主要职责就是观察东道诸王、驸马私下交通，判断有无危及国家安全的形势。廉希宪在世祖未登基前，已是其潜邸重要谋

① 杨绍固、李中耀《蒙元畏兀儿廉氏家族新考》，第 141 页。
② 前引尚衍斌论文《元代高昌廉氏家族研究》专辟一节讨论忽必烈罢免廉希宪宰相职的原因，第 25—30 页。
③ 王恽《中堂事记》卷中，《秋涧集》卷 81，上海商务印书馆《四部丛刊》，缩印江南图书馆藏明弘治刊本，第 786 页。

臣，塔察儿很清楚廉希宪在朝中的地位，因此会体察朝廷更换行省大臣的用意。廉希宪至其地后，不但以国法压制诸王、驸马的势力，而且在亲王塔察儿的使臣传达其令旨时，廉希宪拒不起立，以凸显自己并非黄金家族的世臣世仆，而是朝廷大臣。待威信确立后，世祖命头辇哥国王归藩，由廉希宪专行省事。

《廉希宪神道碑》提道：当时一位“长公主”与“国婿”在入朝途中，“纵猎郊原，发民牛车，载其所获，征求须索，其费至钞万五千贯”，廉希宪以驸马纵猎原禽，非因国务而费民财为由，遣使上奏，引起“国婿”与“长公主”的恐慌。公主请求“钞数偿民”，事乃已。自后亲贵入朝皆不敢纵。[1]

这里提到的长公主应当就是本文前面提到世祖之女囊加真（Nanqiaǰin）公主，封鲁国大长公主，于至元八年（1271）下嫁宏吉剌氏驸马斡罗臣/斡陈。上述神道碑中提到的“国婿”即指此人。斡罗陈

---

① 元明善《廉希宪神道碑》：先以嗣国王条辇哥行省镇辽阳，东人有言。王疾稍愈，上命王往。肩舆入辞，朝廷大议，朕将与之论决。赐坐，上曰：“昔在先朝，卿先事知几，每慰朕以帝道。及鄂渚班师，娄述天命，朕心不忘。丞相，卿实当，为顾自退托尔。辽阳户不数万，政以诸王、国婿分地所在居者。行者联络旁午，明者见往知来，察微烛著。塔察尔诸王素知卿能，命卿往者，当识此意。”王至北京，问民所苦。皆曰：“有西域人，自称驸马，营于城外，逮系富家，诬其祖父尝贷子钱。讯之使偿，无所于诉。”旦日，持牒告王，即遣吏逮驸马者。其人怒马而来，直入省堂，径坐榻上。王令曳下跪，而诘之曰：“制无私狱，汝何人？敢尔系民！其械系之。”哀祷请命，国王亦为之言，稍宽待对。一夕拔营遁去。塔察尔使者传旨，国王立听，王坐自如，曰：“大臣无为诸王起也。”使者还语，其王曰：“朝廷大臣，彼无违礼也。”诏国王归国，王独行省事。朝廷发宝钞市马六千五百，王遣市东州，尽所发钞，得羡马千三百。王曰：“上之，则类自玄。其以马依元直予他郡，他郡马不入数，害及其民。终不忍分彼此也。”长公主及国婿入朝，纵猎郊原，发民牛车，载其所获，征求须索，其费至钞万五千贯。王燕公主，从者怨食不及。王曰：“我天子宰相，非汝庖者。”国婿怒，起立，随之曰：“驸马纵猎原禽，非国务也，费民财不赀，我已驰奏矣。”国婿愕然，入语公主。公主出饮王酒，曰：“从者烦民，我不知也。请出钞数偿民，幸公止使者。”自后贵人过者，皆不敢纵。（《国朝文类》卷65，第9—11页）

驸马与囊加真公主入朝时当沿北京（今赤峰）至大都的驿路而行，这条驿路在《析津辑佚·大都东西馆马步站》中有详细记载，[①]其走向大致同于内蒙古赤峰经河北承德至北京的公路。这说明廉希宪在行省北京时，曾专门关注过驿站事务。北京行省的前身是中统元年（1260）世祖登基时设立的十路宣抚司中的"北京路宣抚司"，治北京（今赤峰市宁城县），辖原辽上京临潢府与东京路。中统二年（1261）八月，设开元路宣抚司，次年并入北京路[②]。而开元路的驿站恰恰是狗站。以上论证说明，廉希宪不但主持北京行省，而且了解开元路的驿站，其中包括狗站，当然也包括别十八/五国城站。

除廉希宪之外，其家另一位值得注意的人物是其子廉孚，"佥辽阳等处行中书省事"，[③]应当也了解五国城与开元路狗站事宜。尚衍斌论文中有专节讨论他，[④]但尚未见关于他是否到过江南，特别是杭州及其与廉希贡交集的史料。

廉希宪与廉希贡关系密切，廉希贡不但藏有廉希宪的画像，而且在南下任官前，曾常与廉希宪议论政事，郑元祐曾提道：

> 公尝言，先兄礼贤下士如不及。方为中书平章时，江南刘整以尊官来见先兄，毅然不命之坐，刘去。宋诸生褴褛冠衣，袖诗请见。先兄亟延入，坐语，稽经绋史，饮食劳苦如平生。欢既罢，某等兄弟请于先兄曰："刘整贵官也，而兄简薄之。宋诸生，寒士也，而兄加礼殊厚。某等不能，无疑敢问。"公曰："此非汝辈所知。我，国家大臣，语默进退，系天下轻重。刘整官虽贵，背其国以叛者。若夫宋诸生，所谓朝不坐、燕不与，彼何罪而羁囚之？况今国家起朔漠，我于斯文不加厚，则儒术由此衰息矣。"公之卓识有若

① 熊梦祥著，北京图书馆善本组辑《析津志辑佚》，北京古籍出版社 1983 年版，第 122 页。

② 《元史》卷 4，第 67 页。

③ 《元史》卷 126，第 3096 页。

④ 尚衍斌《元代高昌廉氏家族研究》，第 35—36 页。

此哉。①

这里郑元祐所提到的"公"，即廉希贡。而刘整与亡宋诸生前来造访的廉家，当即当初布鲁海牙在大都所筑之"廉园"，其地点尚衍斌与王梅堂皆有讨论，意见不一。尚衍斌以为在大都城西今魏公村，王梅堂以为在城南。② 据《布鲁海牙传》记载，他筑廉园毕后，将父母吉台海牙夫妇从北庭接来，足见廉希贡幼时曾居于此。《廉希宪神道碑》记，至元七年（1270）罢相后，廉希宪"杜门养德，谈经讲道，课试诸子"，忽必烈"尝问希宪家居何为，左右以读书对。上曰：'读书固朕所教读之，不肯见用，何多读为？'阿合马谗曰：'日与妻孥燕乐尔。'上色变曰：'希宪清贫，何从燕设？'"他隐退所居之所应当也是廉园。而在会见刘整与亡宋诸生时，廉希贡也在场。

因此，笔者按与辽阳的关系与操突厥语两条线索查检的结果，鲜于枢有关别十八／五国城的信息来源线索都指向廉希贡，而通过廉园联系

---

① 《遂昌杂录》，第 1040—1381 页；并见《说郛》卷 47 下。此事亦见于《南村辍耕录》"待士"条，但文字略有不同：恒阳廉文正王希宪，字善父，畏吾氏。由父孝懿王布鲁凯官廉访使，氏焉。国初，拜中书平章政事。秉政日，中书右丞刘武敏公整，以初附，为都元帅，骑从甚都。诣门求见。王之兄弟凡十人，后皆至一品，内王弟昭文馆大学士、光禄大夫、蓟国公希贡，犹布衣，为通报。王方读书，略不答。蓟公出，整复浼入言之。因令彻去坐椅，自据中堂，令整入。整展拜起，侧立，不予一言。整求退，谓曰："此是我私宅，汝欲有所言，明日当诣政事堂。"及出，愧赧无人色。顷之，宋士之在羁旅者，寒饿狼狈，冠衣褴褛，袖诗求见。王之兄弟皆揶揄之。蓟公复为入言，急令铺设坐椅，且戒内人备酒馔出至大门外，肃入，对坐，出酒馔，执礼甚恭，且录其居止。诸儒但言困苦，乞归。王明日遂言于世皇，皆遂其请。是夜诸兄弟问曰："今日刘元帅者。主上之所倚任，反菲薄之；江南穷秀才，却礼遇如此其至，我等不能无疑。"王曰："我是国家大臣，言动颦笑，系天下重轻。整虽贵，卖国叛臣也，故折辱之，令其知君臣义重。若寒士数十，皆诵法孔子者也，在宋，朝不坐，燕不与，何故而拘执于此。况今国家起朔漠，斯文不绝如线，我更不尊礼，则儒术且将扫地矣。"王之作兴斯文若此，是大有功于名教者也。（卷 7，中华书局 1959 年版，第 87 页）

② 前引尚衍斌论文《元代高昌廉氏家族研究》，第 64—67 页；王梅堂论文《元代内迁畏吾儿世家——廉氏家族考述》，第 125—126 页。

到廉希贡之兄廉希宪及其侄廉孚，他们都曾负责过辽阳驿站，接触过与狗站有关的信息。廉氏是畏兀儿人，母语为畏兀儿语（乃东部突厥语最重要的语言之一）。故而廉希贡家族内的人际关系渠道，特别是廉希宪、廉希恕，或廉希宪在辽阳行省任职的儿子廉孚，可能是廉希贡别十八（Beš-balïq）/五国城消息的来源。

应当提及的是，廉希宪、廉希贡兄弟虽然是畏兀儿人，但他们均以汉化色目人的面目在政坛活动，廉希宪甚至被世祖称为"廉孟子"，廉希贡更循汉人、南人士人之道，收买与出售古董，学习书法，而很少有人注意到他们家族内部的本族文化的一面。但根据元人胡助的《廉侯遗爱传》[1] 的记载，其孙汉名廉浦，字景渊，而畏兀儿名阿年八哈。廉氏家族不少成员在入居汉地几代之后，仍然保留有畏兀儿本族名，足见廉氏虽然汉化很深，但仍然保持着自己的母语，即畏兀儿语。廉希宪或其子廉孚在监临北京（今赤峰）、辽阳，为官当地时，应当是通过女真-突厥语和突厥-汉语双语通事来施政的，而其家族内部则通行畏兀儿语，这样才可能解释鲜于枢将辽东狗站的"五国城站"以突厥语"别十八"/五国城称呼的现象。

廉氏虽然汉化很深，但其成员如廉希宪或廉孚在北京/辽阳为官时接触"五国城"，以及家族内部以突厥语"别十八"谈论辽东狗站的"五国城"时，我们推断，尚不可能了解"五国城"在宋人心中的地位。而将突厥名"别十八"与汉名"五国城"相勘同的，只能是了解"靖康之耻"的汉人和南人。换而言之，应当是汉人鲜于枢，或记录此

---

① 其文曰：婺之支县曰浦江，自入国朝以来凡所更长官二十余人，求其德政爱民与古之鲁卓并称无愧者，今惟见廉侯一人而已。侯名阿年八哈，一名浦，字景渊，北庭人也。从祖希宪，为至元名臣，有大勋劳于国，官至中书平章政事，封恒阳王，通《孟子》，学人呼为廉孟子。祖希恕，中书右丞，封齐国公。父忍都八哈度卿，世以清白相传。侯幼颖异，绝无贵介华靡之习，年二十余即入宿卫禁中，旋以世赏授官，来为浦江县达鲁花赤。（胡助《纯白斋类稿》卷18，传类，第17页）有关阿年八哈的记载还可以查到一些，兹不一一赘引。

事的宋遗民、南人周密将"别十八"与五国城联系了起来。

这一段有关"五国城"与"别十八"的比较似说明,"五国城"的知识存在于元代不同话语体系的人群之中。汉人、南人口口相传的五国城限于宋金旧事,而色目人虽然知道别十八∕五国城的存在,但却并不了解汉人因宋徽、钦二帝被俘掠,扣押于极东北之地所产生的故国之情,仅限于与狗站的联系。当时色目人与汉族文人之间,在宋金关系这一话题上,交流是有限的。

三、《困学斋杂录》有关廉希贡卒年的可靠性问题

前面提到,鲜于枢称廉希贡"至元二十七年(1290)七月末旬下血","八月八日疾革,沐浴易衣冠而逝。家人举哀久之,忽摇手止哭者",其兄"既告辞,复卧而逝"。① 从上下文看,廉希贡应逝于至元二十七年(1290),或此后不久。

廉希宪家族是进入汉地畏兀儿贵族中汉化较深的,他工于书法,在至元年间已经闻名于江南,明清时人将他列入名著书法家之列。明人丰坊称:"廉希贡字芗林,畏吾人,书师虞、柳。中楷、大楷。"② 清人吴升亦曰:"学士廉希贡公,字芗林,畏吾人,官至昭文馆大学士,卒封蓟国公,善书大字,小行楷亦工妙。"③ 因此,通过前人著录的廉希贡所书碑铭、匾额,以及其他文献中的有关记载,可查证鲜于枢所记是否属实。以下按所检资料中涉及廉希贡的时间先后排列,试论述之。

---

① 鲜于枢《困学斋杂录》,第3页。此段文字在陶宗仪所编《说郛》卷25下中全文抄录,但文字略有不同。

② 《书诀》,《四明丛书》本,第47页。

③ 《大观录·元贤诗翰·姓氏》卷10,民国九年武进李氏圣译楼铅印本,华东师大图书馆,第43页。

（一） 至元年间的廉希贡官职

浙江富阳县南太平乡淥渚有辅德庙，元人方回至元十六年（1279）撰有《辅德庙碑》，文见其文集《桐江续集》。[①] 据龚嘉儁修，李楁纂《杭州府志》记："元《新城辅德庙记》，《新城县志》，至元十六年方回撰，张伯淳书，廉希贡篆。"[②] 廉希贡写碑额应在至元十六年（1279）以后不久，这一时间恰在前述鲜于枢所记时限之内。

前面已提及，鲜于枢说廉希贡至元二十七年（1290）时，官居"两浙都转运使""正议大夫"。《元典章》中提到至元二十一年（1284），"据江州榷茶都转运使廉正议呈本司，至元二十年（1283），茶课年终办到二万八千定"。[③] 这里所记，与《元史·食货志》中"二十一年，廉运使言：'各处食茶课程，抑配于民，非便。'于是革之。而以其所革之数，于正课每引增一两五分，通为三两五钱"，[④] 当为同一件事。据《元典章》，这位"廉正议"的职位是"都转运使"，似乎与前述廉希贡的官衔相同。"正议大夫"为元文资正三品。但据清孔继汾编《阙里文献考》记载："元世祖至元三十一年（1294），五十三代孙江南行台照磨淑，以曲阜祖庙祭器未备，请于台，往句吴制造。中丞赹之同僚助成其事。江东廉访副使廉希贡赠以汉釜一。"[⑤] 足见此时廉希贡至元二十七年（1290）并未去世。"江东"，当为"江东建康道"，此廉访司置于至元十四年（1277）。廉访副使，正四品。[⑥] 如果前述《元典章》中提到的至元二十一年（1284）的"江州榷茶都转运使廉正

---

① 方回《桐江续集》卷36，《四库全书》本。
② 龚嘉儁修，李楁纂《杭州府志》卷97，民国十一年铅印本，第4页。
③ 《大元圣政国朝典章·户部》卷8，《典章二十二·茶课》"恢办茶课"条，中国广播电视出版社影印元刊本1998年版，第867页。
④ 《元史》卷94"茶法"，第2393页。
⑤ 孔继汾编《阙里文献考》卷22，清乾隆刻本，第1页。
⑥ 《元史》卷86，第2180页。

议"就是廉希贡,那么怎么十年后,也即至元三十一年(1294)时,他怎么会反而官居四品?因此结论是,上述《元典章》提到的"廉正议"并非廉希贡,而是另一人。

(二)成宗时期

元人陈旅所撰之《陈如心墓志铭》记杭州西湖书院建立时说:

> 至元二十七年(1290),以故宋太学为西湖书院,行省起公为山长主之,谢不就。宪使徐公琰来见,叹曰:"信者!师表之有,在也。"强之,而后就。元贞元年(1295),以嘉兴之崇德县为州,公首被命为州之儒学教授,后又为庐州路儒学教授,为衢州路江山县主簿,为宝庆路总管府知事,为松江府上海县丞,年六十八告老。以承务郎、平江路吴县尹致仕。公之来崇德也,学故县学,委随(父)[久]①弗治治,公兴学与新州称,士论题之。庐州庙学坏,则更作之,壮美最淮右。礼乐器不备,则为制金木、竹石、匏弦、土革之物,学田为强宗所有,则复之,得二十一顷有奇。宪使廉公希贡、苟公宗道皆礼重之。②

"宪使"即肃政廉访使,按元官制为正三品。③前已提及,至元三十一年(1294),廉希贡为"江东建康道"廉访副使,正四品,元贞年以后为廉访使(正三品),晋升时越过从三品,合乎元制。④可见廉希贡至元二十七年(1290)以后仍在杭州。明郁逢庆辑《书画题跋记》提道:

> 王右军《思想帖》真迹:"羲之顿首,不复见君,甚有思想,

---

① "父",《全元文》据明澹生堂本与《文渊四库全书》校改为"久"(第37册,第416页),今从之。

② 《安雅堂集》卷12,《元代珍本文集汇刊》,台湾"中央图书馆"编印,1960年,第524—525页。

③ 《元史》卷86,第2180页。

④ 关于廉希贡元贞年间的职务,见后。

得告慰之，故吾乏气兼以癣下，忧深不佳，克面。王羲之顿首。"
大德二年（1298）二月廿三日，霍肃①清臣、周密公谨、② 郭天锡
佑之、③ 张伯淳师道、④ 廉希贡端甫、马昫⑤德昌、乔篑成仲山、⑥
杨肯堂子构、李衎仲宾、⑦ 王芝子庆、⑧ 赵孟頫子昂、邓文原善之、
集鲜于伯机池上，佑之⑨出右军《思想帖》真迹，有龙跳天门、虎
卧凤阙之势，观者无不咨嗟叹赏，神物之难遇也。孟頫书。小楷，

① 霍肃，曾任山东东西道按察司事。见胡祗遹撰《邢洺路都总管府从事解君
墓碣铭》，《紫山大全集》卷18，《四库全书》本。

② 周密，字公谨。

③ 郭天锡（1227—1302），字佑之，号北山，曾为御史，侨寓杭州，做居于
甘泉坊，因藏有王羲之《快雪时晴帖》，遂自署所居曰"快雪斋"，是元初年重要
的鉴藏家。

④ 张伯淳（1242—1302），字师道，号养蒙。

⑤ 著有《德昌先生诗》。

⑥ 乔篑成，字达之，号仲山，蓟县人，元代收藏家。至元十八年（1281）曾
任秘书郎，历官两浙转运司副使、翰林直学士等。

⑦ "李衎，字仲宾，号息斋道人，蓟丘人，官至江浙行省平章政事，致仕，封蓟
国公，谥文简。"〔夏文彦《图绘宝鉴》卷5，元至正二十五年（1365）刻本，第1页〕

⑧ 王芝名见《秘书监志》：大德五年（1301）八月初六日，秘书监据知书画
支分裱褙人王芝呈，近蒙都省钦奉圣旨：裱褙书画，差官前到杭州取发芝并匠人陆
德祥等共五名，驰驿前来秘书监裱褙书画勾当。所据芝等夏衣已蒙关支，所有冬
衣，合行开坐具呈。乞赐依例放支。总计五名：知书画支分裱褙人一名：王芝。裱
褙匠三名：陆德祥、冯斌、尤诚。接手从人一名：陈德。（王士点、商企翁编《秘
书监志》卷3，高荣盛点校，第67页）又（元）汤垕《画鉴》记：王芝子庆家收
阎立本画《西域图》，为唐画第一。赵集贤子昂题其后云：画惟人物最难，器服举
止，又古人所特留意。此一一备尽其妙。至于发采生动，有欲语状，盖在虚无之
间，真神品也。（明万历程氏丛刻本，第3页）戴表元《送王子庆序》："钱塘王子
庆多闻而博览，以公卿之荐，乘轺诣郡，遂将汗竹群玉之堂，雌黄五云之阁，平生
知交，贺饯满道。"（《剡源集》卷13，上海商务印书馆《四部丛刊初编》缩印明
万历刊本，第11页）清人陆心源："王芝，字子庆，尝为蓝仁之子仲穆画《蓝原野
牧图》。"（氏撰《仪顾堂题跋》卷9，清刻潜园总集本，第7页，复旦图书馆藏）
王子庆一年前尚在大都，当在此前不久回到杭州。

⑨ 即郭天锡。

甚妙。[1]

据此，廉希贡不可能逝于至元二十七年（1290），因为直至大德二年（1298）他还与江南多位名士一起，在鲜于枢家中欣赏王羲之的《思想帖》。而值得注意的是张铉《至正金陵新志》在江南行御史台"治书侍御史"项下所记第二位为"廉希贡朝列，大德三年（1299）上"。[2] 这位廉希贡的品资"朝列"即朝列大夫，按元制为从四品最低衔。[3] 御史台与肃政廉访司均为台察机构，如果这位廉希贡与我们所讨论的鲜于枢之友廉希贡是同一人，如何解释他至元三十一年（1294）已是正四品，大德五年（1301）反而降为从四品，且为其最低衔，是否与下文所言从肃政廉访使位上退下之事有关，待考。

明人释大壑撰《南屏净慈寺志》记此寺"千佛阁，五楹，高十丈余，在香积厨之西北五十武。显德元年（954）建，嘉泰间（1201—1204）毁，淳祐十年（1250）理宗复建，上亲书'正遍知阁'四字额以赐。至元初毁，惟额存焉。延祐二年（1315）三月二十一日住持元熙重建，其旧额为浙东廉访使[4]廉希贡别书，款于傍，竟不知为宋代御书也"。[5] 而此寺之坊门"两棹楔，高五丈余。成化甲午（1474）住持智源重建。一在塔弄东二十武，皇庆间（1312—1313）廉希贡题曰：'南山'"。[6] 廉希贡书此寺旧额时，官职为浙东廉访使，正三品，其时应在仁宗朝之前。

---

① 郁逢庆辑《书画题跋记》续卷1，《四库全书》本，第22页。此书清《风雨楼丛书》本所收无续卷。

② 张弦《至正金陵新志》卷6下《官守志二·题名·行御史台》，嘉庆刻本，收于《宋元方志丛刊》，中华书局1990年版，第六册，第5596页。

③ 《元史》卷91，第2320页。

④ 至元"三十年（1293）增海北海南道，其后遂定为二十二道，每道廉访使二员，正三品"。（《元史》卷86，第2180—2181页）

⑤ 释大壑撰《南屏净慈寺志》卷2《建置》，明万历四十四年吴敬等刻，清康熙增修本，第32页。

⑥ 释大壑撰《南屏净慈寺志》卷2《建置》。

（三）仁宗朝及以后

廉希贡任廉使后，似曾闲居过一段。元人戴表元称"喜承廉宪使去官闲适，渐谋泛家杨子道从京口还居西湖之上，口占四诗赞庆"。[①] 他的《寿端甫廉侍御》[②] 亦应作于此时。

明人陈威、顾清所纂修之正德《松江府志》提道："义士夏椿墓在细林山，墓碑为山之一景"，此墓志由"承德郎佥江东建康道肃政廉访司事邓文原撰并书，集贤大学士、荣禄大夫廉希贡篆"。[③] 文献中未记录此碑立于何时。值得注意的是，在书写此碑时，廉希贡的官衔为"集贤大学士、荣禄大夫"。按元朝官制，荣禄大夫为从一品[④]。集贤大学士，按《元史》卷87《百官志》，集贤院，秩从二品，置大学士三员；至元二十四年（1287）以后升正二品，大德十一年（1307），升从一品。[⑤] 从职衔相符的角度判断，廉希贡书"义士夏椿墓碑"篆额时，应在集贤大学士升为从一品之后，即应为大德十一年（1307）以后。

而廉希贡延祐四年（1317）为浙江嘉兴所书《重修庙学记》则较书前述"南山"额稍迟几年。据清人阮元编、阮福补遗之《两浙金石志》所录《元嘉兴路重修庙学碑》，《重修庙学记》乃"嘉兴路儒学教授陈良弼撰，集贤大学士、荣禄大夫廉希贡书，荣禄大夫齐国公刘珪篆额"。[⑥] 此时廉希贡的头衔也是"集贤大学士、荣禄大夫"，足见《义士

---

① 戴表元《剡源逸稿》卷4《七律》，缪氏藕香簃抄本，缪荃孙校并跋，上海图书馆藏，第16页。

② 戴表元《剡源逸稿》卷4《七律》，第17页。

③ 陈威、顾清纂《（正德）松江府志》卷17，明正德七年刻本，上海图书馆藏，第7—8页。

④ 按《元史》卷91，荣禄大夫，文散官从一品。

⑤ 按《元史》卷87，第2192页。

⑥ 阮元编，阮福补遗《两浙金石志》卷15，道光四年李沄刻本，第31页。

夏椿墓志》当立于延祐年间。与此两碑之相联系的是立于延祐年间《湖州路西湖书院增置田记》，提到：

> 西湖古无书院。自至元丙戌（1286）徐廉使改旧壁庠为之。创建之初，恒产缺然。越二年，松江瞿运使尝一再助田，合肆百伍拾叁亩肆拾陆步，岁得米壹百叁拾石。院中经费浩瀚，延祐戊午（延祐五年，1318）续置杭之仁和田陆拾捌亩一角，收米伍拾肆石陆斗，犹未给用。次年，周廉使特为劝，率有高贵乐助者，并取补刊书板余力，及以赢粮转售，共得中统钞六百余锭。于是宪府知事赵将仕，与经历宋从仕建识增置，力言于廉使及阃司官，同主其说，佥曰是当为者。遂置湖州、乌程、平江、昆山二庄，共田拾壹顷贰拾玖亩三十五步有零，岁除优放，实收米柒百伍拾贰石壹斗一升五合；山地共贰拾壹亩贰角壹拾步，房廊壹拾贰间，岁得租钱中统钞贰锭叁拾捌两玖钱捌分。自此春秋祭奠，师生廪膳，兴盖补葺，一皆取给于此。近岁以来，诚为创见之举。今宪府长贰，皆昭代名公。他日增益完成，当不止是。尝谓：吾道之盛衰，系乎时；学政之兴废，存乎人。系乎时者，属盛世文明之运；存乎人者，属当路贤哲之官。机缘相值之巧缺，知吾道其大昌乎。将见鼓箧踵堂，挟策坌集，何啻四方。人千而止，使凡任风宪者，仿效而行，岂非天下儒风之大幸欤。山长陈袤，直学朱钧，及诸生欲写之，坚珉以传不朽，辞弗获，姑为述其概云。[1]

此碑乃由"将仕郎前建康路和县尹汤炳龙撰，将仕郎前江浙等处儒学副提举白珽书，集贤殿大学士、荣禄大夫廉希贡篆额"。[2] 足见廉希贡戴集贤殿大学士、荣禄大夫头衔在延祐年间。

---

① 倪涛《六艺之一录》卷111，《四库全书》本，第18页；并见阮元编、阮福补遗《两浙金石志》卷15，第37页。

② 李光暎《观妙斋藏金石文考略》卷16，《四库全书》本，第25页。

　　明人朱存理所录之《送瑛公住持隆教寺疏》在"至治元年（1321）十二月日疏松雪道人书"句之后，提到了"芎林居士廉希贡，山村逸民仇远、北村老人汤炳龙、巴西邓文原"等许多江南名士。[①] 而在清人卞永誉辑《式古堂书画汇考》中录廉希贡手迹："仆尝与彦敬游，爱其所作山水竹石，虽法米元晖、文与可，而又有出于胸次之妙者。今观此纸，怀其人，不能不兴感慨也。至治元年（1321）九月望日，蓟丘廉希贡书。"[②] 足见，廉希贡直至至治初尚在人世。

　　前面已经提到，鲜于枢曾表示，他"知公最详"，即最了解廉希贡。[③] 鲜于枢的友人周密提到廉希贡藏有"商尊内父己。其质如漆，红黄绿之色皆具，文藻绝奇，尤物也。昔康老售之董瓒者，叶森登公门屡见之。又有一尊，恐止是汉物。敦二，皆有款识，大小亦相似，亦秦、汉物。盂一，天禄衔杯砚滴一，元王廷用物，后归鲜于伯机"。[④] 由此观之，鲜于枢不仅曾是廉希贡的下级，而且共赏古玩，关系的确非常密切。但以上论述证明，他有关廉希贡去世的描述是不可靠的，廉希贡在至元二十七年（1290）之后还活了三十余年。鲜于枢逝后多年他还在活动。

　　① 朱存理《赵氏铁网珊瑚》卷9，《四库全书》本，第25页。
　　② 卞永誉辑《式古堂书画汇考》卷47，画十七。在清人吴升撰《大观录》"元贤名画"中作《高尚书墨竹卷小品》（纸本高一尺长三尺余，竹两竿，一作风偃，一作雨披，纵横豪放。房山自题二行，字如围棋子大，书法整劲，似颜平原。张伯雨题六言诗，在隔水上。松雪小行书墨君堂记二十八行，止录跋。余元明题者尚数家）"，卷18，民国九年武进李氏圣译楼铅印本，华东师大图书馆藏，第13页。
　　③ 鲜于枢《困学斋杂录》，第13页。此段文字在陶宗仪所编《说郛》卷25下中有抄录，但文字略有不同。
　　④ 周密《云烟过眼录》卷下"廉端甫希贡号芎林所藏"条，《全宋笔记》第8辑第1册，大象出版社，2017年，第47页。

四、浙东的汉-色目文人交游集团
——以廉希贡与鲜于枢为例

（一）廉希贡的交游网

廉希贡出自畏兀儿名臣布鲁海牙家族。他所仕宦的江南乃故南宋精华之地，人文荟萃。他虽然是色目人，但与许多汉人、南人名士交游甚密。元人王璋记"宪副廉芗林以宾客泛舟游三天洞，帅初有诗纪行，次韵"。[①]"宪副"指肃政廉访副使。前已提及，至元三十一年（1294），廉希贡为江东廉访副使。他们游玩的三天洞，在今安徽宣城。元人戴表元撰有《宛溪南游诗序》，曰："元贞丙申岁（元贞二年，1296）之仲秋晦，前一日禺中时陪宪使廉侯汎舟宛溪南游。"[②]"廉侯"即廉希贡，可见此次出游戴元表也同行。王璋称廉希贡为宪副，当为出游时的职务。而戴元表称他为"宪使"，即廉访使，当是此后廉希贡提升以后的职务。

王璋的和诗称廉希贡为"上国皇华使"，[③]在清澈的江面，他们乘坐画舟，品茶赏水，停船访寺。戴表元记此次出游云："宛溪去山甚远，宣虽山州，州人固未尝有得见山者，而登舟则皆见。是日风暄日柔，天宇疏敞。麻姑敬亭之美，一一在目。舟徐行，愈南可二三十里"，看见"高榆古柳间庐落井井，问之旌阳道院也。"[④]可见他们所游之江即宛溪，所访之寺为旌阳道院。所同游者，除了戴表元、王璋之外，还有王圭，他

---

① 汪泽民、张师愚辑《宛陵群英集》卷5《今体》，《四库全书》本，第8页。其和诗曰：上国皇华使，清江画鹢舟。山光屏上见，树影镜中浮。瀹茗先夸水，行杯任点筹。红尘满城市，小憩莫回头。古洞堂皇敞，危巅户牖开。阴灵藏雨電，清绝离尘埃。破静幽禽响，临深骇鹿回。百年山下路，未省使车来。不作招提境，应宜隐者巢。金沙明洞壁，珍果落松梢。寺户泉供酿，禅僧石打包。出山还不远，艇子插林坳。
② 收于陶宗仪《游志续编》卷下，清嘉庆《宛委别藏》本，第36页。
③ 汪泽民、张师愚辑《宛陵群英集》卷5《今体》，第8页。
④ 《宛溪南游诗序》，收于陶宗仪《游志续编》卷下，第36—37页。

写有《和戴帅初陪廉宪副游三天洞韵》；① 陈良弼，他写有《游三天洞》；② 董天吉也写有《偕廉端甫副使游三天洞，戴帅初作诗，次韵》③ 记此行；以及贡奎，他留有《和戴剡源同史宪使游三天洞七首》。④

元人苏昌龄为郑元祐所撰《遂昌先生郑君墓志铭》说：郑元祐年轻时"不出户庭者十年，于书无所不读。作为文章滂沛豪宕，有古作者风。时咸淳诸遗老犹在，君遍游其门，质疑稽隐，其见闻充然有得，侃侃以奇气自负。诸老皆折节下之。""时芎林平章廉公，以朝廷宿望，退居钱塘，与君为忘年友。"⑤ 这位"芎林平章廉公"，应当就是廉希贡。前已提及，至元末、元贞间，廉希贡曾任江东道廉访副使、廉访使，称平章当在此后。

郑元祐也提到他认识的一位"义兴⑥岳君仲远，家唐门。其上世本田家，至仲远所生父与其叔，皆选京学上舍，家赀产非过厚，而能折节下士。宾客至，如归焉。故南北士大夫，无不至其家者。""南士若牟诚甫、⑦ 蒋泰轩、⑧ 蒋竹轩⑨、姚子敬、⑩ 罗壶秋⑪。其显者若赵文敏

---

① 汪泽民、张师愚辑《宛陵群英集》卷5《今体》，第7页。帅初为戴表元字。
② 汪泽民、张师愚辑《宛陵群英集》卷5《今体》，第12页。
③ 汪泽民、张师愚辑《宛陵群英集》卷5《今体》，第13页。
④ 贡奎撰《云林集》卷4，明弘治三年（1490）范吉刻本，北京图书馆古籍珍本丛刊第96册，第7—8页。
⑤ 钱谷《吴都文粹续集补遗》卷下《杂文》，《四库全书》本，第43页。
⑥ 即宜兴。
⑦ 此人待考。
⑧ 此人待考。
⑨ 此人待考。
⑩ 戴表元《敷山记》，"庚寅（1290）之冬，遇吴兴姚子敬于杭，子敬倾然为予道敷山之事"，《剡源集》卷5，第2页。姚子敬为宋遗民，江南名士，与许多文人有来往，兹不多述。
⑪ 罗壶秋为宋遗民。刘将孙写有诗《罗壶秋访来志别》，见《养吾斋集》卷6，《四库全书》本，第10页。

公，[①] 至与之婚姻，当世贵官如高房山、[②] 廉端甫国公、李息斋学士，[③] 其从兄李信庵处士，[④] 鲜于伯机经历，仲远皆倾心与之交"。[⑤] 与岳仲远相交的廉端甫国公，就是廉希贡。

（二）异域文化氛围中的江南士人鲜于枢

鲜于枢（1246—1302），字伯机，号困学民、直寄老人，大都（今北京）人，一说渔阳（今蓟县）人，先后寓居扬州、杭州，曾任浙东都省史掾。大德六年（1302）任太常典簿。早岁学书，未能如古人，偶于野中见二人挽车淖泥中，顿有所悟。他与赵孟頫齐名，同被誉为元代书坛"巨擘"，并称"二妙"，但其影响略逊于赵孟頫。鲜于枢兼长楷书、行书、草书，尤以草书为最。其书多用中锋回腕，笔墨淋漓酣畅，气势雄伟跌宕，酒酣作字奇态横生。他的功力很扎实，悬腕作字，笔力遒健，同时代的袁裒说："困学老人善回腕，故其书圆劲，或者议其多用唐法，然与伯机相识凡十五六年间，见其书日异，胜人间俗书也。"[⑥]（《书林藻鉴》）

赵孟頫对他的书法十分推崇，曾说："仆与伯机同学草书，伯机过余远甚，极力追之而不能及，伯机已矣，世乃称仆能书，所谓无佛出称尊尔。"[⑦] 而书法家陈绎曾也说："今代惟鲜于郎中善悬腕书，余问之，瞑目伸臂曰：胆！胆！胆！"[⑧] 鲜于枢代表作有《老子道德经卷上》《苏轼海棠诗卷》《韩愈进学解卷》《论草书帖》等。

---

① 即赵孟頫。
② 高房山为元代著名画士。
③ 元代画士。
④ 此人待考。
⑤ 《遂昌杂录》，《四库笔记小说丛书》，上海古籍出版社，1991年，第1040—1386页。
⑥ 倪涛撰《六艺之一录》卷533《鲜于困学帖》，《文渊阁四库全书》本。
⑦ 卞永誉辑《式古堂书画汇考》卷16《赵荣禄伯机贴》，《文渊阁四库全书》本。
⑧ 孙岳颁等辑《佩文斋书画谱》卷4，《文渊阁四库全书》本。

鲜于枢虽为汉人，但他与色目人有密切的交往。除了上面提到的他与廉希宪之弟廉希贡的往来之外，据明初文人叶盛记载，他与畏兀儿高昌王家族还有着亲戚关系，畏兀儿王族伯颜不花的斤（Bayan Buqa Tegin）[①] 之子为鲜于枢之甥，鲜于枢为其舅。换言之，伯颜不花的斤之父帖木儿补化（Temrü Buqa）之妻似为鲜于枢之姊妹。[②]

———————————

[①] 叶盛称伯颜不花为至治、天历年间的高昌王亦都护帖木儿补化（Temür Buqa）之子。帖木儿补化为亦都护高昌王纽林的斤之子，火赤哈儿亦都护（Qočqar Idiqqut）之孙。但《元史》卷195称伯颜不花的斤之父为荆南王朵儿只的斤（Dorji Tegin），其祖父为高昌王雪雪的斤。两书所记世系虽有区别，但伯颜不花的斤是畏兀儿贵族，出自高昌王家族则无疑问。有关伯颜不花的斤的世系问题，北京大学党宝海先生有文《13、14世纪畏兀儿亦都护世系考》（《西北民族研究》，1998年第1期，第27—35页）论及，此文系当年的博士后张岱玉（现内蒙古大学副教授）提示查证，谨志谢意。至正十二年（1352），伯颜不花为浙东副都元帅。（见戴良《故翰林待制致仕汪君墓志铭》，《九灵山房集》卷23，上海商务印书馆借印瞿里瞿氏铁琴铜剑楼藏明正统间戴统刊本，《四部丛刊》，第16页）此后他移镇福建。贡师泰所撰《建安忠义之碑》记："至正改元之十八年（1358），皇帝重念闽海道远，用兵〔日〕（日）久，民弗堪命，诏浙江等处行中书省平章政事普化特穆尔，以便宜移镇之。公既莅事，务修厥职。明年淮寇陈友谅遣其伪将邓克明等，由建昌分三道犯闽。又明年春三月，陷延平。夏五月乙亥，围建宁，时经略使伯颜不花在城中。"（《玩斋集》卷9，明嘉靖刻本，第8页）吴景奎诗《建德同知苍岩公以平寇升总管》："公子王孙领倅车，桐江秋月浸冰壶。奋身破贼自草檄，拜命专城分竹符。仁政涵濡真召杜，奇名仿佛是孙吴。功成早晚登枢要，添入麒麟阁上图。"（《药房樵唱》卷3，《续金华丛书》本，第4页）所记当即此事。

[②] 叶盛《水东日记》："《高昌王世勋碑》。《高昌王世勋碑》，雍虞公（即虞集——笔者注）叙之详矣。此碑尚存副，在帖木儿补化（Temür Buqa）之五世孙宣府前卫指挥使宁家。盖帖木儿补化二子，长不答试里嗣亦都护高昌王，尚阿哈也先忽都公主。卒，传子和赏；次子伯颜不花的斤，字苍岩，为太常典簿鲜于枢之甥，官至江东廉访副使、浙东宣慰使，介立不群，草书逼其舅氏。和赏嗣亦都护高昌王，镇甘肃。国朝洪武三年（1370）宋国公西征，以全部士马金印归附，除和阳卫指挥同知。洪武七年（1374）卒，赐葬聚宝门外。子伟，字怀英袭职，后调宣府前卫，卒，子永传。宁云，伟之姑妙光，适莽速，前庐州宣让王世子之子，廿五媚居。伟，遗腹子，三岁母死，赖姑以生，宁亦遗腹子云。"（魏中平点校本，中华书局1980年版，第265页）

帖木儿补化→不答试里→和赏的世系可从宋濂的《故怀远将军高昌卫同知指挥

伯颜不花的斤《元史》有传。元末他驻守江浙行省信州（今江西上饶），与陈友谅军拒战。据《元史》记载，在面临危局时，他曾泪下曰：

> "所念者，太夫人耳。"即日入拜其母鲜于氏曰："儿今不得事母矣。"母曰："尔为忠臣，吾即死，复何憾！"鲜于氏，太常典簿枢之女也。伯颜不花的斤因命子也先不花，奉其母间道入福建。①

可见伯颜不花是鲜于枢的外孙，其母为鲜于枢之女，叶盛的记载并不准确。但值得注意的是，叶盛说伯颜不花"草书逼真"舅氏，而廉希贡也以书法见长，以此推测，鲜于枢与廉希贡之间有着书法交谊。由此联想，他嫁女与高昌王家族联姻或许与廉希贡有关。

鲜于枢家颇似一个闲谈俱乐部，与他往来密切的宋遗民周密记道：

> 贡狮子。近有贡狮子者，首类虎，身如狗，青黑色。官中以为不类所画者，疑非真。其入贡之使遂牵至虎牢之侧，虎见之皆俯首帖耳，不敢动。狮子遂溺于虎之首，虎亦莫敢动也，以此知为真狮子焉。唐阎立本画文殊所骑者，及世俗所装戏者为何物？岂所贡者乃狮子之常，而佛所骑者为狮子之异品邪？又云狮子极多力，十余人挽之始能动。伯机坐中闻杜郎中云。②

由此可见，鲜于枢家中的座客不仅谈论辽阳的奴儿干、狗站、五国城时饶有兴趣，而且对许多远方的奇闻异事都很好奇。而鲜于枢本人也喜爱探求异域事，当他看见唐时的《西域图》后，便发现图中有不少

（接上页）使司事和赏公坟记》中得到证实"公讳和赏，畏兀氏，世居高昌。曾祖纽怜，事元世祖有功，封高昌王。祖帖木儿补化，中书左丞相。父不答失里，中书平章政事，皆袭王爵。母也先忽都封王夫人。"（《宋学士文集》卷28，涵芬楼影印李氏藏明正德本，《四部丛刊》，第300页）

① 《元史》卷195，第4411页。

② 周密《癸辛杂识》续集，卷下，吴企明点校，中华书局1997年版，第176页。

内容稀见于记载，于是将其中有关西南夷的部分录下以志其事。[①] 元朝辽阔的国土与众多的民族的信息，为他们提供了高谈阔论的数据与话题。

鲜于枢以突厥语"别十八"称呼五国城的现象，通过元代多元文化的视角可以得到解释。

（原文载刘迎胜、姚大力主编《清华元史》第六辑，商务印书馆，2002 年）

---

① 鲜于枢《困学斋杂录》记："杭士王子庆收西域图，阎中令画，褚河南书。丹青翰墨，信为精绝。意当时所画甚多，今止存四国。前史皆逸而不书，今录于此。附国者，蜀郡西北二千余里，即汉之西南夷也。有嘉良夷，即其东部所居种姓，自相率领，土俗与附国同，言语少殊，不相统一，其人并无姓氏。附国王字宜僧，其国南北八百里，东西千五百里，无城栅，近川谷，傍山险。俗好复仇，故垒石为巢而居，以避其患。其巢高至十丈，每级丈余，以木隔之。基方三四步，巢上方二三步，状似浮屠。于下级开小门，从内上。通夜必闭关，以防盗贼。国有二万余家，号令自王出，嘉良夷政令系之酋帅。重罪死，轻罚牛。人皆轻捷，便击剑，用矛，漆皮为甲，弓长六尺，以竹为弦。妻其群母及嫂，儿弟死父兄亦纳其妻。好歌舞、鼓簧，吹长笛。有死者，无服制，置尸高床之上，沐浴，衣服，被以牟甲，覆以兽皮，子孙不哭，带甲舞剑而呼云：'我父为鬼所取，我欲报冤杀鬼。'其余亲戚哭三声而止，妇人哭必以两手掩面。死家杀牛，亲属以猪酒相遗，共饮啖而瘗之。死后十年而大葬。"第 3 页。

蒙元时代中亚社会经济研究

一、研究史及引言

（一）研究史

与蒙古时代中亚研究的其他课题，例如中亚游牧部落的分布、蒙古征服史等相比，社会经济的研究显然较为薄弱。西方蒙古史、中亚史代表学者的研究重点长期放在语言、宗教文化、部族和政治史上。清末民初，我国治西北史地学者，尚未认识社会研究之重要性。20 世纪 30 年代以后，我国蒙元史学界向西方学习甚多，但也因袭了西方研究选题的传统，绝少言及元代西北经济社会状况。现代蒙元时代中亚社会经济研究是从吐鲁番畏兀儿文文献的整理与解读开始的。19 世纪末，沙俄圣彼得堡科学院派克列缅茨（Клеменц）等人到我国新疆，掠走大批文物，其中包括许多畏兀儿文文书。普鲁士王国科学院闻讯，也接踵派出格林威戴尔（Grünwedel）等人组成"考察队"，在吐鲁番通过破坏性挖掘和非法收购，将包括多件畏兀儿文文书的文物掠至柏林。此外，沙俄驻乌鲁木齐领事克鲁托夫（Кротов）亦从新疆带走部分文书。这些文献引起了国外突厥语言学者和中亚史学者的极大兴趣，其中不少可明确判定是元代遗物，是研究蒙元时代畏兀儿地区社会经济状况的第一手资料，可补文献记载之不足。俄国突厥语言学者拉德洛夫生前曾致力于收集畏兀儿语文献。他去世后，马洛夫（С. Малов）于 1928 年出版了经过增补的《畏兀儿语文献集》，① 全书收罗了流传在欧洲的火州畏兀儿文文献 128 件，是极为重要的史料集。

苏联建国后，其学者不断有人对畏兀儿文文书进行研究。对于苏联学者的研究工作，马洛夫的学生吉洪诺夫（Д. И. Тихонов）在其著作《十至十四世纪畏兀儿国家的经济和社会制度》②之导言部分作了评述。西北大学历史研究室编印的《西北历史资料》1980 年第 2 期，刊有姬增禄所译该导言的汉译，可资参考。惜译者对西北史地的知识不够熟悉，译文中有些专门名词汉译不够规范。伯恩斯坦早在 1940 年就在其论文《畏兀儿法律文献》③中提出，应该把畏兀儿语文献作为史料看待。此后，在基比罗夫和吉洪诺夫的努力下，利用畏兀儿文文书作为史料，研究十至十四世纪畏兀儿社会及经济状况的研究工作逐渐开展起来。基比罗夫关于这一论题发表的论文有《十三到十四世纪畏兀儿地区的社会经济制度》（依据畏兀儿文法律文书，副博士论文），④《关于十三至十四世纪畏兀儿地区的奴隶问题》。⑤ 吉洪诺夫关于这一论题的论著，除了上述专著以外，还有《畏兀儿国的税收与税制术语》（中亚 9—14 世纪），⑥

---

① W. Radloff: *Uigurische Sprachdenkmäler*, Leningrad, 1928.

② Д. И. Тихонов, *Физяйство и общественный строй уйгурского государства 10−14 вв.*, Москва−Ленинград, 1966.

③ А. И. Бернстам, Уйгурские юридические документы, 载苏联《史料学问题》（*Проблемы источниковедения*）卷 15，列宁格勒，1940 年。

④ А. К. Кибиров, Социалъно−экономический строи уйгурстана 13−14 вв., （по уйгурскоим юридические документам），载《苏联科学院吉尔吉斯分院通报》（*Известия Киргизского филиала Академии Наук СССР*）伏龙芝，1950 年。

⑤ А・К・Кибиров, К вопросу о рабстве в Уйгуристане XIII—XIV вв・, 载《苏联科学院吉尔吉斯分院语言、文学、历史研究所著作集》（*Труды института языка литературы истории Киргизского филиала Аакадемии Наук СССР*）卷 3，伏龙芝，1952 年。

⑥ Д・И・Тихонов, Налоги и налоговые термины в Уйгурском го？ ударстве （Централыная Азия IX—XIV вв・），载《苏联科学院东方研究所论丛》（*Ученые записки института востоковедения Академии Наук СССР*）卷 16，1958 年。

《十三至十四世纪畏兀儿的封建土地所有制》，[①] 此文《新疆历史资料》第 12 辑（新疆维吾尔自治区民族研究所，1965 年 12 月）刊有王广智的汉译。吉洪诺夫在这篇论文中，对一篇畏兀儿文文书断代有误，王广智的汉译注释亦有误。

在苏联学者研究成果的推动下，其他各国学者也各展所长，开始了自己的研究工作。他们的新成果主要表现为：

1. 搜集流落国外的畏兀儿文文书，特别是未刊布过的世俗文书。在这方面作出突出成绩的是土耳其学者阿拉特（R. R. Arat），他在 1963 年搜集了已刊布和未曾刊布过的柏林吐鲁番畏兀儿藏品 400 余件。与大量的宗教文献相比，这一数量不算大，但它们对研究蒙古时代畏兀儿地的经济史却有着重大意义，苏联学者吉洪诺夫的专著《十至十四世纪畏兀儿国家的经济和社会制度》就是以这些材料为基础写成的。

2. 重新检查过去已刊布过的文书的译写、注释和翻译。在对待学者们以为治史基础的原始资料的问题上，国外学者有人认为，对过去曾为人们广泛使用的，由拉德洛夫出版的许多畏兀儿文文书进行重新检查的时代已经来临。美国布鲁明顿大学的克拉克（L. V. Clark）在 1975 年完成了题为《东突厥斯坦畏兀儿文世俗文书（13—14 世纪）导言》[②]的博士论文（尚未发表）。这一专著最显著的成绩之一，在于对畏兀儿文文书绝对年代的考释。克拉克分析了大量畏兀儿文文书的书法、语言特征、文书内容和提及的人物，得出结论：在已作研究的 141 份畏兀儿文文书中，有 110 份可以断为 13—14 世纪遗物，只有 22 份无法断代。

---

① Д·И·Тихонов, Феодальное землевладение у Уйгуров в XIII – XIV вв·, 载《哈萨克苏维埃社会主义共和国科学院东方部丛刊》(*Труды сектора востоковедения Академии Наук Каз СССР*) 卷 1，阿拉木图，1959 年。

② L. V. Clark, *Introduction to the Uyghur Civil Documents of East Turkestan* (13*th.* -14*th. C.*), Phil. Diss., Bloomington, 1975.

他认为，即便如此，也没有任何迹象表明这 22 份文书的年代早于 13 世纪。在否定的证据发现之前，这 22 份文书应视为与其他 110 份文书同时代物。由于许多畏兀儿文文书仅以十二生肖纪年，故断代困难。因此，克拉克的研究有十分重要的意义。

日本学术界对畏兀儿经济和社会状况的研究起步较晚，但进步迅速。护雅夫先后发表了《畏兀儿文葡萄园卖渡文书》和《畏兀儿文买卖文书》。[①] 山田信夫则在《关于奴隶和养子的畏兀儿文文书》[②] 一文中讨论了畏兀儿社会等级存在的情况。梅村坦在《具有违约罚纳官语句的文书》[③] 中，讨论了蒙古统治在畏兀儿社会中的影响深度问题。日本学者的研究对我国有一定的影响。

我国对元代畏兀儿社会经济的研究工作是从新中国成立后才开始的。冯家升先生是我国第一个利用回鹘文文书作为史料研究新疆历史的学者，他的研究在这一领域具有开创性质，他的研究引起了国外学者的注意。他先后发表了《元代畏兀儿文契约二种》[④]《回鹘文契约二种》，[⑤] 与苏联学者捷尼舍夫（Э·Тенишев）合作发表了《回鹘文斌通（善斌）卖身契三种附控诉主人书》[⑥] 等数篇论文。此外，冯家升还与程溯洛、穆广文合作，在 1958 年出版了《维吾尔族史料简编》。耿世民是我国当代研究回鹘文文书的代表学者，他的《两件回鹘文契约的考释》[⑦] 订正了冯家升和捷尼舍夫研究中的若干错误，标志着我国的畏兀儿文文献研究发展到一个新水平。程溯洛是我国最早利用拉德洛夫刊布

---

① 见《東洋學報》42—4。《内陆亚细亚史论集》I，同书刊行会。

② 《大阪大学文学部纪要》1972 年 3 月。

③ 《東洋學報》58—3、4。

④ 《历史研究》1954 年第 1 期。

⑤ 《文物》1960 年第 6 期。

⑥ 《考古学报》1958 年第 2 期。以上三篇论文已收入《冯家升论著辑粹》，中华书局，1987 年。

⑦ 载《中央民族学院学报》1978 年第 2 期及《民族语言论集》，1981 年。

的文书进行元代畏兀儿社会状况研究的历史学者，他的论文《宋元时期高昌回鹘初期农业封建社会的若干特征》，① 讨论了畏兀儿社会中的农奴制、租佃制等问题，但近年来未见有进一步成果问世。张承志的《元代畏兀儿人内部状况》② 是一篇重要的论文。作者在山田信夫、护雅夫、梅村坦研究的基础上，讨论了畏兀儿经济中的农商特点，依附农和养子等问题。元史学者陈高华的研究也涉及畏兀儿，他致力于从汉文资料中搜寻有关西域的记载。在《元代新疆和中原汉族地区的经济、文化交流》③ 一文中，他对元代沟通西北、畏兀儿人进入汉地、汉民迁入畏兀儿的大规模移民运动等问题作了探讨；而他的另一篇论文《元代新疆史事杂考》，④ 则阐述了畏兀儿及其周邻地区钱币的通行情况。

　　除了吐鲁番畏兀儿文文书，察合台汗国的银币是另一个研究重心。这一课题的研究工作是从 19 世纪英国学者奥立弗的论文《察合台蒙古人》⑤ 开始的。这篇论文除了利用历史文献以外，最引人注目之处在于使用了他所掌握的钱币资料。三年后，作者又刊出研究元代中亚古币的论文《察合台蒙古人的钱币》。⑥ 在奥立弗之后，研究蒙元中亚的许多学者，例如凡伯里（H. Vámbéry）、格鲁赛（R. Grousset）、兰普勒（S. Lane-Poole）和巴托尔德等，均在其论著中使用古钱币资料。但他们大体上只限于利用钱币铭文来印证可汗的在位年代。利用古币资料研究元代中亚经济的工作是从苏联学者开始的。其代表学者是达维多维奇。他于 1970 年发表了论文《十三世纪蒙古入侵后中亚货币经济和商

----

① 《宋史研究论文集》，《中华文史论丛增刊》，上海古籍出版社，1982 年。
② 《民族研究》1983 年第 9 期。
③ 《新疆历史论文集》，新疆人民出版社，1977 年。
④ 《新疆历史论文续集》，新疆人民出版社，1982 年。
⑤ 载《皇家亚洲学报》卷 20，第一部分，1888 年；E. E. Oliver: The Chaghatai Mughals, J. R. A. S., vol. xx, part 1, January, 1888.
⑥ 载《孟加拉亚洲学会学报》第一部分，第一号，1891 年，第 8—16 页；E. E. Oliver: The Coinage of the Chaghatai Mongols, The Journal of the Asiatic Society of Bengal（J. A. S. B.），part 1, No. 1, 1891.

业的局部恢复（依据古钱币资料）》。[1] 作者根据自己对古钱币资料的研究，把元代前期河中地区的货币经济状况分为三个发展阶段。这一研究成果为 1972 年出版的《塔吉克古代史》[2] 所吸取。我国蒙元时代西域古钱币的研究工作是"文革"后才起步的。近年来在这一领域的最重要成果，反映在陈戈的论文《昌吉古城出土的蒙古汗国银币研究》[3]中。作者按银币的铸造年代和地点、形制、大小、均重、面值等项目，对银币逐个登记并作考释。其缺陷是对国外同类研究的论文未作广泛搜罗，亦未就此开展理应开始的经济史研究。

元代河中地区农村社会的研究的突破，随苏联学者齐赫维奇宣布发现 14 世纪上半叶不花剌寺院不动产文书而开始。齐赫维奇在《十四世纪初有关不花剌史的新资料》[4] 以及《论十四世纪不花剌的农民史》[5]二文中，报道了自己的发现。这一资料已写入 1964 年出版的《塔吉克民族史》。[6] 1965 年，齐赫维奇出版了研究这批文书的专著《十四世纪不花剌的文书》，[7] 其中包括波斯文、阿拉伯文原件照片，校正排印文

① 载《亚非诸民族》1970 年第 6 期；E. A. E · Давидович, Денежое хозяйство и частичное восстановление тороговли в средней Азии после монгольского нашествия 13 в · (по нумизмачестим источникам), *Народы Азии и Африки*, 1970, 6.

② Б. Г. Гафуров, *Тажики древнейшая, древная и средневековая история*, Москва, 1972.

③ 《新疆社会科学》创刊号，1981 年。

④ 载《东方学问题杂志》，莫斯科，1959 年第 5 期；О · Д · Чехович, Новый источиних по истории Бухары начала 14 в ·, *хурн · Проблемы воствкведения*, Москва, 1959, No. 5, стр · 148–161.

⑤ 载《苏维埃乌兹别克社会主义共和国科学院丛刊》，1959 年第 1 期，第 71—76 页；О · Д · Чехович, К стории крестьян Бухары 14 в ·, Известия АН УзССР, 1959, No. 1, стр · 71–76.

⑥ История тажиксого народа, т. 2–1, Москва, 1964, стр. 308–313.

⑦ О · Д · Чеховиx, Бухарские документы 14в ·, *изд · Наука УзССР*, Ташкент, 1965.

本，俄文译文、注释和索引。两年后，他又以此为题，发表论文《不花剌十四世纪的寺院不动产》。① 齐赫维奇的这一系列研究引起了日本东海大学教授加藤和秀的注意。他于 1970 年著文《十四世纪不花剌的不动产文书》，② 专门向日本学术界介绍这一新的研究动向。次年，他发表了自己的研究成果《关于十四世纪上半叶不花剌农村社会的考察——论卡的瓦儿农民与木扎里农民》，③ 考察当时处于农村社会下层的农民的阶层区分问题。笔者在《元朝史》的元代西北地区一节中，开始把东起畏兀儿，西至河中的中亚作为一个单元，阐述其社会经济状况。④

（二）引言

成吉思汗对中亚的征服，以及随之建立起来的蒙古统治，给当地社会以极大的影响，前人所作的元代中亚政治史研究，为观察当时的社会状况提供了翔实的背景资料，而从事社会经济研究，除应利用历史文献记载外，尚需重视实物，参考古钱币学和考古学的新成果。古钱币是过去经济交换活动中的流通手段，为当时社会经济状况的见证。金属货币的出土地点、铸造地点和年代、钱面铭文、面值、成色及贵金属含量、重量、大小等，都是极宝贵的经济史资料。目前积累起来的古钱币资料，已使我们有可能从某些侧面来印证、补充文献记载，并由此对当时中亚经济生活的一些领域作一概述。此外，古文献中的世俗经济文书，也为学者们窥视古代社会的深层结构提供了理想

① 载《亚非诸民族》，1967 年，第 3 号；О · Д · Чехович，Бухарский вакф 13 века（Предварительное сообщение），*Народы Азии и Африки*，1967，No. 3.

② 《十四世纪ブハラのゥクフ文書》，《東洋學報》第 52 卷第 4 号。

③ 《14 世紀前半ブハラ農村社会に關する一考察—kadīvar 農民と muzāri' 農民について》，载《東方學》卷 24，第 2 号，1971 年。

④ 《元朝史》，人民出版社，1986 年，第 233—238 页。

的探孔。与蒙元时代社会经济有关的，主要是我国新疆吐鲁番的畏兀儿文文书和苏联布哈拉的波斯文文书，正是在 20 世纪以来蒙元时代中亚古钱币不断被发现和上述经济文书的正确释读的基础之上，当代13—14 世纪社会经济状况的研究才有了长足的进步。本文拟根据蒙元时代各种史料所提供的背景材料和学者们对古钱币和古经济文书的研究成果，来勾画 13—14 世纪中亚社会的面貌。因研究条件限制，畏兀儿文文书暂以拉德洛夫的译写和译文为据，待今后条件成熟后，再作进一步考察。

二、蒙古入侵造成的破坏

成吉思汗对中亚的征服，对当地黎民百姓实在是一场空前的灾难，人民世世代代创造的文明和积累的财富毁于一旦。伊斯兰史料详细记载了蒙古军队的野蛮暴行。成吉思汗攻克不花剌后，一些居民逃至呼罗珊。据志费尼记载，当呼罗珊人向这些逃生者询问时，其中一位答道："āmadand wa kardand wa sūkhtand wa kushtand wa burdand wa raftand"，意为："他们（指蒙古人）来了，他们破坏了，他们焚烧了，他们杀戮了，他们掠夺了，他们离去了。"志费尼说，波斯语中没有比这更简练的话了。[1] 确实，几个动词的过去时第三人称复数形式的排比，就形象地勾画出蒙古军的所作所为。在这种暴力的破坏下，短短数年就使一大批城市变成废墟。

蒙古军对实行抵抗的城市，破城后以屠城惩罚之，而归降的城市则由蒙古军劫掠或城中居民交付赎金。在花剌子模东境的讹打剌城，当外城守军投降后，蒙古军把居民"像群绵羊"似的赶出城，然后动手大

---

[1] 志费尼《世界征服者史》，可疾维尼波斯文校勘本 Tārīkh-i Jahān-Gushā，1912 年莱顿版，第 83 页；何高济汉译本，第 123 页。

肆劫掠财物。攻克内城后，又将内堡和城池夷为平地，工匠则被掳走。①

成吉思汗在进攻不花剌途中，抵匝儿努黑城（Zarnuq），当地居民听从招降令后，全部被驱至城外，青壮年被征入军队。蒙古兵继至努儿城，居民亦归降，与蒙古军协议：保证居民安全，保留日常生活及农耕活动必需之物，其余则任由蒙古军抄掠。②

不花剌，按志费尼记载，是东方的巴格达。成吉思汗的军队攻占其外城后，当地居民被迫奉献财物。为击败据守内城的花剌子模军，成吉思汗下令纵火，几天之内城市大半焚荡一空。康里守军被杀，妇孺沦为奴婢。③

撒麻耳干，成吉思汗入侵前，是花剌子模算端所属州郡中最大者，土地衍沃。部分居民和守军中止抵抗后，蒙古军动手夷平城墙，拆毁外垒，将归降男女以百为群驱出城，然后抢劫，并残杀隐匿在城中的居民。攻破内堡后，蒙古人处死守军，三万余名工匠被分配给成吉思汗诸子及其族人，其余青壮编入军队。成吉思汗还向乞命的居民强征二十万的赎金。此战结束后，撒麻耳干的城镇和内堡成为一片废墟。④一年半以后（1221年底），丘处机来到这里，据他记载："方算端氏之未败也，城中尝十余万户，国破以来，存者四之一。"⑤耶律楚材亦有诗云："寂寞河中府，生民屡有灾。避兵开邃穴，防水筑高台。"其地"颓垣绕故城"。又云："寂莫河中府，声明昔日闻，城隍连畎亩，市井半丘坟。"⑥

---

① 《世界征服者史》汉译本，第97—99页。
② 《世界征服者史》汉译本，第116—119页。
③ 《世界征服者史》汉译本，第119—123页。
④ 《世界征服者史》汉译本，第135—140页；《史集》汉译本，第1卷第2册，第286页。
⑤ 《长春真人西游记》卷上。
⑥ 《西域河中十咏》之九，《湛然居士集》卷6。

撒麻耳干的破败景况，可以想见。

玉龙杰赤，志费尼说它是"世界众算端的宝座所在"，被成吉思汗诸子的军队攻破。蒙古军照例杀戮，房屋城舍悉被摧毁，妇孺和十多万工匠被掳走。杀掠之后，蒙古军又决阿姆河堤，使昔日繁华富庶的花刺子模都城成为一片泽国。

忒耳迷是阿姆河上最重要的渡口之一，蒙古军经过十一天苦战才占领该城。蒙古军沿途屠杀、袭击、破坏和焚烧，把当地扫荡一空。

阿姆河之南的巴里黑，曾被波斯著名诗人费尔多西比作东方的麦加。由于当地居民参加了扎兰丁的抵抗活动，成吉思汗下令诛戮。蒙古军还纵火焚烧该城的园林，平毁外垒、城墙、邸宅和宫殿。

巴里黑以西的塔里寒寨，曾抗击成吉思汗达七个月之久，失守后，守军、居民被杀戮，房舍被毁，使那里在相当长的时间内变成一片荒漠。[1]

呼罗珊是连接河中和波斯本土的地区，这里遭受了西征蒙古军的蹂躏。短期内这个富庶的区域变成一片不毛之地，其中受战祸最惨者，首推马鲁城。1221 年 2 月，拖雷攻占此城后，杀掉了俘获的除四百名工匠及沦为奴婢的男女幼童外全部的居民和守军，使这座中世纪波斯东部名城遭到毁灭性的破坏。[2]

以上列举的仅是见于志费尼和拉施都丁所著的两书，及部分汉籍的几处记载，当然有关蒙古军在马鲁城杀戮的记载可能有夸大之处，但足以说明成吉思汗西征中的屠杀、抢掠和破坏，对中亚社会经济发展造成的消极影响是极为深远的。

---

[1] 《世界征服者史》汉译本，第 147—154 页；《史集》汉译本，第一卷第 2 册，第 298—302 页。

[2] 《世界征服者史》汉译本，第 179—194 页。

三、征服初期河中的货币经济

古钱币是可供我们研究蒙古入侵在河中所造成的影响的主要实物资料之一，按苏联学者的意见，在 13 世纪的河中，作为商业和交换媒介的货币经济状况，可大致分为三个阶段：第一阶段，为蒙古征服后的最初 25 年；第二阶段，为 13 世纪五六十年代；第三阶段，从 1271 年到 13 世纪末。[①] 本文依照这种划分再作考察。

蒙古征服前，河中地区市场上流通的是白银铸币的替代物——镀有一层薄银的铜币。[②] 河中及附近的许多商业都会，如费那客忒、不花剌、麻耳亦囊、撒麻耳干、忒耳迷、兀兹根和石汗那等，其铸币所经常但不定期地铸造这种镀银铜币。这些铸币的流通地并不限于本地，在中亚各地都可见到这种非本地铸造的镀银币。这可以说明蒙古入侵前河中商业所普遍达到的规模。

在目前所发现的蒙古时代的古币中，属于第一阶段，也即蒙古征服以后最初 25 年的，只有不花剌和撒麻耳干两城铸造的镀银铜币，铸币上的铭文显示，这些货币仅限当地使用。根据这一事实，我们可以推测，在这一时期，经常铸币的只有上述两城，蒙古当权者发行这些货币的目的，只为满足本地区流通需要，至于中亚其他各城，货币经济大约已经停止，镀银铜币已退出商业流通领域。即使其他各城铸造了自己的货币，可能也只是偶尔为之。这大概是迄今未发现第一阶段除撒麻耳干

---

① 达维多维奇《十三世纪蒙古入侵后中亚货币经济和商业的局部恢复（依据古钱币资料）》，载《亚非诸民族》，1970 年，第 6 期（见本书 236 页注①）。以下简称"达维多维奇 1970 年文"，第 57 页。

② 达维多维奇《中亚十一——十二世纪的铸币流通》（Из области денежного обращения в Средней Азии 11–13 в.），载《古钱币学与古碑铭学》（Нумизматика и эпиграфия）卷 2，1960 年，第 92—117 页。

和不花剌两城以外之地铸币的原因。结论只能是：在当时中亚的大部分地区，贸易已退回到实物交换的阶段。这显然是蒙古军队屠杀当地劳动力、毁坏城市、无限制地掠夺财富所带来的商业凋敝、生产萎缩的结果。

繁荣已成为梦幻的河中，只有中心都会撒麻耳干和不花剌，还有不大规模的货币经济存在。丘处机在蒙古军攻占撒麻耳干后不久，看到那里"国破以来"，城中人口"存者四之一"。镇守撒麻耳干的是契丹人耶律阿海。随蒙古军来到中亚的汉人、契丹人和西夏人的上层分子成了新贵，"其官长亦诸色人为之"，他们凭借权势和武力侵夺了大片田产，聚敛了巨额财富，而当地百姓却"田园不能自主，须附汉人及契丹、河西等"。蒙古人是马背上的民族，不明农耕和城镇事务，他们征服河中这块富庶的土地后，随军而来的汉、契丹和西夏人，成了他们最能信赖的统治定居民族的帮手。撒麻耳干城内许多居民挨饿，"盗贼多有"，社会秩序很不安定。耶律阿海原先以花剌子模沙摩诃末的宫殿为官邸，后为安全计，"恐其变"，别迁他居。城中还有相当多汉人工匠，与当地居民杂处。[1]

撒麻耳干在被蒙古人攻占以后不久通行铸币事，亦见于丘处机记载："市用金钱无轮孔，两面凿回纥字。"[2] 这种钱币耶律楚材也见过，他说："寻思干（即撒麻耳干）甚富庶，用金铜钱，无孔郭。"[3] 如果丘处机、耶律楚材所见之货币，就是这一时期新铸镀银铜币的话（但这种可能性不大），从苏联中亚出土的实物看，钱面的"回纥字"则是阿拉伯文，指明铸造年代。[4] 丘处机和耶律楚材见惯了汉地传统式样的方孔

---

① 《长春真人西游记》上卷，《海宁王静安先生遗书》39 册，第 40 页。
② 《长春真人西游记》下卷，第 2 页。
③ 耶律楚材《西游录》，中华书局标点本，第 3 页。
④ 达维多维奇 1970 年论文，第 58 页。

钱，对中亚的无孔钱感到很稀罕，以至耶律楚材以诗咏之曰："强策浑心竹，难穿无眼钱。"他还自注云："有浑心竹。其金铜牙钱无孔郭。"[①] 元初中亚未发行过金币，如果所谓"金铜牙钱"是指金币，则可能是萨曼王朝的金币。当时撒麻耳干市面上有食品出售，"食饭秤斤卖"，[②] 亦有其他商品买卖，"百物皆以权平之"。[③] 除了贱金属货币外，黄金也流通："蒭簇黄金为货赂。"[④]

现在虽有 1220 年（伊斯兰太阴历 617 年）至 1222—1223 年（伊斯兰太阴历 619 年）撒麻耳干铸造的数种镀银铜币，但这并不能视为经济已经恢复的象征。实际上，这些铸币没有在市场上站住脚，经济形势也没有稳定下来，反而在恶化。从钱币资料判断，当时河中中心地带发生了对蒙古政府发行的铸币的信任危机。上述年代铸造的镀银铜币很快退出了流通。1224—1225 年（伊斯兰太阴历 622 年），撒麻耳干又铸出地方货币，表面有波斯文铭文：Samarqand wa nawāhī-i ū īn shahrrawān，意为："撒麻耳干及其所属郡区，此币。"这说明当地蒙古官府铸造这种钱币的目的，不是为了满足整个中亚商业交换的需要，而仅为应付本地需求，或作为政府向居民手中收购物品或支派差役的支付手段。大概物资的匮乏使币值迅速下跌，这种铸币百姓不愿接受。两年后，即伊斯兰太阴历 624 年（1226—1227），撒麻耳干又铸出新币，除了 Ba-samarqand wa nawāhī（在撒麻耳干及诸郡区）的波斯文铭文外，又提到成吉思汗的法律：Mang-i ū jangizī-i jangizkhān，意为："他的法令，成吉思之成吉思汗。"这种两次提到成吉思汗名字的铸币的出现，可说明撒麻耳干的地方蒙古官府，感受到社会对官方铸币的不信任危机。很显然，他们以为在钱面铭文中重复成吉思汗的名称，有助

---

① 《湛然居士集》卷6，《河中十咏》其八。
② 《河中十咏》其九。
③ 《西游录》，第3页。
④ 《长春真人西游记》下卷，第2页。

于稳定货币，所以说，这种铭文的口气是威胁性的。理解这一点，有助于我们断定：这种货币是蒙古官府强制推行的。它是当时社会经济恶化程度的曲折反映。

当时执掌撒麻耳干行政权的契丹人耶律阿海、耶律绵思哥父子没有认识到，单靠这种强制性措施并不能稳住经济形势，或者他们找不到缓解局势的办法。上述威胁性地提到成吉思汗法令的铸币的命运，也同前几年发行的铸币一样。六年后，伊斯兰太阴历630年（1232—1233），撒麻耳干又铸出新币，与旧铸币的区别仅在于铭文换成了更加赤裸裸的威胁性语言：Ba-samarqand wa nawāhī-i in shahr ka na-gīrad gunāh-kār bavād，意思是："在撒麻耳干及此城之诸郡区，不接受者是罪犯！"[①]这种威胁性铭文是以耶律阿海父子为首的撒麻耳干蒙古当局，始终坚持用专治手段来干预市场和经济生活的见证：即蒙古统治者以廉价和不断贬值的货币强行换取农民和工匠的产品，大规模征服时代过去以后，蒙古贵族掠夺百姓财富的主要手段也发生了变化，除苛捐杂税以外，他们还实行大量铸造面值高于其实际价值的贱金属货币，并以武力为后盾强制推行的办法。铸造带有威胁性铭文的货币，这在中亚古币史上是史无前例的。如果仅据历史文献，则13世纪二三十年代之交中亚的经济给人以恢复繁荣的印象，而对照古钱币资料，我们发现，经济恢复的步履是极其缓慢而艰难的。

在当时的河中蒙古官府中，牙剌瓦赤占有极为重要的地位，其作用、权势有如汉地的耶律楚材。元太宗元年（1229）有旨，命"河北汉民以户计，出赋调，耶律楚材主之；西域人以丁计，出赋调，麻合没的·滑剌西迷主之"。[②]麻合没的·滑剌西迷，即花剌子模人麻合没的·牙剌瓦赤。窝阔台的这一命令标志着蒙古时代中亚纳税制度的建立。在此之前，大约是原有税收制度被打乱的缘故，中亚居民可能是不

---

① 以上钱币铭文资料见达维多维奇1970年论文，第58—59页。
② 《元史》卷2，第29—30页。

纳税的，故耶律楚材记曰："酿春无输课，耕田不纳租"。[①] 牙刺瓦赤既掌西域之赋调，或许也参与了发行铸币之事，唯其作用如何，因记载阙如，不得而知。

货币须同与之交换的商品等值，才能维持其商业媒介作用，镀银铜币也不例外。蒙古入侵造成的中亚社会大破坏，使社会财富保有量急剧减少，原先货币与商品之间的价值联系被打破，物价剧升，币值暴跌。蒙古官府无视这一现实，一意孤行其错误政策，只能加深这种货币危机。撒麻耳干的蒙古统治当局大约终于意识到了问题在于钱货之间不等价，当时生产萧条，迅速增加财富是不可能的，他们遂求助于增加币值，以摆脱危机。伊斯兰太阴历634年（1236—1237），撒麻耳干发行了含银的货币。这实际上是承认旧货币政策的失败。

在物价腾贵的时期，贵金属是无法作为流通手段存在的。因为在这种情况下，货币发行者必须拥有足够数量的贵金属，才能经得起贵金属收藏者收购货币浪潮的冲击。只有在市场具有足够吸引力的情况下，贵金属币才可能从私人手中再度流向市场。吸引富有者把持有的贵金属铸成货币的条件仅在于此。但是，当时撒麻耳干和河中地区尚不具备这样的社会经济条件。在达维多维奇所划分的第一阶段中，铸自撒麻耳干的含银货币只有上述一个年代、一种类型。看来这种含银币的发行，不但没能持续下去，而且已发行的货币也很快作为保值品落入收藏者手中。所以说，提高币值在当时也是行不通的。

离撒麻耳干数百里处的名城不花剌，在这一阶段铸出的货币，迄今只发现两种，其中一种为铸于伊斯兰太阴历629年（1231—1232）的镀银铜币。这只能解释为，不花剌所受的破坏要比撒麻耳干更严重。这种

---

① 《河中十咏》其三，《湛然居士集》卷6。

严峻的经济形势，无疑应是促发 1338 年塔剌必起义的原因之一。就在起义失败的次年，伊斯兰太阴历 637 年（1239—1240），不花剌又铸出一种镀银铜币。[①] 这或者说明，由于经济形势的变化，原有旧币失去信用，必须发行新币。

四、蒙古汗廷统治中亚的各项政策

成吉思汗西征以后，中亚纳入了蒙古国的版图。蒙古人在与回回人和汉人的交往中逐渐明白，定居民族占据的农田城郭，是可以为他们源源不断地提供财富的地方，所以才有耶律楚材与牙剌瓦赤分掌汉地与西域赋税事。汉地赋役以户计，西域、蒙古均以丁计，蒙古统治者因俗而治。史料记载，曾有廷臣在太宗六年（1234）欲废汉地以户计赋之法，而行西域以丁计税法，被耶律楚材驳回。[②] 在西域任职的契丹、女真官员，有无企图在当地推行汉地以户计赋事，目前尚不清楚。应该说，在中亚建立有效的行政统治，采用当地所习见的管理方式，是经济走向恢复的先决条件。

蒙古在中亚的统治建立后，尽管仍不时实行野蛮的掠夺政策，但历史毕竟步履艰难地进入了一个新的发展阶段。侵略的蒙古游牧贵族，随战胜而成为统治者，从事抵抗的定居民族则因战败而转变为被统治者。不花剌城在 13 世纪的经历，可作为蒙古统治对中亚社会发展的影响的典型来考察。据志费尼记载，蒙古攻占撒麻耳干后，开始在不花剌设官治守，城市逐渐走向恢复。窝阔台时，牙剌瓦赤奉旨执掌河中地区权柄，流散的人口重新归来，"该城日趋繁荣，甚至达到它的顶峰"。从上述撒麻耳干和不花剌的古钱币资料观察，志费尼的描述有夸大失实之

---

① 以上货币资料见达维多维奇 1970 年论文，第 58—59 页。
② 《中书耶律文正王》，苏天爵《元朝名臣事略》卷 5 之 1，中华书局影印本。

处，但说这里的经济在逐步恢复则是可信的。

在经济恢复过程中，力求占有大部分成果的，首先是蒙古贵族以及与他们合作的回回上层人士。塔剌必起义，就是不花剌人民在统治阶级的联合掠夺面前，挺身保卫他们自己利益的运动。起义失败后，蒙古军欲按旧例屠城，掠尽其财产。这种企图遭到牙剌瓦赤的反对，他表示："因几个人的罪恶，你们怎能杀害成千上万的人呢？为几个愚民，你们怎能毁灭一座我们长期力图恢复繁荣的城市呢？"他坚持上奏元太宗，陈明利害，终于使他下诏免去不花剌居民的死罪，不花剌城得以保存下来。这场关于处理不花剌暴动的争论，可以视为统治集团内游牧观念与定居文化的冲突。窝阔台最终接受牙剌瓦赤的建议，是蒙古君主逐步接受定居文化的表现。

按志费尼的记载，不花剌摆脱这场大祸之后，又恢复繁荣昌盛。"要说人口的拥塞、动产和不动产的众多，学者的云集，科学及其研究者的兴盛，宗教捐赠的建立，伊斯兰国家中没有城市可与不花剌相匹敌。"元宪宗蒙哥的母后唆鲁禾帖尼和牙剌瓦赤之子麻速忽捐资修建的两座经学院（madrasa），拥有成千名神职人员。不花剌百姓还免除了交纳保护金之类的负担。①

13 世纪 70 年代以前，蒙古在中亚的统治尚未稳定下来。蒙古帝位的每一次更迭，都对当地的经济形势产生影响，影响统治稳定的一些积习流弊又常常可以追溯到蒙古统治初期的某些政策。征服之初，许多回回商贾转而为新的统治者服务。其中有些人进入统治集团，为蒙古人治理城郭农耕之地，另一些则借官钱，或与蒙古贵族合伙，行商放债，是为斡脱商，成为蒙古统治者搜括财富的得力助手。蒙古贵族将掠来的金银借贷给他们为本，他们则依仗蒙古统治者的权威牟利。参与这种巧取豪夺剥削的，包括蒙古皇帝、皇族、后妃、后族等。汉文史料中有关斡

① 《世界征服者史》汉译本，第 123—133 页。

脱的记载不少，虽有些是汉地发生的事，但整个蒙古国，包括中亚，应相去不远。彭大雅记其所见曰："其贾贩，则自鞑主以至伪诸王、伪太子、伪公主等，皆付回回以银，或贷之民而衍其息，一锭之本展转十年后，其息一千二十四锭；或市百货而懋迁，或托夜偷而责偿于民"。这种高利贷的本利是以年息百分之一百递增的。此事亦见徐霆记载："霆见鞑人只是撒花（乃波斯语 saughāt 之音译，意为礼物），无人理会得贾贩。自鞑主以下，只以银与回回，令其自去贾贩以纳息。回回或自转贷与人，或自多方贾贩，或诈称被劫，而责偿于州县民户。"[①] 这种回回巨贾与蒙古统治者相勾结，共同压榨平民百姓的掠夺方式大行天下，病蠹社会，尽管怨声载道，但由于斡脱商用这种方法为蒙古贵族提供了大量的财富，所以仍得以实行。志费尼和拉施都丁记载了好几则有关窝阔台与斡脱商人的逸事，[②] 元定宗之后，海迷失皇后与斡脱商保持往来，[③] 宪宗蒙哥即位后，命"孛阑合剌孙掌斡脱"，[④] 也就是设置了专门掌管斡脱的官职。[⑤]

元太宗窝阔台 1241 年去世后，在帝位空悬的四年内，蒙古国政纪紊乱，百姓遭到权贵的践踏和蹂躏，不得喘息。诸王贵戚各行其是，向四方派出也里只（使臣）催索钱物，而税吏则为满足蒙古统治者贪得无厌的需求，不断向百姓征税。[⑥] 定宗贵由即皇位后，为整肃统治，下令收回诸王贵戚们擅自发出的令旨和牌子。[⑦] 但在史家笔下，贵由又同时被描绘成一个追求奢华虚荣的统治者，对进献珍宝的回回商人随意赏

① 王国维《黑鞑事略笺证》，《海宁王静安先生遗书》册 37，第 13—14 页。

② 《世界征服者史》汉译本，第 244—245 页；《史集》第二卷汉译本，第 89、90、102 页。

③ 《史集》第二卷汉译本，第 222 页。

④ 《元史》卷 3，第 46 页。

⑤ 《世界征服者史》汉译本，第 722 页。

⑥ 《世界征服者史》汉译本，第 662 页；《史集》第二卷汉译本，第 211 页。

⑦ 《世界征服者史》汉译本，第 299 页；《史集》第二卷汉译本，第 218 页。

赐。商贾们因而投其所好,借奉献珍奇之机任情索要回赐,贵由则给以敕命付据,令赴蒙古国各地取款。但因国政混乱,敕命付据不能很快兑现,国家因之欠下大笔债务。[①] 实际上追求奢华虚荣之风并不始于贵由,在太宗窝阔台时已经刮起。志费尼和拉施都丁所记载的合罕的所谓嘉言懿行中,有许多是这种胡乱赏赐、一掷千金的挥霍。至贵由去世时,蒙古国已面临危机。诸王后妃擅自颁发命令和牌子,四下遣使,包庇斡脱商人。[②] 天灾人祸相连,"是岁大旱,河水尽涸,野草自焚,牛马十死八九,人不聊生",而"诸王及各部又遣使于燕京迤南诸郡,征求货财、弓矢、鞍辔之物,或于西域回鹘索取珠玑,或于海东搂取鹰鹘,骖骑络绎,昼夜不绝,民力益困"。[③]

蒙哥看到了朝政中这些积弊,所以他在1251年即位伊始便试图改革。按汉文和波斯文史料记载,他下令采取以下措施:

1. 重新括户以确定税收。蒙哥称,此项措施是为了缓和百姓处境,而非为增加府库财富。

2. "凡朝廷及诸王滥发牌印、诏旨、宣命,尽收之",并规定此后诸王不经朝廷许可,不得擅发令旨干预地方政务。

3. 使臣出行,按波斯史料记载,所用备乘马匹不得超过14匹,而按汉文史料,"诸王驰驿,许乘三马。远行亦不过四"。乘驿须依站而行,不得沿途侵夺民户马匹,并索取规定以外之物。

4. 废除斡脱商人乘驿特权,商旅自备马匹。

5. 免除回回司教、基督修士、佛僧、道士之税役差发。

6. 诸王不得擅招民户。

7. 诸官属不得以朝觐为名敛民财。

---

① 《世界征服者史》汉译本,第302页,第719页;《史集》第二卷汉译本,第220—221页。

② 《史集》第二卷汉译本,第259页。

③ 《元史》卷2,第39—40页。

8. 农民输税粮途远者，许于就近仓库交付。

9. 年税：河中之地富人，10 底纳儿；穷人，1 底纳儿。呼罗珊富人，7 底纳儿；穷人，1 底纳儿。

10. 牧民交忽卜出儿（qubchur）税，百输一，少于百头牲畜者免纳。

11. 官吏不得徇私受贿。①

12. 太宗、定宗两朝，由于滥加赏赐，政府对回回富商积欠了大笔债务。蒙哥为维持朝廷信誉，不得已动用库藏归还之，其总额达五十多万银巴里失。②

蒙哥下令实施的上述措施中，要求河中居民不问贫富，赋税一律以底纳儿计算这一条非常重要，它表明货币已重新成为中亚的主要流通手段。以货币形式纳赋的措施亦见于刘郁记载，渡忽章河（今锡尔河），进入河中之地，见"民赋岁止输金钱十文，然贫富有差"。③ 足证史书所记确付诸实行。

刘郁提到的"金钱"，或即金币。今天考古学家已发现了不少 13 世纪中叶铸造的金币。苏联学者费多罗夫·达维多夫测定其含金量多半为 583，有时低到 500 左右，④ 成色大体一致。铸造地点有不花剌、撒麻耳干、讹打剌、大斡耳朵（urdu al-a'zam），但形制大体一致，这也许说明金币的发行是在统一的号令下进行的。这一时代金币的特点是成色低，与萨曼王朝的高成色金币成为对照。这或许是为了降低其成色，减少其收藏价值，促进其在市面流通，使币值与经济发展的水平相适

---

① 《元史》卷 3，第 45 页；《世界征服者史》汉译本，第 615 页，第 700 页；《史集》第二卷汉译本，第 259—261 页。

② 《世界征服者史》汉译本，第 719—720 页；《史集》第二卷汉译本，第 262—263 页，第 95 页。

③ 《西使记》，王国维《古行记四种校录》。

④ 《十三世纪的金币窖藏》（Г. А. федоров-Давидов, *Клад золотых монет 13 в.*），第 136—137 页。

应。除整枚金币外，还发现残缺的金币，这可能是当时人为找零而有意分割所致。刘郁的记载和上述苏联学者的研究结果说明，至少蒙哥在中亚以货币形式收取赋税的命令是实施了。组织铸币的发行对促进经济发展是有益的。而这一行为本身，又是社会经济逐渐恢复，人们对货币需求增加的反映。[①]

五、河中以东地区银币的铸制

我们前面已经提到，苏联古钱币学者认为，在13世纪中亚货币经济发展史上，1271年至13世纪末为第三阶段，高成色的银币在河中地区大量铸造是其主要特点。但实际上，在此之前，在突厥斯坦的东部，白银铸币已经不断地发行出来。就货币经济的恢复速度而言，过去经济较为发达的河中地区反而慢于东部。进入13世纪70年代以后，中亚地区的货币经济的恢复速度加快。其中心撒麻耳干和不花剌，东部的俺的干、麻耳亦囊、我失、忽毡、锡尔河以东的费纳客忒、塔什玄与察赤等，都出现了银币铸坊。所以说，银币的正常发行是从经济不甚发达的中亚东部地区开始的。

在河中地区除了撒麻耳干、不花剌两城的镀银铜币以外，其他各城没有发行任何铸币的第一阶段，以及出现低成色金币的第二阶段中，东部草原地区的城镇和临近草原的城镇已开始铸造白银币。当时的中亚草原在西北诸王的控制之下，而河中之地则为蒙古皇帝的直辖地，整个中亚在政治上为不同的势力所分割，经济上不是一个统一的市场，所以出现这种情况是不奇怪的。1977年，在新疆昌吉回族自治州州治所在地昌吉新城之北的昌吉古城，工人在基建施工中，发现了蒙古汗国时代的银币1300余枚，绝大部分铸于东部草原城镇或邻接草原地区的城镇，

[①] 达维多维奇1970年论文，第60—62页。

其中最早的铸于阿力麻里。从铸币资料上看，这里从 1240 年起到 1250 年的十年中，发行了八种银币，此外还有 1258—1259 以及 1271—1272 年的铸币。[①] 苏联出土的古钱币资料也说明，这里是蒙古时代中亚银币的最早铸造地。[②] 除了银币之外，这里还铸造金币。

从昌吉出土的银币中还可发现，蒙哥即位以后发行银币的城市，又扩大到大斡耳朵，即阿力麻里附近的忽牙思和今新疆南部的喀什（可失哈儿）。[③] 笔者认为，铸于大斡耳朵的，是察合台汗国铸币，而铸于可失哈儿的，则是在别十八里等处行尚书省事麻速忽等人主持下发行的地方铸币。

根据苏联的蒙元时代古钱币资料，锡尔河畔的讹打剌城，可作为当时货币经济恢复发展的一个典型。这里曾是引燃成吉思汗西征导火线的地方，又是双方大军的初战场，曾经受到极为严重的破坏。成吉思汗西征结束后，经过 20 余年的经营，讹打剌逐渐恢复过来。从 13 世纪中叶开始，这里每年都发行形制不变的镀银铜币。这种铸币不仅在讹打剌被发现，也在塔什干及其以北的哈萨克斯坦南部以及费尔干那盆地被发现，足见其铸造不仅是为了满足讹打剌本城以及周围附属地区的需要，也是为适应整个锡尔河上游地区经济恢复的需要。

从现有资料看，在苏联学者划分的第三阶段的最初十年（1271—1280）中，发行白银铸币的仍主要是东部地区。新疆昌吉出土的这一阶段银币，分别铸于阿力麻里、卜剌、塔剌思、坎者特（Kenjet）、忽毡、可失哈儿。其中卜剌城，昌吉古币的研究者陈戈读为努拉特（Nulat）。[④] 其词首辅音 N，很可能是字母 P 或 B 的误读。塔剌思城是锡尔河以东草原上的重镇，成吉思汗攻克撒麻耳干后"徙河中之豪民子弟四百余人屯

---

① 陈戈《昌吉出土的蒙古汗国银币研究》，《新疆社会科学》创刊号，1981 年，第 56—57 页。

② 达维多维奇 1970 年论文。

③ 见上引陈戈论文，第 59—62 页。

④ 耶律楚材《西游录》下，中华书局标点本，第 16 页。

田于塔剌思城"。[1] 中亚东部地区银币的不断发行，是这里经济缓慢恢复的结果。

六、对河中经济恢复缓慢的分析

据笔者的看法，中亚东部和西部经济恢复速度的差异，是由下列因素造成的。西部在蒙古入侵前是农耕区，封建经济较为发达，经济的总规模也较大，而东部是草原或邻接草原地区，封建经济的规模无疑小于前者。在蒙古西征中，草原城镇，如阿力麻里或塔剌思，未受什么破坏或所受破坏较小。邻接草原的城市如讹打剌，虽然在蒙古西征中遭受严重破坏，因原先经济规模较小，恢复起来相对容易一些。河中地区遭受破坏严重，恢复到原有的经济规模需要更多的时间，此其一。第二，蒙古西征结束后，东部地区在相当长时期内保持着稳定局面，只有中统年间（1260—1264）的阿里不哥之乱，曾延及东部草原的阿力麻里周围地区。阿里不哥失败后，元政府与西北诸王的斗争主要集中在阿力麻里以东地区，而阿力麻里以西直达忽章河（锡尔河）流域之地，除了1268年之前察合台汗国与窝阔台、钦察两汗国联军作战以外，亦大体保持相对稳定，这是利于经济恢复的条件。

河中地区的经济重心撒麻耳干、不花剌，是蒙古贵族在中亚政治统治的中心和经济压榨的重点。1238年，不花剌发生过塔剌必起义。1268年，察合台汗国在与窝阔台、钦察两汗国联盟的作战中失败，溃军逃入河中。为获必要的给养支持战争，其汗八剌命令不花剌和撒麻耳干的居民悉出其城，让他的军队劫掠。在市民的请求下，八剌收回成命，改向两城百姓课收重赋，并命两城工匠终日劳作，为他的军队赶制武器。这就是说，人民被迫以巨额的财富和沉重的劳役来换取自

---

[1] 《瓦萨夫史》第一卷，德译，第129页。

己的生存权。

在西北诸王中，海都较早地认识到中亚农耕城郭之地是他们立国的根基。在随后举行的塔剌思忽里台大会中，术赤、察合台和窝阔台三汗国议和并瓜分河中。为了保证农耕地区能源源不断地提供赋税收入，诸王们还决定，蒙古诸王及其所属部落都留居山区、草原，不允许畜群践踏庄稼，也不允许在规定的税收之外再向百姓索取财物。管理定居民的事务仍委付于牙剌瓦赤之子麻速忽。各支诸王不得在所属编民数目之外收税。为了防止八剌进入不花剌，海都派出一支军队，驻守在察合台系诸王营地和不花剌之间。[①] 西北诸王之间能够达成协议，说明他们接受了海都的思想，对保护农业和城市的重要性有了一定的认识。

当时中亚政治尚未实现一元化统治，河中地区仍不得安宁。不久，海都与蒙哥帖木儿发生冲突，八剌乘机重新控制河中。为了筹集入侵呼罗珊军的给养物资，八剌从百姓手中大肆榨取财富。八剌入侵伊利汗国的战争以失败告终。伊利汗国利用察合台汗国沦为海都的附庸且实力大减的机会，派军越阿姆河而北上，进入河中。麻速忽闻讯出逃，不花剌、撒麻耳干两城百姓纷纷离城以避兵祸。1273 年 1 月，阿八哈的军队在不花剌城焚杀抄掠七天，麻速忽所建经学院内学生千人，均被俘杀，经学院被毁，伊利汗国掳居民五万向阿姆河退去，被察合台汗国军队追回其半，使归不花剌。不久，察合台系诸王术伯等人，大肆破坏不花剌，掠取百姓银粮，使不花剌荒废达 7 年之久。直至 13 世纪 80 年代，麻速忽再度征集流亡人口，使复旧业，河中地区才重新恢复。上述长时期的战乱和蒙古贵族无节制的压榨，无疑是河中地区经济恢复速度缓慢的主要原因。

---

① 《瓦萨夫史》第一卷，德译，第 131 页；《史集》第三卷俄译本，第 72 页，第 85—86 页。

七、河中的贵金属货币

进入 13 世纪 70 年代末期,河中地区的政治趋向稳定,富裕居民在动乱年代所习惯的那种收藏贵金属和惧怕军队、官府劫掠的心理逐渐改变。而经济的恢复又使社会对货币的需求增加,商品的增多使人们萌生拥有流通手段的愿望。同时东部地区日益恢复和发展起来的货币贸易,无疑对河中地区也产生了巨大影响,河中各城铸币作坊不断设立。从 13 世纪 80 年代开始,银币被源源不断地铸造出来,流向市场,而富人们也不再顾虑暴露自己的财富,把收藏的白银送到铸币坊内,交付一定费用后改制成银币。从目前的材料看,陆续设立了铸币坊的城市达十余个之多。银币的发行地点虽多,但成色和重量却大体一致,可以在不同地区间流通。

自萨曼王朝以来,中亚,特别是河中地区由于政治局势动荡不安,已有两个半世纪没有系统而有组织地发行银币。所以说出现统一形制、成色和重量的银币,是中亚经济史上有重要意义的事。蒙古征服固然对河中造成了巨大的破坏,但政治多元化局面的消除却有利于各地钱货的自由往来。白银成为被普遍接受的流通手段的现象,就是在这种形势下出现的。伊斯兰太阴历 680 年(1282—1283)以后直至 13 世纪末的近二十年中,撒麻耳干每年都铸造新的银币。撒麻耳干和不花剌开始发行银币以后,中亚东部地区的经济在继续恢复,这里虽有不花剌、撒麻耳干的银币流入,但在市面上占主要地位的,仍是当地各城镇铸出的银币。13 世纪末叶,东部最重要的铸币城市是讹打剌、塔剌思和肯者特。在南方,阿姆河沿岸的忒儿迷也发行了银币。

苏联学者达维多维奇和加夫罗夫等,都认为主持河中政务的麻速忽发动了一场货币改革,而银币的大量流行,则是货币改革以后的事。[1] 事实上这种观点在文献中是缺乏根据的。14 世纪 20 年代，怯别即察合台汗位后，对货币进行了改革。在以往的研究中，学者们往往在强调怯别改革的意义时，忽视了 13 世纪中亚经济恢复过程中上述有重要影响的阶段。[2] 通过我们的研究可以发现，13 世纪中亚经济恢复过程中白银铸币的出现，以及白银成为普遍的价值尺度应是 14 世纪初，是察合台汗国吞并窝阔台汗国，完成政治统治一元化过程的最重要的社会推动力。

八、元代畏兀儿人的血缘与宗族关系

在元代，畏兀儿专指当时聚居于别十八里、哈剌火州、彰八里（今新疆昌吉）、仰吉八里（今新疆玛纳斯境）和唆里迷（今新疆焉耆）等五个城镇一带的回鹘人，即宋代汉文史料中之高昌回鹘。沙州之西的合迷里（今新疆哈密）居住着合迷里人，其语言文字风俗同于畏兀儿人，但族源尚不清楚。合迷里人的首领号为"的斤迭林"，[3] 在元代汉文文献中，常与畏兀儿之亦都护相并提。在畏兀儿之西，亦列河（今伊犁河）、垂河（今苏联楚河）以及叶密立、海押立一带，驻牧着突厥族的哈剌鲁人，他们是唐宋两代葛逻禄或割鹿的后裔。回鹘人从漠北迁居到天山东部地区后，相当一部分逐渐成为定居民，接受了农耕文化，封建的生产关系也相应地发展起来。以下数节拟综合文献中零星保存的记载

---

① 达维多维奇 1970 年论文，第 64—66 页；并见加夫罗夫《古代塔吉克史》，第 460—461 页。

② 《巴托尔德文集》第二卷，莫斯科，1963 年，第 1 册（В. В. Бартольд，*Сочинения*, т. 1, Москва, 1963, ч. 1），第 152—153 页，第 263 页；《乌兹别克斯坦民族史》第一卷，塔什干，1950 年（*История нарадов Узбекистана*, т. 1, Ташкент），第 339 页等。

③ 的斤，突厥语 tegin，译言亲王，唐代常用于突厥、回鹘之可汗子弟。迭林，突厥语 terim，是对王室成员的称号（亦用于妇女），见克劳森《十三世纪以前突厥语词源词典》，牛津大学出版社，1972 年，第 549 页。

和畏兀儿文世俗文书，来研究元代畏兀儿人及其周围地区的社会经济状况。

元代的畏兀儿人社会中，宗族观念非常浓厚。由于畏兀儿人居于荒漠戈壁的绿洲之中，流动性较小，所以常常呈家族聚居状态。1905 年到 1907 年，普鲁士王国考察队在我国新疆吐鲁番地区进行第三次探查时，发现了一些木版印画的残片，经过学者研究，判定是元初担任政府要职的畏兀儿人孟速思家族的"供养图"。[①] 画面中绘有 47 个人物。其中包括孟速思的祖父、父亲、叔伯及儿子、女眷等，是畏兀儿人宗族观念的真实写照。

在漠北时代的前半期，回纥汗国的统治家族是药罗葛氏，其后被铁勒诸族中的阿跌氏取代。阿跌氏贵族率回鹘部落西迁北庭后，又为铁勒诸族中的仆固氏取代。元代记载畏兀儿起源的文献，如虞集的《高昌王世勋碑》，黄溍的《亦辇真公神道碑》和志费尼的《世界征服者史》中，都保留了回鹘汗国内改朝换代的佐证资料。[②] 原先的统治家族被赶下台后，并没有立即衰微下去，仍在国内保持显赫地位。例如畏兀儿人亦辇真，"上世为其国之君长"，后"让"亦都护家族"以国"，"约为世婚而秉其国政"。亦辇真之五世祖官居"的斤·必里杰·忽提（tegin bilge qut），译言智福大相"，其四世祖"小云失脱怜"，官至"吾鲁阿

---

① 冯·加班《一份汉文——畏兀儿文雕版印刷品》，载《阿尔泰学论文集（西诺喜寿集）》，威斯巴登〔Annemarie von Gabain: Ein Chinesische-Uigurischer Blovkdruck, Tractata Altaica (Festschrift Sinor)〕1976 年，第 203—210 页；福赫伯《一幅汉文——畏兀儿文家族画：对一幅吐鲁番木版印刷品的注释》，载《加拿大蒙古评论》卷四之一，（Herbert Franke, A Sino-Uighur Family Portrait: Note on a woodcut from Turfan, The Canada-Mongolia Review, Vol. IV-I, Saskatchewan, Canada, 1978，第 33—40 页）；北村高《关于孟速思一族供养图》，提交南京大学 1986 年国际元史学会讨论会论文提要。

② 安部健夫《西回鹘国史的研究》，宋肃瀛等汉译本，第 3 章第 2 节《卜古汗的传说和阿跌王朝》，新疆人民出版社，第 128—148 页。

兀只（uluǧ ayǧucǐ）"，译言大臣。① 亦辇真家族虽不再占有君位，但仍是高昌回鹘的一个有势力的世臣世卿氏族。如果把元代亦都护家族看作是仆固氏的话，则亦辇真应出自阿跌氏。

这种以共同的男性祖先为计算中心的血族关系，体现在财产和经济上，是在同一家族内部私有财产观念的相对淡薄。元初畏兀儿名臣岳璘帖木儿，"慷慨以功名自许，赍策悉以畀兄子，身无私焉"。他将随成吉思汗征讨"所得赏赉悉归故郡以散亲旧"。② 近代发现的畏兀儿文借契中，可见到这样的话："如果我在归还前死去，将由我的弟弟曲速（Küsük）及其后裔合法地归还。"③ 兄债弟偿，民间浓厚的血族观念跃然纸上。

窝阔台时代统治阿姆河以南地的大臣阔里吉思，少时家贫，依靠堂兄的帮助借得相当于一匹马的钱，而作为抵押的，却是其堂兄。④ 就是在个人色彩较重的娶亲休妻一类私事中，男子的父母，甚至兄弟也有相当大的发言权。至元九年（1272），元世祖对畏兀儿亦都护火赤哈儿发

---

① 《金华集》卷24《亦辇真公神道碑》，四部丛刊本，第240页。"吾鲁"，可当突厥语之 uluǧ（译言大），自无疑问。"阿兀只"，无疑是冯家升刊布的斌通第三号文书第三行之 ayǧucǐ。冯家升与捷尼舍夫误读此词为 sän-in arzi，并误释之，耿世民已校正为 šazin ayǧucǐ，即元代汉文史料中之"沙津爱兀赤"。这里仅就此称号再议几句。ayǧucǐ，乃属具有表示行为者或具有某种身份之附加成分-či 之名词，来自动词词根 ay-，字面意义是"说话人，发令人"。实际上是一种官号。在8世纪之突厥文暾欲谷碑之第10、21、29行，重复一句内容为"其可汗似甚勇武，其阿兀只（ayǧucǐ）似甚贤明"的话，其中之 ayǧucǐ，乃指暾欲谷本人，显然是一种高贵头衔。而在10世纪之回鹘文木杵铭文中（F. W. K. Müller：Zwei Pfahlinschriften aus dem Turfanfunden，1915，第一杵铭文）一连串官员名单中，有 lš ayǧucǐ（发音不能确定），Avluč Tarxan，意为"工程阿兀只 Avluč 达干"，其排列位置离木匠不远，等级不会很高，大约相当于"工头"。克劳森《十三世纪以前突厥语源词典》，第271页。在可失哈里的《突厥语大词典》，未著录"阿兀只"这个词。看来这是一个流行于东部突厥部落的词汇。
② 欧阳玄《圭斋文集》卷11，《四部丛刊》，第107页。
③ 拉德洛夫《畏兀儿语文献》，列宁格勒，1928年，文献7，第7页。
④ 《世界征服者史》汉译本，第587页。

出的圣旨"男儿每浑家根底与休书呵，男儿的文书行者，男儿的爷娘兄弟每说：'俺根底不曾商量了，休改嫁别人呵'，休闌当者"，[1] 反映的就是这种情况。

家系以男性计算，男子的农耕劳动收入是家庭的主要经济来源，致使妇女在社会和家庭中的地位低下。元代高昌城常常发生溺杀女婴之事。史料记载："火州城子里人每的媳妇每若生女孩儿呵，多有撇在水里淹死了。"这种危及民族生存的行为，是畏兀儿习惯法所禁止的。至元十三年（1276），一个名叫秃儿迷沙的人把女婴投入水中时，被以速安海牙为首的一些人当场抓住，官司一直打到蒙古朝廷。世祖下令维护畏兀儿人严禁溺杀女婴的习惯法，降旨："今已后，女孩儿根底水里撇的人每一半家财没与军每者。首告的人每若是躯奴呵，做百姓者。"如再发生溺杀女婴事，"管民官每有罪过者"。[2]

畏兀儿人的血族观念还表现在，女子出嫁后，娘家在该女子与夫家发生纠葛时，以及在与她自身有关的事务中，仍以其利益保护人的身份出现，参与处理交涉。忽必烈曾于至元九年（1272）发布圣旨道："女孩儿根底嫁与了男儿之后，若那女孩儿殁了呵，我的女孩儿绝了根脚也么道，休争断送者"，并以威胁的口吻说道："圣旨里的言语别了的畏兀儿每有罪过者。"[3] 蒙古人对畏兀儿人的习惯法持否定态度。

许多畏兀儿人虽已转入农耕生活，但在婚俗上仍然保持了北方游牧民族所固有的"父兄死，妻其群母及嫂"的传统，我们上面提到的畏兀儿大臣阔里吉思的经历就是一例。据其父老乡亲告志费尼曰，阔里吉思早年丧父，除继母外别无亲人。继母因家贫而无力照顾他。不久，继母欲改嫁他适，阔里吉思因此前往亦都护廷告发此事。按畏兀儿传统，子有权娶父亲遗下的诸母（非生母），亦都护遂按此旧俗裁定。后来阔

---

① 《通制条格》卷4《畏兀儿家私》，浙江古籍出版社。
② 《通制条格》卷4《女多淹死》，第63页。
③ 《通制条格》卷4《畏兀儿家私》，第55页。

里吉思改变主意，放弃了娶继母为妻的权利，仅取走一点财物，其母才得以另嫁。[①]

畏兀儿人的家族势力虽然强大，但血族观念和家族认同主要表现在血族对外事务上，私有观念在家族内部的作用仍十分明显。当男性家长死亡后，争夺家产的斗争常常发生。元世祖至元九年（1272）的圣旨曾提道："亦都护根底、畏兀儿田地里的民官人每根底，不拣那个城子里畏兀儿每根底，众畏兀儿每爷的家私多争竞厮打的上头，今已后他的爷儿孩儿每根底与分子呵，依着他爷与的分子要者，爷的语言休别了者。"这就是说，元世祖要求畏兀儿人男性家长在生前分定诸子的份子，而诸子不得违反父亲的意愿，圣旨又道："又爷殁了的后头，孩儿每不曾分另呵，爷的银物比及一年分了者，休过一年者。"[②] 这是要畏兀儿人在男性家长死亡一年内，按原先分割的遗产独自营生。畏兀儿人血族观念虽然浓厚，但在家族内部争夺"分子"和"分另"的问题上，私有观念仍十分强烈。

九、畏兀儿与内地直接联系的恢复

辽金时代，由于西夏的阻隔，中原与西方的往来，多取道漠北。巴而术阿而忒的斤归降成吉思汗后，畏兀儿与中原的联系变得十分密切，交通线的改进与开辟就是重要标志之一。13 世纪上半叶，连接今新疆和我国内地的交通线主要经由天山以北，可称"北道"，其路线大体是：由中原北上，到漠北和林，再西向趋金山，折而南下，到别十八里，然后沿阴山（今天山）北麓抵阿力麻里。由此北上或南下，一直可达欧洲。成吉思汗西征时，曾对这条道路的若干险峻地段加以整修。原来金山一带"深谷长坂，车不可行"，成吉思汗第三子窝阔台率军经

---

① 《世界征服者史》汉译本，第 586 页。
② 《通制条格》卷 4《畏兀儿家私》，第 55 页。

其处，"始辟其路"，天池（今赛里木湖）附近，山势险要，成吉思汗第二子所部军队路过时，"始凿石理道，刊木为四十八桥，桥可并车"。① 过去"千里横东西，猿猱鸿鹄不敢过"的天山山道，经过成吉思汗西征军的整修，变得"四十八桥横雁行，胜游奇观真非常"。② 13世纪 20 年代，全真道人丘处机就是沿着此路线前往中亚晋见成吉思汗的。此后 20 余年，常德奉宪宗蒙哥之旨前往波斯，也经由此路。③ 同一时代，传教士卢布鲁克奉法兰西国王之命，经今伏尔加河畔拔都营帐，前往漠北和林城附近的蒙哥汗驻地。据他记载，旅途中路过海押立、阿力麻里、畏兀儿地、乃蛮旧地，直至蒙古。④ 可知也是走这一条路线。

这条路线虽然得到修整，但实际上行路仍十分艰难。当蒙古灭亡西夏、夺取金控制下的关中地区后，开通中原经河西、畏兀儿通达西域的道路的时机成熟了。负责此项工作的是汪古部人按竺迩。他在戊子年（1228）受命镇守删丹州（今甘肃山丹），"置驿张掖、酒泉至玉关，通道西域"。⑤ 建立驿站传讯系统，是蒙古国的一项重要的行政事业。《史集》记载窝阔台即位后，下令在全国各地建立驿站，并规定皇帝、察合台、拔都、拖雷都派出官员操办此事。⑥ 在从东到西、遍布广袤国土的驿传系统中，畏兀儿是必经之地。所以按竺迩设站张掖，应放在上述广阔的历史背景中考察。为河西走廊与畏兀儿之间交通作出贡献的另一个人，是畏兀儿人岳璘。他从中原回畏兀儿地省亲时，"道出河西，所过榛莽，或时乏水"。岳璘"为凿井置埂，居民使客，相庆称便"。⑦

---

① 李志常《长春真人西游记》卷上。

② 耶律楚材《过阴山和人韵》，《湛然居士集》卷 2。

③ 王恽《秋涧集》卷 94。

④ 何高济译《鲁布鲁克东行纪》，中华书局，1985 年；道森编，吕浦译，周良霄注《出使蒙古记》，中国社会科学出版社，1983 年。

⑤ 元明善《雍古公神道碑铭》，《永乐大典》卷 10888。

⑥ 《史集》第二卷汉译本，第 60—61 页。

⑦ 欧阳玄《高昌偰氏家传》，《圭斋文集》卷 11；陈高华《元代新疆和中原汉族地区的经济文化交流》，《新疆历史论文集》，1979 年。

阿里不哥之乱虽然暂时影响了中原与畏兀儿及其周围地区的交通，但据危素记载，阿里不哥刚失败，他就奉旨从居于斡端的察合台系宗王处，取道苦叉（今库车）、火州归回内地。[①] 耶律希亮所走的南道，是元代重要的交通干线。至元十年（1273），忽必烈遣人到斡端等地采玉，需用"铺马六匹"，并且要求玉石应"去其瑕璞起运，庶几驿传轻便"。[②] 从斡端、可失哈儿一带沿陆路东行，所经皆荒漠戈壁，就是沿途供给齐备，也十分不便。而塔里木河夏季水量丰富，自曲先沿河上溯，可十分便捷地到达斡端和鸭儿看（今新疆叶城）等地。元政府在开通了南道驿站后，很快地发现了这一有利的自然条件。于是在至元十一年（1274），又令设"于阗、鸭儿看两城水驿十三"。这十三个水驿应是季节性的驿站。与此同时，元政府又在沙州北设水驿和陆驿。[③] 这些水驿应位于疏勒河水道上。至元十九年（1282）和此后的若干年内（1285—1287），元政府又先后设立罗卜·阇里辉（即阇鄽）、怯台等处驿站，这些驿站是为河西经塔里木盆地南缘和昆仑山山脉北沿至葱岭的交通线服务的。马可·波罗东来和著名景教僧列班·扫马等西行，都是走这条路线。这些东来西往的使臣商旅能够顺利成行，与畏兀儿以南地区的驿站的设立是分不开的。

至元十八年（1281），元政府沿太和岭至别十八里一线，设置了三十个新站。[④] 太和岭地处今山西北部，雁门附近，有直通大都的栈道。这样就把元朝的政治中心与畏兀儿地紧紧连接起来。这些驿站建立后，迭经完善和补充，至元二十二年（1285），元政府又在别十八里置立站赤。[⑤]

使用这些驿站的，当然不会是普通百姓，只能是诸王、使臣、往来

---

① 《耶律希亮神道碑》，《危太仆文续集》卷2。
② 《经世大典·站赤》，《永乐大典》卷19417。
③ 《元史》卷12、13、14。
④ 《元史》卷63。
⑤ 《经世大典·站赤》，《永乐大典》卷19418。

官员和少数与蒙古朝廷关系密切的商贾。但这些驿站的设立，使中央政府与畏兀儿及其周围地区的地方当局之间的联系更为密切，有利于畏兀儿人与内地人民之间的交往。

十、畏兀儿与内地的经济联系

由于政治联系的密切与交通条件的改善，大量内地人移居畏兀儿及其邻近地区，而许多畏兀儿人也涌入中原、江南，这种大规模的双向民族迁移，是历史上罕见的。13 世纪 20 年代，当丘处机沿北道西行时，在别十八里看到当地从事音乐伎艺的都是"中州人"。在轮台，他还向一位来自中原的书生赠诗。① 这些中原人物，有可能是西辽或更早的时期移入的。13 世纪 50 年代末，常德西行时，在别十八里一带看到不少汉民。天池左近"有关曰帖木儿忏察，守关者皆汉民"。阿力麻里城中，"回纥与汉民杂居"。阿力麻里以南的赤木儿城，居民多山西并、汾移民。② 从丘处机时代到常德时代的 30 余年中，畏兀儿及其附近诸地的汉人移民数量有了很大的增长，分布也更加广泛。到了忽必烈时期，因防御西北诸王战事的需要，更有大量汉族农民、工匠和士兵被征发到今新疆地区。元政府利用汉族移民在别十八里、斡端、合迷里、阇鄽等处屯田，还在别十八里设立冶场，鼓铸农器。河南密县人陈福，在山西平阳入织工籍，后被迁徙到火州，在那里劳动了 15 年之久。③

中原与西北地区交通条件的改善，与各族人民之间的杂居，为彼此之间进行经济、文化交流创造了极为有利的条件。原来阿力麻里地区的居民只知"以瓶取水戴而归"，汉族人民带去内地使用的汲器后，他们

---

① 《长春真人西游记》卷上。
② 《西使记》。
③ 同恕《陈君墓志铭》，《矩庵集》卷 7。

喜而赞曰："桃花石（指汉人）诸事皆巧。"[①]"诸事"，说明汉族移民向当地人民介绍了许多先进的生产工具和生产技术。近百年来，在吐鲁番发现了大量 13 世纪的印刷品，许多虽以畏兀儿字雕版，但中缝往往缝有汉字页码或汉人刻工的姓名。说明畏兀儿的雕版印刷业可能是由汉族工匠操持或传授的。甘肃敦煌曾发现过几百个畏兀儿文木活字，皆以硬木刻雕而成，高厚一致，与王祯《农书》中有关木刻活字的记载一致，足见是从汉地传播过去的。[②]

汉地传统纺织原料主要是丝和麻。宋、元二代，棉花的种植才逐渐推广。棉花传入有陆、海两道，陆道传自西域。《农桑辑要》记："木棉亦西域所产。近岁以来……木棉种于陕右，兹茂繁盛，与本土无异。"[③] 在关、陕地区植棉的推广上，畏兀儿人起了积极的作用。陕西西乡县人原"不知种木棉之利"，畏兀儿人燕立帖木儿"自兴元求籽给社户，且教以种之法，至今民得其利，而生理稍裕"。[④]

据《高昌王世勋碑》，至元十二年（1275），火州遭受都哇的围攻之后，元世祖曾一次赐钞十二万锭以赈其民。元政府除多次拨款赈济畏兀儿及其周围地区人民外，还投入大量的人力物力经营畏兀儿地区，这

---

① 《长春真人西游记》卷上。桃花石（Tabghač），为突厥及西北境外诸国诸族对汉人的称呼。自伯希和 1912 年在《通报》发表《支那名称的起源》（L'origine du nom de 'chine'）以来，国外学者多数已接受伯希和的假设：桃花石（Tabghač）是"拓跋"的语源，而拓跋则是 Tabghač（桃花石）的音译。吾师韩儒林与复旦大学章巽则另有他见（此处从略）。笔者在联邦德国哥廷根大学突厥学与中亚文化研究所从事客座研究时，受德福教授（Gerhard Doerfer）启发，提出：拓跋是北魏王朝统治民族名称的汉语音译，而桃花石（Tabghač）则是同一名称的突厥语音译，至于拓跋族的自称究竟是什么，还有待于研究。参见拙文：Zur Urheimat und Um-siedlung der Toba《论拓跋鲜卑的故居及其迁徙》，载《中亚杂志》（Central Asiatic Journal），1989 年 1 月。

② 《中国印刷术的发明和他的西传》汉译本，第 126、188 页。

③ 《农桑辑要》卷 2《论苎麻木棉》。

④ 蒲道源《西乡宣差燕立帖木儿遗爱碣》，《顺斋闲居丛稿》卷 16。以上参见上引陈高华 1979 年论文。

些措施不论其初衷如何，客观上对畏兀儿经济发展起了有益的作用。元成宗时代，朝廷放弃了对畏兀儿地区的直接控制，但畏兀儿与内地的经济往来却一直保持着。当地官民一直以进贡的名义向元朝输送葡萄酒，[①] 元政府以回赐的形式偿其值。双方的这种贸易关系一直维持到元末。

元代是中国大规模运用纸币的开始。近百年来，吐鲁番陆续有元代钞币发现。清宣统元年（1909），吐鲁番居民入山砍柴，发现中统元宝交钞两贯文两张，王树枬《新疆访古录》曾著录。1928 年，黄文弼赴新疆考察，在吐鲁番收集到至元通行宝钞两贯文两张，记录在他的《吐鲁番考古记》中。世祖中统元年（1260），发行中统元宝交钞，最大的为两贯文，相当于白银一两。至元二十四年（1287），又发行至元宝钞，凡十一等，面值最大的亦为两贯文。王树枬和黄文弼所分别著录的，就是这种钞币。至元钞虽"与中统钞通行"，但并不等值。至元钞"每一贯文当中统钞五贯文"，[②] 可见发行至元钞时，中统钞已贬值至原面值的 20%。畏兀儿人贮藏这种钞币是吃大亏的。

元政府为管理畏兀儿地区纸钞的发行，曾在至元年间于其地设立过专门机构。据《元史》记载，至元十七年（1280）"立畏吾境内交钞提举司"。[③] 至元二十年（1283），"立畏兀儿四处站及交钞库"。[④] 交钞提举司主管钞币的印制和发行，而交钞库则负责钞币的贮藏。元代畏兀儿文世俗文书中提到的高昌当地发行的钞币，应当就是畏兀儿交钞提举司发行的。

历史文献中可以查到许多元政府以交钞作为畏兀儿及其周围地区及当地行政机构经费的记载，例如：至元十五年（1278）正月，"阿老瓦

---

① 《成宪纲要·驿站》，见《永乐大典》卷 19425，并见《元史》卷 34、41。
② 《元史》卷 93。
③ 《元史》卷 11。
④ 《元史》卷 63。

丁将兵戍斡端，给米三千，钞三十锭"。次年二月，"以斡端境内蒙古军耗乏，并汉军、新附军等，赐马、牛、羊及马、驴价钞"。[①] 至元十七年（1280）正月，"命万户綦公直戍别十八里，赐钞一万二千五百锭"。[②] 至元二十二年（1285），别十八里立站，"仍与钞六百锭，规运息钱，以供后来之费"[③] 元政府还以钞币赈济畏兀儿饥民。除了前述至元十二年（1275）世祖赐钞十二万锭助畏兀儿人恢复家园以外，至元二十二年（1285）十月，"合剌禾州民饥，户给牛二头，种二石，更给钞一十一万六千四百锭，籴米六万四百石，为四月粮，赈之"。[④] 看来当时火州粮缺，光赐钞不解决问题，才籴米赈之。元政府在成宗年间放弃畏兀儿后，中原印制的纸钞仍能通行。元代著名高昌佛尼舍蓝蓝，仁宗之时，"于吐蕃五大寺、高昌国旃檀佛寺、京师万安寺等，皆贮钞币，以给然灯续明之费"。[⑤] 高昌的旃檀寺可能是一所较为重要的寺院，那里的"然灯续明"之费，在仁宗时代（1312—1320）是由大都的僧侣以钞币的形式支付的。

在畏兀儿文世俗文书中，提到钞（čau）的单位有 satïr、baqïr 和 yaštur。其换算关系为：1 satïr = 10 baqïr，1 yaštur = 50 satïr。元代钞法一锭为五十两，两以下为文。所以 yaštur = 锭，satïr = 两，baqïr = 100 文。[⑥]

十一、畏兀儿之农牧业状况

回鹘人迁入今天山东段地区后，定居今吐鲁番一带宜农地区的人

---

① 《元史》卷 10。

② 《元史》卷 11。

③ 《经世大典·站赤》，见《永乐大典》卷 19418。"规运息钱"，大约是政府拨款放债或经营牟利，以利钱维持日常开支。

④ 《元史》卷 13。

⑤ 《佛祖历代通载》卷 22。

⑥ 参见陈高华《元代新疆史事杂考》，《新疆历史论文续集》，1982 年。

民，接受了农耕文化。其地"厥土良沃，麦一岁再熟"，[1] 导水"以溉田园，作水硙，地产五谷"，而北部宜牧地区的人民仍然保持着游牧生活。王延德出使时，曾亲见北廷"地多马，王及王后、太子各养马，放牧于平川中，弥亘百余里，以毛色分为群，莫知其数"。[2] 这种由自然条件决定的生产状况，直至入明也没有变化。明初陈诚奉命西使，记畏兀儿风土曰：别十八里"不树桑麻，不务耕织，间种穄麦及为毛布，有松、桧、榆、柳、细叶梧桐，广羊马"。其地居民"饮食惟肉酪，间食米面，稀有菜蔬，少酿醴，惟饮乳汁"。而南部的"土尔番城，土宜麻麦，水稻不生，有桃、杏、枣、李，多葡萄，畜羊马，城近而广人烟，广有屋舍"。这个土尔番城虽不见于元代文献，但当时已经存在是无疑的。吐鲁番盆地内有好几座古城，如交州、火州、柳城等。交州即"崖儿城，在土尔番西二十里，广不二里，居民百家，旧多寺宇"。"火州，城方十余里，风物萧条，昔日人烟惟多，僧堂佛寺过半，今皆零落"。火州城的萧条和土尔番城的兴起，看来都是在元代发生的。其原因尚有待于研究。"鲁陈城，古之柳中县地，在火州之东，人民醇朴"。[3] 陈诚奉使，上距元朝灭亡仅数十年，元代火州城一带的生产状况大致可见。

十二、奴隶买卖与人身依附

元代高昌左近，是农业封建社会，但社会上仍有相当数量丧失人身自由的奴隶存在。今天保存的畏兀儿文契约文书中，有一些是奴隶买卖文书。1953 年西北文物考古队在新疆吐鲁番获得回鹘文契约 5 种，其中第一件记载一个名为定惠大师的人，为卖奴隶给"萧氏"（sayoši），在龙

———————————

① 《契丹国志》卷 26《高昌国》，贾敬彦、林荣贵点校本，上海古籍出版社，1985 年。

② 《王延德使高昌记》，《宋史》卷 490。

③ 陈诚《西域番国志》。

年与"萧氏"谈妥，这个奴隶今后就归属于"萧氏"，"如有何人来争执，由我定惠负责"。① 被买卖的奴隶是毫无人身自由的附属品，被视为主人的财物。有一份书写年代不易准确判定的契约，对奴隶的地位记录得更为清楚："猴儿年，斋月新月第二月，由于我俩帖忒灭里（Tätmilik）和哈剌不花（Qara-puqa）临近支付，遂将此名曰忽都鲁（Qutluq）的女人卖出，从忽都鲁帖木儿（Qutluq-tämür）处得到 150（块）厚棉布。""忽都鲁帖木儿有权千年万年地支配这个名叫忽都鲁的女人。如若喜欢，可自己占有她，如不喜欢，则可转卖他人"，而卖主帖忒灭里兄弟及其后裔、亲属，则再无半点权力。② 买卖人口所使用的词语，与买卖物品毫无二致。这是当时社会上存在着阶级与阶级矛盾的真实图景。

在元代有关一个名叫斌通的奴隶买卖文书以及他为自己的自由而控诉的状文中，人们可以更深入地了解元代畏兀儿社会中奴隶和奴婢的状况。斌通（bintung）是这个奴隶的畏兀儿文名字，其汉名为善斌，原先是卖主阿体都通的奴仆。阿体都通因需要钞币，把斌通卖给一位汉名为"大圣都通"、畏兀儿名叫薛赛大师（siwsai taisi）的人。起初交付 8 锭钞，后又加 1 锭。所以斌通的身价是钞币 9 锭。此后，从法理上说，斌通永远归薛赛大师。买卖契约规定，薛赛如不喜欢，可以转卖，原主人阿体都通及其亲友均不得干涉。值得注意的是，不仅买卖双方立有契约，斌通与其新主人薛赛大师之间也有契约。这个契约说：我薛赛大师"用 9 锭钞，买了［高］昌阿体都通的名叫斌通的识文解字的 40 岁契丹男儿"，作为大儿子（uluq oqul）来照料家庭。当买主夫妇死后，如果斌通与薛赛大师诸子无法相处，则"不得把斌通卖给我家的任何人，应该给他以自由"。这样斌通在新主人家将以养子的身份生活。他在原主人阿

---

① 此文书原由冯家升刊布，考释见《回鹘文契约二种》，《文物》1960 年第 6 期及《冯家升论文辑粹》，中华书局，1985 年；此据耿世民重新考释之译文，见《两件回鹘文契约的考释》，《中央民族学院学报》1978 年第 2 期。

② 拉德洛夫《畏兀儿语文献》，第 22—23 页，兹据德译重译为汉文，以下同。

体都通家里原先只是奴隶。奴隶和养子区别固然很大。但契约规定，新主人如不满意，仍然可以卖掉自己的养子，只是养父母的子女无权这样做。在畏兀儿社会中，在对待斌通这类"养子"时，专门有一种"养子法"。[1] 养子地位虽略高于奴隶，但仍然是没有独立身份的依附人口。

根据《斌通控诉主人书》，可知斌通后来被人赎出，成为自由人。由养子变为自由人需经官府验证，由千户盖印。被赎出的人社会地位还是十分低下，是豪绅的压迫对象，他们被迫艰苦劳作来付还赎金。斌通曾被人骗走从良文契，几乎再度被转卖。[2] 从几份奴隶买卖文契看，被买卖的奴隶多从事家内劳动。

十三、畏兀儿的封建土地所有制

元代畏兀儿地区的土地制度是封建所有制。畏兀儿地区有蒙古诸王的份地，其收益归蒙古诸王，即使平素闲置不用，别人也不能开垦。蓝士铁刊布了一份与此有关的蒙古文文书，从其中提到的人物推测，其书写年代应在元成宗时元政府不再直接控制畏兀儿地区以后。这是一道察合台后王下达给畏兀儿亦都护的命令。文献说："完者帖木儿谕令火州亦都护真帖木儿、万能的达鲁花赤万户布伦海及其官员们……兹任命此阿桑职掌火州水务"。并命令阿桑保护诸王份地，其副手不得允许任何人私自用水。如有人私自用水，并使用诸王份地，将受惩治。[3] 从这份

① 张承志《元代畏兀儿人内部状况》，《民族研究》1983 年第 5 期。
② 捷尼舍夫和冯家升《回鹘文斌通（善斌）卖身契三种附控诉主人书》，《考古学报》1958 年第 2 期及《冯家升论文辑粹》。耿世民上引 1978 年论文，见注（125）。
③ 蓝士铁《吐鲁番亦都护城出土的蒙古文信函》，载《普鲁士王家科学院会议报告》第 32 期，柏林，1909 年（G. J. Ramstedt: Mongolische Briefe aus Idiqut Schahri bei Turfan, Sitzungsberichte der Königlich Preussischen Akademie der wissenschaft, Nr. 32, Berlin, 1909）。

蒙古文文献中，我们看到，诸王在火州的份地是由亦都护负责保护的，亦都护手下还有掌管用水的官员。吐鲁番的农耕是绿洲农业，全赖雪水灌溉。灌渠沿线的农田用水孰先孰后孰多孰少，极易引起争执，所以掌管水是火州地方政府的职能之一。掌水官员还时常兼管诸王份地不受侵犯。

除了诸王份地之外，火州城周围大片肥美的土地、果园，有许多被大小土地所有者占据。这些土地的易手常常通过买卖的途径进行。在田产易手买卖中，可由购方先支付一笔相当数量的订金，余款以后支付。但如果购方到了预定付清期而无力支付的话，卖方可收回预售田产。在签字画押时，常常要通过一种"保证人"程序。下面一份畏兀儿文契约所反映的就是这种情景：羊儿年，"我俩按赤不花（Enč-puqa）和牙里黑（Yarīq），在我们姐姐死后立下了字句：买下计值 600 锭钞的，在火州的 Taisang（？）的葡萄园、城市花园和所有其他地产。其中我们立即支付 100 锭，余下的 500 锭留着（尚未支付）。这些钞我们将在即将来临的春天和秋天，交给我们的侄子斡兀立的斤（Oqul-tegin）。如果我们不支付，就无条件地交出上述字据中的每一样（东西）。如果我们在支付上述字据中所载明的钞之前死去，则参与交易的 Tong-schu-tai-pau-šyn（同署代保人？）我，按赤不花之弟阿山（Asan）和我，牙里黑之子哈剌秃苦灭（Qara-tökme），我俩将毫不反对地支付上述字据中的钞，不作任何辩驳"。[①]

在这笔买卖中，"保证人"是购买者的兄弟和子侄。由此可见，充任保证人的，一般是赊钱一方的直系亲属。至于这笔土地交易的规模，我们可以从识文解字的奴仆斌通身价仅值 9 锭判断，赤不花兄弟买下的这片价值 600 锭钞的地产，其面积必定是十分可观的。

与大土地所有者和一般田主相对的，是村社农民。他们要为地主服

---

① 拉德洛夫《畏兀儿语文献》，第 13—14 页，文献 11。

役。有一份畏兀儿文文书提到了一群不同家族的农民向主人提议："把我们这里负有纳税义务的脱里（Turī）作为种葡萄农交出，而让负有纳税义务的，我们从前交出去的，称为哈剌脱因（Qara-toīn）的人回来。"[1] 看来脱里和哈剌脱因都是村社农民。他们本身是政府编民，要按章输税。但由于村社与领主间的依附关系，又不得不为领主劳作。进入政府户籍的编民并非真正意义上的自由人，他们身负封建领主和政府的双重压迫剥削。村社在与领主之间协商事务时，是作为全体成员的代表出现的。

十四、畏兀儿的地主和农民

吐鲁番是戈壁中的绿洲，其耕地面积的大小受高山雪水融量和灌渠完备程度的限制，不可能无限制扩大。但这些有限耕地中的相当部分，却为地主把持着。这些地主的政治地位虽不及蒙古诸王贵族、亦都护家族和其他达官显贵，但他们是封建统治的政治基础和社会上大部分财富的支配者。由于土地兼并不断进行，造成地主阶级经常处于变动之中，有的地主本身也沦为兼并对象，中小地主上升为大地主，富裕农民上升为地主的现象屡见不鲜。例如，有一份土地买卖文契这样记载：虎儿年4月20日，吐吕帖木儿因需用钱，将自己的五处田产以"20 满满一盘数量的中统宝钞"为价，卖给了塔失黑（Tasīq），契约言明，在钞币交付之后，便可享受土地收成。[2] 购地人塔失黑依靠自己的力量耕作上述五处田产的可能性很小。很明显是为了出租。从塔失黑一下子能购置五处田产分析，他原先就是地主或商人。被兼并的吐吕帖木儿可能是个破产的地主。

地主破产的原因不一。一份土地过户契约提到一个名叫塔失黑的地

---

① 拉德洛夫《畏兀儿语文献》，第18页，文献14。
② 同上书，第20页，文献15。

主——不能确定与上文提到的那个塔失黑的关系——因"在城里生活开支巨大而积欠了大量债务",以至于不能"再过那种理应享受的生活"。他愿出让自己那块"三人耕作的葡萄园",条件是买主清偿他的债务。结果一个名叫脱里的地主同意了他的条件,两人之间达成了土地交易。塔失黑在契约中列举自己的债务,并声明,如果在三年内归还了脱里所支付的一切,则收回田产,反之这片葡萄园将成为脱里的合法财产。[①]

分析一下这项契约可以发现,塔失黑与脱里进行的是一项田产典当交易,塔失黑以抵押自己的田产为条件,取得了一笔相当于自己欠下债务的金钱,当然这笔钱实际上未经塔失黑之手,而是直接支付给债主了。而脱里则以一定数量的金钱,取得了三年内支配塔失黑田产的权力。从表面上看,这笔抵押借款交易没有说明利息,但被抵押的田产三年内的收益,实际上是塔失黑付出的利息。

土地既为私有,则其间的经界是很清楚的。一份文书提到了某个葡萄园的四至:其前方是哈剌帖木儿的葡萄园界,上方、后方均抵河边,朝着山的方向对着一块关闭的葡萄园。[②] 类似的叙述私人田产四至的文书还有几份,[③] 兹不一一赘举。

高昌周围的私田分为纳税的和不纳税的两类。不纳税的土地在转让时,都在契约中写明土地所享受的免税权。例如拉德洛夫编号107号的文书提道:"对这种土地不收任何贡赋。"而108号文书也提到契约所交易的土地"不必交纳任何赋税"。这说明免纳赋税的土地在过户后,免税权力也随之转归新的土地所有者。至于这些土地的免税权是在何种条件下获得的,仍有待研究。

欲维持生产经营的正常进行,除了土地和佃农这两个因素外,还需一些开支,例如种子、工具的添置维修,耕牛的饲养等。这种生产性开

---

① 拉德洛夫《畏兀儿语文献》,第49页,文献32。
② 同上书,第15—16页,文献13。
③ 同上书,第45—46页,文献30。

支的负担条件，在租佃契约中往往载明。在有的契约中规定，生产杂支由佃户负责。例如一份文书提到佃农帖木儿不花向田主黑欲母秃（Qiyumtu）租用土地，契约规定，耕作中的一切开支由佃农帖木儿不花承担，而田主黑欲母秃则坐享收成之一半。[1] 有的租佃合约则规定，这种杂支由田主和佃户共同负担，在一份田主黑欲母秃——不能确定他是否与上述黑欲母秃为同一人——向佃农也里只（Elǐi）出租土地的文书中规定："无论多少种子用于这块土地，将由我们双方均等负担，收获也在我们中间等分"，而佃方为耕作付出的一切开支，也由租佃双方分担。[2] 程溯洛根据上述两份文献得出结论，"佃农租种地主的土地，一切种子、人工、肥料和其他耕种的费用，全部由佃户出，其收获物则由地主、佃农对分"。[3] 拉德洛夫第 11 号文书支持这一结论，不必再论。但 28 号文书并不支持这一结论，程溯洛于是把 28 号文书中的田主黑欲母秃（文中音译为依木图）解释为富农。这一方法不足取。

其实田主负担全部生产杂支，佃户分文不出的情况也是有的。例如一份租佃契约写道：马儿年，佃户合欲母秃（Qayumtu）租下了迷昔儿（Misir）在火州的葡萄园，一切耕作费用和赋税均由田主迷昔儿负担。[4] 因此，结论只能是，关于生产过程中的杂支的负担条件，在火州并无明确的习惯规定。

苏联学者吉洪诺夫认为，上述三种类型的租佃契约反映出佃农对田主的人身依附关系不同。佃农负担种子等费用的，依附性较小，耕作费用由田主如数负担的，则佃农的依附性较大。[5] 其实，根据上述三种契

[1] 拉德洛夫《畏兀儿语文献》，第 12 页，文献 11；相同的例子还可见第 119 页，文献 66。
[2] 同上书，第 42 页，文献 28。
[3] 程溯洛《宋元时期高昌回鹘初期农业封建社会的若干特征》，《宋史研究论文集》，第 278 页。
[4] 拉德洛夫《畏兀儿语文献》，第 26 页，文献 26。
[5] 吉洪诺夫《十三—十四世纪畏兀儿的封建土地所有制》，《苏联哈萨克社会主义共和国科学院东方部著作集》，1959 年，第 1 集。

约，是推不出吉洪诺夫的结论的，也就是说，生产杂支由谁负担，并不一定反映人身依附关系的松紧程度。与程溯洛和吉洪诺夫的想法有所不同，笔者设想，这三种类型的租佃契约的区别，表面上看是租佃条件宽厚苛严不同，实际上可能反映的是被租土地本身肥沃或贫瘠程度间的差别。肥沃的土地（或灌溉条件良好的土地），投入少产出高，可能要求佃户担负生产杂支。反之，则由田主负担。

除了享有免税权的土地外，一般所有耕地都要上税。地主要负担地税，而佃农则与此无关。我们上面引用的拉德洛夫 26 号文书已提到这一点。在一份有关佃农柏帖木儿（Bai-tämür）向葡萄园主帖迷只（Temiči）租用葡萄园的契约中明确提到：这块土地上的一切负担和捐税，均由田主帖迷只负担，佃农柏帖木儿则与此无干。[1] 这说明，畏兀儿地区在地税的分摊上，确如《元史》所记，是计亩收税的。虽然行政当局在决定地税负担时，着眼于土地，拥有土地者纳地税，但并不意味着农民没有其他赋税负担。本文第 13 部分结尾处所引用的拉德洛夫第 14 号文献，就提到了负担赋税的农民。

在吐鲁番这种绿洲农业中，水具有特别重要的意义。由于水是人工沟渠引来的雪水，所以水渠沿线所经田块的用水权，也是由相邻土地的田主之间世世代代互相约商规定了的。当土地因买卖而过户时，土地的用水权也随之转移。这一点常在买卖文契中明文写出。例如，中华人民共和国成立之后我国发现的一份畏兀儿文土地买卖契约中提到：地主土尔迷失的斤，因需要大都通用的钞币或火州当地的钞币，把自己的田产以中统宝钞 80 锭的价格卖给了一个法苏都的人。在双方交款纳地完毕后，文书申明："从今日起，此葡萄园、土地、水、房屋、院落，法苏都有权占有。"[2] 这里提到的田产中所列举的水，就是指水的使用权。

---

① 拉德洛夫《畏兀儿语文献》，第 3 页，文献 2。

② 冯家升《元代畏兀儿文契约二种》，《历史研究》1954 年第 1 期，第 125 页，并见《冯家升论文辑粹》。

没有用水权，土地是无法耕作的。

十五、雇佣行为和租赁行业

元代前后畏兀儿地区农村已有单纯出卖劳动力来换取收入的雇农。一份雇佣契约提到，阿剌帖木儿（Ara-tämür）因雇农脱里在猪年和鸡年中为他翻耕葡萄园，将付给脱里60 tembin 的果酒①。火州地区货币经济不发达，田主支付给雇农的是实物工资。脱里两年劳动所得是60 tembin 果酒。看来地主阿剌帖木儿雇脱里经营葡萄园的目的是以葡萄酿酒。脱里只靠得到的实物工资果酒是不能维持生计的，显然他必须出售大部分果酒以换取生活必需品。脱里一次得到两年的工资，说明雇主阿剌帖木儿拖欠他的工钱已经很久了。阿剌帖木儿所从事的虽是商品生产，但整个吐鲁番地区贸易尚处在物物交换阶段，以致雇主阿剌帖木儿无法以货币支付脱里的劳务。由于雇农必须以实物工资从市场上换得生活必需品，这一点决定当时在吐鲁番不可能有较大数量的雇农。

宋元时代，畏兀儿地的封建经济已经相当发达，社会上已有为各种需求服务的行业，租赁业便是其中之一。一份畏兀儿文文书提到，一个名叫哈阑忽赤（Qaranguč）的人因欲出远门，需用驼畜，以29 块棉布为价租用了赫卜里都（Qipridu）的驴。契约不但规定了应在完好的状况下归还驴，还规定了途中喂料的种类、次数、数量，甚至在道路状况不好的地段每日应休息的次数等②。出租驴不同于出售驴，只有在求租需求量较大的情况下，出租业才能维持下去。而对于驼畜出租以后役使、饲养的条件细则，也只有在租赁业较为发达的地区，才可能十分详备。由此推知，驼畜出租业在当时的吐鲁番是一种相当兴旺的行业。唯如何监督契约中所规定的使役，承租条件的实施，尚不得而知。此外，

① 拉德洛夫《畏兀儿语文献》，第6页，文献6。tembin 是一种大容器。
② 同上书，第4页，文献3。

承租一方支付抵押金的情况也不清楚。有可能契约双方是乡亲邻里，故免去这一项。

十六、赊购、借贷与高利贷

商业与信用是联系在一起的。在当时的畏兀儿社会，信用体现在赊销交易中。从现存文献看，较大数量的赊销需订立契约，规定支付期限，期限一般不长。如逾期不能支付，则必须处以罚金。一份畏兀儿文赊购契约提到，燕帖木儿需要一种称为塔只儿（Tajar）的物品，从桑哥（Sänggä）和柏帖木儿（Pai-tämür）两人处赊购了一批总价为 55 块棉布的塔只儿，约定应在当月支付。如到期无法支付，则契约规定，每欠一块棉布便要加罚一块棉布。[1] 契约没有说明赊购与现金购买之间价格上的差异。这或许表明资金周转的速度对商业的重要意义还未被认识。契约对逾期的罚金也未规定支付的期限与支付条件，可能是因为惩罚金额规定得高，制约了赊购人的违约行为。

在另一份赊购契约中提到，一个名叫秃儿柏（Turpai）的酿坊主，因制酒需用棉布，从黑欲母秃处赊购得一块半棉布。规定的支付期限是秋初，而支付的是葡萄酒。契约说，如到期不能支付，则赊购者秃儿柏"付以群众中习惯的利息"。[2] 严格地说，契约双方进行的是物物交换的赊购交易，这是货币经济不够发达的产物。秃儿柏是酿坊主，所以他用自己的产品来支付为维持生产而购置的棉布。也许是因为酿造业有一定的生产周期的缘故，他只有赊购才能置齐生产上所必需的资料，所谓"群众中习惯的利息"说明，畏兀儿人对商业上的延期支付是有传统规定的。

在畏兀儿人中，高利贷十分流行，一般利率为 100%。这一类借贷

---

① 拉德洛夫《畏兀儿语文献》，第 8 页，文献 8。
② 同上书，第 10—11 页，文献 10。

契约已发现不少。一份畏兀儿文书写道："因为我，海释都（Qaisīdu）需要借附息的麻［油］，从燕帖木儿（El-tämür）处得到一桶油。秋季我将归还两桶油。如延期支付，则支付人们所习惯的利息。"[1] 由于在畏兀儿人中，货币尚未成为普遍的流通手段，所以高利贷者贷出的常常是实物。除了食油、棉布之类外，还有酒类。[2] 当时社会上，商人们贷出的各种实物，都要加倍付还。有一份文书提到一个叫忽麻失柏（Qumaš-bai）的人，从赫里母秃处借得 12 碗油，规定秋后归还 22 碗油，[3] 利率仍然接近一倍，足见社会上一般的借贷利息都是 100% 左右。提到现金借贷的只有一份文书，曰：卜里迷失（Pulmiš）从坎斡兀立处借得 6 两白银，不论借多久，"每两贷银每日支付 150 文银子的利息"。[4] 这种月息 15% 的高利贷，7 个月后就足以使利息额超过原贷金额。高利率反映了畏兀儿地区社会生产落后，可供贷出的资源不足。高利贷者凭借优厚的利钱过寄生生活，穷人却终年在贫困中挣扎。这种高利盘剥严重地阻碍畏兀儿社会生产的发展。

十七、14 世纪不花剌不动产文书的发现及其概况

1959 年，苏联学者齐赫维奇撰文介绍了他的重要发现——14 世纪前半叶的不花剌陵园不动产文书，[5] 1965 年又出版了专著《十四世纪的不花剌文书》。[6]

---

[1]　拉德洛夫《畏兀儿语文献》，第 7 页，文献 7。
[2]　同上书，第 27 页，文献 22；第 54—55 页，文献 37；第 43 页，文献 29；第 52 页，文献 34；第 1—2 页，文献 1。
[3]　同上书，第 41 页，文献 27。
[4]　同上书，第 25 页，文献 18。
[5]　《有关不花剌十四世纪初叶历史的新史料》，载《东方学问题杂志》，莫斯科，第 148—161 页。
[6]　苏维埃乌兹别克社会主义共和国出版社，1965 年。

　　齐赫维奇发现并集中刊出的，是 13 世纪中亚回回著名苏菲派长老赛甫丁·巴哈儿兹（Shaykh Sayf al-Dīn Bākharzī）之孙不·马法黑儿·叶海亚长老（Shaykh Abū al-Mafākhir Yaḥyā），为其祖父陵园（rawẓa）及其寺院（khāniqāh）作为不动产所捐出的田产和设施的契约文书。赛甫丁·巴哈儿兹是 13 世纪不花剌城中的显赫人物。他的名字在 13—15 世纪中亚的伊斯兰文献中屡屡出现。早年他曾是花剌子模苏菲派最著名的长老匿只马丁·忽不剌的 13 弟子（murīd）之一，[①] 忽不剌长老死后，[②] 他在不花剌以忽不剌的继承人身份活动，时人称为"世界之长老"（Shaykh al-'Alam）。由于他的名声，拥立蒙哥即皇位之术赤之子别儿哥，在参加即位大典后归国途中，曾于不花剌造访他，并在其规劝下皈依了伊斯兰教。[③] 他同察合台汗国的回回大臣哈八失·阿迷的也有十分密切的关系。[④] 蒙哥皇帝的母后唆鲁禾帖尼别吉出钱在不花剌设立的那所著名的清真寺，就委托他担任住持。[⑤] 他死后葬在不花剌郊外的法忒哈巴德（Fatḥābād），后来在其墓地修筑了陵园和寺院。[⑥] 寺院不

---

　　① 木思脱菲《选史》（Hamd-allāh Mustawfī：Tā'rīkh-i Guzīda），第 669 页。

　　② 关于他死于蒙古征服花剌子模之战一事，见《史集》，并见木思脱菲《选史》，第 669 页；宏达迷儿《生命之旅之友》（Khwānd-amīr：Ḥabīb al-Siyar）卷 3，第 35—37 页。

　　③ 扎马剌·哈儿昔《苏剌赫字典补编》（Jamāl al-Qarshī：Mulhaqāt al-Ṣurāh），见巴托尔德《蒙古入侵时期的突厥斯坦》第一部分，史料，第 136 页。这一史料有华涛汉译《贾玛尔·喀尔施和他的〈苏拉赫字典补编〉》，分为上、下两篇，载于南京大学《元史及北方民族史研究集刊》第 10 期（1986 年）和第 11 期（1987 年）。

　　④ 巴托尔德《蒙古入侵时期的突厥斯坦》第一部分，史料，第 102 页，正文英译本，1968 年版，第 468—469 页，注 51。

　　⑤ 《世界征服者史》汉译本，第 657 页；宏达迷儿上引书卷 3，第 61 页。

　　⑥ 对于赛甫丁·巴哈儿兹的卒年，木思脱菲（同上书第 671 页）与宏达迷儿（上引书，卷 3，第 61 页）说在伊斯兰太阴历 658 年（1259—1260），其他各家的记载，见加藤和秀《十四世纪不花剌的寺院不动产文书》，《東洋學報》52 卷第 4 号，第 122 页，注 8。

动产的设立人叶海亚长老是巴哈儿兹长老的次子不鲁罕丁·阿合马
(Burhān al-Dīn Aḥmad) 之子。他为搜求祖先的遗迹，从起儿漫来到不
花剌。伊本·白图泰在其游记中曾提到过叶海亚长老捐献给他祖父陵园
的规模巨大的不动产："我们在不花剌寄宿在关厢法忒哈巴德，就是学
者、脱离红尘的赛甫丁·巴哈儿兹长老的坟墓所在地。他是一个大贤
人，该道堂即为该长老所建，我们就寄宿在那里。这是一大道堂，有很
多慈善基金，供给过往行人食宿，现任长老是他的后裔，他就是游方的
朝圣者叶海亚·巴哈儿兹。"[①] 赛甫丁的孙子叶海亚死于伊斯兰太阴历
736 年（1335—1336），葬在祖父的陵园中。

齐赫维奇所刊布的巴哈儿兹陵园寺院不动产文书，包括以下六份
文献：

第一份，署明日期：伊斯兰 726 年斋月初 1 日（1326 年 8 月 1
日），详细地写明了叶海亚长老捐出财产的动机，捐出的土地及诸设施
的清单以及捐出财产的要求和条件。这份文献有 994 行，占六份不动产
文书总量的 90% 以上，是所有文献中最重要的一份。

第二份，署明日期：伊斯兰太阴历 726 年斋月初 3 日（1326 年 8 月
3 日），是一份不花剌的哈的（qāzī，法官）写下的承认这一不动产的
设立，并命令不动产的设立者履行义务的证明文书。全文共 21 行。

第三份文书同于第二份文书，也是不花剌的法官写的承认上述第 1
份文书写作过程的真实性的证明文书。虽未署明日期，但可推测，其发
出时间应与第二份相同。全文共 9 行。

第四份文书，署明日期：伊斯兰太阴历 734 年 1 月 25 日（1333 年
10 月 6 日），是一份把设立不动产时（1326）还不属于叶海亚的一个村
子的一半，转入寺院不动产的证明文书。全文共 70 行。

以上四份是元代文献。第五份是 18 世纪的一份向巴哈儿兹陵园捐

---

① 《伊本·白图泰游记》，马金鹏汉译本，宁夏人民出版社，1981 年，第
299—300 页。

出财产的证明文件。第六份是一份 19 世纪的修整寺院不动产的文书，这两份文献不在我们讨论的范围内。本文拟讨论上述第一份文献。这份叶海亚捐出财产的文件，是现存中亚最古老的寺院不动产文书，内容丰富，是研究察合台汗国中期河中地区社会政治状况的极为重要的历史文献。其原件已经亡佚，有三种抄本保存下来，齐赫维奇分别以 A，B，Б 表示之。写本 A 现存塔什干的乌兹别克中央文书局（Центральный государственный архив узбекиской ССР，Ф. И-323，No. 1183），写本 B 也收藏于乌兹别克中央文书局（Ф. И-323，No. 1196），写本 Б 藏于布哈拉国立图书馆（Бухараская государственная библиоте，No. 195）。

十八、陵园不动产文书的内容

第一份文件，即叶海亚捐出自己的产业，设立其祖父陵园不动产的文书，包括以下部分：

一、赞美真主。叙述叶海亚捐出财产的动机（吉洪诺夫校勘文本，第 1—79 行）。

二、所捐出的作为陵园不动产的土地及其附属设施的明细表，上述田产的四至及范围，与上述田产相邻的土地及其占有者（校勘文本，第 80—705 行）。

三、叙述陵园不动产设立人叶海亚订立的不动产管理规定细则，包括经营陵园田产所得收入的开支项目，不动产诸设施专职人员之任免，田产的使用条件，在外部强权势力或官方对陵园干涉和侵害时的对策，以及解放了的奴隶的待遇（校勘文本，第 706—943 行）。

四、陵园不动产的设立以及捐出产业的文件的书写过程的真实性的证明，由 46 位证人联合署名（校勘文本，第 944—989 行）。

这份文件中，叶海亚介绍自己捐出巨额的田产，作为其祖父陵园的不动产的动机是：1. 因为现世一时的善行会导致来世的永远幸福。

2. 捐出的财产，在转变为宗教设施的不动产后，其经营收入由于用于施舍供养（ṣadaqat）使其名声永垂不朽。分析这一庄严的表白的背后所透露的真相，会使其纯宗教的宣传减色。我们不怀疑叶海亚设立巴哈儿兹长老陵园不动产时用意虔诚，但叶海亚是巴哈儿兹长老的嫡孙，他的家族是一二个世纪以来中亚最著名的家族之一。显然叶海亚设置其祖父陵园不动产的真正目的在于褒扬自己在历史上留下名字的祖先。同时，由于陵园不动产的设立得到官方的承认，使这一笔巨额产业的出卖、赠送、转让等损减行为变为非法。文件中对巴哈儿兹长老一族的后代享受陵园不动产的经营所得的条件作了具体规定，由此可以看出，叶海亚捐出田产归之于其祖父陵园，含有确保其家族后代永远不致丧失生计的目的。[①]

第一份文件还罗列不动产的收入所要维持的设施和确定的开支项目，包括其祖父的陵园、寺院以及预定要建造的第二所寺院，并修建苦行僧生活之僧房（ḥujarāt）以及居室（khalvat-khāna）。

十九、规模惊人的陵园不动产

按第一份文件，1326年叶海亚捐出的田产包括如下部分：

（一）法剌干村（dīh-i Fārakan）及其耕地（ẓayā'āt）和宅地（'aqārāt），属于不花剌诸村之一，靠该村自己的灌渠（jūy-i khāṣṣ）供水，还部分地靠麻儿黑扎儿察（义为"小牧场"）灌渠（jūy-i Marghzūrcha）和恼哈思（义为"新干草"）灌渠（jūy-i Mawkhas）供水。其附属地中一部分是肥沃而宜于耕种的庭园（bāgh）和田地

---

① 齐赫维奇指出，对宗教设施不动产作如此详细的规定，这在中亚类似的有关不动产文献中是仅见的，因此对中亚的寺院不动产研究具有重要意义。见其论文《论十四世纪不花剌的农民史》，第72页。（见本书236页注⑤）关于对叶海亚设立其祖父陵园不动产的动机的分析，见加藤和秀《十四世纪不花剌的不动产文书》，第124页。（见本书236页注⑦）

（zamīn），而另一部分则位于一座已经荒芜的高丘（yakī tall-i 'ālī）之上，这里有一些房屋的遗迹（sarāy-hā）和卡的瓦儿农民们（kadīvarān）及木扎里农民们（muzāri' ān）的居处[①]（文件原文第80—172 行）。

（二）兀失米云村（dīh-i Ushmiyūn）及其附属地和宅地，属于不花剌之诸村之一，靠恼哈思（"新干草"）灌渠和本村所固有的沟渠供水。其宅地位于已荒芜的一座高丘上，那里曾有一些清真寺（masājid）、房屋、仓房（ambār-khāna-hā）和卡的瓦儿农民的居处，在田产捐出时，已全部成为屋舍。其附属地由一些曾被废弃、现已翻耕的庭园（bāgh-i kanda-hā-yi kharāb），一座良好的鸽舍（yakī kabātar-khana-yi ābādān）以及许多适宜耕作的土地组成（第 172—208 行）。

（三）亦巴地小村（dīhcha-yi 'Ibādī，译言"奉献者"小村）及其附属地，属于不花剌的诸村之一，从恼哈思（"新干草"）灌渠与兀失米云灌渠引水。其宅地有木扎里农民的住房，而其属地则由许多宜于耕作播种的土地组成（第 208—225 行）。

（四）"以比只姬冬营闻名的村子"（dīhī ka ma' rūf ast ba-qishlāq-i Bījigī）及其宅地和附属地，属于不花剌之诸村之一，从麻儿黑扎儿察（"小牧场"）灌渠和兀失米云灌渠引水。其宅地由已毁坏的居地、畜厩（marābit）和寺院的房屋组成，而附属地由许多宜于耕作与播种的土地组成（第 225—236 行）。

（五）阿即思朗之诸地（zamīm-hā-yi 'Azīzlang）和格儿敦·卡什诸地（zamīn-hā-yi Gardūn-kash），合计广约 100 帕剌（pāra）[②]，这些

---

① Kadīvarān，波斯语，义为地主、村寨之主。而 muzāri' ān 则由阿拉伯语 muzāri'（播种者，农民），加上波斯语复数词尾 ān 构成。关于这两种农民的区别，将在后面论及。

② pāra，波斯语训为"块"，此处用作丈量单位。

土地互相衔接，宜于耕作播种，它们都是不花剌市街的麻儿黑扎儿察村（"小牧场"村）之地产（ziyā'-i dīh-i Marghzūrcha）的属地，皆由麻儿黑扎儿察（"小牧场"）灌渠引水（第236—244行）。

（六）扎罕只底扎村（dīh-i Zakhanjdīza）及其宅地和附属地，属于不花剌的诸村之一，大部分土地从奴米腾（Nūmītan）及撒僻得门（Sapīdmūn）灌渠引水，部分田园由扎儿麻奈黑（Zarmanākh）灌渠供水。其宅地位于一座矮丘之上，那里有木扎里农民生活的住房。附属地由许多宜于耕作及播种的土地组成（第244—277行）。

（七）属于不花剌之地的，位于哈恼只·阿鲁珊·苦喝纳村（dīh-i Hawẓ-i'Arūsān-i Kuhna，译言"古代新娘们之水塘之村"）①的土地和已开垦的庭园。由下列四片土地组成：

（1）互相邻接且宜于耕作播种的21帕剌土地，全部靠法里顺村的（渠）口（Kām-i dīh-i Farīshūn）供水。此处有一座已毁坏的亭馆（yakī kūsbk-i kharāb）和水塘（hawẓ），以及曾被荒弃，但现已开垦了的葡萄园（raz-khanda-yi kharāb）（第279—296行）。

（2）7帕剌只有部分围墙（dīvār）的庭园，它曾经荒芜过，但当时又重新开垦。靠哈恼只·阿鲁珊（"新娘们"）灌渠引水。那里有被破坏了的亭馆及贮水池（第296—300行）。

（3）互相邻接之2块曾经荒芜，但已复垦的庭园和24帕剌宜于耕作播种之土地，靠法里顺村之［渠］口引水（第300—307行）。

（4）由54帕剌田地和3块曾经荒芜，但已复垦的庭园，及由墙之基石（pākhīra-yi dīvār）环绕的，曾经荒芜但已复垦的葡萄园组成之耕地。均靠法里顺村之［渠］口供水（第307—316行）。

---

① dīh，波斯语，译言村子。Hawẓ，水塘。'arūs，新娘；'arūsān，新娘们。Kuhna，古老的。

（八）法忒哈巴德镇（qasaba-yi Fatḥābād）①及其宅地与耕地。此村乃赛甫丁·巴哈儿兹长老所建，由属于不花剌之法失温（Fāshūn）灌渠和阿得剌合（Adraqa）灌渠供水。其宅地包括村民住家，巴哈儿兹的陵园、寺院居民们（sākinān）和寺院的执事们（kārkunān）之诸小房屋（sarāycha-hā），一些干草库（kāhdān-hā），几座畜厩（ākhūr-hā）。其附属地包括草地（rawża）、荷花园（nīlūfar），以及一些其他庭园，还包括一些建筑物和许多宜于耕作的田地（第319—387行）。

（九）法里顺村（dīh-i Farīshūn）及其宅地和附属地，属不花剌之法儿罕达得（'amal-i Farghandad）地区。由法里顺之［渠］口和哈麻（译言芦苇）大水渠（nahr-i buzurg-i Khāma）供水。其宅地是一座大丘，上面有各种建筑。附属地由许多宜于耕作和播种的田地组成（第387—421行）。

（十）剌只讷村（dīh-i Razīna）及其宅地和附属地，属不花剌之诸村之一，从阿忽儿巴丁渠（Ākhūrbadīn）引水。其宅地位于一座山丘之上，那里有卡的瓦儿农民的居处。附属地由许多宜于耕作和播种的土地组成（第421—436行）。

（十一）卡瓦的扎村（dīh-i Kāvākdīza）②及其宅地与附属地，属于不花剌的诸村之一，从兀失米云（Ushmiyūn）灌渠引水。其宅地位于一座山丘之上，上面曾有卡的瓦儿农民们的居处。附属地由一个大池塘（yakī kūl-i buzurg）以及许多宜于耕作的土地组成（第436—446行）。

（十二）哈撒剌村（dīh-i Kāsara）之一半及其公有物之一半（yak tīr az du tīr va hamān nīmayi mushā'-i dīh-i Kāsara），其宅地和耕地，属于不花剌之忽忒法儿地区（'amal-i Khutfar）。从阿卡［渠］口（kām-i

---

① fatḥ，阿拉伯语，译言胜利；ābād，波斯语，此言繁荣的；故此村名义为"胜利繁荣之村"。

② kāvāk，义为鸟窝；dīza，义为锅，锅状物；故此村庄的含义为"鸟窝村"。

'Akka）供水。其宅地是一座高丘，另外还有两座分别称为素合黑的子（Sukhākhdīz）和只罕打（Zbīhandāk）的山丘。耕地由曾经荒芜但已复垦的庭园和许多宜于耕作播种的土地组成（第446—483行）。

（十三）磨坊"忽失黑"村和剌合卡纳村的一半及其公共物的一半（yak tūr az du tūr va hamān nīma-yi mushā 'az hamagī dīh-i Kūshk-i Āsiyā wa Rākhkana），[①]其宅地及耕地，属不花剌之阿卡渠口地区（'amal-i Kām-i 'Akka）。由本村固有的灌渠引水。另外在费丹山丘的土地中（zamīn-hā-yi tall-i Vītan）法黑塔新（Fagbīṭasīn），每周按比例有一昼夜的引水权（ḥaqq-āba）。其宅地包括贮水池、寺院、一些坟地（maqābir）及一所完好的、当时正运转着的磨坊（āsiyā-yi gardān-i ma'mūr）。附属地由业已修建完好的庭园、建筑物和许多宜于耕作的土地组成（第483—663行）。

上面已经提到，1333年，磨坊"忽失黑"村与剌合卡纳村（田产之第13部分）之另一半，[②]原先属于异密朵剌歹（Amīr Dūladāy）所有的田产，也被叶海亚长老买下，[③]并捐献出来，并入其祖父陵园的不动产。

上述文献中记载的水渠、村庄、地名中不少亦见于其他历史文献，许多今天还有迹可寻。齐赫维奇根据上述记载研究并作计算，得出结论：叶海亚所捐出的田产，包括了13个村子，从不花剌东北延伸到东南，面积达100多平方公里。[④]这实在是一份规模惊人的田产。[⑤]

---

① 这两个村庄的名称据写本A转写。然而吉洪诺夫根据写本B和Б将此二村子的名称读为一个村子的名称：忽失黑·阿昔牙（此言磨坊）瓦卜哈纳村（dīh-i Kūshk-i Āsiyā-yi Vābkana），参见加藤和秀《十四世纪不花剌的不动产文书》，第130页，注26。（见本书237页注②）

② 文件4，第27—39行，并见齐赫维奇著作（见本书236页注⑦）第14页，齐氏将此二村读为一村。

③ 文件4，第26—30行、34—35行。

④ 齐赫维奇著作（见本书236页注⑦）第14页。

⑤ 关于叶海亚捐出田产的上述叙述，据加藤和秀论文。（见本书237页注②）

二十、不动产管理的规定细则及分析

大土地所有者靠出租土地收取地租来牟利，陵园不动产也不例外。值得注意的是，据此文件，第一手承租土地的人并不一定是直接从事生产活动的农民。有时大片土地租给某人，他把田产分割，再出租给农民，如此居间剥削。叶海亚所制定陵园不动产管理细则规定，田产租赁期为 2 年。承租人的身份亦有特别的限制：不花刺一带的达官贵人、诸如万户（amīr-i tūmān）、当地领主灭里（malik）、蒙古监领官八思哈（baskhāq）、诸官府吏员官长（vuzarā'-yi dīvān）及其子孙等，在任何情况下均不得租用此陵园不动产的田地设施。[①] 叶海亚的规定还特别提出，当社会上的强权势力对此不动产进行侵害时，例如强占陵园田产，向此不动产征税，向不动产执事者发出支付命令书（barāt）等情况下的对策：诉之以公理，向君王请命。并专门写明：当以此方法仍不能阻止侵害此陵园不动产的事态发展时，在公正贤明的君主未出现时，不得不采取最后手段，关闭此陵园不动产，停止其经营，任其荒芜，以等待时机。[②]

叶海亚所规定的陵园不动产承租人身份限制，以及对付外界暴力侵害的措施，绝不是无的放矢，它恰恰反映了当时居于察合台汗国统治地位的蒙古贵族，肆意侵夺人民财产，吞噬百姓血汗，以致压迫当地士绅的不法行为泛滥成灾的社会现实。叶海亚出自中亚回回名门望族，先祖曾协助蒙古贵族稳定统治，就其社会地位而言，至少他在世时，蒙古贵族不一定会明目张胆地抢夺他的财产。否则他不可能聚敛起为数如此巨大的财富。但叶海亚一定耳闻目睹过许多达官贵人明里暗里侵害百姓，乃至士绅的事，所以才会制定出不允许他们租用不动产田地的规定，以

---

① 文件 1，第 905—908 行。
② 文件 1，第 866—886 行。

预防将来他们中有人利用租用田产为手段，侵吞陵园不动产。这是当时河中地区社会上民族矛盾的缩影。

叶海亚属于社会上层人士，深知察合台汗国各级官府压榨百姓的手段很多，民间冤苦就是投诉汗廷，也未必能有效果，所以他才规定了在外界强权势力侵犯陵园不动产时的应付对策。至于规定承租时限为 2 年，显然主要是防止承租人把陵园田产据为己有。

对此巨大规模的产业，叶海亚是用委托管理的办法来经营的。细则规定，整个不动产由居住在寺院中的回回苏菲派教士们推举出两名司事（khādim）经营，而不动产的掌管人没塔完里（mutawallī）对之监督。具体做法为：在陵园不动产设立的第一年，没塔完里的职务由上述两位司事担任。一年后，没塔完里的职务移交给不动产的设立人叶海亚。伊本·白图泰在不花剌逗留时，担任没塔完里的就是叶海亚长老本人。按规定，叶海亚死后，没塔完里的职务由居住在法忒哈巴德的叶海亚家族的男性子孙继承。[①] 这样就保证了陵园不动产的控制权永远掌握在其设置人家族手中。

私有田产一经捐出，变为寺院、陵园、宗教设施的不动产之后，其性质必然发生变化。叶海亚捐出的田产转为陵园所有后，就变成了宗教设施基金，故须经蒙古官吏批准，因为寺院地产享受特权。蒙古贵族并非尊重宗教信仰，他们只不过把各种宗教都看成为他们的统治告天祝寿的工具。自成吉思汗时代起，僧、道、也里可温（基督教士）、达失蛮（伊斯兰教士）就一直受到优待。据汉文史料记载："成吉思皇帝圣旨，僧、道、也里可温、答失蛮种田呵，纳地税，做买卖呵，纳商税，其余差发免了者，么道圣旨有来。"[②] 由此可见，诸教僧人所享受的优待仅限于豁免差发而已。元中书省臣列数诸朝各种教士所受优待时，说：

---

① 文件 1，第 802—829 行。
② 《通制条格》卷 29《僧道》，第 331 页，第 330 页。

"在后哈罕皇帝时分，依着那体例行来。"① 即依成吉思汗旧制行事。今存 1238 年凤翔长春观公据碑记："和尚根底寺，也立乔大师（即也里可温）根底胡木剌（修道院），先生根底观院，达失蛮根底密昔吉（礼拜寺，阿拉伯语 masjid），那里的每引头儿拜天底人，不得俗人骚扰，不拣甚么差发休教出者。破坏了的房舍、旧的寺观修补者。我每名字里，交祝寿念经者。"② 据此圣旨，除了损坏的寺观须加修补外，诸色僧人所享受的也只是差发豁免。足见史料所记不伪。

这种情况在元定宗贵由时代发生变化。元中书省臣向元世祖报告时指出："自贵由皇帝（即元定宗贵由）至今，僧、道、也里可温、答失蛮种田呵，不纳地税，做买卖不纳商税"。③ 据此可推知，贵由、蒙哥两朝直至世祖中统五年（1264），蒙古国内诸教寺院所享受特权扩大到免纳地税、商税。中统五年以后，重新对诸色寺院开征地税、商税的旨意，由于河中之地不再属于大汗直辖，在不花剌没有推行。叶海亚捐出的田产，转为宗教设施不动产的行为，经不花剌蒙古官府的确认后，可享受免除税收差发的特权。

根据叶海亚制定的规则，没塔完里可将不动产岁入用于下列开支：

（一）支付巴哈儿兹长老陵园以及寺院、准备建立的新院地基周围的房舍（khalvat khāna-ha）、单身卧房（masākin-i fuqarā-yi mujarrad）、朝圣者们之舍馆（manāzil-i nuzūl-i musāfirān）、诸会聚室（jamā'at-khāna-hā）、畜厩（istabl）、热水净室（garmāba）等设施的修复费用，支付上述设施中的必需品的添置和修复，如地毯、毛毯、席锅、器皿以及陵园、寺院中做礼拜、诵读《古兰经》时所需燃灯照明之费。④

（二）用于居于陵园寺院中的回回教士、朝圣者、造访者每日之饮

① 《通制条格》卷 29《僧道》，第 331 页，第 330 页。
② 蔡美彪《元代白话碑集录》，第 5 页。
③ 《通制条格》卷 29，第 331 页，第 330 页。（见本书 287 页注②）
④ 文件 1，第 707—724 行。

食开支，例如炊饼和汤等。这些人的生活十分优越，冬季日常饮食之外另有蜂蜜（dūsh-āb）和桃酱（halū-yi pukhta），夏季则外加葡萄（angūr）和甜瓜（kharbuza）。此项开支有限额，不得超过 500 芒（man）。每逢宗教节日，如开斋节等，则以此款给价购牛、羊、驼肉及食物等，分发给附近村民。[1]

（三）支付陵园不动产的执事、没塔完里、寺院长老、伊祠目等人每日饮食。每人每年添置一套衣服（yak dasta-yi jāma）及一套鞋袜（yak juft-i pā-yi afzār），[2] 支付为上述人员房舍添置必要之陈设用品，[3] 以及离此寺去朝圣的迭里威失（苦行僧）和苏菲的盘缠、鞋袜、路粮（khulq-i khānqāh 和 zavāda-yi rāh）等。[4]

（四）用于支付叶海亚家族中那些居于本地充任迭里威失（苦行僧）而没有任何生计的人的饮食。[5]

（五）支付上述诸项之后剩余的款项，全部用于向法忒哈巴德一带的穷人、孤儿、寡妇赠送衣服及鞋袜。[6]

二十一、14 世纪不花剌的土地占有者

齐赫维奇所发现的陵园不动产文书，包含了丰富的有关 14 世纪上半叶河中地区农村土地所有状况以及社会矛盾的材料。在封建社会里，土地作为最重要的生产资料主要掌握在地主手里。从巴哈儿兹长老陵园不动产文件看来，当时地主手中的土地可分为以下几种类型：

---

[1] 文件 1，第 724—734、749—764 行。
[2] 文件 1，第 764—772、797—802、896—899 行。
[3] 文件 1，第 735—737、743—746 行。
[4] 文件 1，第 772—775 行。
[5] 文件 1，第 775—782 行。
[6] 文件 1，第 887—896 行。以上参见加藤和秀论文《十四世纪不花剌的不动产文书》，第 132—133 页。（见本书 237 页注②）

（一）王室及贵族领土

当时统治中亚的是成吉思汗次子察合台的后裔。在察合台汗国中，还有成吉思汗其他诸子诸侄之后裔，他们与察合台的子孙一道，构成了当时中亚社会的最上层。许多执掌兵权的蒙古诸王、驸马长驻在突厥斯坦草原，但也有一些驻扎在城郭之地，例如河中。在城郭农耕区中，有蒙古贵族的食邑。在文件 1 叙述叶海亚捐出田产的四至和相邻土地时，曾三次提到这种食邑（mamlaka-yi īnjū）。[①] 在不花剌这样繁华富庶的大城郊外，有诸王贵族领地是毫不奇怪的。

（二）官田

官田指国有土地。蒙元时代中亚的官田，是来自萨曼王朝、哈剌汗朝、西辽和花剌子模王朝，还是来自蒙古贵族没收的达官贵人的田产，尚有待于研究。文件 1 在叙述叶海亚捐出的田产四至时，曾多次提及 mamlaka-yi dīvān，[②] 即官田。足见不花剌郊外有大量的官田存在。

（三）官僚地主土地

许多在朝中或地方官府中为宦的大小官僚，也在农村占有田产。上述文件提到磨坊"忽失黑"村与剌合卡纳村的一半田产，在 1326 年时属于叶海亚，而另一半则属于一位名曰朵剌歹（Dūladāy）的异密。[③] 文件 1 还提到了这位朵剌歹异密所拥有的田产：六处庭园、两块葡萄园和一所粉坊，[④] 都在与叶海亚的田产相邻接的地方，文件 1 在叙述被捐

---

① 文件 1，第 428、429、499 行。

② 文件 1，第 92、179、453、455、456、498—499 行。

③ 见本文之第十九节。

④ 文件 1，第 519—520、534—544、554—555、581—582、591 行（以上有关朵剌歹的六处庭园）；关于两块葡萄园见文件 1，第 560 行；关于其粉坊，见文件 1，第 563—564 行。

出转为陵园不动产的土地的四邻时，提到了许多戴有异密头衔的人物，他们的私有田地及庭园分布在叶海亚捐出的田产的四周，[①] 通过这些材料，我们可以窥见，当时在察合台汗国各级官府中的大小吏员，对土地的强烈占有欲望。陵园不动产管理规则中，关于在任何情况下不得向拥有权力的达官贵人及其子嗣出租不动产所属田产的规定，向我们透露出许多异密官吏是通过强权威逼、暴力侵夺等种种非法手段来占有土地的。异密和达官贵人们也通过买卖土地的方法来聚敛财富。朵剌歹异密就在叶海亚的陵园不动产设立 7 年后，把自己与陵园田产相邻的两个村庄的一半及其附属土地、设施卖给了叶海亚。

这些官僚地主，与后来在察合台汗国内实行封建割据的那些大异密属于同一阶层。他们通过聚敛财富、侵占土地，在经济上取得了举足轻重的地位，为他们一二十年后在政治上崛起打下了坚实的基础。

（四）世族地主土地

叶海亚本人可作为这一类地主的典型，他的祖父在蒙古征服中亚以前就是花剌子模国中苏菲教派的显赫人物。蒙古征服中亚以后，他转而为新主子服务。进入中亚的蒙古人数量有限，他们不得不依靠当地的回回贵族来实行统治，而巴哈儿兹长老这一类人物，就是蒙古人拉拢依靠的对象。从叶海亚所捐出的为数惊人的私产可知，蒙古统治没有触动大土地所有者霸占大量田产和剥削农民这种封建的经济关系。世族大地主投靠蒙古贵族后，政治上获得了新靠山，其财产聚敛的速度继续地保持着。文件 1 除了列举了叶海亚已捐出的上述 13 处庄园，100 余平方公里的田地外，还提了他的另外 24 所庭园、一片农田和一所磨坊，[②] 均与已捐出的田产相邻。可见，尽管叶海亚捐出的田产数目如此巨大，但这些

---

① 文件 1，第 184、259—260、308—310、525—526、629 及 632 行。

② 文件 1，第 150、152—153、158—159、467、469、475—476、504—507、509、512、546、549、559、561—562、582—583、594—595、526—527 和 550 行。

并不是他的全部财产。可以设想，除了上述产业以外，叶海亚在其他地方还有不少田产。正是依靠自己剩余田产之经营所得，他才可能在 7 年后又买下 2 个村子的一半捐献给自己祖父的陵园。

叶海亚家族过去可算为官僚地主，但他本人已退出官场，不再为宦，转为世族地主。从他的田庄与异密朵剌歹相邻，两人之间又达成土地交易契约来看，像他这样的世族地主，与官僚地主之间必定有十分密切的经济联系。

（五）庶族地主土地

世族地主多出自那些世代处于社会上层的家族。庶族地主的活动舞台主要是本乡本土，他们是当时地主阶级的下层。世族地主和庶族地主有时也成为官僚地主欺压掠夺的对象。

二十二、奴隶与解放了的奴隶

根据文件 1 我们得知，当时河中一带有奴隶存在。奴隶获得自由以后，称为"解放了的奴隶"。文件提到了 18 名"解放了的奴隶"的名字及其族属。[①] 他们中，印度人（hindī）10 名，蒙古人（mughūlī）2 名，突厥人（turkī）2 名，契丹人、西辽人（? khitāyī）1 名，阿只迷人（'ajamī）[②] 1 名，印度阿只迷人（hindī 'ajamī）2 名。值得注意的是，这 18 名解放了的奴隶都不是河中本地人。这或许应以河中地区早已封建化，本地人中已无奴隶来源，而外族人在社会中处于少数，没有相应的习惯法保护他们，以致因种种原因沦为奴隶来解释。另外一个引起我们注意之处的是，这些解放了的奴隶中，有 2 名蒙古人、1 名契丹人。蒙古人是当时的统治民族，在蒙古征服时代和蒙古统治建立之初，

---

① 文件 1，第 914—939 行。

② 阿拉伯语，意为"波斯人"或"异教徒"。

绝不可能出现蒙古人沦为当地人奴隶之事。随着中亚蒙古政权独立化倾向的发展，蒙古贵族与中亚回回官僚及世族地主结合为一体，而迁居中亚的蒙古牧民仍如自己的祖先一样，世世代代为主人放牧。阶级矛盾逐渐地上升为主要矛盾。蒙古人沦为当地回回财主的奴隶之事，只有在这样的背景下才会发生。

契丹人是西辽的统治民族，蒙古征服中亚之初，随蒙古军队来到中亚的契丹人在社会上的地位也很高，他们与蒙古人一起，属于统治民族。契丹人沦为回回世族地主奴隶的背景，应与蒙古人类似。这个沦为奴隶的契丹人名 yulduz，突厥语，训为"星"，显然已经突厥化。

这 18 名奴隶原先分别从事的工作，除了个别人担任宗教职务，例如长老（shaykh）以外，都是一些低下的工作，如屠夫（qaṣṣāb）、园丁（bāghbān）、监水人（jūbān）、放驼人（sārbān）、牛倌（gāvbān）等。叶海亚买下了这些奴隶，"解放"了他们。"解放"是附有条件的，他们只能在陵园里劳动，不允许移居他处，更不允许逃亡。[1] 他们在陵园中分别充任佃农或寺院、陵园的执事。充任执事者，与其他执事一样，可得到免费的衣物、鞋袜。而成为佃农者，也与其他农夫一样，要将收成的 1/3 缴作地租。在文件 1 中叶海亚屡次提到，要以自由人来对待他们。但从他们比其他农夫更紧地被束缚于土地来看，他们的解放是不彻底的，他们实质上变成了农奴。[2]

二十三、14 世纪不花剌大地主庄园中的农民

巴哈儿兹长老陵园的收入来自农民交纳的地租，这一点在文件 1 中规定得很清楚：木扎里（muzār'）农民从土地取得收成后，先取自己

---

① 文献 1，第 914—939 行。
② 齐赫维奇著作（见本书 236 页注⑦）第 23 页；并见加藤和秀论文（见本书 237 页注②）第 133—134 页。

应得之份额，然后全部交到陵园之库房中清点。可见当时不花剌农村实行的是实物地租。① 承租陵园不动产的不仅有农民，也有其他处于农村上层的人。这些人也须交纳经营所得的 1/3 作为地租。叶海亚的田产虽然规模巨大，但其经营仍是传统的小农经济的集合。

本文中已数次提及卡的瓦儿（kadīvar）农民和木扎里（muzāri‘）农民。卡的瓦儿，波斯语，义为"土地占有者、村社长老"。木扎里，阿拉伯语，义为"播种者、农民"。

对于木扎里农民与地主的关系，文件 1 记道："［这些从陵园］土地上得到的产品（āncha ḥāṣil hāyad），那些木扎里们的份额扣除之后，全部集中到寺院（khāniqāh）的诸库房（ambār-hā）中去。"② 在另一处，该文件又提道："所有人，同其他木扎里们一样，必须向寺院的库房申报 1/3 的农产品（māl-i zirā‘at）。"③ 据此，木扎里显然是地主的佃农。

至于卡的瓦儿，文件 1 记曰："又一处庭园（bāgh），为了卡的瓦里（kadīvarī），已［租］给了马合木·马鲁失（Maḥmūd Ma‘rūsh）（ba-kadivari……dada shuda ast）。"④ 该文件还提道："为了卡的瓦里（ba-kadīvarī），马合木·马亦黑（Maḥmūd Mayghī）手中的庭园……"⑤ 卡的瓦里，波斯语，义为"农业的，园艺的"。这里，马鲁失和马亦黑两人，是以卡的瓦儿为条件租用土地的农民。至于所谓卡的瓦里（kadīvarī，园艺的）条件的具体内容，从文件中无法得知。文件把这种农民称为卡的瓦儿（kadīvar）。

对照文献可发现，出现卡的瓦儿条件处，提到的都是租用叶海亚私

① 齐赫维奇著作（见本书 236 页注⑦）第 19 页。
② 文件 1，第 706 行。
③ 文件 1，第 784 行。
④ 文件 1，第 158—159 行。
⑤ 文件 1，第 512 行。

田（milk-khāṣṣ），而不是租用陵园不动产土地。由此齐赫维奇认为：1. 在 14 世纪上半叶的不花剌，大地主与卡的瓦儿农民之间存在着以卡的瓦里（园艺的）一语所表示的相互关系。2. 其涉及的主要是私有土地。3. 卡的瓦儿农民与木扎里农民一样，是耕作领主土地的附属农民，没有自己的田地宅院。木扎里农民耕作的是寺院或陵园不动产田地，而卡的瓦儿农民则耕作地主的私有土地。[①]

齐赫维奇的上述意见有不尽确切之处。实际上在陵园不动产文书中列举了 15 个卡的瓦儿农民。除了租种领主土地外，其中 5 人被提到拥有自己的土地。例如优素福·本·纳吉布（Yūsuf b. Najīb）和密合塔儿·本·穆罕默德（Miḥtar b. Muḥammad），拥有果园、葡萄园和石榴园，法合鲁丁（Fakhr al-Dīn）和哈迷的·本·亦思哈黑（Ḥamīd b. Isḥāq）以及剌马赞（Ramaẓān）拥有果园。这足以证明，卡的瓦儿农民并不是没有田产房舍的农民。至于木扎里农民，虽从文献上看，他们租种的是陵园田产，但这并不能说明只有租种寺院或陵园田产的佃农才被称为木扎里农民。前面已经提到，巴哈儿兹长老陵园的不动产过去曾是叶海亚的私产。租种陵园田地的木扎里农民，从前就是叶海亚的佃户，当时他们耕种的是叶海亚的私属田产。

在文献中提及木扎里农民时，常常用复数形式 muzāri'ān，而在述其耕作的陵园土地时，常常以村为单位，但具体耕作人的名字又不在文献中出现。据此，似应考虑，木扎里农民不是他们个人与叶海亚发生关系，而是通过村与叶海亚联系。当时不花剌的"村"，应存在着村社结构。当时的村包括宅地和附属地。木扎里农民大约是村社中的下层农民，他们通过村社租用土地所有者在本村的土地。他们须向土地所有者交纳 1/3 的收成作为地租。

卡的瓦儿农民也生活在村社之中，他们拥有多少不等的私有田产，

---

① 齐赫维奇著作（见本书 236 页注⑦）第 16—17 页。

属于村社中较为富裕的农民阶层。他们也租种领主的土地，但不必通过村社，而是与领主之间达成了以卡的瓦里为条件的租佃契约。如是，则木扎里农民与卡的瓦儿农民分别构成了 13、14 世纪不花剌地区农民的下层和上层。[①]

二十四、不花剌城乡经济状况

河中地区的不花剌是中世纪中亚的经济重心所在，但从成吉思汗西征起，至叶海亚捐出田产设置陵园不动产的一百年中，不花剌地区受到的人为大破坏，仅见于文献记载的就达六次。前五次：成吉思汗西征、塔剌必起义、八剌的劫掠、伊利汗军的破坏和怯别的烧杀，已在本文第六节中提及。第六次是 1316 年，察合台汗国发生诸王也速儿叛乱，叛军大肆破坏不花剌。这个城市在蒙古时代遭受的命运，是整个中亚地区这一时期历史的缩影。从文件 1 的记载我们可看到，1326 年不花剌郊外还有许多荒废的建筑、房屋、宅地，还有许多荒弃的田园，这无疑是蒙古征服和上述破坏造成的。但文献同时反映出，许多荒芜的田园被复垦和重新开发，[②] 新的灌渠被开挖出来。[③] 经济走向恢复的势头明显可见。

元末周致中记撒麻耳干：其地"在西番回鹘之西，其国极富丽，城郭房屋皆与中国同。其国风景佳美，有似江南，繁富似中国，商人至其国多不思归。皆以金银为钱"。[④] 不花剌的景况应与此相去不远。

水是河中地区人民赖以生存的基本资源。阿姆河、锡尔河之间的土地远离海洋。这里发达的农业完全是人工灌溉养育起来的。一些阿拉伯

① 加藤和秀《关于十四世纪上半叶不花剌农村社会的考察——论卡的瓦儿农民与木札里农民》（见本书 237 页注③）第 79—90 页。

② 文件 1，第 82、133、134、153、201 行。

③ 文献 1，第 88、315、316 行等。

④ 《异域志》卷之下，陆峻岭校注本，中华书局，第 3 页。

地理学者在他们的著作中描述过河中地区四通八达的灌溉网，但这些都是局外人的记载。齐赫维奇刊布的文件，展现了不花剌人眼中水的地位：每言及一个村子就要说明该村水的来源。有的水渠纵贯几个村子的土地，沿途农田都有用水权。这种用水权的划分，在文件中被明确地记载下来，各村在灌溉季节中只能使用固定的配额。当土地所有权转移时，用水权也随之转移。大地主或村社还委派专职管水人员负责监督用水情况，协调有关各方在用水时产生的矛盾。有的水渠只是为灌溉某个村子而开掘的，所有权归本村所有。

二十五、结束语

从本文的研究可以看出，蒙元时代，中亚从经济上大致可分为三个"单元"：1. 阿姆河、锡尔河之间的广大农耕区。这里自古是中亚的经济中心，具备立国条件。2. 突厥斯坦东部的绿洲农耕区，以斡端和畏兀儿为代表。这里由于经济规模偏小，距汉地近，常为汉地控制，或建立区域性小国。3. 上述二者之间的过渡地带，锡尔河以东邻近草原的农耕区以讹打剌为代表，锡尔河中上游农耕区，如讹迹邗等，和草原城镇，如塔剌思、虎思斡儿朵和阿力麻里。由于有广阔的草原存在，所以这里数度建立过游牧—农耕混合类型经济的国家。

蒙古统治对中亚经济、文化的破坏是极为严重的。中亚西部的河中地区从成吉思汗西征开始，一百余年中受到反复破坏，故经济恢复缓慢。元政府与西北诸王之间的争夺战亦对畏兀儿地区及其周围造成严重破坏。

从西辽时代起直至元末的二百余年中，中亚处于游牧—农耕混合类型经济的统一政权控制之下。

本文的研究表明，整个中亚东西部之间经济上有明显的差异，不具备形成统一市场的条件。西部河中地区在元代仍然依照当地古代经济发展的模式在恢复，金、银、铜币的流通可为这种传统的代表。而畏兀儿地区，元代纸币虽一度通行，但在经济生活中占统治地位的仍是物物交易。

中亚东西这种经济发展类型上的差异以及地理上的距离，是最终造成察合台汗国分裂、西部出现帖木儿帝国、东部产生东察合台汗国的基本条件。

（原文载《中亚学刊》第四辑，1995 年）

古代东西贸易中的中国陶瓷

一、古代中国陶瓷海外觅踪

唐代，随着东西海上交往的迅速发展，中国的出口也急剧增长，许多中国商品在海外找到了市场。8世纪起，陶瓷器成为大宗出口品。唐代陶瓷"南青北白"，南方越州、长沙等地的陶瓷器大量涌进国际市场。考古发掘证明，当时广东是我国重要的外销瓷生产基地，陶瓷器外销量可观，陶瓷业初具外向型特色。在已经发现的22处唐代陶瓷窑址中，外销瓷窑有8座，占总数的36%，分布于沿海地区。其中粤东2座（潮州北郊、梅县水车各1座），粤中4座（南海、新会官冲、三水、广州西村各1座），粤西2座（廉江、遂溪各1座）①。

从国外考古发现看，菲律宾出土过唐代广州西村窑产的凤头壶②，泰国曼谷出土过梅县水车窑的产品③。30年前，笔者在参加联合国教科文组织发起的海上丝绸之路考察时，国际考察队在到达泰国南部暹罗湾畔素叻他尼府距柴亚（Chaiya）区6公里处的林坡（Laem Pho）村海

---

① 参见《广东唐宋窑址出土陶瓷》，香港大学冯平山博物馆，1985年，第11页。

② 张维持、胡晓曼《从出土陶瓷看古代中菲关系》，载《景德镇陶瓷（中国古陶瓷研究专辑）》第1辑，1983年。

③ 广东省博物馆《广东梅县古墓群和古窑址调查、发掘简报》，《考古》1987年第3期。

滨，这里是 9—10 世纪时的一处陶瓷器装卸码头，唐代长沙铜官窑与福建德化窑器残片在海滩上随处可见，数量极为惊人，不经意间就可拣到数十斤。素叻他尼府的地理位置在马来半岛最窄处，面向半岛东部的暹罗湾。而在攀牙府半岛另一侧，面向印度洋。考察队访问了当地一条小河 Takuapa 注入安达曼海的河口的一处遗址，那里可发现大量伊斯兰陶器残片。

马来半岛是西太平洋水系与北印度洋水系的分水岭。马来半岛之最窄处仅宽 36 公里，即泰国之克拉地峡。专家们认为，当时的太平洋—印度洋贸易多数并非远途直达贸易，其中有相当一部分是通过接力棒式的间接贸易的形式实现的。换言之，从唐末时起就有不少商贾把从中国购取的陶瓷器贩往海外，是以暹罗湾边像林坡一类的港口为终点港的。这些商人在这售卖从中国购得的铜官窑和德化窑器皿后，再装载当地商贩从马来半岛西侧运来的印度和其他异域货物，然后便候风返航。而来自印度、西亚的海商贾也往往避远求近，在渡过孟加拉湾之后来到安达曼海边如 Takuapa 河口这样的小港卸货，然后置办从马来半岛东侧暹罗湾边转运来的中国货，在北风起时返回印度、大食。而当地商人则利用马来半岛南部分割西太平洋与印度洋两大洋水系的有利地理位置，从事短途水陆转运贸易，他们在许多像林坡这样的地方卸货，由当地商人沿马来山岭下的小河西航运至山脚，再以畜力拉驼翻越马来山岭，到达岭脚后在 Takuapa 河一类的从马来山岭西坡流向安达曼海的小河上源装船，运至安达曼海边，等待从印度和大食来的海舶。在中国青瓷的影响之下，泰国也发展了一种青瓷，表面上与中国青瓷相似，但更为厚重些。

由马来半岛向西，东西海路交通的另一个中介点南亚次大陆南部，即斯里兰卡和南印度。斯里兰卡有几处重要的贸易港，如西北方的曼泰（Mantai）、北方的珊巴勒图拉（Sambalturai）、东北方的特林考玛里（Trincomalee，即亭可马里）、南方的哥达瓦雅（Godavaya）、西南方的西尼伽玛（Sinigama）和中世纪晚期的西方的高朗步（Colombo，今科伦坡）等。其中以位于斯里兰卡岛东北方与印度次大陆最近处的满泰半岛最为重要，笔者在参加海上丝绸之路考察时曾至其地，在那里发现许多 11 世纪前后的中国及伊斯兰陶瓷器残片。中国陶瓷中最早的为唐三彩、唐代越窑器、长沙铜官窑硬质陶及黑釉器皿。

与斯里兰卡隔海相望的印度南部宋元时称马八儿（Ma'abar），为阿拉伯语"港口"的复数，又称锁里（Cola）、南毗（Nambi）和西洋国，郑和时代称为"西洋锁里"。因其地处东西海路交通要道而成为中国陶瓷的重要市场和外销中转点。印度湿婆教徒进食方式简朴，地上铺一张芭蕉叶，食物置于叶上，盘腿而坐，用手抓食，不用餐具。因此，中世纪以前中国陶瓷器运销到印度的数量不多。印度北部伊斯兰化以后，当地人生活方式也因之有所变化，进餐时使用桌子，桌上摆置盛满食品的陶瓷器皿。因此，宋代以后中国陶瓷在印度社会的销路大增[1]。20 世纪 80 年代，印度泰米尔大学考古学教授苏拔拉雅鲁（Y. Subba-rayalu），在与斯里兰卡满泰半岛相对的印度南端海滨的帕里雅八丹（Pariyapattanam）的小村中，发现了一些 13—14 世纪的中国龙泉青瓷碎片和 14 世纪景德镇青花瓷碎片。1987 年印度考古学者对该村遗址进行了发掘，共发现了 1000 多件中国陶瓷器残片，其中青瓷占 60%（龙泉青瓷占 35%，福建青瓷占 25%），白瓷占 15%（德化白瓷占 10%，景德镇白瓷占 5%），青花瓷占 10%，均为景德镇产品，褐釉瓷占 10%，其他陶瓷占 5%，其中最早的一片似为 9—10 世纪的邢州窑产品[2]。日本东京大学教授辛岛昇认为，这个名曰帕里雅八丹的小村就是大八丹。因为 pariya 在泰米尔语中意为"大"，而 pattanam 则意为"港市"。

货物贸易的背后是人的交往。汉籍史料中可见乘风而来的蕃贾落脚

---

[1] 辛岛昇《13—14 世纪南印度与中国的贸易关系》，载《东西方海路交通》卷 1，1989 年，第 61 页。

[2] Karashima Nooboru（辛岛昇），*Trade Relations Between South India and China during the 13th and 14th Centuries*，Journal of East-West Maritime Relations 卷 1，1989 年，第 63 页。

中国东南港市如广州与泉州的记载，其实也有中国人旅居海外。元末汪大渊的《岛夷志略》中有一节题"土塔"条，记载南印度八丹之地有"土塔"，"居八丹之平原，木石围绕，有土砖甃塔，高数丈。上有汉字书云'咸淳三年毕工'。传闻中国之人其年哎彼，为书于石以刻之，至今不磨灭焉"。[1] 一个半世纪以前，来到印度的英国殖民者曾发现，南印度纳加帕塔姆（Negapatam）西北约一英里处的砖塔，俗称为"中国塔"。沃尔特·艾利奥特（Walter Elliot）曾将此塔图形惠赠给亨利·玉尔。后来亨利·玉尔在注《马可·波罗游记》时，提到此塔 1847 年尚存三层，至 1859 年颓坏不可复缮。日本学者藤田丰八指出，这个被亨利·玉尔在研究《马可·波罗游记》时所注意到的"中国塔"，即元末汪大渊在那里所见之"土塔"。[2] "土塔"所处"八丹之平原"中之"八丹"，应为泰米尔语 pattanam 的音译，意为"城墙围起来的城镇"[3]。此塔建于咸淳三年（1267），已在宋末。苏继庼校注的《岛夷志略校释》出版后 30 余年中，国内学术出版物中再无有关此塔新信息。林梅村教授在其新作《观沧海》中首次在国内公布该塔照片。据图片，至19 世纪中叶，该塔尚残存四层而非三层。所谓"三层"，当出自英文表述（英国计楼层时，底层不计入内）汉译时致误。[4]

唐代中期以后，中国的陶瓷已远销西亚和北非。黑衣大食的中心伊拉克是中国陶瓷器在西亚的主要销售地之一。宋元时代，中国瓷器仍然源源不断地被贩运至此。在巴格达以北 120 公里处的撒玛拉（阿拔斯王朝 836—892 年期间的都城），20 世纪进行过数次大规模调查与发掘，

---

① 汪大渊著，苏继庼校注《岛夷志略校释》，中华书局，1981 年，第 285 页。

② 同上书，第 286、287 页。

③ Krashima Nooboru（辛岛昇），"*Trade Relations between South India and China during the 13th and 14th Centuries*", *Journal of East-West Maritime Relations*，卷 1，1989 年，第 62 页。

④ 刘迎胜《"丝绸之路"上的新材料与新观点》，《解放日报》2018 年 8 月 10 日第 10 版。

发现有唐三彩式的碗、盘，绿釉和黄釉的瓷壶残片，白瓷、青瓷片多属晚唐、五代和宋代器物，其中不少为9—10世纪越窑瓷。在巴格达东南处的阿比尔塔，考古学家也发现了9—10世纪制作的褐色越窑瓷和华南白瓷残片。[①] 巴格达以南35公里处的斯宾城遗址中也发现12—13世纪龙泉青瓷片。伊拉克南部的库特城（Kut）东南70公里处的瓦西特（Wasit）出土了外侧起棱的南宋青瓷碎片和内侧及中央贴花的元代龙泉窑青瓷残片。

阿拔斯王朝的其他地区、蒙古时代的伊利汗国及其周邻地区，也有中国陶瓷的踪影。1931年至1938年丹麦国家博物馆调查队在叙利亚哈玛（Hamat）掘出过元代白瓷、青花瓷、青瓷残片。其中有些被考古学家辨认为宋德化窑白瓷片、南宋官窑的牡丹浮纹青瓷片和内侧及中央贴花的元代龙泉窑青瓷残片。在黎巴嫩贝卡谷地的巴勒贝克（Baalbek），发现了宋代龙泉窑莲花瓣纹青瓷碎片和元代花草纹的青花瓷碎片。

伊朗东部呼罗珊地区自古与中国关系密切。1936年、1937年、1939年美国纽约大都会博物馆三次发掘伊朗内沙布尔古城，发现大量唐宋瓷器与残件，其中有唐代广东窑白瓷钵、碗残件。[②] 此外，波斯湾地区还发现过中国宋代铜钱。巴林对岸沙特达兰市附近的卡提夫出土过北宋铜钱咸平元宝（998—1003）、绍圣元宝（1094—1097）和南宋的铜钱绍定元宝（1228—1233）。

埃及首都开罗城内的福斯塔特（al-Fustat，意为"帐幕"）遗址是海外著名的中国陶瓷发现地。考古学家们从1912年开始对这里进行发掘。除了埃及陶片以外，发现最多的就是中国陶瓷片，共发现约12000片，占全部发现瓷残片的1/60—1/50。中国陶瓷残片的时代自唐代至清代，其中以唐三彩残片的年代最早，此外还有邢州白瓷、越州瓷、黄

---

① 三上次男著，李锡经、高喜美译《陶瓷之路》，文物出版社，1984年，第82页。

② 沈福伟《中西文化交流史》，上海人民出版社1985年版，第208页。

褐釉瓷、长沙窑瓷等，而以越窑产品最多。至于宋瓷，多属影青瓷及龙泉窑瓷。这里发现的中国陶瓷多为华南制品，华北的极少，只发现了少量的辽白瓷，这个现象说明中国与红海地区的贸易港集中在华南。开罗发现中国瓷片的并非只有福斯塔特一处，如巴扑·达尔布·马鲁贺（Bab Darbal Mahruq）山丘就散布着许多中国陶瓷片，包括南宋、元、明时代的龙泉青瓷和景德镇青白瓷，也有元、明、清各代的青花瓷器。集中在福斯塔特的中国陶瓷被大食商贾们转贩至尼罗河河口处的亚历山大，然后再被转运至木兰皮（马格里布）诸国、地中海东岸诸地和欧洲。

埃及开罗城内福斯塔特发现的中国陶瓷，应有相当一部分来自位于今东非苏丹红海岸边的阿伊扎卜（'Aydhab）。据 12 世纪后半期旅行家伊本·朱拜尔（Ibn Jubayr）等人记载，10 世纪以来，从印度驶往埃及的商舶均先抵此，舶货中以中国瓷器为大宗。至今在阿伊扎卜绵延约 2 公里的海岸边，还散布着中国陶瓷碎片，其最早者为唐末器物，还有越窑青瓷、龙泉青瓷、白瓷、青白瓷、青花器、黑褐釉瓷等，时代从唐末至明初。在一些朴质无华的黑褐釉壶的残片内，可发现有"口清香"字样的戳印，这些发现证实了文献记载的可靠性。中国瓷器运抵阿伊扎卜后，一般使用驼队运到尼罗河中游的库斯和阿斯旺。从库斯可溯尼罗河而上，运抵埃塞俄比亚，从阿斯旺可顺流而下，运往福斯塔特和尼罗河口。红海边另一个装卸中国瓷器的重要港口是埃及南部的库塞尔，距苏伊士湾口约 650 公里，至今那里尚可找到大量中国唐末宋初的越州窑瓷、龙泉青瓷、景德镇青白瓷和元末明初的青花瓷碎片。

唐宋以后，瓜达富伊角以南的东非地区也成为中国陶瓷的重要销售市场。在东非沿岸的许多遗址，中国瓷片堆积之多简直可以整铲整铲地挖掘。[①] 这些中国陶瓷残片的发现、收集、整理和鉴定为研究中非经济文化史及东非本地经济发展史提供了宝贵的资料，以至于一些学者认

---

① B. Davidson, *Old Africa Rediscovered*, London, 1960.（戴维森《古老非洲的再发现》，伦敦，1960 年，第 221 页）

为："东非的历史乃是由中国的瓷器所写成的。"①

中世纪时东非沿海地区的中国陶瓷转运港口极多：在索马里的主要有沙丁岛和伯贝拉、摩加迪沙、基斯马尤以及克伊阿马诸岛；在肯尼亚的主要有坦福德·帕塔、曼达岛、拉木岛、曼布尔伊、格迪、马林迪、基利菲、马纳拉尼、蒙巴萨等。其中在格迪发现一只质量甚为精美的瓷瓶，饰以红铜色，学者们认为这是一件外交礼品。

在坦桑尼亚沿海发现中国陶瓷碎片的遗址有46处，主要有奔巴岛、基西马尼·马菲亚岛、基尔瓦岛等。其中在基尔瓦岛出土有唐末到宋初的越州窑瓷，有白瓷碗，元代描绘着凤凰蔓草花纹的青花瓷，素地雕花白瓷，还有大量14—15世纪的青瓷，种类繁多。这里还发现了14—15世纪的越南黑褐釉陶器、同时代的泰国宋加禄窑青瓷和一片日本古伊万里青花瓷残片。② 而在基西马尼·马菲亚也发现了一只瓷瓶，大致与在肯尼亚发现的瓷瓶属于同类，饰以红铜色和蓝白色。③

中国瓷器在东非不仅是生活日用品，而且成为建筑装饰品。诸如肯尼亚的格迪、基利菲等许多沿海古老的清真寺遗址中，都可见到墙壁上隔一定距离便镶有一件中国瓷碗或瓷碟，有些寺院还把中国瓷器镶在大厅圆形的拱顶上。甚至在埃塞俄比亚距海岸遥远的冈达尔地区，宫殿的墙壁上也镶有中国瓷器。这证明在中世纪时东非上流社会中存在着建筑物中以镶嵌中国瓷器为美的风气，这种风气不仅在沿海地区存在，而且传到东非内陆。同时，东非这一时期的许多墓碑也镶有中国瓷器，瓷器上的花纹有花、树、果、鱼、鸟兽等。有的墓碑顶部还有一只中国瓷罐，表明愿死者在另一个世界也能与中国瓷器为伴是死者亲属的最大

① G. S. Freeman Grenville, *The Medieval History of the Coast of Tanganika*, Berlin, 1962, p. 35.

② 三上次男著，李锡经、高喜美译《陶瓷之路》，文物出版社，1984年，第32页。

③ 何芳川《源远流长、前途似锦的中非文化交流》，载《中外文化交流史》，河南人民出版社，1987年，第815页。

心愿。

青花瓷的兴起与伊斯兰审美观有关，元代青花瓷已经开始行销海外。汪大渊在提到海外广为接受的中国瓷器时，反复提到"青白花瓷器"和"青白花碗"。学者们普遍认为"青白花"即元青花。

"青白花瓷器"应当指各种青花瓷器皿。据汪大渊记载，在当时地处马来西亚的丁家卢，元商"货用青白花瓷器"。[1] 元商运销"青白花器"的地方有今缅甸之乌爹，[2] 南亚次大陆东部的朋加剌（今孟加拉国和印度的孟加拉邦）、[3] 次大陆的小唄喃（今印度西南之马拉八尔）、[4] 天竺、[5] 甘埋里[6]以及"天堂"（今麦加）。[7] 明人严从简在其《殊域周咨录》中提到"青白花瓷"（应即元青花），是天方所需的中国商品。[8] 波斯湾地区和阿拉伯半岛南部的考古发现，证实了汪大渊所记不误。在巴林，人们曾在卡拉托林之南的清真寺废墟和海滨收集到 28 块青瓷片和 58 块青花瓷片。另外，阿拉伯半岛南端的也门、阿曼的许多地方都出土过中国瓷片。

"青白花碗"的意义范围应小于"青白花瓷器"，指青花瓷碗，是14 世纪畅销海外的中国商品。据汪大渊记载，在当时菲律宾的三岛（即三屿），"青白花是最受欢迎的中国货之一"；[9] 汪大渊列出的在单马令元商出售的商品中亦见"青白花碗"；[10] 泰国南部克拉地峡的戏（即

① 汪大渊著，苏继庼校注《岛夷志略校释》，中华书局，1981 年，第 102 页。
② 同上书，第 377 页。
③ 同上书，第 282 页。
④ 同上书，第 321 页。
⑤ 同上书，第 356 页。
⑥ 同上书，第 364 页。
⑦ 同上书，第 353 页。
⑧ 参见严从简《殊域周咨录》，中华书局，1993 年，第 410 页。
⑨ 汪大渊著，苏继庼校注《岛夷志略校释》，中华书局，1981 年，第 23 页。
⑩ 同上书，第 79 页。

今之春蓬），元商出售的商品也有"青白花碗"。^① 从《岛夷志略校释》可见，当时"青白花碗"还运销于亚洲其他地区，如位于今加里曼丹岛西岸之东冲古剌、^② 龙牙犀角（今马来西亚之凌牙斯加）、^③ 南巫里。^④ 而在今波斯湾内鲁德巴尔，元商也售卖"青白花碗"。^⑤

其他元境输出各色陶瓷器有浙江处州瓷，即龙泉青瓷，当时在海内外称为"处瓷"^⑥"处器"^⑦ 或"处州磁水缸"等。明人曹昭辑、王佐增补之《新增格古要论》收有"古龙泉窑"条，其中曰"古龙泉窑在今浙江处州府龙泉县，今曰处器、青器、古青器。土脉细且薄，翠青色者贵，有粉青色者。有一等盆，底双鱼，盆外有铜掇环。体厚者不甚佳。"^⑧

元人周达观曾从元使团至真腊，即柬埔寨，在那里停留了相当长时间。这使他有机会近距离观察当地的社会与生活。据他记载，真腊权贵出入用轿及伞，"伞皆用中国红绢为之"^⑨。人"欲得唐货"有"真州之锡镴，温州之漆盘，^⑩ 泉州之青瓷器，^⑪ 及水银、银朱、纸札、硫黄、

---

① 汪大渊著，苏继庼校注《岛夷志略校释》，中华书局，1981 年，第 106 页。

② 同上书，第 120 页。

③ 同上书，第 181 页。

④ 同上书，第 261 页。

⑤ 同上书，第 282 页。

⑥ 如元人姚燧有诗题为《谢马希声处瓷香鼎》，《牧庵集》卷 33；汪大渊在记旧港时，提到贸易之货中有处瓷。

⑦ 汪大渊在记苏禄时，提到贸易之货中有"处器"，在记花面国时，提到交易用"青处器"。

⑧ 曹昭辑，王佐增补《新增格古要论》卷 7，中国书店，1987 年。

⑨ 周达观撰，夏鼐校注《真腊风土记校注》"官属"条，《中外交通史籍丛刊》，中华书局，1981 年。

⑩ 王士性所撰之《广志绎》在提及"天下马头，物所出所聚处"时，与"温州之漆器"并举的是"苏杭之币、淮阴之粮、维扬之盐、临清济宁之货、徐州之车骡、京师城隍灯市之骨董、无锡之米、建阳之书、浮梁之瓷、宁台之鲞、香山之番舶、广陵之姬"（清康熙十五年刻本，北京图书馆馆藏），可见温州漆器之闻名。

⑪ 应指德化窑器。

焰硝、檀香、白芷、麝香、麻布、黄草布、雨伞、铁锅、铜盘、水朱、桐油、筐箕、木梳、针；其粗重则如明州之席"。[1] 当地百姓"盛饭用中国瓦盘或铜盘……地下所铺者，明州之草席……近新置矮桌，近有用矮床者，往往皆唐人制作也"。[2]

二、陆路输出的中国古瓷眼历记

陶瓷器质重易碎，宜于水运。宋以后东西海洋交通大兴，瓷器成为海路贸易中最重要的商品。但这并不意味着陆路贸易就此中断，从我国西北地区沿沙漠绿洲之路西行的驼队所运输的商品中，仍然可见中国瓷器。1990 年苏联瓦解前夕，笔者受国家教科文组织全国委员会的委托，代表中国参加了联合国教科文组织（UNESCO）在苏联土库曼斯坦、乌兹别克斯坦、塔吉克斯坦、吉尔吉斯斯坦与哈萨克斯坦等五个加盟共和国举办的草原丝绸之路考察。东道主苏联科学院安排我们访问了许多重要的考古遗址、文化古迹和博物馆。5 月间，考察队一行抵达乌兹别克斯坦文化名城布哈拉（Bukhārā）。该城地处古粟特西部，唐代称安国，是"安史之乱"的发动者安禄山的故乡，波斯萨曼王朝的故都，元代称"蒲华"或"不花剌"。这里虽然属乌兹别克斯坦版图，但当地多数居民操塔吉克语（波斯语的一种方言）。该市著名景点是 19 世纪布哈拉汗国的夏宫（Ситораи Мохи），其中陈列有一个瓷盘，上绘长江流域风景名胜，并以汉字标记其名称：五老峰、庐山瀑布、徐亭烟柳、白鹿七洞、九江关、麻姑仙坛、花州春香、南涌归踪、滕王高风、东湖夜月。这件瓷盘产于何处，是如何被运至布哈拉的，迄今仍属未解之谜。

---

① 周达观撰，夏鼐校注《真腊风土记校注》"欲得唐货"条，《中外交通史籍丛刊》，中华书局，1981 年。

② 周达观撰，夏鼐校注《真腊风土记校注》"器用"条，《中外交通史籍丛刊》，中华书局，1981 年。

5 月 29 日，考察队一行驱车从乌兹别克斯坦首都塔什干，沿锡尔河进入哈萨克斯坦。当地最重要的遗址之一是讹提剌儿（Otrar）古城，位于锡尔河与其支流阿雷斯（Арысъ）河的交汇处，是 10—14 世纪锡尔河中游最重要的商业城市，也是从中国前往伏尔加河下游、俄罗斯以至欧洲的必经地。12—13 世纪初，该城为花剌子模的领地，回回商人从这里往返于蒙古高原贾贩。13 世纪初，当地的守将海亦儿汗杀死了成吉思汗商队的全部成员，抢夺了他们的货物，招致蒙古的军事报复，残酷的战争把这里变成一片废墟。14 世纪末，帖木儿企图征服明朝，率大军东进经讹提剌儿时却意外病逝。在距遗址 11 公里处夏勒迭尔（Шалъдер）小村的博物馆中，陈列有讹提剌儿出土的 15 世纪的中国青瓷和青花瓷器。在哈萨克斯坦当时的首都阿拉木图，笔者参观了哈萨克斯坦中央国家博物馆，该馆收藏有中国的影青瓷器等。

三、从青花陶到梅森瓷器
——古代中国文化的海外影响

制陶业在旧大陆有几个独立的起源中心。最早的釉陶为铅釉陶。日本学者三上次男提出，东汉中叶，出现了以涂有铜、铁为呈色剂的铅釉的绿褐色陶器。这种釉色在中国本土缺乏渊源，而与占有东地中海地区的罗马帝国的绿褐色釉陶器相似，中国制陶业很可能是在与罗马帝国的交往中学会了这种着色技术，并接受了以绿褐色釉为美的审美观点。[1]但我国学术界过去传统上认为，铅釉陶最早出现于西汉武帝后期，即公元前 2 世纪左右，且其刚一出现就呈现了繁荣的情况。[2]铅釉陶在西方

---

[1]　三上次男著，李锡经、高喜美译《陶瓷之路》，文物出版社，1984 年，第 12 页。

[2]　陈彦堂《关于汉代低温铅釉陶器研究的几个问题》，《古代文明》第四卷，文物出版社，2005 年，第 303—315 页。兹据下引郎剑锋、崔剑锋文。

出现于东罗马帝国时期（公元前 1 世纪），比我国要晚 100 年。[①]

2006 年 7 月，在山东淄博市临淄区辛店镇安乐店村西北发现一座墓葬，为战国晚期齐国的贵族墓。[②] 该墓两奁内分别放置一件釉陶罍（简报称"青釉瓷罍"）。研究者采用能量色散 X 射线荧光光谱进行胎釉成分的无损分析，结果表明，这件釉陶罍盖的釉层是典型的低温铅釉。这两件外施低温釉的铅釉陶，是目前已知的世界上最早的铅釉陶制品，它的出土为汉代铅釉陶技术找到了源头，同时也说明低温铅釉技术的起源地是我国的北方地区。[③]

尽管如此，丝绸之路对东西方文化双向的影响，在陶瓷器生产技艺发展中仍然得到充分的体现。在任何国家与地区，引领消费风尚潮流的永远是社会上层。中世纪西亚社会上层因对中国陶瓷器的追求而形成的中国瓷销售市场，吸引了西亚的能工巧匠，他们中有人开始努力钻研，尽可能地模仿受人喜爱的中国陶瓷。1936、1938 年，考古学家先后在 9 世纪阿拔斯王朝都城遗址萨玛拉发掘出土了绿釉系、三彩系、黄褐釉系的陶器。这些都是当地陶工按中国式样的釉色仿制的陶器，火候很低，只是一种软陶，质地虽然远不能与中国陶相比，但却受那些用不起真正中国陶器的人家的欢迎。

在埃及法蒂玛王朝，一位名叫赛义德的工匠以宋瓷为模式努力仿制，终于成功。他教授了许多弟子，形成流派。他们十分注意中国瓷器的变化，并不断地更新自己的仿制品：最初仿制青瓷、白瓷，元以后又仿制青花瓷。他们从形制到纹样一概仿制，据 11 世纪中叶到过埃及的波斯人纳赛尔·火思鲁记载，这些仿制品"十分美妙、透明，

---

① P. M. Rice, *Pottery Analysis*, The University of Chicago Press, 2005, pp. 7-9.

② 王会田、崔建军《山东淄博市临淄区发现一座战国墓葬》，《考古》2008 年第 11 期。

③ 郎剑锋、崔剑锋《临淄战国齐墓出土釉陶罍的风格与产地——兼论我国铅釉陶的起源问题》，《华夏考古》2017 年第 2 期，第 98、101 页。

以致一个人能够透过瓷器看见自己的手"①。从考古学家发现的器物看，11 世纪以后的仿制品从外观上来看，的确与真品甚近。在著名的埃及福斯塔特遗址堆积如山的陶瓷残片中，有 70%~80% 是仿制中国器皿的残片。

10 世纪时，大食人开始用含氧化钴的矿物作为釉料施于陶坯表面，烧成后呈蓝彩。13 世纪成吉思汗及其子孙发动的三次西征，使大批回回人移居汉地，这种含氧化钴的矿物原料被回回人带入中国，在元代称为"回青"，曾被当作一种矿物类药物。元人忽思慧提到"回回青，味甘，寒，无毒，解诸药毒，可敷热毒疮肿"②。中国制瓷工匠将"回青"施于瓷器之上成为青花瓷，元中后期开始流行，并通过海路大量运销域外。明人称"我明有永乐窑、宣德窑、成化窑，则皆纯白，或回青石青画之，或加彩色，宣德之贵今与汝敌，而永乐、成化亦以次重矣。秘色在当时已不可得，所谓内窑亦未见有售者"③。

明代青花瓷器大量输往海外诸国以后，中亚和波斯诸地人民把这种蓝白相间的中国瓷碗称为 kasa-i lājurdī，意为"青金石碗"；把青花瓷瓶称为 kuza-i lājurdī，是极为贵重的商品。明代西域入贡的使臣、商贾经常指名要求明朝政府在回赐物品中包括这种"青金石碗"和"青金石瓶"，即青花瓷碗、瓷瓶。④

瓷器在相当长的时期内是中国独家生产的商品，其关键秘密有二：第一是制瓷原料不是普通的陶土，而是"高岭土"；第二是烧制火候高，窑温须控制在 1200℃ 以上，因而质地坚硬细腻。经过中国能工巧匠的劳动，呈现在当时国际市场的是花色品种众多、造型各异、

---

① 希提著，马坚译《阿拉伯通史》，商务印书馆 1979 年版，第 756 页。

② 忽思慧《饮膳正要》卷 3，景泰七年（1456）内府刻本。

③ 顾起元《说略》卷 23，民国《金陵丛书》。

④ 本田实信《论〈回回馆译语〉》，载《北海道大学文学部纪要》第 11 期，1963 年，第 149—157 页。

色彩柔美的各种器皿。但因运输路途长，在海外各国能够用上经陆海万里运到西方的中国原产舶来品的毕竟只可能是少数王室贵族和富人之家。而且瓷器是易碎器，不易保存，随着时间的推移，在域外上层社会存留的古代中国瓷器愈显贵重，被视为无价珍品。今土耳其首都的托普卡帕宫（Topkapï Sarayï），是全球除中国以外明清瓷器的最大收藏地，藏有奥斯曼帝国历代苏丹（Sultan，即国王）拥有的数以千计的中国瓷器。其中有一件"青花缠枝牡丹纹葫芦瓶"，"形制高大隽美"，瓶嘴镶有银套，"与瓶浑然一体"。[1] 其所镶银质瓶口与盖并非简单的装饰物，而是在瓶口损坏之后，为掩饰缺陷继续使用而修补上去的。也就是说，即使贵为当时世界大国统治者奥斯曼帝国王室，也不愿将损坏的中国瓷器舍弃，而宁愿以金银箔修补，足见中国原产瓷器珍贵到何种程度。

据宋末赵汝适记载，当时"脑子"即樟脑的生产过程需用瓷器："脑子出渤泥国（一作佛泥，笔者按，今文莱），又出宾窣国，世谓三佛齐亦有之。""脑子树如杉，生于深山穷谷中，经千百年，支干不曾损动，则剩有之，否则脑随气泄。土人入山采脑，须数十为群，以木皮为衣，赍沙糊为粮，分路而去。遇脑树则以斧斫记，至十余株，然后截段均分，各以所得解作板段，随其板傍横裂而成缝，脑出于缝中，劈而取之。其成片者，谓之梅花脑，以状似梅花也。次谓之金脚脑，其碎者谓之米脑。碎与木屑相杂者谓之苍脑。取脑已净，其杉片谓之脑札，今人碎之，与锯屑相和，置瓷器中，以器覆之，封固其缝，煨以热灰，气蒸结而成块，谓之聚脑，可作妇人花环等用。"[2]

---

① 《幽蓝神采——元代青花瓷器特集》，上海书画出版社，2012 年，第 119—121 页。

② 钱若水修《宋太宗皇帝实录校注》所引《诸蕃志》，中华书局，2012 年。

在上层贵族的引领之下，整个西亚社会出现追捧中国瓷器的风气，[①] 于是原先已经趋于消失的"伊斯兰青花陶"，在模仿中国青花瓷风尚之下应运而生。[②] 入明以后，奥斯曼帝国所在的小亚细亚成为新的仿制中国青花瓷的中心，这一流派的产品在西亚、北非许多地方都有发现，其中保存完好的珍品被世界上许多著名的大博物馆收藏，成为伊斯兰世界陶瓷业发展过程中的一个重要阶段。1990 年 4 月 21 日，笔者在参加草原丝绸之路考察时，到位于土库曼斯坦谋夫（Мары）绿洲边缘的中古时期城镇遗址阿必瓦尔德（Абиверд，元代称别瓦儿），亲见泥土中埋藏的陶质仿中国青花瓷之残片。

伊斯兰青花陶器乍看上去，无论器形、颜色还是纹样均与青花瓷有几分相似，同为釉下彩，施用钴料，器呈白地蓝花效果，但由于当时西亚不具备制瓷所依赖的两个必要条件，即瓷土的发现与开采和高温烧窑技术的掌握，这些异域工匠当时画虎画皮难画骨，其所追求的不过是形似中国青花器而已，这种仿制品是陶而非瓷，硬度远低于中国瓷，重量也远超中国瓷，其釉很厚，像一层玻璃覆盖在器物表面，质量远远比不上正宗的中国货。

福斯塔特遗址的发现及其以后时代西亚、北非大量出现的中国瓷器仿制品，说明伊斯兰青花陶和此前流行于西亚的其他中国器物的仿制器，尽管质量低下，但毕竟满足了普通百姓喜爱中国瓷器的心理，适应了当地的社会需求。因此，从唐末以来，西亚、北非陶业界仿制中国陶瓷成为一种风气，仿制陶业成为一项极为有利可图的行业，数百年来长

[①] 据记载，14 世纪也门拉苏里德王朝苏丹阿勒·马利克·阿勒·阿什拉夫（1370—1401），在为他儿子举行割礼的宴会时，骄傲地展示了从没有用过的 500 件中国瓷碟。Venetia Porter, Islamic Tiles, British Museum Press p. 93, 1995，兹据马文宽《再论中国青花瓷与伊斯兰青花陶（下）》，《收藏家》2012 年第 12 期，第 30 页及第 34 页注 39。

[②] 马文宽《再论中国青花瓷与伊斯兰青花陶（上）》，《收藏家》2010 年第 11 期，第 19 页。

盛不衰。这充分证明中国陶瓷的大量出口改变了西亚、北非的社会审美观，使社会上流行的审美观以是否与中国式样相近为准，这是古代中国生活水准高、引领世界消费时尚潮流的体现。

中国瓷器独步世界的局面，直到 18 世纪德国造出梅森瓷器才改变。从中世纪起，中国瓷器也受到欧洲各国统治阶层的追捧，成为财富的象征。1717 年，德国萨克森公国的选帝侯奥古斯特二世（August II der Starke）曾以一队骑兵为代价从腓烈特威廉一世（Friedrich Wilhelm I）手中获取了其收藏于柏林夏洛腾堡（Charlottenburg）与奥拉宁堡（Oranienburg）的 151 件龙瓶（dragon vase）。后来他手下的一位炼金术士翰恩·费里德里希·孛特格（Johann Friedrich Böttger）指导科学家埃仑弗里德·瓦尔特尔·冯·齐木豪斯（Ehrenfried Walther von Tschirnhaus）破解了瓷之所以优于陶的两大秘密：高岭土原料及高温烧制，于 1708 年在公国首府德累斯顿附近的梅森（Meissen）首次成功烧制出瓷器，被称为"梅森瓷"（Meissen Porcelain）。早期的梅森瓷的表面有模仿中国的绘画，背后有模仿中国的题款。这说明，中国输出陶瓷的同时，也输出了中国的消费时尚，[①] 因此我们可以理解缘何海内外有一些学者习惯上将海上丝绸之路称为"陶瓷之路"（Porcelain Routes）。

（原文载上海博物馆编《15 世纪的亚洲与景德镇瓷器》，上海古籍出版社，2020 年，第 48—59 页）

---

① 宋广林《麦森窑早期瓷器的中国装饰艺术风格初探》，《装饰》2011 年第 9 期；杨喜发《赫洛尔特与早期梅森瓷器装饰的中国人物图式》，《装饰》2013 年第 9 期；李璠《小瓷盘的百家貌——对于 18 世纪德国麦森瓷器蓝色洋葱图案的研究》，《艺术设计研究》2015 年第 3 期。

郑和时代前西太平洋、北印度洋
水域的海事活动

一、从红海到远东

　　罗马帝国在中国古籍中多称大秦，因其地处地中海东岸及以西，有时又称为"海西国"。希腊人把连接两大陆的狭窄陆地称为 isthmus，即地峡，最初指的是地处欧亚非三大陆之间的埃及苏伊士地区，由于这里是连接地中海与红海的最短陆路通道，自古以来就是来自印度洋的商贾进入地中海地区、泰西水手前往亚洲的必经之地。

　　红海在古代希腊被称为"厄立特里亚海"（即埃塞俄比亚海），其沿岸诸地与印度洋沿岸地区的贸易有着悠久的历史。在奥古斯都执政时，埃及被纳入罗马帝国的版图。东汉时罗马帝国的海洋活动已越出红海进入印度洋水域。大约在公元前 1 世纪中叶，一位名叫伊巴露斯（Hippalos）的希腊船长曾偶然到达印度西海岸。1 世纪初，一位商人阿尼尤斯·普洛卡姆斯（Annius Plocamus）扑买了罗马帝国红海领土的征税权，他派出一名获得自由的奴隶布勃里乌斯（Publius）作为他的监税官前往红海地区。这位监税官在航行中遇风，在海上漂流 15 日后，偶然抵达斯里兰卡（即我国史书所记的"狮子国"），在那里停留了半

年，然后与斯里兰卡出使罗马的使臣拉西亚斯（Rachias）一同回到欧
洲。[①] 据普林尼（23—79）的《自然史》记载，这位斯里兰卡的使臣拉
西亚斯的父亲曾去过"赛里斯国"，即汉帝国。[②] 这两位罗马水手航行
所依靠的，实际上是印度洋上的季风。后来在相当长的时期内，印度洋
季风便被欧洲人称为"伊巴露斯风"（the Winds of Hippalos）。这一两
次偶然的航行使罗马商贾发现了前往东方的水路，罗马商人越来越多地
出入于印度洋。[③]

《后汉书·南蛮西南夷列传》提到，永宁元年（120）掸国（缅
甸）国王雍由调"遣使者诣阙朝贺，献乐及幻人，能变化吐火，自
支解，易牛马头。又善跳丸，数乃至千。自言我海西人。海西即大
秦也，掸国西南通大秦"。[④] 这条通过掸国前往中国的道路早已有
之。公元前 2 世纪，当张骞"凿空"西域，到达阿姆河南岸之地，
曾发现当地有经印度运来的蜀地出产的竹杖与布。这些蜀地的产品
必定是经过云南、掸国至阿拉伯海，再溯印度的恒河西进北上贩至
中亚的。

兹后汉籍中有关大秦的消息也逐渐增多。《后汉书》记载："大
秦国一名犁鞬，以在海西，亦云海西国。地方数千里，有四百余
城。小国役属者数十，以石为城郭。"[⑤] 这里提到的"犁鞬"即今埃
及地中海之滨的亚历山大（Alexandria），得名于希腊马其顿亚历山

①　过去学者们根据普林尼的记载，把布勃里乌斯远航斯里兰卡的史实系于喀
劳狄一世（Claudius，41—54）在位时，后根据发现于科帕托以南 100 公里处通往
贝仑尼塞港的道路上的希腊、拉丁文碑铭，才知布勃里乌斯返回的日期是 6 年 7 月
5 日。

②　戈岱司编，耿昇译《希腊拉丁作家远东古文献辑录》，中华书局，1987，
第 11—12 页。

③　有关这一问题近期研究详见张绪山《罗马帝国沿海路向东方的探索》，《史
学月刊》2001 年第 1 期。

④　《后汉书》卷 86。

⑤　《后汉书》卷 88。

大大帝，^① 足见东汉时有关罗马帝国的消息是通过地中海—红海水
道转来的。同书又记"汉桓帝延熹九年（166），大秦王安敦遣使自
日南徼外献象牙、犀角、玳瑁，始乃一通焉。其所表贡，并无珍
异，疑传者过焉"。^②

从汉末三国至隋统一的三个半世纪中，中国南方对西方诸国的
陆路交往因南北分割而受阻，不得不主要依靠海路与海外诸番联
系。三国时期，吴的疆域向南一直延伸到今越南北方，当时称交
趾。吴人了解到，大秦人"行贾，往往至扶南、日南、交趾，其南
徼诸国人少有到大秦者"。换言之，当时东南亚（包括吴辖区内的
交趾）的船只很少赴大秦者，而主要是大秦人东来。"孙权黄武五
年（226），有大秦贾人字秦论来到交趾，交趾太守吴邈遣送诣权，
权问方土谣俗，论具以事对。时诸葛恪讨丹阳，获黝、歙短人，论
见之曰：'大秦希见此人。'权以男女各十人，差吏会稽刘咸送论，
咸于道物故，论乃径还本国"。^③

孙权还派出朱应与康泰出使海外，^④ 访问了东南亚许多地方，
收集了有关大秦、安息（今伊朗与土库曼斯坦南部）、天竺（印度）
等一百余国的地理、风俗、物产消息。归回后康泰撰《吴时外国
传》，朱应则写有《扶南异物志》。《吴时外国传》又称《吴人外国

①　"黎轩"的名称始见于司马迁《史记·大宛传·安息条》，唐代的杜佑曾在
其著作《通典》"边防九"中又称"犁轩"，说其地"有幻人，能额上为炎烬，手
中作江湖，举足而珠玉自堕，开口则旛毦乱出"。他还说，"前汉武帝时，遣使至
安息，安息献犁轩幻人二"，并描述这些"犁轩""幻人"的相貌"蹙眉峭鼻，乱
发拳鬓，长四尺五寸"。黎轩又音译为"阿荔散"。佛藏中《那先比丘经》记中亚
希腊化王朝弥阑陀国王自称"我本生大秦国，国名阿荔散"，是亚历山大之更贴切
音译。
②　《后汉书》卷88。
③　《梁书》卷54。
④　《梁书》卷54："吴孙权时，遣宣化从事朱应、中郎康泰通焉。其所经及
传闻，则有百数十国，因立记传。"

图》《吴时外国志》《扶南土俗传》(《扶南土俗》)、《扶南传》或
《扶南记》等;《扶南异物志》又称《扶南以南记》或《扶南异
物》。这两部书至北宋时尚存,但后来亡佚,其中内容在《水经
注》[①]《艺文类聚》《梁书》《通典》《太平御览》等书中均有所摘
引,尽管篇幅不大,但却是后世学者了解东汉以后海上丝绸之路沿
线国家和民族的重要资料。与康泰和朱应齐名的是当时丹阳太守
(辖地包括南京)万震,他在任上悉心采集资料,著有《南州异物
志》,又称《异物志》《南方异物志》《南州志》《南州异志》《南
州异状志》等,也记载了当时吴通过海路获取的奄蔡(今黑海北)、
黎轩(罗马帝国)、大月氏(印度与中亚的贵霜王朝)、身毒(印
度)及其他国家的各种消息。可惜这部书北宋以后也已不存,通过
南北朝时的《齐民要术》、唐虞世南的《北堂书钞》、唐欧阳询
《艺文类聚》和唐释道世《法苑珠林》及北宋时的《太平御览》诸
书中摘引的文字,我们还是能了解到当时江南士人对"海上丝绸之
路"充满了兴趣。

　　留存至今的两晋时代与海外诸国交通的资料虽然较少,但当时记载
异域外国的书籍已经开始大量出现。据《隋书·经籍志二》记载,唐
初可见这类书籍尚有:《交州杂事》9 卷(记士燮及陶璜事)、[②]虞孝敬
撰《高僧传》6 卷、释宝唱撰《名僧传》30 卷、[③]沙门释智猛的《游外

---

　　① 《扶南异物志》在《水经注》中分别称为《扶南传》或《扶南记》,如:
"康泰《扶南传》曰:'从迦那调洲西南入大湾可七八百里,乃到枝扈黎大江口,
度江径西行极大秦也。'"(《水经注》卷1,恒水)"康泰《扶南记》曰:'从林邑
至日南卢容浦口,可二百余里。'"(《水经注》卷36)

　　② 当时交州尚属中国。

　　③ 隋费长房《历代三宝纪》"敕沙门宝唱撰《名僧传》三十一卷"(卷3,金
刻赵城藏本)。

国传》1卷、^①释昙景的《外国传》5卷、^②释法盛的《历国传》2卷、^③无名氏的《大隋翻经婆罗门法师外国传》5卷、《诸蕃国记》17卷、无名氏所著《交州以南外国传》1卷、后汉议郎杨孚著《异物志》1卷和同一作者的《交州异物志》1卷、吴丹阳太守万震撰《南州异物志》1卷、无名氏的《日南传》1卷、无名氏的《林邑国记》1卷、无名氏的《诸蕃风俗记》2卷、无名氏的《诸蕃国记》17卷、许善心撰

---

① 慧皎《高僧传》卷3记载:"释智猛雍州京兆新丰人,禀性端明,励行清白,少袭法服,修业专至,讽诵之声,以夜续日。每闻外国道人说天竺国土有释迦遗迹及方等众,经常慨然有感,驰心遐外,以为万里咫尺,千载可追也,遂以伪秦弘始六年甲辰之岁(404),招结同志沙门十有五人,发迹长安,渡河跨谷三十六所,至凉州城,出自阳关,西入流沙,凌危履险,有过前传。遂历鄯鄯、龟兹、于阗诸国,备睹风化。于于阗西南行二千里,始登葱岭,而九人退还。猛与余伴进行千七百里,至波伦国,同侣竺道嵩又复无常,将欲阇毗忽失尸所在。猛悲叹惊异,于是自力而前。与余四人共度雪山,渡辛头河,至罽宾国。国有五百罗汉,常往返阿耨达池,有大德。罗汉见猛至欢喜。猛咨问方士,为说四天子事,具在猛传。猛于奇沙国,见佛文石唾壶,又于此国见佛钵,光色紫绀,四际尽然,猛香华供养,顶戴发愿,钵若有应,能轻能重,既而转重,力遂不堪,及下案时复不觉重,其道心所应如此。复西南行千三百里,至迦毗罗卫国,见佛发、佛牙及肉髻骨、佛影迹炳然具存,又睹泥洹坚固之林,降魔菩提之树。猛喜,心内充设供。一日兼以宝盖大衣覆降魔像,其所游践观灵变天梯龙池之事,不可胜数。后至华氏国阿育王旧都,有大智婆罗门,名罗阅,家举族弘法,王所钦重,造纯银塔高三丈。既见猛至,乃问秦地有大乘学不。猛答,悉大乘学。罗阅惊叹曰:'希有!希有!将非菩萨往化耶?'猛于其家得《大泥洹》梵本一部,又得《僧祇律》一部及余经梵本,誓愿流通,于是便反。以甲子岁(404)发天竺,同行三伴,于路无常,唯猛与昙纂俱还于凉州。出《泥洹本》得二十卷,以元嘉十四年(437)入蜀,十六年(439)七月造传,记所游历。元嘉末卒于成都。"

② 除了译述佛经以外,据《隋书·经籍志》记载,昙景还撰有《京师寺塔记》二卷。

③ 慧皎《高僧传》卷2《昙无谶》记载:"时高昌复有沙门法盛,亦经往外国,立传,凡有四卷。"其传卷数与此不同,慧皎所记法盛与这里提到的《历国传》作者是否为同一人,待考。

《方物志》20 卷、朱应的《扶南异物志》1 卷①等。②

与印度洋交通的发展便利了东西往来，来华外国人的数目大大增加，他们带来的异域奇货也越来越多。吴时交趾太守士燮"每遣使诣权，致杂香细葛，辄以千数，明珠、大贝、流离、翡翠、玳瑁、犀、象之珍，奇物异果，蕉、邪、龙眼之属，无岁不至"。③《艺文类聚》卷 85 记载，西晋太康二年（281）大秦国使臣自广州来贡，"众宝既丽，火布尤奇"。④三国时外国人在东南港市已经不再罕见，据《三国志》记载，当时交州地方官出巡时，"胡人夹毂焚香者，常有数十"。⑤

由于地理知识的增长，海商、水手们已经注意记载航行所经海区的情况。从东汉时代开始，我国南海水域在历史文献中已经开始被称为"涨海"。《尔雅》记："蠃，小者蛹（螺，大者如斗，出日南涨海中，可以为酒杯）。"⑥此后不仅许多汉文文献提到"涨海"，域外史料也提及这个海名。9 世纪阿拉伯地理学家苏莱曼曾记载前往中国的航路，他提道："从昆仑岛出发，船队进入涨海水面。"⑦除了苏莱曼，还有其他穆斯林地理学家提到过涨海。随着航海技术的进步，航船离开中国大陆赴东南亚时，已经不再紧靠东亚大陆海岸航行，所以

---

① 前已提及，《扶南异物志》又称《扶南以南记》或《扶南异物》。这两部书至北宋时尚存，但后来亡佚。

② 《隋书·经籍志二》。

③ 《三国志》卷 49。

④ 《艺文类聚》卷 86，《文渊阁四库全书》本。"火布"即以石棉织成的布，火烧不坏。

⑤ 《三国志》卷 49。

⑥ 《尔雅》卷下，《四部丛刊》景宋本；郝懿行《尔雅郭注义疏》下之四《释鱼之十六》。

⑦ G. 费琅辑注《阿拉伯波斯突厥人东方文献辑注》卷 1，巴黎，1914 年。汉译本见费琅编，耿昇、穆根来译《阿拉伯波斯突厥人东方文献辑注》，中华书局，1989，第 41 页。

在途经南海时，水手们开始注意到南海诸岛。康泰等人出海时，据《扶南传》载："涨海中，列珊瑚洲，洲底在盘石，珊瑚生其上也。"[①]这里所提到的涨海即今之南海。南海诸岛如南沙群岛、西沙群岛均是由珊瑚礁构成的。1957年广东省博物馆考古工作者在西沙群岛考古时，曾采集到南朝时代的六耳罐、陶环等物。不仅中国水手，来往于中国与印度洋之间的外国航海家也了解到南海的珊瑚礁，阿拉伯人苏莱曼在叙述涨海时描写道：船只进入"涨"（即"涨海"）后，暗礁浸没在海水之下，船只从暗礁之间的隘道通过，安全航行要靠真主护佑。[②] 提到南海诸岛的穆斯林地理学家并不止苏莱曼一人。这说明航海技术的进步是世界性的。

据文献记载，南朝宋齐时有十余国沿海路入华。梁时许多海外番国奉中国南部政权为宗主国，"其奉正朔，修贡职，航海岁至，逾于前代矣"。[③] 日益增多的交流使中国人对前往西亚的海路和各国地理方位有了更为准确的整体认识，即所谓"海南诸国大抵在交州南及西南大海州上。相去近者三五千里，远者二三万里。其西与西域诸国接"。[④] 刘宋时代，其疆界伸及今越南中部一带，与东南亚和印度洋诸国的关系十分密切。林邑、扶南（今柬埔寨）曾数度遣使入贡，位于今印尼境内的诃罗陀国则请求与宋建立互市关系，要求建立关系的还有其他东南亚国家。这个时期印度洋与西太平洋之间的海路交通变得更为频繁。元嘉五年（428）狮子国"国王刹利摩诃南奉表曰：'谨白大宋明主，虽山海殊隔，而音信时通。'"[⑤] 可见，中国南方与锡兰岛之间已经保持着经常的官方联系。

南齐永明二年（484），时扶南王姓侨陈如名阇耶跋摩，听说齐朝

---

① 李昉《太平御览》卷69，《四部丛刊》三编景宋本。
② 费琅编、耿昇、穆根来译《阿拉伯波斯突厥人东方文献辑注》，第57页。
③ 《梁书》卷54。
④ 同上书。
⑤ 《宋书》卷97，"师子国"。

新立,派天竺道人那伽仙上表入贡,陈述其国叛臣鸠酬罗窃据林邑,聚凶肆掠,请求中国派兵助讨。齐武帝答复,交州的兵力会给以支援。[①]当时中国南疆及于交州,在东南亚影响甚大,所以才有扶南向中国请兵相助之事。

南朝时,因为海外贸易兴盛,广州的地位日见重要,已经取代两汉时代的徐闻、合浦。梁武帝在国内兴佛,当时与林邑、扶南贸易的物品中有许多是佛事用具,例如扶南曾赠珊瑚佛像、天竺旃檀瑞像、婆罗树叶等。梁武帝听说扶南有长一丈二尺的佛发,特派沙门释云宝往迎之。[②]东南亚的其他国家,如盘盘(今泰国南部万伦湾一带)、丹丹(今马来西亚之吉兰丹)、干陀利(今马来西亚吉打)、狼牙修(今泰国南部北大年一带)、婆利(婆罗洲)与梁朝的海上交通也很密切。

西太平洋与北印度洋水域以今马来半岛为界。马来半岛深入海中,其东面的暹罗湾属太平洋水系,其西面的安达曼海属印度洋水系,半岛最窄处仅数十公里。在信风为主要动力的时代,绕过马来半岛的航程是漫长的,而在半岛边卸货转运却不失为一种节省运力的办法。这条"海—陆—海"联运路线见之于中国古代文献的记载。[③]自魏晋时代起,许多从中国出洋的海舶便把目的港定在马来半岛以东的暹罗湾。在暹罗湾边的小河湾里,来自中国的商人们把从国内运来的货物过驳到当地的小船上,然后开始采购回头货,装船后等待信风回乡。这些载满过驳货物的小船,沿小河驶抵马来山脊脚下,用人力或畜力运过山岭,在山脊另一侧的小河边再载上小船,运至安达曼海边。在这里有许多来自印度、西亚、东非、大秦的商人,他们也卸下自己运来的货品,等待购买从山

---

① 《南齐书》卷58。

② 《梁书》卷54。

③ 韩振华《魏晋南北朝时期海上丝绸之路的航线研究——兼论横越泰南、马来半岛的路线》,《中国与海上丝绸之路》,福建人民出版社,1991年,第235—245页。

岭那一边运来的中国货。他们的番货被当地商人贩运过马来半岛，转售给来自中国的商人。

西汉时中国海船已能航达南亚次大陆的南端，即今斯里兰卡。东汉时罗马帝国的商人也开始从红海直航远东。《宋书·蛮夷传》说，大秦、天竺地处西溟。两汉的使臣均视前往大秦、天竺的使命为畏途。但在贸易的重利诱惑下，"氏众非一、殊名诡号、种别类异"的各国贾客携"山琛水宝""翠玉之珍""蛇珠火布之异"及其他"千名万品"的货物，"泛海陵波，因风远至"。①

对于中国舟人来说，前往印度洋西部航行的关键，在于掌握自今印度南部和斯里兰卡至阿拉伯海沿岸诸地的航路。东汉以后，中国与南亚之间的交通日益频繁，在中国僧人赴西天求法、印度法师入华传扬佛教的同时，中国人对印度地处中国与泰西之间的地理位置有了新的认识，同时了解到从印度前往阿拉伯海诸地的海道。刘宋时僧人竺枝在以自己亲历见闻为据写成的《扶南记》中说："安息去私诃条国二万里，国土临海上……户近百万，最大国也。"② 这里的安息即指波斯的帕提亚（Parthia）王朝，但其实当时帕提亚王朝已经灭亡，波斯已为新兴的萨珊王朝统治，而中国人仍然以传统的名称"安息"称呼之。"私诃条"即三国时万震的《南州异物志》所提到的"海中州名"——斯调，③ 这是巴利语"狮子国"（Sihaladipa）的音译。这时中国人已经了解了从印度前往波斯湾的海路。

---

① 《宋书》卷 97。
② 《水经注》卷 2。
③ 《南州异物志》曰："斯调，海中洲名也，在歌营东南可三千里。上有王国、城市、街巷，土地沃美。"李昉《太平御览》卷 787 引，《四部丛刊》三编景宋本。

二、法显与南海佛教之路

从汉末开始，中国分裂，战祸四起。两汉之际传入的佛教有关灵魂不灭、因果报应与转世轮回之说，在此时的中国南北迅速得到传播。晋室南迁后，中国南方相对比较安定，各地纷纷动用财力兴建佛寺、传授佛法，来自异域的僧人受到普遍的欢迎。当时因前往西天的陆路为北方割据政权阻隔，海路在中印交通之间的地位显得日益重要。

据唐代和尚义净记载，在印度那烂陀寺以东40余驿的地方，沿恒河而下，有一鹿园寺。"去此寺不远，有一故寺，但有砖基，厥号支那寺"。古老相传当室利笈多大王时，有"支那国"即广州僧人20余人至此，室利笈多大王为他们建寺，"以充停息"，并赐给"大村封地二十四所"。直至唐代，还有3个村子的人属于此鹿园寺。唐时当地的东印度王提婆摩跋还有为新到来的中国僧人重建此寺的打算。[1] 据义净记载，室利笈多大王上距义净时代已经500余年。据学者研究，印度笈多王朝王统中最早的一位国王就叫Srigupta，即"室利笈多"，他曾被称为Maharaja，即"大王"。义净提到的室利笈多大王，很可能就是他，其在位时间应是3世纪末。[2] 这20余位中国僧人可能是从四川先沿水路至广州，然后乘船行至东印度的。[3]

在这一时期为数众多的前往天竺取经的和尚中，最值得一提的是法显（337—420?）。法显是中国最早到天竺（今印度）取经求法的佛教大师之一，也是杰出的旅行家和翻译家。他是十六国时期山西平阳武阳（今山西临汾）人，本姓龚，出身贫寒，有兄三人，但都因灾荒连年、

① 义净，王邦维校注《大唐西域求法高僧传》，中华书局，1988，第103页。
② 同上书，第105—106页。
③ 杨鹤书《从公元3—7世纪佛教在广州的传播看中外文化交流》，广东省人民政府外事办公室、广东省社会科学院编《广州与海上丝绸之路》，广东省社会科学院，1991年，第114页。

瘟疫流行而夭折。父母害怕"祸以次及",当他刚刚 3 岁的时候,就把他度为沙弥(即送他到佛寺当了小和尚)。399 年,63 岁的法显从长安出发,沿陆路去天竺,历河西走廊、塔克拉玛干大沙漠、葱岭、中亚到达印度。他在摩揭陀国都城巴连佛邑,即今印度比哈尔(Bihar)邦之巴特那(Batna)留学 3 年,学习梵语,抄写经律。然后沿恒河而行,到古印度东北部著名海港多摩梨帝国,即今印度西孟加拉邦(West Bengal)加尔各答西南之坦姆拉克(Tamlak)。对研究亚洲航海史的人来说,法显在历史上最伟大的贡献是他从天竺求学的后半段开始,选择了海路来继续他的旅行,并继而乘海舶踏上归程。

义熙五年(409),法显"载商人大舶泛海西南行,得冬初信风,昼夜十四日到狮子国"。法显此行时正值初冬北风之时,扬帆顺风,沿印度东海岸南行。从加尔各答到斯里兰卡的当代航行长度约 1200海里。法显所乘之"商人大舶"大约是印度船,平均每昼夜可行 85海里(约 157 公里)。这个速度是相当快的。义熙七年(411)秋,又乘另一条商舶自狮子国启程,计划横穿孟加拉湾东返故国。这是一条巨大的海舶,可载 200 余人。启程之初,"得好信风",船顺利东行。但秋季乃印度洋东南季风与西北季风交替的时节,风向不稳定,船启行后两日便遇风暴。[①] 法显一行被迫漂至一岛。[②] 待潮退后,修补船只破损处,然后继续前驶。行 90 日方至耶婆提。[③] 估计法显因为风暴和风向的改变,偏离了正确航道,沿苏门答腊岛的西南海岸而行,到达此岛的东部。法显在耶婆提停留了 5 个月等候季风。义熙八

---

① 章巽校注《法显传校注》,上海古籍出版社,1985 年。

② 日本学者足立喜六认为可能是今印度洋东部尼科巴群岛(Nicoba Is.)中的一个岛。见其书《法显传——中亚、印度、南海纪行的研究》,第 220 页。

③ 印度史书《罗摩衍那》(Ramayana)提到,东方有一个大岛名 Yava-dvipa(大麦岛)。托勒密的地理书提到过这个岛,他写作 Iabadiou。《汉书》卷 6、卷 116也提到"日南徼外叶调国",当即此耶婆提。章巽先生认为,古爪哇、苏门答腊两岛相连,耶婆提为其共名。见章巽校注《法显传校注》,第 170 页注 29。

年（412）春，法显再一次搭乘一艘可载200人的商船，携50日粮朝广州开航。因途中再一次遭遇风暴，海舶误期错过广州，最后到达今山东海岸。法显开始从长安西行时，有宝云、慧应、慧景、道景等多人同行，归国时只剩下他一人。

法显归国后，与佛驮跋陀罗合译经、律、论共六部24卷。他还把自己在异域14年的经历写成《法显传》一书，此书又有《佛国记》等其他名称。法显在其书中，生动地描绘了当时南亚、东南亚的风土人情，对于我们了解古代印度洋海上交通的诸方面，如船舶、航海术、航线、东南亚及南亚海上贸易等，都有重要价值。法显63岁从长安启程时是十六国中的后秦人。他沿陆路从中国走到印度，由海上乘船返归故土，前后历时14年，游历了31国。义熙八年（412）法显在东晋控制下的山东登陆回到中国。所以后人又称他为"晋法显"。

法显取海道归国开辟了南海佛教之路的新纪元。这一时期往来于中国、南亚之间的僧人中取道海路的人越来越多。

特别值得注意的是，许多中国僧人首次从中国动身时，往往沿传统的陆路西行，但归国则常取海路。西凉僧人智俨曾赴克什米尔，与当地高僧觉贤一同从印度启航回中国，与法显一样在山东青州登陆。后来智俨又一次乘船赴天竺。[1] 同一时期还有幽州李勇，他也是沿陆路赴印度求学，后"于南天竺泛海达广州"。[2] 高昌僧道普在印度随船舶回国，在青州登岸。[3] 这说明当时中国的僧人与从事海外贸易的商人关系并不十分密切，对中国与南亚之间的海上交通尚不够了解。所以当他们启程赴西天时，首选的是传统的陆路。而当这些求法僧人到达印度之后，从

---

① 慧皎《高僧传》卷2，《高僧传合集》，上海古籍出版社，1991年，第20页。

② 同上书卷3，《高僧传合集》，第19页。

③ 同上书卷2，《高僧传合集》，第17页。

当地人那里了解到中国与南亚之间已经有着相当频繁的海上交通时，往往舍陆路而求海道回国。这也是为什么南北朝时入华的外国僧侣中，有相当一部分是泛海而来的原因。

与之不同的是，许多域外僧人首次前往东方便循海路。中天竺僧人求那跋陀罗先至狮子国，然后由此国"随舶泛海"，元嘉十二年（435）至广州。① 甚至一些远居内陆的克什米尔僧人也弃陆路而求海路，前往东方。前面提到的高僧觉贤，就是在克什米尔遇到中国僧人智俨后，决定来华的。他们先行至交趾，再附海舶泛至山东。克什米尔王子求那跋摩先赴狮子国，从那里乘船到达爪哇岛，在那里传授佛法，名扬周邻，为刘宋僧人所知。宋文帝命交趾刺史泛舟至爪哇邀请，求那跋摩因此来华。② 西天竺僧拘那陀罗（真谛），于梁中大同元年（546）取海道经狼牙修、扶南至南海郡（今广州）。后来，他曾打算乘舟返回狼牙修国。③ 南天竺人菩提达摩亦从海路入华，后来被尊为禅宗之祖。除了印度佛僧以外，这一时期还有许多东南亚僧人从海路入华，其中著名者有扶南人僧伽婆罗（僧养）、曼陀罗（宏弱）等，④ 这说明两汉以后，在中国与东南亚与印度的交通中，海路日见重要。

除了法显之外，赴西天求法的僧人中还有许多带来了印度文化的新知识。梁人慧皎的《高僧传》是记述东汉至梁初著名僧人事迹的传记集。僧人传记杂录著作在晋梁之际已经出现多部，如宝唱的《名僧录》等。慧皎在前人的基础上，收集群作，比其异同，记载了许多天竺、东南亚各地来华的僧人和中国赴海外求学的和尚的事迹，受到各国研究佛教传播史的学者的重视，被公认为是研究这一时期海上丝绸之路沿线国家历史和文化的最重要史料。

---

① 慧皎《高僧传》卷 2，《高僧传合集》，上海古籍出版社，1991 年，第 24 页。

② 同上书卷 3，《高僧传合集》，第 20—21 页。

③ 道宣《续高僧传》卷 1，《高僧传合集》，第 111 页。

④ 同上书，第 106 页。

三、艰险的旅途

尽管航海技术取得了许多进步，但蹈海远行仍然是一件充满不可知因素的事。古时泛海行船，海难发生的频度相当高，主要的风险是风浪、触礁和海盗。《汉书·地理志》便已经记载西汉时前往印度的航程中有杀人越货的强盗，使臣畏惧"逢风波溺死"。

据法显记载，他于411年从狮子国启程东还。当时舟人已知在舟后系一条小船，"以备大船毁坏"时用。他们的船行至第二天遇大风时，船破水漏，情形万分危急，乘客、水手纷纷上小舟逃生。上了救生艇的人恐人多翻船，遂强行砍断缆绳。留在船上的人为求生只得把货物投入海中，当时法显也被迫留在商船上自救，在海中漂流13日后方到一个荒岛上。至于那些跳到小船上的逃生者的下落，法显没有提到。在这种风暴中，一叶小舟在汪洋大海中漂泊，很可能是凶多吉少。除了风暴之外，法显说，"若遇伏石，则无活路"。所谓"伏石"就是暗礁。另外，"海中多有抄贼"，遇则人货全无。[1] 离开耶婆提以后，法显搭商船趁东南风回国。原计划行50日，但因风暴，偏离航线，船行百日有余，不见广州，食、水俱尽，日常饮水以淡水、海水掺半，每人每日配给2升，历经种种险情。

另一位西凉州僧人智俨的经历与法显近似。他在今克什米尔之地延请当地高僧觉贤一道附海舶入华传佛法，途中在中国南海一海岛候风。一日遇顺风，同泊诸船中许多纷纷拔锚启航，唯智俨、觉贤等人的海船暂泊继续辨认风向。结果风暴突起，先出航各船均遇难。待觉贤等人启程后，留下诸船又遇海盗，均遭难。[2]

---

[1] 章巽校注《法显传校注》，第167页。
[2] 慧皎《高僧传》卷2，《高僧传合集》，第15页。

中天竺僧人求那跋陀罗"有缘东方",他"随舶泛海,中途风止"。海上行船的主要动力是信风,失去风力之后,船舶只能在海上漂泊,原先携带的给养再多也只能维持有限的时间,到"淡水复竭"时,"举舶忧惶"。后来"信风暴至,密云降雨",才安抵广州。[①]

在海难中丧生的,除了水手、商贾、佛僧以外,有时还有南海诸国的王公贵族。据《南齐书·东南夷传》记载,林邑王诸农仰慕中国文明,亲自乘舟来华,不幸在"海中遇风溺死"。

四、航海科技的进步

从2世纪末东汉灭亡到13世纪70年代元统一以前的约1200年中,中国历史上数次出现分裂局面,在这种情况下陆路东西交往受阻,海外诸国在中国对外贸易中的地位迅速而持续地上升,中国与波斯湾和地中海周围地区的交通越来越倚重于海路。航海术正是在这些时期有了巨大的进步。

(一)船驶八面风

两汉以后,海外交往的发展促进了航海技术的迅速进步。这个时期航海术上最重要的成绩是风帆的改进。三国时,吴国丹阳太守万震在《南州异物志》中叙述了南海上船舶的风帆,说:"外徼人随舟大小,或作四帆,前后沓载之。有卢头木叶,如牖形,长丈余,织以为帆。其四帆不正,前向,皆使邪移,相聚以取风吹风,后者激而相射,亦并得风力,若急则随宜增减之,邪张相取风气,而无高危之虑,故行不避迅风激波,所以能疾。"[②]

万震所述是"外徼人"的船舶所装置的风帆的情况,可以看出,

① 慧皎《高僧传》卷2,《高僧传合集》,第24页。
② 李昉《太平御览》卷771,《四部丛刊》三编子部。

这种由卢头木叶编成的帆已经能用于偏风航行。在航海中遇到正顺风的情况并不很多，在航行中如遇左右后侧风、横向风与前侧风时，帆面还是正前向布置，就非但不能有效地利用风力，而且会使船偏离预定的航向，甚至造成危险。因此在偏风的情况下，必须相应地调节帆的角度，利用风在帆面上产生的推进分力，并在舵的配合下克服横向漂力，使船按预定航向前进。

万震还记载道，这种前后设置的双道风帆中的后帆，当遇到横向风时，可以45度角迎置，将风反射到前帆，借以推进船行。如欲船行加速，可置满帆，若欲降速，可落半帆。这种帆做得下大上小，使帆下部受风面积较大，降低了重心，船舶有良好的稳定性。这些"外徼人"的船，由于风帆技术的改进，行船已能"不避迅风激波"，故航行速度大增，也因而将这种多桅帆船的使帆技术传入中国，推动了中国航海业的进步。

风帆的进步与航海家世世代代运用季风来驱动海船是分不开的，舟人在长期的实践中对信风的掌握有了巨大的进展，印度洋—太平洋海区内的主要港口之间，已有一定的船期。法显从印度的恒河口前往狮子国时，依冬初信风，昼夜14日西南行而达。而他从耶婆提启程归国时，按正常的航期，携带了50日粮，前往广州。当时从"迦那调洲"出发，船张7帆，行一月余可达大秦国。

（二）海外地理知识的扩展

随着中印两国交往的日益密切，有关印度的地理学也传入中国，中国人的海外地理知识因之而扩大了。中印两国虽隔喜马拉雅山为邻，但两大民族的文化传统却有着巨大的差别。中国人讲究科学和实际，印度人则富于幻想。古代印度人充分发挥了自己的想象力，寓言和神话极为发达，但却没有写下有价值的历史著作。而中国人却恰恰相反，中国历朝历代的官私文书、佛家著述中保存了许多有关印度和南亚次大陆的记载，两千年来绵绵不绝。

中国以外的国家也有一些与印度历史有关的文献，例如古罗马阿里安的《印度志》和斯特拉波的《地理志》中，保留了一些公元前4世纪古希腊时代有关孔雀王朝时期的印度的描述。但这些资料无论丰富程度还是翔实性，都无法与中文史籍中的印度资料相比。所以在某种意义上可以这样讲：印度的历史保存在中国历史著作之中，如果没有这些中文资料，研究伊斯兰时代以前的印度历史几乎是不可能的。

唐以前汉文史籍中有关印度洋地区的史料范围已经极其广泛，既包括了关于中国与东南亚、印度洋地区国家之间关系的记载，也有当地历史、风土民情、物种土产、商业贸易、地理交通、佛教和其他宗教的传播、文化艺术等资料。从分类上说，既有正史中的相关记载，也有稗史和其他著作。

正史中有关印度的记载首推《汉书·地理志》中的从华南前往南亚的航路的记载，这在上一节中已引，兹不赘述。范晔所著，成书于南朝宋元嘉二十二年（445）的《后汉书·西域传》记载了贵霜王朝征服印度北部，与大秦国交通，在西域交通受阻后频从日南徼外来华的事迹。沈约在永明六年（488）春成书的《宋书·夷蛮列传》中，保存了两封外交文书的汉文译本，一封是元嘉五年（428）狮子国国王刹利摩诃南致宋文帝的国书，[①] 另一封是同年天竺迦毗黎国（即迦比罗卫，佛

---

① "师子国，元嘉五年，国王刹利摩诃南奉表曰：谨白大宋明主，虽山海殊隔，而音信时通。伏承皇帝道德高远，覆载同于天地，明照齐乎日月，四海之外，无往不伏，方国诸王，莫不遣信奉献，以表归德之诚，或泛海三年，陆行千日，畏威怀德，无远不至。我先王以来，唯以修德为正，不严而治，奉事三宝，道济天下，欣人为善，庆若在己，欲与天子共弘正法，以度难化。故托四道人遣二白衣送牙台像以为信誓，信还，愿垂音告。至十二年，又复遣使奉献"。（《宋书》卷97）

祖释迦牟尼的故乡）国王月爱致宋文帝的国书。[①] 萧子显的《南齐书·东南夷列传》记载了天竺道人那迦仙从广州乘扶南海舶归国，途遇大风，至林邑遭劫后，引出扶南、林邑与南齐之间一段交往的故事。[②]

杂史和其他官私著作中有关印度洋地区的记载亦很多。三国时魏国京兆人鱼豢的《魏略》是一部重要的著作。书中记载了西亚、地中海东岸地区和印度洋地区。例如，书中提到了释迦牟尼的诞生地"临儿国"（即今尼泊尔之洛明达）和"天竺东南三千余里"的"车离国"、印度东部的"盘越国"，并提到蜀地的贾人与这个"盘越国"有往来。鱼豢还记载了"循海而南"，经过"交趾七郡"可与大秦往来，此外大秦尚有水道通益州、永昌。这显然是指从云南经缅甸出海的商道。鱼豢的著作已经亡佚，如今只有片段保存在裴松之于元嘉六年（429）成书的《三国志注》中。

这一时期的重要著作中还有一些志怪小说，如张华的《博物志》、

① "天竺迦毗黎国，元嘉五年，国王月爱遣使奉表曰：伏闻彼国，据江傍海，山川周固，众妙悉备，庄严清净，犹如化城，宫殿庄严，街巷平坦，人民充满，欢娱安乐。圣王出游，四海随从，圣明仁爱，不害众生，万邦归仰，国富如海。国中众生，奉顺正法，大王仁圣，化之以道，慈施群生，无所遗惜。帝修净戒，轨道不及，无上法船，济诸沈溺，群僚百官，受乐无怨，诸天拥护，万神侍卫，天魔降伏，莫不归化。王身端严，如日初出，仁泽普润，犹如大云，圣贤承业，如日月天，于彼真丹，最为殊胜。臣之所住，名迦毗河，东际于海，其城四边，悉紫绀石，首罗天护，令国安隐。国王相承，未尝断绝，国中人民，率皆修善，诸国来集，共遵道法，诸寺舍子，皆七宝形像，众妙供具，如先王法。臣自修检，不犯道禁，臣名月爱，弃世王种。惟愿大王圣体和善，群臣百官，悉自安隐。今以此国群臣吏民，山川珍宝，一切归属，五体归诚大王足下。山海遐隔，无由朝觐，宗仰之至，遣使下承。使主父名天魔悉达，使主名尼陁达，此人由来良善忠信，是故今遣奉使表诚。大王若有所须，珍奇异物，悉当奉送，此之境土，便是王国，王之法令，治国善道，悉当承用。愿二国信使往来不绝，此反使还，愿赐一使，具宣圣命，备敕所宜。款至之诚，望不空反，所白如是，愿加哀愍。奉献金刚指环、摩勒金环诸宝物、赤白鹦鹉各一头。太宗泰始二年，又遣使贡献，以其使主竺扶大、竺阿弥并为建威将军。"（《宋书》卷97）

② 《南齐书·东南夷列传》。

嵇含的《南方草木状》、万震的《南州异物志》和郦道元的地理名著《水经注》等。《博物志》记载范围极广，包括山川地理、奇花异木、鸟兽虫鱼、神话传说等。《水经注》是三国时成书的《水经》的注疏。《水经注》最可贵之处，就是保存了大批有关印度、东南亚的重要资料。郦道元在叙述域外河流时所用的资料，如康泰的《扶南传》、郭义恭的《广志》、支僧载的《外国事》、释道安的《释氏西域记》和《佛调传》、竺枝的《扶南记》等，均已经亡佚，只有片段保存在郦道元的注文之中。20世纪以来，利用汉文史料研究唐以前中外交往历史在世界学术界已经蔚为风气。

（三）导航术

唐宋时代的中国导航术在世界上处于遥遥领先的地位。除过去传统的航海导航术，如海外地理学、地文定位、天文测星、船舶操纵技术等继续发展以外，以量天尺为测星工具的大洋天文定位术和全天候的磁罗盘导航的使用，是这一时期中国导航术发展的基本标志，也是中国航海得以发展、长期领先于世界的最重要的物质基础。通过指南针可以测定航向，观星术则可确定船在海中的纬度，两者配合使用可确定船在海中的位置。

1. 唯望日月星宿而进

天文导航的产生先于指南针导航。在指南针导航术发明后，天文导航仍然是远洋航行中最重要的技术手段之一，两者相辅使用。

东亚大陆的海岸线大致上呈南北走向，而隔海相望距大陆不远处，分布着南北走向的西太平洋岛弧：库页岛、千岛、日本列岛、琉球群岛、台湾及吕宋列岛。西太平洋岛弧与东亚大陆之间的几个西太平洋边缘海，如日本海、黄海、东海与南海，自北向南排列，形成一条狭长海道。这一独特的地理条件使古代东亚地区的航海的天文导航相对较为容易。当中国海船启航时，无论是采用沿海还是近海航行法，都是大体沿南北向航行。天文导航在白昼主要依靠的是太阳，而在夜晚则是北极星。晋代葛洪提道："失群逆乎云梦者，必须指南以知道，并乎沧海者，必仰辰极以得返。"① 就是说，在内陆湖泊中航行时，已经应用了指南针；而在沧海中航行时，如果不观测北极星是无法返回的。

当海船进入东南亚、印度洋后，地理条件发生了极大的变化，海岸线变得极为曲折：中南半岛与马来半岛间隔着暹罗湾，马来半岛与印度之间隔着孟加拉湾，印度与东非之间则是阿拉伯海。且因这些海纬度皆不高，北极星出地高度有限，夜间仅靠北极星已经无法导航。从先秦时代起，东南亚、印度洋航海的传统方法是沿东南亚、南亚大陆的曲折海岸线而行。这种航行法虽然较安全，但绕道而行，航期很长。

航海技术的发展，使海船脱离陆地的能力越来越强。从事东南亚—印度洋航海的人们开始尝试穿越大洋的航行。在远离海岸的情况下，传统的陆标定位术已经不起作用，需要一种新的从已知船位推算未知船位的航迹推算术。天文导航术的历史就是朝满足这种需求的方向发展。晋代法显曾经陆路赴印度、斯里兰卡，然后取海路返回。他在自己的游记中写道："大海弥漫无边，不知东西，唯望日月星宿而进。若阴雨时，为逐风去，亦无准。"这说明他所乘坐的海舶是从斯里兰卡直接向东航往苏门答腊。这就是说，在南朝时期，在印度洋上航行的海船已经脱离了主要依靠地文导航的初级阶段，能够在远离陆地的大洋中航行。在天气晴朗时，白天依日定向，夜晚则靠星辰指引。唯阴雨时节，只能随风而进。

据道藏中《太清金液神丹经》记载：

> 出日南寿灵浦，由海正南行，故背辰星而向箕星也，昼夜不住十余日，乃到扶南。扶南在林邑西南三千余里，自立为王，诸属国皆君长。王号炮到，大国次王者号为鄨叹，小国君长及王之左右大

① 葛洪《抱朴子·外篇》卷1，《道藏·太清部》。

臣皆号为昆仑也。扶南地多朱砂、珍石。从扶南北至林邑三千里，其地丰饶，多朱丹、硫黄。①

据此可知，当时中国海船从日南等地出发沿海南行时，采用的是天文导航法，即逆北辰所指方向，朝箕星即二十八宿之箕宿而行，昼夜不息，十余日可到扶南。这些记载证明，中国航海家在当时已经掌握了西太平洋—印度洋的天文定位的技术，即已经脱离了单纯依靠沿海陆标导航的阶段，在必要时可根据某些星辰的出地高度与观测视角来确定海船在大洋中的位置。这是航海科学发展史上的一大突破。

唐代天文定位术的发展，集中体现在利用仰测两地北极星的高度差来确定南北距离变化的大地测量术上。唐开元年间（713—741），著名天文学家僧一行（俗名张遂，683—727），曾率领南宫说等人，对唐朝的疆域进行了一次大规模的大地测量。一行创造了一种简便的仪器"复矩"，来测量北极星距离地平的高度，即所谓"以复矩斜视北极出地"。最后得出的结论是，"大率五百二十六里二百七十步而北极差一度半，三百五十一里八十步（相当于129.22公里）而差一度"。② 这与现代天文大地测量值111.2公里虽有一定距离，但已经具有航海的实用性。

1973年在福建泉州市后渚的宋代海船尾仓（第13仓），即舟师所居仓中，发现一把竹尺，残长20.7厘米，宽2.3厘米，尺内一半分五格，每格长2.6厘米。未分格的部分，可能是手持时用。这应当就是一把"量天尺"，即测量"星高"的尺。使用时伸臂竖握此尺，使其下端与水天线相切，以观测天体的视线与此尺相交的寸、分读数为测天之高度。这种尺使用捷便，如用以测量北极星，可依照测高读数，判别海船所在地理纬度。

2. 指南浮针

天文导航术的关键在于观察日月和测定星高，其目的是确定船的纬

① 张道陵《太清金液神丹经》卷下，明正统道藏本。
② 《旧唐书》卷35。

度和方向。但天文导航受天气影响大，阴雨天无法观天，无从根据日月方向和星高来判明船所处位置，从而限制了其使用范围。指南针的使用使导航不再受制于气候，是世界航海史上一项重大的发明。

指南针最初是为确定朝向风水而发明，后用于水上航行。据前引晋代葛洪的《抱朴子·外篇》提到的"失群逆乎云梦者，必须指南以知道"一语，可知至迟在 4 世纪以前，使用指南针来确定船舶在浩瀚水面上的位置的方法，已经为许多人所知。

成书于 1041 年的相墓著作《茔原总录》一书中记载：

> 客主的取，宜匡四正以无差，当取丙午针于其止处，中而格之，取方直之正也。盖阳生于子，自子至丙为之顺，阴生于午，自午至壬为之逆。故取丙午壬子之间是天地中，得南北之正也。此丙午针约而取于大概，若究详密，宜曲表垂绳，下以重物坠之，照重物之心，圆而为圈，一如日月之晕。绳以占号，二晷渐移，逢晕致臬，自辰巳至于未申，□□两旁真东西也。半拆之，望坠物之下，则知南北之中正也。[①]

这是说，欲定东西南北，必须让磁针指丙午之间的方位，则午向为正南。这说明当时已经发现了磁偏角为南偏东 7.5 度。从发明磁针指

---

① 《茔原总录》卷 1，《主山论篇第八》，元刻本，中国国家图书馆藏。此处详尽描述了如何通过丙午壬子针来判断南北之正。严敦杰先生云："宋仁宗庆历元年（1041），杨惟德说，要定四正的方向，必须取丙午方向的针，等到针摆动停止时，中而格之，才能得到正确的方向。"（《中国史稿》编写组编《中国史稿》第 5 册，人民出版社，1983 年，第 620—621 页）并据此认为在北宋沈括（1031—1095）著《梦溪笔谈》之前已发现了磁偏角现象，并将《茔原总录》作为研究指南针及磁偏角的早期材料。汪建平、闻人军云："北宋司天监杨惟德于庆历元年（1041）奉命编撰的相墓大全《茔原总录》卷 1 为磁偏角的发现订了下限。"（汪建平、闻人军《中国科学技术史纲》，武汉大学出版社，2012 年，第 259 页）但余格格查《茔原总录》一书未见载于宋代书志目录，杨惟德同时期奉诏撰修的地理书籍《地理新书》亦未提磁偏角或指南针的问题，推论《茔原总录》一书中关于磁偏角之内容大概产生于南宋时期（余格格《〈茔原总录〉与"磁偏角"略考》，《自然科学史研究》2016 年第 4 期，第 427—438 页）。

南，到认识到磁针所指方向（即地磁极）与地球自转轴的北极之间方向并不完成吻合（即磁偏角的存在），需要相当长的时间。

据成书于 1088—1095 年间的《梦溪笔谈》记载：

> 方家以磁石磨针锋，则能指南，然常微偏东，不全南也。水浮多荡摇，指爪及碗唇上，皆可为之，运转尤速，但坚滑易坠。不若缕悬为最善。其法取新纩中独茧，缕以芥子许蜡，缀于针腰，无风处悬之，则针常指南，其中有磨而指北者，予家指南北者皆有之。磁石之指南，犹柏之指西，莫可原其理。①

沈括将安置磁针的方法概括为 4 种：即 1. 浮置水面；2. 置于指甲上；3. 置于碗唇上；4. 以丝线系磁针腰部，使平悬于无风处，并说明以最后一种最妥。

1044 年泉州曾公亮（999—1078）、丁度在其主编的《武经总要》中记载：

> 令识道路或出指南车及指南鱼以辨所向。

> 指南车法世不传。鱼法，用薄铁叶剪裁，长二寸，阔五分，首尾锐如鱼形，置炭火中烧之，候通赤，以铁钤钤鱼首出火，以尾正对子位，蘸水盆中没尾数分则止。以密器收之，用时置水碗于无风处平放，鱼在水面，令浮，其首常南向午也。②

曾公亮等描述了一种"指南鱼"，是用薄铁片剪成鱼形，将其磁化后成为指南鱼，浮置水面即可指示南北。

约 11 世纪下半叶，指南针作为航海的导航仪器已见于记载。1124 年徐兢在《宣和奉使高丽图经》中也说，当宋使船队驶过蓬莱山，在半洋礁水域夜间"洋中不可住，维视星前迈。若晦冥，则用指南浮针以揆南北"。③ 也就是说，在天气晴朗的夜间凭星斗航行，晦冥则全靠

① 《梦溪笔谈》卷 24，《四部丛刊》续编景明本。
② 《武经总要》前集卷 16 上，明金陵唐富春刻本，南京图书馆藏。
③ 《宣和奉使高丽图经》卷 34，《丛书集成初编》，1937 年，第 120 页。

"指南浮针"。"指南浮针"这个术语说明当时采用的是《梦溪笔谈》中提到的水浮法。宋吴自牧《梦粱录》也云：

> 且论舶商之船，自入海门，便是海洋，茫无畔岸，其势诚险，盖神龙怪蜃之所宅。风雨晦冥时，惟凭针盘而行，乃火长掌之，毫厘不敢差误，盖一舟人命所系也。愚累见大商贾人言此甚详悉。

又曰："但海洋近山礁则水浅，撞礁必坏船，全凭南针，或有少差，即葬鱼腹。"[①] 所谓"针盘"，即当罗经。据明李豫亨撰《推篷寤语》描述，"术家针盘用水浮针，视其所指以定南北。近年吴、越、闽、广屡遭倭变，倭船尾率用旱针盘以辨海道，获之仿其制，吴下人始多旱针盘，但其针用磁石煮制，气过则不灵，不若水针盘之细密也"。[②] 可知宋以来中国舟师传统所用之针盘为水罗经，由经验丰富的火长专职掌管。

指南针导航术在发明后不久便以极快的速度传播到海外，为外国航海家所知。在宋代这一先进技术已经传到欧洲。据李约瑟考证，欧洲最早记载有关指南针导航术的，是英国人亚历山大·尼科姆（Alexander Neckam，1157—1217），他在 1190 年已经提到航海罗盘。1205 年法国古约·德·普洛文（Guyot de Provins）在其《经书》（La Bible）中提到，航海者有不致迷航的技巧：针用磁石触磨过后，借助于麦秆浮在水上，针锋就转向北极星，能在黑夜里知道正确的航向。[③] 阿拉伯人应用指南针早于欧洲人，但文字记录指南针却晚于欧洲人。欧洲人是通过大食人的中介学会指南针导航术的。在成书于 1282 年的《商人辨识珍宝手鉴》中，大食矿物学家贝拉克·卡巴札吉（Bailak al-Qabajaqi）说，他曾乘船从的黎波里（今利比亚）到亚历山大城（今埃及尼罗河入海处）。在航行中，他看见船员们使用借助木片或苇箔托浮在水面上的磁

---

① 《梦粱录》卷 12，清学津讨原本。

② 李豫亨《推篷寤语》卷 7《订疑篇》，明隆庆五年李氏思敬堂刻本。

③ *Joseph Needham, Science and Civilisation in China*, V. 4, Part 1, pp. 246—247.

针来辨别方向。他称:"海员们说航行于印度洋上的船长们不用这种木片托浮的指南针,而用一种中空的铁鱼,投于水中,浮在水面,鱼之头尾指向南北。"[①] 早期欧洲在与阿拉伯人所使用的这几种借助于木片或芦管浮在水上辨别方向的磁针与磁鱼,显然就是上面提到的中国的浮针与指南鱼,应当是通过不同渠道从中国传过去的。

指南针传入欧洲后,其装置方法得到改进,发明了有固定支点的旱罗盘。16 世纪上半叶,葡萄牙人到达日本。日本航海家学到旱罗盘。前引明代李豫亨的《推篷寤语》提到,中国原先所习用的针盘用水浮法,视其所指以定南向。以后因东南沿海倭寇入侵,中国人发现日本人用旱罗盘,才因之学得。旱罗盘通过日本传到中国是在 16 世纪下半叶,此后水罗盘逐渐被淘汰。

英国著名学者李约瑟博士在其巨著《中国科学技术史》第 29 章中高度评价了指南针的发明。指南针的应用是航海技术的巨大变革,它象征着原始航海时代的终结和航海新时代的开始。只有在掌握了指南针后,大洋才不再是人类不可逾越的障碍。

3. 《海岛算经》与海图的产生

唐代具有航路指南性质的资料已经出现。从唐宰相贾耽的《广州通海夷道》中可知,当时亚洲海舶在西太平洋—北印度洋海区内已经有相对固定的航线,航海家对这一海区内某些重要的目的港之间的航程也有了较为准确的认识和记载。地文导航的关键在于正确地辨识航线沿途所经的地理坐标物。

特别值得注意的是,随着数学的进步,汉以后航海家已经能在勾股定理与相似比例关系的原理基础上,运用两次观测计算的"重差法"来测量陆际。这一科学进步使海岸测量术迅速发展起来。三国时著名数学家刘徽在其《海岛算经》中曾举出一道应用题云:

① 《大英百科全书》卷 6,第 807 页,转引自闻人军著《考工司南:中国古代科技名物论集》,上海古籍出版社,2017 年,第 200 页。

今有望海岛，立两表，齐高三丈，前后相去千步，令后表与前表参相直。从前表却行一百二十三步，人目着地取望岛峰与表末参合；从后表却行一百二十七步，人目着地取望岛峰，亦与表末参合，问岛高及去表各几何？答曰岛高四里五十五步，去表一百二里一百五十步。

术曰：以表高乘表间为实相多，为法除之，所得加表高，即得岛高。

唐代天文家、数学家李淳风对此作注：

此术意宜云，岛谓山之顶上，两表谓立表木之端直（案，此句讹舛。据术意，言立两表，齐高三丈，相去千步者。谓立木为表，两表各高三丈，其地相去千步，必准之使平，则表端齐平，然后可测望也。又言令后表与前表参相直者，自海岛至前表，自前表退至后表，三者令其参相当也，非木之端直），以人目于木末望岛参平，人去表一百二十三步，为前表之始，后立表末，至人目于木末相望，去表一百二十七步，二表相去为相多，以为法（案，此亦讹舛。据术意，人去前表一百二十三步，以目着地，望表末，斜与岛峰参合，又去后表一百二十七步，以目着地，望表末亦与岛峰参合，非于木末望岛也。前后去表相减，余四步为相多，非二表相去也。当由传写失真，后人妄加改□，遂不可通）前后表相去千步为表间，以表高乘之，为实，以法除之，加表高，即是岛高。积步得一千二百五十五步，以里法三百步除之，得四里余五十五步，是岛高。[1]

这清楚地证明，南北朝时期以前，我国航海家的地文导航术已从目视记录发展到理论计算，水平之高令人惊叹。

---

[1] 《海岛算经》卷1，《六府文藏·子部·天文算法类》。其算法说明见李金寿《〈海岛算经〉简介（上）》，《数学教学研究》1987年第3期，第37—38页。

（四）海舶

1. 南海番国船

当时往返于中国东南沿海港口与东南亚、印度洋诸地之间的船舶既有外国船，又有中国船。外国船也有多种。真人元开《唐大和上东征传》提到，唐代海南万安州（海南岛万宁县、陵水县）大首领冯若芳：

> 每年常劫取波斯舶二三艘，取物为己货，掠人为奴婢。其奴婢居处，南北三日行，东西五日行，村村相次，总是若芳奴婢之（住）处也。若芳会客，常用乳头香为灯烛，一烧一百余斤。其宅后，苏芳木露积如山；其余财物，亦称此焉。[1]

他还提到，广州珠江中停泊有婆罗门船、昆仑船和波斯船，为数众多。[2] 这大致代表了当时番舶的种类：即东南亚船（昆仑舶）、南亚船（婆罗门舶）和西亚船。这些外国船因多从南海而来，又统称为"南海舶"，即《唐国史补》卷下所谓"南海舶，外国船也，每岁至安南、广州"。在婆罗门船中，有一种"师子国舶"，即斯里兰卡船。《唐国史补》说：

> 师子国舶最大，梯而上下数丈，皆积宝货。至则本道奏报，郡邑为之喧阗。有蕃长为主，领市舶，使籍其名物，纳舶脚。禁珍异，蕃商有以欺诈入牢狱者。舶发之后，海路必养白鸽为信。舶没，则鸽虽数千里，亦能归也。[3]

"昆仑舶"（东南亚船）在东南亚、印度洋航海史上起着举足轻重的作用。唐代义净赴印度时，从广州启程时乘坐的是波斯船，这可能是

---

[1] 真人元开著，汪向荣校注，《唐大和上东征传》，中华书局，1979年。李言恭、郝杰著，汪向荣、严大中校注，《唐大和上东征传日本考》，中华书局，2000年，第68页。

[2] "江中有婆罗门、波斯、昆仑等舶，不知其数；并载香药、珍宝，积载如山。其舶深六、七丈。师子国、大石国、骨唐国、白蛮、赤蛮等往来居〔住〕，种类极多。"（参见真人开元《唐大和上东征传》，第74页）

[3] 李肇《唐国史补》卷下，明崇祯毛氏汲古阁刻津逮秘书本，傅增湘校并跋。

指东南亚的"波斯",即今之缅甸的勃。^① 义净到达室利佛逝以后,换乘室利佛逝船前往末罗瑜,即今马来半岛南端,再由此往东印度。他沿途换乘的几乎全是东南亚船。昆仑舶来华数量多,次数频繁,所以《旧唐书·王方庆传》记载他"则天临朝,拜广州都督",当时"广州地际南海,每岁有昆仑乘舶以珍物与中国交市"。^②

西亚船中之大者称为"大食巨舰",其中以"木兰皮"舟为最。"木兰皮"即阿拉伯语 Maghrib 的音译,意为"极西之地",指今北非利比亚以西摩洛哥、阿尔及利亚等地,今译作"马革里布",所以"木兰皮"舟意为西大食舟。据南宋周去非记载,大食巨舰"一舟容数千人,舟中有酒食肆、机杼之属。言舟之大者,莫木兰若也,今人谓木兰舟,得非言其莫大者乎?"^③ 其书中还专有一节题曰《木兰舟》,记:

> 浮南海而南,舟如巨室,帆若垂天之云,柂长数丈,一舟数百人,中积一年粮,豢豕酿酒其中,置死生于度外。径入阻碧,非复人世,人在其中,日击牲酗饮,迭为宾主,以忘其危。

又曰:

> 盖其舟大载重,不忧巨浪而忧浅水也。又大食国更越西海,至木兰皮国,则其舟又加大矣。一舟容千人,舟上有机杼市井,或不遇便风,则数年而后达,非甚巨舟,不可至也。今世所谓木兰舟,未必不以至大言也。^④

宋代沿海港市人民对异域船除了以地方命名以外,还以载重量分等,分别命名。马端临提到,蛮夷船:

> 最大者为独樯舶,能载一千婆兰,胡人谓三百斤为一婆兰也。次

---

① 义净《大唐西域求法高僧传》,第 159 页注 13。
② 《旧唐书·王方庆传》。
③ 周去非《岭外代答校注》卷 3,杨武泉校注,中华书局,2006 年,第 107 页。以下版本信息略。
④ 周去非《岭外代答校注》卷 6,第 216—217 页。

日牛头舶，比独樯得三之一。次三木舶，次料河舶，递得三之一也。[1]

这里表示载重量的单位"婆兰"，看来是一种外国重量单位，其确切含义尚有待于研究。周去非说，南海中的"蕃舶大如广厦，深涉南海，径数万里，千百人之命，直寄于一柂"，可行数万里，载千百人。载重万斛的番舶，其舵长三丈。按一斛为一担计算，重92.5宋斤，合今制约118.4斤。[2] 所以万斛之舟载重量已达约600吨。

数万斛之舟相当于排水量一两千吨的船。在以木材为基本造船材料的时代，这恐怕已是船舶载重量的极限了。建造这种巨舟单靠一国之力难以完成。仅就其船舵而言，因船体过大，一般木材难以胜任，"卒遇大风于深海，未有不折"。唯有使用钦州（今广西钦州）出产的乌婪木，才可制成长达五丈的巨舵，"虽有恶风怒涛，截然不动"。据说这种巨舵在钦州一双不过值钱数百缗，一旦运到番禺，立即升值十倍。[3] 换句话说，这种巨舟是以中外合作的方式建成的。

印度洋的番舶制造工艺与中国船大相径庭。唐代刘恂的《岭表录异》提到，当时"贾人船不用铁钉，只使桄榔须系缚，以橄榄糖泥之。糖干甚坚，入水如漆也"。[4] 唐代僧人慧琳在《一切经音义》中也描述道：

---

[1] 《文献通考》卷20《市籴考一》。

[2] 沈括《梦溪笔谈》卷3《辩证一》："以粳米一斛之重为一石，凡石者以九十二斤半为法。"（胡静宜整理，《全宋笔记》第二编第三册，大象出版社，2006年，第19页）司马光撰、胡三省音注《资治通鉴》引："今人乃以粳米一斛之重为一石，凡石以九十二斤半为法，乃汉秤三百四十一斤也。"（标点资治通鉴小组校点，中华书局，1995年，第191页）郭正忠《三至十四世纪中国的权衡度量》（中国社会科学出版社，1993年，第180页）：一宋斤等于今640克，即1.28斤。谓兹据黄纯艳《造船业视域下的宋代社会》，上海人民出版社，2017年，第31页。

[3] 周去非《岭外代答校注》卷6，第219—220页。

[4] 刘恂《岭表录异》卷下，清乾隆武英殿活字印武英殿聚珍版书一百三十八种本。

舶，海舟也，入水六十尺，驻使运载千余人，除货物。亦曰"昆仑舶"。运动此船，多骨论。为水匠，用椰子皮为索连缚，葛览糖灌塞，令水不入。不用钉鲽，恐铁热火生。累木枋而作之，板箔恐破。长数里。前后三节，张帆使风，亦非人力能动也。[①]

这是说，"昆仑舶"以椰子皮为索连接，葛览（橄榄）糖灌塞，使水不入，而不用钉。元代航海家汪大渊也提到过这种船，他在叙述甘埋里国[②]时说，"其地船名为马船，大于商舶，不使钉灰，用椰索板成片。每舶二三层，用板横栈，渗漏不胜，梢人日夜戽水不使竭"。[③] 这种船就是缝合式木船。马可·波罗也提到，当时这种船在印度洋上比比皆是。缝合船船体强度较差，抗风浪能力弱，易渗漏，汪大渊已经指出其弱点。

2. 中国海舶

相较之下，唐代中国造船早已脱离了印度洋船舶的这种原始简陋的工艺，而大量采用钉榫接合技术。我国考古学家曾分别于 1960 年 3 月和 1973 年在江苏扬州施桥镇和江苏如皋县的遗址中发现过唐代木船，其船型虽然不同，但均使用钉榫接合技术。如皋唐船还建有 9 个水密隔仓，这就大大增强了船舶的横向强度与抗风浪和抗沉能力。还有一种名曰"海鹘"的海船，船舷左右置浮板，形如鹘之翅，以防止侧倾。这种浮板实际上是舷侧防浪板。

唐代我国已经能建造巨大的远洋海舶。据慧琳在《一切经音义》中说："苍舶，大舱也，长二十丈，载六七百人者是也。"[④] 一些阿拉伯旅行家曾描述过唐代航行在印度洋水域中的海舶。因为幼发拉底河与底格里斯河的冲积，波斯湾中浅滩很多，中国海舶体积大、吃水深、航行

---

① 释慧琳《一切经音义》卷 61，《根本说一切有部·毗奈耶律》第 32 卷，日本元文三年（1738）至延享三年（1746）狮谷莲社刻本。

② 日本学者藤田丰八认为，即今伊朗波斯湾口处之忽尔模斯岛，见汪大渊《岛夷志略校释》，苏继顾校释，中华书局，1981 年，第 365—366 页。

③ 汪大渊《岛夷志略校释》，第 364 页。

④ 释慧琳《一切经音义》卷 20，《华严经》卷 50，"船舶"条。

不便。因此，阿拉伯旅行家苏莱曼说，波斯湾中诸港之间的航线多由当地小型船舶担任，它们把各地的土产运抵尸罗夫港（Siraf，位于今伊朗），再转驳中国船运往东方。印度西南部的故临是各国海船加注淡水的地方，对中国船每次要收费1000迪尔汗，而对其他诸国船仅收10—20迪尔汗。[1] 这种收费上的差别除了对不同地区船征收不同税率的因素以外，显然是因为中国船特别大的缘故。

在宋代，海船制造的工艺与技术有了明显的进步。结合文献记载与1974年在福建泉州出土的宋船残骸及1976年在韩国新安发现的元船可知，宋代中国海船的基本特点如下：

第一是载重量大。据吴自牧《梦粱录》记载："海商之舰大小不等，大者五千料，可载五六百人；中等二千料至一千料，亦可载二三百人，余者谓之钻风，大小八橹或六橹，每船可载百余人。"[2] 载重五千

---

[1] 《苏莱曼游记》，见穆根来等汉译本《中国印度见闻录》，第9—10页。

[2] 《梦粱录》卷12"江海船舰"条。汉代郑玄注《仪礼疏》说："依算法百二十斤曰石，则是一斛。"〔郑玄注，贾公彦疏，陆德明音义，卷28，清嘉庆二十年（1815）南昌府学重刊宋本十三经注疏本〕中国古船表示大小的单位"料"是一个学界讨论的老问题。黄纯艳总结证如下："天圣三年（1025）诏书说到漕运装运载转般仓斛斗'并以船力胜五十石为准，实装细色斛斗四十石'（《宋会要辑稿》食货四六，第7037页）。这里力胜以'石'计，表示的也是一石容积的装载能力。政和三年（1113）两浙转运司奏章说道，两浙路三百料纲船，许二分附载私物或加装斛斗，'每船一只装米二百四十石外，有六十石升（胜）'。（《宋会要辑稿》食货四五，第7013页）建炎四年（1130）发运副使宋辉上奏说到北宋时自真州至开封纲运，以五百料船为率，依条八分装运，留二分揽载私物。如愿将二分力胜加料装粮，听。'八分正装计四百硕。每四十硕破一夫钱米。二分加料计一百硕。旧法每二十硕破一夫'。（《宋会要辑稿》食货四七，第7062页）这二分私载又称为'二分私物力胜'。（《宋会要辑稿》食货四七，第7061页）从以上两条奏章可总结三点：一是纲船实际载米的正装（八分）与加装（二分）之和正好是船舶全部力胜（十分，三百料或五百料）；二是三百料或五百料的力胜指的是纲船从总带了位中减去不能用于载运货物的容积后的有效载货容积，即净吨位，而非船舶的总吨位，即船舶内总容积；三是一'料'等于一'石（硕）'的容积，在表示船舶的装载能力时可以互换使用。由此我们得知，宋代表示船舶大小即力胜的'××料'就是指船舶的净吨位。"（见氏著《造船业视域下的宋代社会》，第31—33页）

料约相当于 300 吨位。那时中型的海舶载重达 1000 料至 3000 料，可载二三百人。那时应用得最普遍的是"可载二千斛粟"的中型海船，称为"客舟"，"长十余丈，阔三丈五尺"。而长阔高大皆 3 倍于"客舟"的海船，叫"神舟"，望之"巍如山岳，浮动波上"。[①] 按长阔高皆扩大 3 倍，体积便增至 20 余倍。据此推算，这种"巍如山岳"的神舟的载重可达五万余斛，相当于 3000 吨。如果的确如此，真是十分惊人的巨舰。前引周去非所述宋代在南海中航行的一种巨舟，其"帆若垂天之云，柂长数丈。一舟数百人，中积一年粮"，舟人们甚至还在船上养猪、酿酒。这种巨舟应当就是"神舟"。大舟巨舰在航海中"不忧巨浪而忧浅水"，因吃水深，"漂至浅处而遇暗石，则当瓦解矣"。[②]

第二是船体坚固，结构良好。船体"以巨木全方，搀叠而成"。[③]考察泉州古船可知，这条船的龙骨由两根松木接合而成，采用体外龙骨的设计和直角榫合的工艺，增大了船的纵向强度。海船的船壳、船底用二重板叠合，舷侧则用三重板叠成。自龙骨至舷有侧板 14 行，其第 1至第 10 行由两层板叠合而成，第 11 至第 13 行由三层板叠合而成，采用搭接和拼接两种结构工艺，以钉榫为主要构件。里层船壳板的上下板之间都用子母衔榫合。尖底造型使船壳弯曲弧度大，多重板工艺使取材、建造和维修较为容易，二重或三重木板加固的侧板与船壳板使全船的强度大为提高，更耐波浪，利于远航。[④]

泉州湾海船使用铁钉，大钉极长，并用桐油、麻丝、石灰等嵌缝，以防渗漏和钉头锈蚀。当时中国的东亚近邻国家虽然学习中国造船工艺，但技术上与中国仍有明显差距。据明《日本考》：

---

① 徐兢《宣和奉使高丽图经》卷 34，丛书集成初编本，商务印书馆，1937年，第 116—117 页。

② 周去非《岭外代答校注》卷 6，第 217 页。

③ 徐兢《宣和奉使高丽图经》卷 34，第 117 页。

④ 福建省泉州海外交通史博物馆编《泉州湾宋代海船发掘与研究》，海洋出版社，1987 年。

日本造船与中国异,必用大木取方,相思合缝;不使铁钉,惟联铁片,不使麻筋桐油,惟以草塞鐰漏而已。(名短水草)费功甚多,费材甚大,非大力量未易造也。凡寇中国者皆其岛贫人,向来所传倭国造船千百只,皆虚诞耳。其大者容三百人,中者一二百人,小者四五十人或七八十人,其形卑隘,遇巨舰难于仰攻,苦于犁沉。故广福船皆其所畏。而广船旁陡如垣,尤其所畏者也。其底平不能破浪。其布帆悬于桅之正中,不似中国之偏。桅机常活,不似中国之定。惟使顺风,若遇无风、逆风,皆倒桅荡櫓,不能转戗。故倭船过洋,非月余不可。今若易然者,乃福建沿海奸民买舟于外海,贴造重底,渡之而来,[①]

总之,船板采用榫联和铁钉加固,并用桐油灰塞缝是我国唐宋以来发展起来的先进造船工艺,直至今日仍在木船建造中普遍使用。

宋代中国海船船体一般有十几个水密舱,泉州湾海船用 12 道隔板把船体分为 13 个水密舱,水密程度很高,即使在海难中破损一两个船舱也无倾覆之虞。这种 13 舱的木船直至近代还为福建沿海人民所沿用。据学者调查,这 13 个舱位各有专门的名称和用途。[②]

宋代徐兢的《宣和奉使高丽图经》提到,宋代海舶"上平如衡,下侧如刃。"[③] 1974 年泉州市东南郊后渚港出土的宋末海船,根据造船学家研究,其船形特点是底尖,船身扁阔,长宽比小,平面近椭圆形,我国南方海船的这种"V"型船体结构设计,不但可增强船舶的稳定性与回舯扭矩,而且能减少水下阻力,使海船在遇到横风时横向移动较小,适于在风力强、潮流急的海域航行。在顶风行船时更显优越,"贵

---

① 李言恭、郝杰著《日本考》"倭船"条,汪向荣、严大中校注;真人元开著、汪向荣校注《唐大和上东征传》合刊本,中华书局,中外交通史籍丛刊,2006年,第 28 页。

② 庄为玑、庄景辉《泉州宋船结构的历史分析》,《厦门大学学报》(哲学社会科学版) 1977 年第 4 期。

③ 徐兢《宣和奉使高丽图经》卷 34,第 117 页。

其可破浪而行也"。[①] 为改善船舶的摇摆性能，宋代水手还在船腹两侧"缚大竹为橐以拒浪"。[②]

元末摩洛哥旅行家伊本·白图泰曾描述中印度洋上的中国海船，他说，中国船分大、中、小三等，大者有船员千人，即水手 600 人、卫兵 400 人，有 3 帆至 12 帆，皆以篾编成，并有随行船相随。随行船有三分半大、三分之一大、四分之一大 3 个等级。像这样的大船仅产自广州和泉州。船底系用 3 层板以巨钉钉合而成。舱分 4 层，有公私舱房多间，船员常在木盆中种植蔬菜。橹大如樯，[③] 每橹缚有铁链两条，摇橹时有 10 人至 15 人，分两排对立。马可·波罗在他的游记中也有翔实的描述。

五、贾耽《皇华四达记》所记《广州通海夷道》

（一）大食航海

罗马帝国和波斯萨珊王朝灭亡后，代之而起的是大食帝国。罗马帝国时代开辟的红海—印度洋航路后来为阿拉伯人所继承。629 年穆罕默德统一阿拉伯半岛之后，他的继承者创立了大食帝国，地跨欧、亚、非三大洲，这一有利的地理位置使其成为航海活动的中心。穆罕默德本人早先曾多次参加过商旅，对中国有所了解。他曾训示自己的信徒说："学问即使远在中国，也应去求寻。"[④] 据汉文史料记载，自唐高宗永徽

---

① 席龙飞《中国造船史》，湖北教育出版社，2000 年，第 159—160 页。

② 徐兢《宣和奉使高丽图经》卷 34，第 116—117 页。

③ 伊本·白图泰《伊本·白图泰游记》，马金鹏译，宁夏人民出版社，第 490—491 页。

④ 苏赫拉瓦尔迪（Abdullah al-Mamun al-Suhrawardy）编《穆罕默德圣训》(The Saying of MuHammad［Ḥadīth］)，伦敦，1941 年，第 273 条；转引自张广达《海舶来天方，丝路通大食》，周一良《中外文化交流史》，河南人民出版社，1987 年，第 793—794 页注 31。

二年（651），大食国第三任哈里发奥斯曼首次正式遣使入唐起，至唐德宗贞元十四年（798）的近一个半世纪中，大食向中国遣使达39次。阿拉伯帝国的地理学极为发达。正像汉文文献记载了从中国东南沿海前往西方的航路一样，留存至今的大食文献也详细记载了大食航海家从大食前往东方的路线。

伊本·胡尔达兹比赫（Ibn Khrudadhbah）是大食最早的地理学家，他生于820年或825年，约卒于911年。他的著作《道里邦国志》写于约846—847年。唐代贾耽的《广州通海夷道》描述了从广州通往波斯湾巴士拉的航线，而伊本·胡尔达兹比赫则记载了反方向的航线——从波斯湾的巴士拉通往中国的航线，其详细程度可与贾耽的记载相媲美。《道里邦国志》把前往中国的航路分为3段。

第一段，从末罗（今伊拉克巴士拉 Basra）到细兰（今锡兰）：末罗至忽鲁谟斯（今霍尔木兹海峡中之霍尔木兹岛），法尔斯沿海至提卿（Daibul）共8日程，由此至弥兰河（即新头河，今印度河）河口为2日程。再航行17日至没来（Mulay），行2日至副临，[①] 再行1日至细兰。

第二段，从副临向东航行10—15日，横渡孟加拉湾到达郎婆露斯（Langabalus，今尼科巴群岛）。复东行6日，至箇罗（Kalah，今泰国所属马来半岛之吉打）。由此行至婆露师（Balus，今印尼苏门答腊岛北部西海岸大鹿洞附近），再经马六甲海峡（Salahit）至诃陵（Harang）。

第三段，从苏门答腊岛北部不远处的 Mayd，航向潮满岛（Tiyuma，今马来西亚彭亨州东南）。由此岛至吉蔑（Qimar）行5日，复行3日到占婆（Sanf）。再航行一段便到中国。伊本·胡尔达兹比赫甚至提到位于朝鲜半岛的新罗（Sila），说那里盛产黄金。[②]

---

① Bullin，应即贾耽所提到的"南天竺国大岸"。

② 伊本·胡尔达兹比赫，宋岘译，《道里邦国志》中华书局，1989年，第64—74页。华涛《伊本·胡尔达兹比赫关于中国海上丝绸之路的记载及其在阿拉伯—伊斯兰地理文献中的地位》，《中国与海上丝绸之路》，第131—135页。

唐末到过中国的阿拉伯人苏莱曼除了叙述从波斯湾到东南亚的航道外，还介绍了从今阿曼的马斯喀特（Muscat）到中国的航路。他说，从马斯喀特到故临—没来，顺风行约1个月，由此到箇罗，再行十余日至潮满岛，复航行十余日至奔陀浪（Pan-duranga，占城南部）。由此行十余日到占婆，经涨海到广州。[①]

751年，唐朝与大食在中亚的怛罗斯发生冲突，唐军战败。大食人将俘获的大批唐朝随军文武人员押往后方，杜佑族子杜环也在其中。杜环在大食各地留居12年后，于宝应初年（762）乘商船回到广州。[②] 杜环所搭乘的，也应当是大食海舶。

（二）广州通海夷道

1. 南海航线网络

隋统一以后，中国的国力越来越强。大业初年（605—606），隋炀帝派兵平定交州，隋水师沿印度支那半岛东岸南下，航达林邑，击破林邑王梵志的象军，[③] 使东南亚地区与隋的关系密切起来。据《隋书·南蛮传》记载，大业三年（607）冬十月，隋使臣常峻等人奉命从南海郡（今广州）乘北风出使赤土国。常峻的船队经两昼夜的航行，过焦山石（今越南占婆岛），暂泊于其东南的陵伽钵拔多洲（今越南归仁以北的燕子岬），复南行至狮子石（今越南昆仑岛附近），再西行，接近马来半岛沿岸之狼牙须（Langkasuka，今泰国南部北大年一带），再南航抵赤土国。赤土国王派出30艘小船前来迎接，举行了盛大的欢迎仪式。常峻回国时，赤土国国王遣其王子随行入贡。[④]

唐代前往印度取道海路的人越来越多。据义净记载，他所知道的赴

---

① 索瓦杰《苏莱曼游记》，见穆根来等汉译本《中国印度见闻录》，第8—9页。
② 杜环撰，张一纯笺注《经行记笺注》，《往五天竺国传笺释》中华书局，合刊本，2006年。
③ 杜佑《通典》卷161；《隋书》卷81。
④ 《隋书》卷81。

西天求法的僧人，连他在内共有 56 名，其中有 34 名是从海路去的。书中所附之《重归南海传》还提到了另外 4 位从海道赴西天的僧人。海路赴印度的航线很多，起点也不尽一致。这些中国僧人有的从广州启程，有的从交州开航，更有的从占婆动身。途中停靠的港口各不相同，有的经位于今印尼的佛逝和诃陵，有的经今马来半岛。南亚境内也有为数众多的中转港，或在狮子国，或在南印度，或在东印度，或在西印度。

以义净为例，他于咸亨二年（671）离开广州光孝寺，随波斯舶出海南行，经约 20 余日，到达室利佛逝（Srivijaya），即今印尼苏门答腊之巨港，在当地停留约半年。次年复乘当地国王的船舶，向西航行 15 日，到达末罗瑜国（Malayu），即马来半岛的南端，于此再停留约 2 个月，换乘其他船北上航行 15 日，抵羯荼国，即今泰国所属马来半岛之吉打（Kedah）。同年十二月，由此经安达曼海，越孟加拉湾，航向东印度。[1]

2. 贾耽与《皇华四达记》

贾耽（730—805），字敦诗，沧州南皮（今河北省南皮县）人，曾任鸿胪卿（职掌接待外国使臣的官员）、检校司空（专管校勘书籍、纠正讹误的宰相）等职，是唐代中后期著名的地理学家和地图制图学家，著有《古今郡国县道四夷述》《陇右》《山南图》《贞元十道录》《关中陇右及山南九州岛等图》等。[2] 其中最著名者为《海内华夷图》与《皇华四达记》。《海内华夷图》继承了晋代裴秀制图六体，全图幅面约 10 平方丈，耗时 17 年，其两大特点：一是注重边疆与域外国部分，二是注重历史地理的考证，古今地名分色绘制。可惜此图已失传，但它的缩

---

[1] 义净《大唐西域求法高僧传》，第 152—153 页。

[2] 《旧唐书·贾耽传》："耽好地理学，凡四夷之使及使四夷还者，必与之从容，讯其山川土地之终始。是以九州岛之夷险，百蛮之土俗，区分指画，备究源流。自吐蕃陷陇右积年，国家守于内地，旧时镇戍，不可复知。耽乃画《陇右山南图》，兼黄河经界远近，聚其说为书十卷，表献曰：'……虽历践职任，诚多旷阙，而率土山川，不忘寤寐。其大图外薄四海，内别九州岛，必藉精详，乃可摹写，见更缀集，绩冀毕功。然而陇右一隅，久沦蕃寇，职方失其图记，境土难以区

印本在南宋刻石为《华夷图》。

（接上页）分。轺扣课虚微，采掇舆议，画《关中陇右及山南九州岛等图》一轴。伏以洮、湟旧墟，连接监牧；甘、凉右地，控带朔陲。岐路之侦候交通，军镇之备御冲要，莫不匠意就实，依稀像真。如圣恩遣将护边，新书授律，则灵、庆之设险在目，原、会之封略可知。诸州诸军，须论里数人额；诸山诸水，须言首尾源流。图上不可备书，凭据必资记注，谨撰《别录》六卷。又黄河为四渎之宗，西戎乃群羌之帅，臣并研寻史牒，翦弃浮词，罄所闻知，编为四卷，通录都成十卷。'"

"至十七年，又撰成《海内华夷图》及《古今郡国县道四夷述》四十卷，表献之，曰：

臣闻地以博厚载物，万国棋布；海以委输环外，百蛮绣错。中夏则五服、九州岛，殊俗则七戎、六狄，普天之下，莫非王臣。昔毋丘出师，东铭不耐；甘英奉使，西抵条支；奄蔡乃大泽无涯，罽宾则悬度作险。或道理回远，或名号改移，古来通儒，罕遍详究。臣弱冠之岁，好闻方言，筮仕之辰，注意地理，究观研考，垂三十年。绝域之比邻，异蕃之习俗，梯山献琛之路，乘舶来朝之人，咸究竟其源流，访求其居处。阛阓之行贾，戎貊之遗老，莫不听其言而掇其要；间阎之琐语，风谣之小说，亦收其是而芟其伪。……臣幼切磋于师友，长趋侍于轩墀，自揣屏愚，叨荣非据，鸿私莫答，夙夜兢惶。去兴元元年，伏奉进止，令臣修撰国图，旋即充使魏州、汴州、出镇东洛、东郡，间以众务，不遂专门，绩用尚亏，忧愧弥切。近乃力竭衰病，思殚所闻见，丛于丹青。谨令工人画《海内华夷图》一轴，广三丈，从三丈三尺，率以一寸折成百里。别章甫左衽，奠高山大川，缩四极于纤缟，分百郡于作绘。宇宙虽广，舒之不盈庭；舟车所通，览之咸在目。并撰《古今郡国县道四夷述》四十卷，中国以《禹贡》为首，外夷以《班史》发源，郡县纪其增减，蕃落叙其衰盛。前地理书以黔州属酉阳，今则改入巴郡；前西戎志以安国为安息，今则改入康居。凡诸疏舛，悉从厘正。陇西、北地，播弃于永初之中；辽东、乐浪，陷屈于建安之际。曹公弃陉北，晋氏迁江南，缘边累经侵盗，故墟日致堙毁。旧史撰录，十得二三，今书搜补，所获太半。"《新唐书》卷166《贾耽传》："耽嗜观书，老益勤，尤悉地理。四方之人与使夷狄者见之，必从询索风俗，故天下地土区产、山川夷岨，必究知之。方吐蕃盛强，盗有陇西，异时州县远近，有司不复传。耽乃绘布陇右、山南九州岛，且载河所经受为图，又以洮湟甘凉屯镇额籍、道里广狭、山险水原为《别录》六篇、《河西戎之录》四篇，上之。诏赐币马珍器。又图《海内华夷》，广三丈，从三丈三尺，以寸为百里。并撰《古今郡国县道四夷述》，其中国本之《禹贡》，外夷本班固《汉书》，古郡国题以墨，今州县以朱，刊落疏舛，多所厘正。帝善之，赐予加等。或指图问其邦人，咸得其真。又著《贞元十道录》，以贞观分天下隶十道。"

参见卢志良《隋唐图志图记的繁荣与贾耽对制图理论的继承与贡献》，《国土资源》2008年第3期，第52—55页；丁超《唐代贾耽的地理（地图）著述及其地图学成绩再评价》，《中国历史地理论丛》2012年第3期，第146—156页。

贾耽在唐德宗贞元年间（785—805）为宰相长达 13 年。因职务关系，负责接待各国来唐使者，有机会调查使节下番和入唐的路线。《古今郡国县道四夷述》40 卷和《皇华四达记》10 卷这两部书的资料即来源于此，可惜现已失传。宋欧阳修、宋祁撰《新唐书·地理志》时，摘录他的《皇华四达记》，其中的"广州通海夷道"的主要内容因之得以保存至今。

《广州通海夷道》详述了下番船舶由广州出航后前往西域之途，为《旧唐书·地理志》所无。它是一份详细的有关西太平洋—印度洋海上东西交通的说明资料。[①]

提到从广州前往大食的航海路线是：

从广州出航后先东南行驶出珠江口，转向西南方经数日绕过海南岛东岸，再西南行贴近越南沿海，至占不劳山（今越南岘港以东之占婆岛），南行经陵山（今越南归仁以北的燕子岬）、门毒（归仁），然后西南行经奔陀浪（今越南藩朗）、军突弄山（今越南昆仑岛），航行 5 日越暹罗湾至海峡（今马六甲海峡）。沿海峡西北行，出峡后经婆国伽兰洲（今印度之尼科巴群岛），向西驶过孟加拉湾，抵达狮子国。

由此往大食有两条道：一道沿印度西海岸北上，经至弥兰大河（今印度河）河口，复西北行入波斯湾，至弗利剌河（幼发拉底河）河口；另一道从狮子国沿西北向横渡阿拉伯海至三兰，由此沿阿拉伯半岛南岸东北行，绕阿拉伯半岛东北角达波斯湾口之没巽（今阿曼东北之苏哈尔），驶入波斯湾，沿波斯湾东岸而行，至弗利剌河河口与第一道相汇合。

这一段航程中，从狮子国启航时的目的港"三兰"最为引人注目，史文曰："自婆罗门南境，从没来国至乌剌国，皆缘海东岸行；其西岸之西，皆大食国，其西最南谓之三兰国。自三兰国正北二十日行，经小

---

① 周运中《唐代南海诸国与广州通海夷道新考》，纪宗安、马建春主编《暨南史学》第 16 辑，暨南大学出版社，2014 年，第 119—134 页。

国十余,至设国。"① 关于其今地,研究中国航海史的专家有各种各样的猜测。② 日本学者前岛信次考出今也门亚丁(Adin)的古名为 Sāmrān,即此"三兰"。③ 可见贾耽记载的航路中,从狮子国启程时,并非如一般人所设想的沿印度次大陆西海岸北上,再沿阿拉伯海北岸西行,进入波斯湾,而是径直从斯里兰卡直航红海海口,这是特别值得注意之处,这证明在这个时代中国海船的远洋直航能力得到了极大的提高。

1984 年 4 月,陕西省泾阳县文物工作者从事田野文物调查时,在泾阳县扫宋乡(2002 年并入云阳镇)大、小杨户村附近,发现了一通《唐故杨府君神道之碑》。该碑身首一体,碑首六螭下垂,碑首高 85 厘米;碑身高 190 厘米。现藏泾阳县博物馆。碑文提到:

> 贞元初,既靖寇难,天下乂安,四海无波,九译入觐。昔使绝域,西汉难其选;今通区外,皇上思其人。比才类能,非公莫可。以贞元元年四月,赐绯鱼袋,充聘国使於黑衣大食,备判官内,傔受国信诏书。奉命遂行,不畏乎远;届乎南海,舍陆登舟。遐迩无悭险之容,凛然有必济之色;义激左右,忠感鬼神。公于是剪发祭波,指日誓众,遂得阳侯敛浪,屏翳调风,挂帆凌汗漫之空,举棹乘灏淼之气,黑夜则神灯表路,白昼乃仙兽前驱,星霜再周,经过万国,播皇风於异俗,被声教於无垠。德返如期,成命不坠,斯又我公伏忠信之明效也。④

---

① 《新唐书》卷 43。

② 许永璋《三兰国考》,《西亚·非洲》1992 年第 1 期,第 53—57 页。

③ 前岛信次《カスビ海南岸の諸国と唐との通交》《東西文化交流の諸相》東西文化交流の諸相刊行會,诚文堂新光社,1971 年,103 页(此承于磊博士协助查核,谨志谢意)。张广达亦取此意见,参阅氏撰《海舶来天方,丝路通大食》,周一良编《中外文化交流史》,河南人民出版社,1987 年,第 750 页。

④ 张世民《杨良瑶:中国最早下西洋的外交使节》,《咸阳师范学院学报》2005 年第 3 期。此文最初于 1998 年刊于《唐史论丛》第 7 辑,标题为《中国古代最早下西洋的外交使节杨良瑶》。

早在魏晋时代，法显归国时，所乘海船就有从狮子国横穿孟加拉湾、直航今印尼苏门答腊岛的记录；隋代常骏出使赤土国时，也曾从越南南端的昆仑岛向西横穿暹罗湾直达今马来半岛。贾耽时代往来于远东与红海的海船不但在暹罗湾和孟加拉湾继承了前代水手的航海术，而且进一步具备了从狮子国向西横越今阿拉伯海的能力。杨良瑶出使所乘应是唐船。因此可以说，在十六国至唐代，西太平洋—北印度洋水域中的各国海船已皆无远而弗届。

3. 面向海洋的国际大都会——广州

贾耽所记唐代的海上丝绸之路以广州为起点不是偶然的。唐代全国均以布帛、铜钱为交换媒介，而广州因为外夷人口多，经济深受国际贸易影响，故以贵金属金银为货币。外番人聚集广州日久形成自己的居住区，史称"番坊"，[①]其地点在今广州火车站向南数站地之处、今怀圣寺

---

① "番坊"之名始于何时？有唐宋两说。唐说者所据为明末清初顾炎武《天下郡国利病书》卷104引唐房千里《投荒录》语："顷年在广州，蕃坊献食，多用糖、蜜、脑、麝，有鱼俎虽甘香，而腥臭自若也。惟烧笋一味可食。先公至北边，日供乳粥一盘甚珍，但沃以生油，不可入口。"

宋人朱彧《萍洲可谈》卷二中亦有一段关于广州"番坊"的史料："顷年在广州，蕃坊献食，多用糖、蜜、脑、麝，有鱼虽甘旨，而腥臭自若也。唯烧笋苴一味可食。先公使辽日，供乳粥一碗甚珍，但沃以生油，不可入口。"（见黎小明《广州"番坊"一名始见于宋》，《开放时代》1985年第6期，第64—66页）

两则史料除个别字眼外，大部分内容相同。《天下郡国利病书》指明是转引自《投荒录》，《投荒录》可能就是唐人的《投荒杂录》，而《萍洲可谈》却是宋人著作。"番坊"之名一说始于唐，一说始于宋。两者中应有一误。

《天下郡国利病书》所引《投荒录》是否就是唐代的《投荒杂录》？较早提出这一问题的是日本学者桑原骘藏。他在唐宋两代的书目中未查到《投荒录》，而在《新唐书》卷58和《文献通考》卷205中查到房千里的《投荒杂录》信息。桑原骘藏根据宋《太平广记》和元末陶宗仪《说郛》里分别收入一些从题目到内容均一字不差的相同条目，但其出处则分别为《投荒录》和《投荒杂录》，故而推断《投荒录》即是《投荒杂录》，再进而证明，《天下郡国利病书》所引《投荒录》即唐人房千里的《投荒杂录》，因而"番坊"一名当始于唐代。黎小明以为，单凭几段相同的史料，就推断《投荒录》就是《投荒杂录》犹嫌证据不足。

（清真寺）"光塔"所在地附近。[①]外夷人集中的番坊的存在不仅见于汉文记载，也见于阿拉伯地理学家的著述。

居于此处的侨民多为来自波斯湾地区的阿拉伯人和波斯人，从事贾贩。黑衣大食（阿巴斯王朝）阿拉伯著名学者扎希兹（al-Jaḥīẓ，776—868）撰《商务的观察》（又译为《生财之道》），[②]开列了从中国输入的货物有丝绸、瓷器、纸、墨、鞍、剑、麝香、肉桂，动物中的孔雀等。穆斯林学者撒阿里比（al-Tha'ālibi，961—1038）在《珍闻谐趣之书》中说："阿拉伯人习惯把一切精美的或制作奇巧的器皿，不管原产地为何地，都称为'中国的'。"[③]

不仅外国商人以广州为出入中国的出入点与登陆点，中国人也是如此。法显从爪哇归国时，原先的目的港就是广州。只是因为风暴，船只偏离了航向，才在山东登岸。[④]

（接上页）黎小明从分析上述史料内容入手辨析。由于述者口气为第一人称，故他分别查唐房千里与宋朱彧是否到过广州，查的结果是无史料说明房千里到过广州，但朱彧之父曾任职广州，故认为他也很可能同行。而今各书所引《投荒杂录》内容多为岭南事，无更多番坊信息，但《萍洲可谈》则在几处提到番坊，内容相当丰富，故而判断有关"番坊"的记载出自《萍洲可谈》的可能性较大。

黎小明进一步将讨论焦点集中于顾炎武所引《投荒录》中的"先公至北边"与《萍洲可谈》中的"先公使辽日"一句。他未能查到房千里之父曾出使回鹘的记载，但查到朱彧之父朱服曾在绍圣初使辽事，进而举证顾炎武引书出处的其他谬误，得出有关广州"番坊"的记载实出自《萍洲可谈》的结论。

① 黄文宽《宋代广州西城与番坊考》，《岭南文史》1987 年第 1 期。

② 佩拉（Charles Pellat）《扎希兹研究工、商的观察之书》，Arabia，1954 年，第 2 期。转引自张广达《海舶来天方，丝路通大食》，周一良编《中外文化交流史》，河南人民出版社，第 751 页及 792 页注 18。

③ 撒阿里比（al-Tha'ālibi）《珍闻谐趣之书》（Latā if al-Ma'ārif），德·荣格（P. de Rong）刊本，莱顿与哥达，1867 年，第 127 页；博斯沃斯（C. E. Bosworth）英译（The Book of Curious and Entertaining Information），爱丁堡，1968 年，第 141 页。转引自张广达《海舶来天方，丝路通大食》，周一良编《中外文化交流史》，第 761 页及 792 页注 18。

④ 汉代岭南对外交往的主要港口在合浦与交趾，交、广分治后，广州逐渐成为海道交通的重镇。见黄文宽《宋代广州西城与番坊考》，《岭南文史》1987 年第 1 期。

六、蒙元水师的海外征服

明初郑和七下西洋是我国古代航海事业的顶峰。这样伟大的航海壮举不是突然产生的，其直接背景便是元代的航海。13 世纪成吉思汗及其子孙发起了规模空前的军事远征。经过近 40 年征战，蒙古人已经控制了东起高丽，北达北极圈，西至东欧与地中海，南及印度、吐蕃、四川、云南、安南及淮水——黄河以北的广大地区。

蒙古人成为亚洲大陆上的超级强权，由于元灭宋后，南宋水师落入元手中，加上原先已经掌控的金与高丽的水师，所以当时不仅在欧亚大陆上没有任何力量能够对抗蒙元铁蹄，而且蒙元水师也是西太平洋、北印度洋海域最为强大的水上武力，成为元朝海外扩张的主要依托。因此，在郑和航海之前的 13—14 世纪，西太平洋—北印度洋已经进入了中国时代。

（一）征日本

蒙古人是马背上的民族，原本不习水战。随着蒙—高丽与蒙—宋战争的进行，蒙古军在战争中熟悉了水师与水战。元世祖忽必烈灭宋后，蒙古军在东亚大陆的边疆延伸到海上，有了海外邻国。南宋的灭亡使宋军水师落入元世祖忽必烈手中，使蒙古统治者掌握了庞大的海上力量，遂发动了规模空前的海外征服，即征日本，征占城、安南与征爪哇之役。

1. "文永之役"

忽必烈登位之初，便企图使日本通聘朝贡。其时蒙古虽然与南宋处于南北对峙阶段，但与日本相望的高丽已被征服。至元二年（1265），高丽人赵彝向元廷称"高丽与日本邻好"。① 于是世祖于至元三年（1266）

---

① 《高丽史》卷 130 称，其"初名蔺如，咸安人，尝为僧，归俗，学举子业，中进士。后反入元，称秀才，能解诸国语，出入帝所。"〔明景泰二年（1551）朝鲜

八月，命黑的、殷弘等赴高丽，并诏高丽元宗曰："今尔国人赵彝来告日本与尔国为近邻，典章政治有足嘉者，汉唐而下亦，或通使中国，故今遣黑的等往日本，欲与通和。"①

使团所携之《大蒙古国皇帝奉书》，在《元史》卷6《世祖纪》至元三年八月丁卯、同书卷208《外夷传·日本》、《高丽史》卷26《元宗世家》八年八月丁丑、《高丽史节要》卷18元宗八年八月、《异国出契》等资料中皆有收录，但日本宗性《调伏异朝怨敌抄》（东大寺图书馆藏）所收抄本，因保留文书的抬头等，为目前最好的版本。该文书的发出者为"大蒙古国皇帝"，发送对象为"日本国王"，所署日期为"至元三年（1266）八月"，②其文曰：

> 上天眷命，大蒙古国皇帝奉书日本国王。朕惟自古小国之君，境土相接，尚务讲信修睦。况我祖宗，受天明命，奄有区夏，遐方异域，畏威怀德者，不可悉数。朕即位之初，以高丽无辜之民久瘁锋镝，即令罢兵还其疆域，反其旄倪。高丽君臣感戴来朝，义虽君臣，欢若父子。计王之君臣亦已知之。高丽，朕之东藩也。日本密迩高丽，开国以来亦时通中国，至于朕躬，而无一乘之使以通和好。尚恐王国知之未审，故特遣使持书，布告朕志，冀自今以往，通问结好，以相亲睦。且圣人以四海为家，不相通好，岂一家之理

（接上页）活字本〕但苏天爵《宣慰张公（张德辉）》称其"本宋人"："有旨令赵彝使日本，命都堂议，敕高丽诏以进。公曰：'赵彝本宋人，万一所言不实，恐妄生边衅，贻笑远邦。'明日同宰执奏之，遂止。（《行状》）"，苏天爵《元朝名臣事略》卷10。赵反丽入元的时间，《元史》卷208载："元世祖之至元二年，以高丽人赵彝等言日本国可通，择可奉使者。"

① 《高丽史》卷26，明景泰二年（1551）朝鲜活字本。

② 船田善之著，于磊汉译《从元日外交文书来看大蒙古国公文制度——与碑刻文书之比较》，《元史及民族与边疆研究集刊》第30辑，上海古籍出版社，2015年，第32页。

哉。至用兵，夫孰所好。王其图之。不宣。至元三年八月。[1]

翌年（1267）正月蒙古使节黑的、殷弘在向导高丽人宋君斐的带领下，航至巨济岛（今济州岛），无功而返。六月，忽必烈再派遣黑的等前往日本。同年九月，高丽元宗王禃也向日本国王发出国书，命人与元使同行，于次年（1268）正月到达九州岛的太宰府，但日本朝廷决定不回复蒙古国书，蒙古、高丽使团只得再次无果而返。当年九月，忽必烈第三次派遣黑的等出使，至元六年（1269）三月，抵达对马岛，掳掠两名日本人归国。此后，元与高丽送还两名日本人，并一再遣使，发出文书与日本联系，但终未能获取日本回复。[2]

至元十一年（1274）元廷在高丽设征东元帅府，命高丽造船。同年冬蒙、汉、高丽军二万余人渡朝鲜半岛与日本九州岛之间的对马海峡，发动征日之役，蒙古水师进入九州的博多湾，但遭失败。

有关此次征日的过程，中国史料记载简略。《元史》卷8《世祖五》至元十一年（1274）三月庚寅条载："敕凤州经略使忻都、高丽军民总管洪茶丘等，将屯田军及女直军，并水军，合万五千人，战船大小合九百艘，征日本。"[3] 同书卷208《日本传》所记略同，在结尾处曰："冬十月，入其国，败之。而官军不整，又矢尽，惟虏掠四境而归。"[4]

《高丽史》的记载集中于卷28《忠烈王世家一》与卷104《金方庆传》中。《忠烈王世家一》列举高丽所出各军后，提到：

> 高丽军于冬十月与元都元帅忽敦、右副元帅洪茶丘、左副元帅刘复亨以蒙汉军二万五千，我军八千，梢工、引海水手六千七百，

---

[1] 于磊博士据 NHK 取材班（编）《大モンゴル3 大いなる都 巨大国家の遗产》（角川书店，1992）所收影印件抄录，见氏撰《〈元史·日本传〉会注》，《元史及民族与边疆研究集刊》，第 140 页。

[2] 元首次征日之前两交交往的详细过程，见于磊上引《〈元史·日本传〉会注》，第 139—152 页。

[3] 中华书局点校本，第 154 页。

[4] 中华书局点校本，第 4628 页。

战舰九百余艘征日本。至一岐岛，击杀千余级，分道以进。倭却走，伏尸如麻。及暮乃解。会夜大风雨，战舰触岩崖，多败，金侁溺死。

同书《金方庆传》亦于列数高丽参战诸军之后曰：

以蒙汉军二万五千，我军八千，梢工、引海水手六千七百，战舰九百余艘留合浦以待女真军。女真后期乃发船，入对马岛，击杀甚众。至一岐岛，倭兵陈于岸上。之亮及方庆婿赵抃逐之，倭请降，复来战。茶丘与之亮抃击杀千余级。舍舟三郎浦，分道而进，所杀过当。倭兵突至，冲中军。长剑交左右，方庆如植，不少却，拔一嚆矢，厉声大喝，倭辟易而走。之亮、忻、抃、李唐公、金天禄、申奕等力战，倭兵大败，伏尸如麻。忽敦曰："蒙人虽习战，何以如此？"诸军与战，及暮乃解。方庆谓忽敦、茶丘曰："兵法，千里县军，其锋不可当。我师虽少，已入敌境，人自为战，即孟明焚船，淮阴背水也。请复战。"忽敦曰："兵法，小敌之坚，大敌之擒。策疲乏之兵，敌日滋之众，非完计也，不若回军。"复亨中流矢，先登舟，遂引兵还。会夜大风雨，战舰触岩崖，多败。侁堕水死。到合浦，以俘获器仗献帝及王。

日本史料《日莲圣人注画赞》（京都本圀寺藏）卷5《蒙古来》载：

同年（文永十一年）十月五日卯刻，自对马国府八幡宫假殿中，大火焰出。国府在家人等，见烧亡幻，是何事浇处。同日申刻，对马西佐寸浦，异国兵船四百五十艘，三万余人乘寄来。六日辰克，合战。守护代资国等，虽伐取蒙古，资国子息等悉伐死。同十四日，壹岐岛押寄。守护代平内左卫门景隆等构城郭，虽御战，蒙古乱入间，景隆自杀。二岛百姓等，男或杀或擒，女集一所。彻手结，付舷，虏者无一人不害。肥前国松浦党数百人伐虏，此国百姓男女等如壹岐、对马。[①]

参与抵抗蒙古入侵的九州肥后国御家人竹崎季长事后绘制了《蒙古

---

① 于磊《〈元史·日本传〉会注》，《元史及民族与边疆研究集刊》第 31 辑，第 152—153 页。

袭来绘词》。虽然画中主要描绘的是他个人的功绩，但图文提供的信息十分珍贵。由于他在"文永之役"中单骑攻入敌阵立功，被赏赐一块土地，从无收入的下级武士进而成为小领主。[1]

在《蒙古袭来绘词·前卷·文永之役》中，竹崎季长画出他率四骑在鸟饲滨与元登陆水师交战的情景：当他与三名元军交手时，元军不但发矢攻击，还有一颗圆形爆炸物在竹崎季长头顶不远处爆炸，使他几乎摔下马。[2] 幸而白石通泰的援军及时赶到，季长方保性命。此役季长有冲锋在先之功，白石通泰有解围之功，遂互为证人，据实上报，但未获赏赐。1275 年竹崎季长亲往镰仓向幕府申诉，获赐海东乡之地和黑栗毛骏马一匹。按《蒙古袭来绘词》所描述，"文永之役"完全是九州地方武装在对抗元军，至九州领主上报后，日本朝廷才得知蒙古军队进攻的消息。

尽管元、高丽与日本方面的史料对元军水师的装备皆语焉不详，但《蒙古袭来绘词》所绘正在爆炸中的那个差点炸死竹崎季长的圆形炸弹却有重要意义。虽然画面中没有绘出发射炸弹的兵器，但由于其外形被明确绘为圆形，故不太可能是手掷炸弹（手掷炸弹没有必要制成圆形），[3]更不可能是"阿拉伯工匠制造的抛石机抛出"的，[4]而可能是管形火器中发射的。[5]换而言之，这证明首次征日时，蒙古军水师已经装备了能发射圆形弹丸的火炮。

---

[1] 张岩鑫《元日海战绘画研究》，《艺术探索》2015 年第 1 期，第 14—15 页。

[2] 小松茂美、源豐宗、荻野三七彦《日本絵卷大成 14：蒙古襲來绘詞》，中央公論社，1978（昭和五十三年）。

[3] 有日本学者注意到，画面中"在日本军官战马的前方有铁炮爆炸的情景，战马似乎受伤流血，并且受到惊吓跳了起来"。（佐伯弘次《モンゴル襲来の衝撃》中央公論新社，2003 年，第 109 页。转引自乌云高娃《〈蒙古袭来绘词〉的史料价值及其运用》，《贵州社会科学》2018 年第 9 期，第 74 页）日本学者所称"铁炮"就是所谓的震天雷。铁炮有铁制和陶制两种。如韩国崇实大学博物馆藏"铁炮"为陶制，目前未发现铁制者。2001 年 10 月在日本长崎县鹰岛发现四个陶制的铁炮，铁炮直径为14厘米，厚度为 1.5 厘米，中空，装上火药，点火后投向敌方，威力很大，

现存最早火炮实物说法不一。火炮何时从陆战兵器转变为水师装备，也即水炮最早何时装备在船上，史无明文。故而《蒙古袭来绘词·前卷·文永之役》所绘者有极为重要的意义，它证明在元灭宋之前，元军水师已经装备了火炮。[①]

（接上页）元军在后撤时会向敌方抛掷，因此，铁炮有点像手榴弹的性质。"在鸟饲奋战的竹崎季长"这一图中，除了手持弓箭的三个蒙古装束者在向骑马的竹崎季长射箭之外，还有几名高丽官兵向反方向逃跑，这几个逃跑者很有可能就是抛掷铁炮的高丽兵。（乌云高娃《〈蒙古袭来绘词〉的史料价值及其运用》，《贵州社会科学》2018 年第 9 期，第 74 页）

④　上引张岩鑫《元日海战绘画研究》，第 15 页。

⑤　日本有学者对现存画面的可信性提出质疑。佐藤铁太郎分析，画面上站在季长前方放箭的三个蒙古兵，画风与其他的蒙古兵很不一致而应系后来添加，而画中当空爆炸的"铁炮"，因爆炸碎片的颜色与三个蒙古兵的胡须和剑的颜色完全一致，应是与三个蒙古兵在同一时期添加画入。但他表示这一判断并不意味元军当时没有使用过"铁炮"。在伊万里湾鹰岛冲的海底调查中，近年来确实发现了当时"铁炮"的残片。换言之，后世的画师是在一定的事实基础上，才添加了"铁炮"的画面。（参见佐藤铁太郎《蒙古襲来絵詞の改竄と手直しについて》，《中村学园研纪要》第 36 号，2004 年。转引自马云超《〈蒙古袭来绘词〉的基本内容与研究概况》，《元史及民族与边疆研究集刊》第 7 辑，上海古籍出版社，2014 年）

①　海内外科技史学者普遍认为，现存的中国元代铜火铳（年代不早于 13 世纪末），是世界上最早的金属火炮。1988—1989 年，国内多家报纸先后报道，在甘肃武威发现了一门西夏时期（1038—1227）的铜炮。此前。这门铜炮的面世，似乎将中国创制金属火炮的时间大为提前。然而，所有报道都没有提供确定该炮年代的依据。当时，中国人民解放军国防科学技术工业委员会正组织编写《中国军事百科全书》中的军事技术史条目，便向发现火炮的武威市博物馆有关同志去信询问详情。回信提供了如下情况："1980 年 5 月，武威县（后改为市）针织厂在厂房扩建中发现一批西夏窖藏文物，出土瓷器、铜器、铁器等十多件。这些器物中比较重要的是一尊保存完好的铜火炮和炮内遗存的火药、铁弹丸。铜炮长 100 厘米，重 108.5 公斤，由前膛、药室和尾銎三部分构成。……与铜炮共存的有两件敞口、卷沿、腹两侧圈足（或凹足）、双平（或四平）的豆绿釉扁壶，这是武威及宁夏等地多次出土的具有明显民族特点的典型西夏器物。共存物中未见后代遗物。因此，这是一件无可置疑的西夏铜火炮。"相关专家研究后认为，其断代依据是有问题的。钟少异撰《"西夏铜炮"说质疑》，提出尽管"宋、金的火药火器技术在当时居于领先地位，但终金、宋之世，管形火器仍处于以纸、竹为筒的低级阶段，迄今未发现任何有关

当时日本天皇的年号为"文永",所以日本人又称此次征日之

(接上页)金属铳炮的记载。在西夏与各方的战争中,更从未见使用管形火器的事例,自不用说金属的铳炮了。科技文物的断代,必须考虑到技术发展的一般水平,尤其在缺乏确凿的根据的情况下。存世的元代铜火铳,身长均不超过 40 厘米,体重皆不足 7 公斤,且多是发射散弹,1974 年西安发现的元铳,膛内仍遗有铁砂子。武威铜炮,形体远为硕重,且能发射独枚大弹丸(膛内遗有一枚直径约 8 厘米的铁弹丸),其技术水平超出了元铳,更非南宋的突火枪可比"。并云"鉴于上述情况,《中国军事百科全书》没有采用因武威铜炮的出土而出现的西夏已有金属火炮之说。1995 年初,国内报刊又有报道,现已证实,武威铜炮确系西夏之物。但直至今天,尚未见论证文字发表,而报道中提供的断代依据,仍只局限于不可靠的共存物比较。尽管如此,由于媒体的连续报道,武威'西夏铜炮'已经产生了广泛的影响。近年常有人据此对《中国军事百科全书》中的写法提出质疑,我们还见到一些文章引据了有关的报道,故而略述我们对这门炮的认识,供大家参考。"(原文载《光明日报》1996 年 4 月 16 日、《史林》第 125 期,收入氏著《古兵雕虫·钟少异自选集》,中西书局,2015 年,第 331—332 页)。郑绍宗先生近期发表的《河北发现元明时期的管状火器——铜炮、铜铳的研究》(上、下,分别刊于《华夏考古》2016 年第 1 期与第 2 期),也未提及此西夏铜炮。

杜应芳《钓鱼城记》,钓鱼城:"东有沟曰天涧沟,东北有山曰天涧岭、龟山,与鱼山对峙,城上呼语相闻。元宪宗蒙哥以此驻跸。王坚去任之后,继任乃安抚张珏也,有谋略,应敌出奇制胜,尤有过人。其时北兵大营驻汉中、利、沔。初冬严寒,则来攻城;春夏暄热,则复退去。已来岁值大旱,自春至秋,半年无两。北兵围逼其城,意城中无水,急攻之。一旦至西门外,筑台建桥,楼上楼橹,欲观城内之水有无。城内知其计,置炮于其所。次日,宪宗亲率其兵于下,珏命城中取鱼二尾,重三十斤者,蒸面饼百数。俟缘橹者至其竿木,方欲举,首发炮击之,果将上橹人远掷,身殒百步之外。即遗鲜活之鱼及饼以赠,谕以书曰:'尔北兵可烹鲜食饼,再守十年,亦不可得也。'时北兵遂退,宪宗为炮风所震,因成疾,班师至愁军山,病甚,遗诏曰:'我之婴疾为此城也,不讳。后若克此城,当赭城剖赤而尽诛之。'"(《补续全蜀艺文志》卷 26,明万历刻本)

按此记载,宋军的炮发射的应为圆形炮弹,爆炸后发出巨大冲击波,所以才能将"上橹"蒙古军人"远掷,身殒百步之外",而这种冲击波,即气浪,史文中称为"炮风"。这足见宋军不但有炮,且可发射炮弹。应以此角度来看待《蒙古袭来绘词》中的爆炸物。

除了火炮本身的发展之外,火炮装置在船上是另一个问题。《蒙古袭来绘词》有关元军在首次征日时使用发射"独枚大弹丸"的画面,说明蒙古军水师在从朝鲜渡海征日时,船上已经携带或装备了发射弹丸的火炮,这不但对火炮发展史,而且水师何时从冷兵器过渡到热兵器时代的研究均有非常重要的意义。

战为"文永之役",而兹后的第二次征日则被称为"弘安之役"。而两次征日之役在日本又被合称为"元寇袭来"或"蒙古袭来"。[①]

2. "弘安之役"

南宋灭亡后,元军收编了南宋水师,使元朝的海军力量大为增强。据《元史·日本传》记载,"文永之役"后,元廷派杜世忠等使日,无果而返。但至元十七年(1280),杜世忠再度出使时,却于二月间被日方杀害。镇守高丽的元征东元帅忻都与高丽降将洪茶丘"请自率兵往讨,廷议姑少缓之"。同年五月,忽必烈召南宋水师将领范文虎入大都议征日本事后,遂开始征调兵力。

至元十八年(1281)夏,他命大将忻都等率南宋降将范文虎及十余万水师分乘数千艘海船分道从高丽与江南出动,向日本进攻,航行7日后到达日本九州岛近海的鹰岛。因元水师诸军将领不和,对进攻策略意见不一,迁延逾月,将战船缚系为一体,形成水寨。至八月,台风突起,兵船相互碰撞,造成大量毁坏,军士大批溺死。忻都、范文虎等高级将领择好船逃回,遗下的元军将士在鹰岛登岸,遭到日本人的进攻,全军覆没。征日本之役遂告失败。[②]此次征日之战日本人称为"弘安之役"。近年来在日本九州的鹰岛近海,学者们发现了元军征日水师的沉船与元军留下的大批遗物。[③]其中有些

---

① 日本学者森平雅彦提议,以更具中立性的"甲戌之役"和"辛巳之役"来称谓之。参见船田善之著,于磊汉译《从元日外交文书来看大蒙古国公文制度——与碑刻文书之比较》,《元史及民族与边疆研究集刊》第30辑,上海古籍出版社,2015年,第31页。

② 有关此次征日的详细研究,见于磊《〈元史·日本传〉会注》,《元史及民族与边疆研究集刊》第31辑,第154—156页。

③ 王冠倬《简谈日本平户、鹰岛现存宋元碇石》,《海交史研究》1986年第1期,第47—48页。

遗物证明元军中包括收降的南宋水师。[①]

这场台风在日本人心中留下了深刻的印象，认为上天在护佑他们，遂将这场突如其来掀没元军水师的台风称为"神风"。太平洋战争后期，日本军国主义都还组织所谓"神风"突击队，认为自杀飞机暴风骤雨式的打击会如同当年的"神风"一样拯救日本。

（二）远征东南亚

1. 征占城、安南

占城（Champa）又称占婆，即今越南中南部，地扼经南海连接东亚大陆与东南亚、太平洋与印度的海上通路。灭宋之后，元廷一再强使占城为元廷过往船舶提供给养，引起占城的强烈不满，不断反抗。至元十九年（1282）冬，元大将唆都率数千元军从广州登船向占城出动，抵占城港（今越南南方归仁）。占城守军拒绝唆都的招降，筑水寨抵抗，元水师经过苦战破城。占城王退入山中据险不降，唆都率领元军占据海岸亦不解去。至元二十一年（1284）占城被迫向元廷上表请降。此年，忽必烈皇子脱欢率军沿陆路进入安南，唆都奉令由占城北上会攻。安南军队坚决抵抗，使元军遭到重大伤亡，水军统帅唆都战死。三年后，脱欢再度进攻安南，在付出沉重代价之后仍未能得手。安南方面因力量对比悬殊，也希望以向元称臣来换取停止战争，双方才恢复和平。[②]

2. 征爪哇

爪哇是印尼人口最为稠密的一个岛屿，为当时南海强国。在唆都出

---

① 中岛乐章、四日市康博著，郭万平译《元朝的征日战船与原南宋水军——关于日本鹰岛海底遗迹出土的南宋殿前司文字资料》，《海交史研究》2004 年第 1 期，第 39—50 页。

② 苏天爵《国朝文类》卷 41，"安南"及"占城"，《四部丛刊》景元至正本。《元史》卷 129、209。

征占城的同时，元廷开始不断向爪哇遣使诏谕，要求爪哇国主亲自来朝，但始终未得同意，其中一次爪哇还将元使黥面逐回。[①] 元廷以国使受辱为由，决定出动水军远征。至元二十九年（1292）冬，元水师在史弼、高兴与亦黑迷失率领下从泉州启程，航行 2 个月抵爪哇北岸杜并足（今厨闽），元军随船马步军登陆，水军仍取水路，期于八节涧会师。其时爪哇国内乱，其贵族麻喏巴歇首领土罕必阇耶（即满者伯夷王朝创始者）企图利用元军的力量，遂遣其相呈献户籍与地图请降。元水陆两军在八节涧会合后，协助土罕必阇耶击败对手。战后，土罕必阇耶借口要回麻喏巴歇（满者伯夷）取所藏物进献给元廷，秘密组织抵抗。元军轻信土罕必阇耶，派 200 士兵送其归回，在途中土罕必阇耶发动突袭，并会集诸军进攻准备班师的元军。元军仓促应战，退回海边登舟撤回。[②] 征爪哇之役以失败告终。

　　元代的海外征服是 13 世纪末以前亚洲历史上规模最大的海上活动。从某种意义上讲，也是明代郑和航海的先驱。虽然诸役均以失败告终，但却显示了中国水师已经具备大规模远洋行动的能力，包括大规模船队的海上编队、各船之间的联络、海上补给、登陆作战等。

七、舟师导航法的进步

　　以陆标作为导航的主要依据是最原始的导航法，也是中国舟师的主要导航法之一。即便其他更先进的导航法出现之后，这种陆标导航法也为中国舟师沿用了很长时间。

---

① 事在至元二十九年（1292），见元明善《河南行省左丞相高公神道碑》，《国朝文类》卷65，《四部丛刊》景元至正本。

② 元明善《河南行省左丞相高公神道碑》。《元史》卷162、131。

（一）陆标导航

在海图出现以前，水手们在海上判断航向的主要方法是地文导航术和天文导航术。所谓地文导航术，即航舶不远离大陆或沿海岛屿海岸线，舟师以所见地理标识确定船舶所在方位。南宋人周去非曾描述过当时水手辨识地理的情景："舟师以海上隐隐有山，辨诸蕃国皆在空端。若曰往某国，顺风几日望某山，舟当转行某方。或遇急风，虽未足日，已见某山，亦当改方。"[①]

这就是说，舟师在运用地文导航术时，基本上以沿海岛屿或陆地上高耸的山峰为标志。当海上隐隐有山时，便努力辨认，以图确定是什么地方。当商舶计划前往某国时，舟师对航线所经各地的时刻，对船舶何时应转变航向已经大体有数。顺风行船当风速高时，船行速度快，按预定时辰推算，虽然尚不应转向，但只要已见预定的地理坐标，水手也果断转舵。如错过陆标，丧失转向时机，则称为"舟行太过"，船舶会陷入险境，"无方可返，飘至浅处而遇暗石，则当瓦解矣"[②]。

（二）海图

现存最形象地表现中国地文导航术的资料是《郑和航海图》，但在此之前中国已经应当有海图存在。《新唐书·地理志》载有《广州通海夷道》里详述唐时海舶由广州出航前往大食之途，为《旧唐书·地理志》所无，当由贾耽《皇华四达记》中录出。"通海夷道里"虽然逐站述明了从华南到大食的海途，但尚不能算海图。我们虽未发现最初的海图，但南宋人周去非所述中国舟师们在海中辨识地理的情况，形象地说明了中国古代水手们在世世代代的航海生涯中，积累了无数的实践经验。

---

① 周去非《岭外代答校注》，第 217 页。
② 周去非《岭外代答校注》，第 217 页。

这种经验最初是在航海的旅程中，在现场以口口相传的办法师徒相授的。在漫长的航线上，沿途各地地理标志物特征各异，转变航向的方向也各异，稍一不慎，辨识有误，或航向有偏，就可能"舟行太过，无方可返"，[1] 极易造成舟毁人亡的惨剧。因此，稍识文字的舟人都会以纸笔记下航线和沿途标志物及应转的航向，以利下一次航行。航路指南及海图就是在这种情况下出现的。

中国的海图至少在宋代已经出现了。海图的出现可谓海外地理学的一大进步。北宋咸平六年（1003），广州地方官曾向朝廷进呈《海外诸蕃地里图》。[2] 宣和五年（1123），徐兢奉使高丽时，曾在"神舟所经岛洲苫屿而为之图"。[3] 他在随宋使团回来后，撰绘《宣和奉使高丽图经》，可见此书原本有图。《诸蕃志》的作者赵汝适在自序中提道："暇日阅《诸蕃图》，有所谓'石床''长沙'之险，交洋竺屿之限。"[4] 这里的"所谓'石床''长沙'之险"，即指南海诸岛。可见这种"诸蕃图"应当就是海图。可惜的是，这些早期的海图早已亡佚，其原貌已不得而知。

（三）周公之法

在西方现代导航法传入之前，中国舟师一直沿用古来的导航法。这种导航法因为历史久远，后来的舟师已经不能言明其来源，只能将之归于周公。除了《郑和航海图》一类官藏海图之外，明清时期的舟师海商还有一些世代流传的航海通书。清《台海使槎录》提道："舟子各洋皆有秘本……名曰洋更"。现存明代各种文献中提到过不少这类书簿，如《日本一鉴》和《桴海图经》提到的《针谱》《渡海方程》《海道针

---

① 周去非《岭外代答校注》，第 217 页。
② 李焘《续资治通鉴长编》卷 54，上海师范大学古籍整理研究所、华东师范大学古籍整理研究所点校，中华书局，2004 年，第 1195 页。
③ 徐兢《宣和奉使高丽图经》卷 34《海道一》，第 116 页。
④ 冯承钧《诸蕃志校注》，中华书局，1956 年，第 5 页。

经》《四海指南》《航海秘诀》《航海全书》等，《指南正法》提到的《罗经针簿》，《东西洋考》提到的《航海针经》，《西洋朝贡典录》提到的《针位篇》等。这些多为舟师世代相传的秘本，很少见于著录，[①]具有极高的价值。正因为有了这些在民间流传的舟子秘籍，中国的航海业才世世有替。

现存最重要的中国私家舟师往来于东南亚及北印度洋的航海秘籍，是藏于英国牛津大学波德林图书馆的两部手抄海道针经《顺风相送》与《指南正法》。这两部书虽然都出自私家舟师之手，是普通航海者自己的记录，毫无夸张之处，但却客观反映了明代至清中期中国海舶的船主从他们的前辈那里继承的前往东南亚和北印度洋时使用地文导航法的实际状况，为研究提供了可贵的资料。

《顺风相送》应成书于明中期以后。作者在前言中说，他的著作本于周公的《指南之法》。《指南之法》大约是一部假托周公之名的航海针路书，至明中叶尚存，《顺风相送》的作者说它"能自古今，流行久远"，其中"有山形水势"，但传抄描绘有误，又迭经增减，足见这部《指南之法》由来已久，在出洋的海商与舟子中代代流传。他们在航海中或归来后，曾对照过它，所以才会发现"传抄描绘有误"，并在验证时不断有人根据自己的经验与见闻有所增补。《顺风相送》的作者还说，他将"南京直隶至太仓并夷邦巫里洋等处更数、针路、山形水势、澳屿浅深攒写于后"，还提到"宝舟""永乐元年奉差前往西洋等国"等语，足见《顺风相送》在编写时还参照了《郑和航海图》。

《顺风相送》的作者在评价《指南之法》的作用时说它是一部航海者的必备针簿，"行路难者有径可寻，有人可问。若行船难者，则海水连接于天，虽有山屿，莫能识认。其正路全凭周公之法，罗经针簿为准"。这里"虽有山屿，莫能识认"一句清楚地说明了传统的地文导航

---

① 向达《两种海道针经·序言》，无名氏《两种海道针经》，向达校注，中华书局，1982年，第3页。

术的局限性，若不假以"罗经针簿"，远航的风险是很大的。《顺风相送》的作者在"各处州府山形水势深浅、泥沙地、礁石之图"一节中在描述"外罗山"[①] 时，提到这里"远看成三个门，近看东高西低。北有椰子塘，西有老古石。行船近西过，四十五托水。往回可近西，东恐犯石栏"。[②] 这说明，即便在磁罗盘广为应用以后，当海舶驶近目的港时，舟人仍努力依靠陆标辨识。

按向达先生的研究，《指南正法》成书于清康熙末年。此书的序言如同《顺风相送》，提到周公的《指南之法》，并有一节题为"大明唐山并东西二洋山屿水势"，[③] 说明书中许多资料至少可以上溯至明代中期。此节在描述"外罗山"时，提到"东高西低，内有椰子塘，近山有老古。打水四十五托。往回可近西，东恐犯石栏"。[④] 对比《顺风相送》的相应记载，可知两者在相当程度上有某种共同的资料来源。

八、地理新知

郑和远航西洋有赖于中国海外地理知识的增加。元代是中国历史版图空前辽阔的时期。成吉思汗及其子孙发动的军事远征极大地拓宽了当时中国人的视野。

（一）回回人入华

从宋代起已有大批回回番商移居中国沿海。南宋时我国东南地区最著名的番商是福建的蒲氏。据元《心史》和明《闽书》记载，蒲氏是回回人，其先世自西域经南洋迁居广州，后又落籍于泉州。蒲氏家族专

---

① 在越南新州港外，入新州港以此为望山。今地无考，见无名氏《两种海道针经》，第 219 页。
② 无名氏《两种海道针经》，第 33 页。
③ 无名氏《两种海道针经》，第 114 页。
④ 无名氏《两种海道针经》，第 83 页。

长于航海贸易，历受统治者重视，负责海外交往。南宋时，蒲氏家族曾有成员出使海外，其中有的甚至于淳祐七年（1247）卒于渤泥，其墓志至今尚存于首都斯里巴加湾市（Bandar Seri Begawan）附近小山上的一处名为"郎加斯"的穆斯林墓葬区（Rangas Muslim Cemetery），1972年被德国汉学家傅吾康（Wolfgang Franke）发现。因傅吾康教授所摄照片墓碑字迹不清，马来西亚学者陈铁凡（Chen Tieh Fan）先生又从吉隆坡来此重读并制作拓片，因此才准确读出铭文，[①] 其文曰："有宋泉州判院蒲公之墓，景定甲子（1264）男应甲立"。[②]

元军攻陷临安后，蒲氏后人蒲寿庚所控制的海军力量向元军倒戈，加速了南宋小朝廷的灭亡。元代蒲氏家族在泉州仍然很有势力。据周密

---

① Franke, Wolfgang & Chen Tieh Fan, "A Chinese Tomb Inscription of A. D. 1264 Discovered Recently in Brunei," in *Brunei Museum Journal*, 3, 1 (1973) 此文被译为中文，见《泉州文史》第9期刊傅吾康、陈铁凡《最近在文莱发现的公元1264年的中文墓碑的初步报告》，温广益译，第150—154页。根据笔者在现场的认读，发现此碑完全可以读出。傅吾康教授认为照片不够清晰或为制版的缘故。

② 已故庄为矶先生所发现的清乾道间学者蔡永兼的《西山杂志》中，有一段题为"蒲厝"的文字，其中提到：沧岭之东有蒲厝，隔江与铺中相望。宋绍定元年（1228），有进士蒲宗闵司温陵道通判，后升都察院，端平丙申（1236），奉使安南，嘉熙二年（1238）春，奉使占城，淳祐七年（1247）再使渤泥，后卒于官也。（第一段）

其子有三焉：长子应，次子甲，三子烈。蒲应入渤泥，甲司占城西洋转运使，大食、波斯、狮子之邦蛮人喜谐。（第二段）

《仁和诗社》云：温陵都院有蒲公，三使蛮夷渤泥山。远卒异乡铭葬志，千秋魂魄入端桐。（按：第四段）（兹据庄为矶《文莱国发现泉州宋墓考》，《南洋问题研究》1991年第1期；并见氏著《泉州宋船为蒲家私船考》，《中国与海上丝绸之路》，第347页）

庄为矶先生根据德国傅吾康教授在文莱发现的"有宋泉州判院蒲公之墓"，与上述蔡永兼的《西山杂志》记载结合起来，推定"有宋泉州判院蒲公之墓"的墓主蒲公应为《西山杂志》所记蒲宗闵；而文莱碑的立碑者"男应甲"，则对应为《西山杂志》所记蒲宗闵之子蒲应与蒲甲。此说不可信从，详见拙文《有关宋末泉州蒲氏史料的几个疑点》，初刊于《元史及民族与边疆研究集刊》第30页；后收入拙著《从西太平洋到北印度洋——古代中国与亚非海域》，南京大学出版社，2017年。

的《癸辛杂识》记载："泉南有巨贾南蕃回回佛莲（Burhan）者，蒲氏之婿也。其家甚富，凡发海舶八十艘，死后真珠达一百三十石。"[1]

成吉思汗在击败金朝占领华北大部之后，于13世纪20年代发动了征西之役，蒙古骑兵的铁蹄横扫中亚、西北印度、波斯北部与高加索山、里海以北的伏尔加河、乌拉尔河草原。这些地区降服后，其男丁中许多人被编入军队随蒙军出征，这种军队被称为回回军；其地归降的官僚、知识分子、科学家、神职人员、工匠也为蒙古人所用。西征回师时，大批回回军与回回人随蒙古军来到汉地，在中原于江南定居下来，形成回族的先民。

回回人的入华带来了西域的天文、地理、历算、医学与工程技术新知。回回人的海外地理知识也随之入华。

（二）回回图子与剌那麻

成吉思汗及其后裔创造的蒙元帝国辽阔的疆域，极大地拓宽了中国人的地理视界。按元人自己的说法就是"皇元混一声教，无远弗届。区宇之广，旷古所未闻"，"中国之往复商贩于殊庭异域之中者，如东西州焉"。[2]地跨欧亚的大帝国建立后，绘制帝国疆域全图的工作就提上了议事日程。

欲完成此项工作的必要条件是收集当时的中外图籍。宋元时代，汉地与穆斯林世界分别是制图术最为发达的地区，所以汉地舆图与回回图籍是元政府收集的重点。阿拉伯人在8世纪建立了地跨欧亚非三大洲、疆域空前的大帝国。阿巴斯王朝时代，回回地理学得到极大的发展，地理著作层出不穷，所记西尽大西洋东岸，东达日本，南越赤道。回回人所积累的地理资料，是人类宝贵的科学财富。这些知识虽然在宋时已经回回舟师之手万里迢迢传到中国，但尚未引起学术界的重视。只是到了

---

① 《癸辛杂识》续集卷下，中华书局，1988年，第193页。

② 汪大渊《岛夷志略·后序》，《岛夷志略校释》，第385页。

元代，回回地理图籍的内容才大量被介绍到中华。

欲绘制元疆域全图，在将前人图籍汇拢后，还要对各图的方位、比例、地名加以鉴别，然后在拼合的基础之上重绘。至元二十二年（1285），元政府"乃命大集万方图志而一之，以表皇元疆理无外之大"。这就是说，元政府组织学者，汇集天下"万方"的图册，编成一部元帝国疆域图，以显示元朝旷古未有之版图。

受命负责绘制元帝国全图的是在秘书监任职的不花剌（Bukhārā）的回回人，著名的天文、地理学家札马剌丁（Jamāl al-Dīn）。由于其母语为波斯语，不识汉文，所以元政府专门为他配备了翻译人员。[1] 在此之前中书省兵部收集了一些地图，但不全。此外，蒙元帝国建立后，行政区划与前朝（西夏、金、宋）有所变化。秘书监接管此事后，通知各地官府呈上当地的舆图。为此，札马剌丁专门向元世祖忽必烈奏报，要求收集各朝地图和地理论著，请求各路呈送有关当地行政区划、"野地、山林、里道、立堠"的图籍资料。在元本土，征集各地舆图的工作一开始进行得很缓慢。元政府一再通知各地方当局重视此事，迅速呈报。

札马剌丁计划在《大元大一统志》这部书中，绘制一幅元朝全图，包括元朝皇帝的直辖地（即元朝本土）、察合台汗国、伊利汗国和钦察汗国在内的地图。因此，元政府在向各地催要图籍时，还特别强调"边远国土"的主管当局，应尽早将所在地的资料送来。

在收集了资料之后，札马剌丁向元世祖奏报："在先汉儿田地些小有来，那地里的文字册子四五十册有来。如今日头来处，日头没处，都是咱每的。有的图子也者，那远的他每怎生般理会的？回回图子我根底有，都总做一个图子呵。"这就是说，札马剌丁和他的同僚们汇集了汉文地图四五十种，此外还有边远地区的回回图子，即西域穆斯林地图。

---

① 王士点《秘书监志》，高荣盛点校本，浙江古籍出版社，1992年，第28页。

值得注意的是，札马刺丁收集的回回地图中包括了回回海图。当时从事海外贸易的回回多聚居在福建沿海。秘书监专门向福建行省行文，要求福建当局向泛海行船的回回人调查，看是否有人识"海道回回文刺那麻"。"刺那麻"即波斯语 rāh-nāma 的音译，意为"行路指南"，[1] 即地理志一类的图籍。秘书监要求福建当局将调查的情况向中书省呈报。

他要求把汉地的图与回回舆图拼接起来，绘制出一幅从"日出处"，即太平洋之滨，到"日没处"，即西域的大地图。这项前无古人的伟大事业得到了忽必烈的批准。汉族传统上相信天圆地方，而回回人则接受了古希腊的大地球形说；汉族人采用方格法画图，而回回人则使用圆形地图。要想把两种地图纳入同一个体系，是一件不容易的工作。

郑和本人和他的船队中的许多重要人物都是回回人，他们的祖先来自遥远的西域。有不少人在入居汉地后，还经常往来于东西之间，或奉使，或经商，或朝圣。在他们的旅途中，回回图子必定起着不可低估的作用。即便是郑和的船队中，想必也携有"海道回回文刺那麻"一类的海图。

（三）《大明混一图》与《混一疆理历代国都之图》

在北京第一历史档案馆中藏有一幅明初绘制的绢绘本巨型世界地图（含欧亚非三大陆），题为《大明混一图》，长3.47米，宽4.53米，学者考定其绘制时间为洪武二十二年（1389）。该图地理覆盖范围包括全部旧大陆，即欧亚非三大陆，具体来说东起日本，北达西伯利亚，西抵大西洋，南至非洲南部的好望角。

1640年清兵入关后，此图落入清廷手中。在清代有人将此图上所有汉文地名转写为满文，写成小纸条，贴在汉文地名之上。从图中域外

---

① 陈得芝《元代海外交通与明初郑和下西洋》，纪念伟大航海家郑和下西洋580周年筹备委员会编《郑和下西洋论文集》，南京大学出版社，1985年，第199页。

地名的汉文译音看，遵循的是元代音译的规律。因此，多数学者认为其原图应是一幅元代世界地图，或取材于元代材料。

此图或其所据之底图，很早就流传到朝鲜与日本。传入朝鲜的最初称为《明国图》。1404 年朝鲜学者权近与李荟绘成《混一疆理历代国都之图》，其基本形制同于上述《大明混一图》，其重要区别之一是朝鲜部分更为详细，今韩国首尔的奎璋阁藏其摹本。1599 年日本侵略朝鲜时，从朝鲜宫中掠取了《明国图》。而权近与李荟摹绘的《混一疆理历代国都之图》也通过种种渠道传入日本。因为《明国图》（即《大明混一图》）与《混一疆理历代国都之图》带来了前所未有的海外地理知识，故而此后在日本迭有人摹绘。因此在日本宫内厅、京都龙谷大学、九州水原寺等处，都能找到《明国图》与《混一疆理历代国都之图》的绘本。

在《大明混一图》出现之前，世界上从未有过一幅正确地画出欧亚非三个旧大陆的整体形状的地图。摩洛哥地图学家亦得里昔（al-Id-risi）1154 年为西西里[①]国王罗杰（Roger）绘过一幅当时西方人所了解的世界之图。亦得里昔的地图的地理范围也覆盖欧亚非三大陆，在地理方位中继续古希腊地图的传统，南北方向与今天的地图相反。其最明显的特点是，非洲的南端向东拐去，印度洋被包围在非洲与东亚大陆之间，如同地中海被包围在欧洲与非洲两大陆之间一样。这种对非洲大陆认识的错误，在欧洲与伊斯兰世界延续了上千年之久，从古希腊时代直至 15 世纪葡萄牙人开始大航海以后才得以纠正。

《大明混一图》是人类历史上第一次正确地绘出了非洲大陆形状的地图，表明元代世界地理知识是世界上最先进的，[②]应归功于东西知识交流的大发展，也是郑和远航的最重要的地理知识背景。

---

① Sicily，赵汝适在其《诸蕃志》中称为"斯加里野"。
② 刘迎胜主编《〈大明混一图〉与〈混一疆理图〉研究——中古时代后期东亚的寰宇图与世界地理知识》，凤凰出版社，2010 年。

九、汪大渊与往来东西的海内外旅行家

（一）海外旅行家

元代东西交通大开，循海路往来于中国与世界各地的人越来越多。在这些旅行家中，有许多人在历史上留下了他们的名字。其中最为著名的外国人有以下几位。

1. 不阿里

元代著名的回回海商是马八儿〔Maʻabar，阿拉伯语，意为"码头"（复数），即西洋国，又称南毗、锁里〕人不阿里（Abūʻ Alī），其本名撒亦的（Saʻid），祖籍西域哈剌哈底。[①] 其祖先是专营波斯湾与南印度贸易的回回海商。他们一家于宋末离开故土，移居西洋，即印度南部东南岸之马八儿，以贾贩为生，积累了大量财富。撒亦的之父名为不阿里，受到马八儿国王五兄弟的信任，被接纳为"六弟"。马八儿国王习惯于以其父亲名字"不阿里"称呼他，而他的本名撒亦的反而不大为人所知。

不阿里的家族居于印度南端，目睹东亚的宋朝与西亚的黑衣大食这两个强大一时的政权竟然均被蒙古人消灭。印度的回回海商无论赴波斯湾，还是到中国贾贩，都必须与蒙古当局打交道，对此感到极为震惊。为保护他自己的海外商业利益，他自作主张派出一名回回人札马剌丁入元朝贡，此外还向远在波斯的蒙古伊利汗阿八合、哈散遣使通好。凡元廷或伊利汗国的使臣航海往来途经马八儿候风时，不阿里均为之准备舟楫，补充给养。不阿里私下向元朝遣使的做法，引起了马八儿统治者的不满。他们抄没了不阿里的家产，甚至准备处死他。不阿里以诡辞狡辩方得幸免。

———————————

① 即今阿曼东南角之故城 Qalhat 遗址。哈剌哈底为 Qalhat 之音译。

不阿里在海外为蒙古政权效力的事迹,由航海往来于途的元朝使臣传到元世祖忽必烈那里。至元二十八年(1291),元廷命使臣别帖木儿等人携诏书赴马八儿召不阿里入元。不阿里舍弃家产,率百名随从来到中国。因不阿里在马八儿曾被其国王称为"六弟",故入元后以马八儿王子自居,忽必烈还在抄没权臣桑哥的家产后,将桑哥的高丽妻子赐给他。后来不阿里逝于福建泉州。①

2. 马可·波罗

马可·波罗,(Marco Polo,约 1254—1324) 1254 年生于意大利威尼斯的一个商人家庭。其父尼科洛和叔父马泰奥都是商人。马可·波罗年幼时,其父亲和叔父到东方经商,来到上都(今内蒙古自治区多伦县西北)并朝见元世祖忽必烈,还带回了元世祖致罗马教皇的信件。1271年,马可·波罗 17 岁时,其父亲和叔父携马可·波罗带着教皇的复信再赴中国,途经中东、中亚与新疆,历时 4 年多来到中国,在中国生活了 17 年,游历了许多地方。1292 年,因波斯的蒙古宗王妃子去世,元世祖下令选取女子阔阔真送赴波斯成婚,马可·波罗一家随行。同年深秋,他们从泉州乘元朝官船启行,历经南海、印度南部、斯里兰卡、阿拉伯海进入波斯湾,在波斯登陆。马可·波罗归国所行的路线,几乎就是一百余年后郑和和他率领的宝船队的主要航线。

1295 年,马可·波罗一家回到了阔别 24 年的亲人身边。他们从中国回来的消息迅速传遍了整个威尼斯,他们的见闻引起了人们的极大兴

---

① 刘敏中《不阿里神道碑铭》,《中庵集》卷 4,北京图书馆古籍珍本丛刊,第 92 册,书目文献出版社,第 302—305 页;《元史》卷 208,有关研究参见陈高华《印度马八儿王子孛哈里来华新考》,《南开大学学报》1980 年第 4 期。拙文《从〈不阿里神道碑铭〉看南印度与元朝及波斯湾的交通》,《历史地理》1990 年第 7 期,第 90—95 页;Liu Yingsheng, From the Golf via India to Yuan China: Sources on the Omanian Merchant "Abū ' Alī",刊于《海表方行——海上丝绸之路史国际讨论会论文集》(Collected Essays of To Seas and Beyond: An International Conference on the History of the Maritime Silk Road),香港历史博物馆及香港浸会大学历史系共同编制,2018 年,第 184—190 页。

趣。他们从东方带回的无数奇珍异宝，一夜之间使他们成了威尼斯的巨富。1298 年，马可·波罗参加了威尼斯与热那亚的战争被俘。在狱中他遇到了作家鲁思梯谦，于是便有了马可·波罗口述、鲁思梯谦记录的《马可·波罗游记》（又名《东方闻见录》）。

《马可·波罗游记》激起了欧洲人对东方的热烈向往，对以后新航路的开辟产生了巨大的影响。同时，西方地理学家还根据书中的描述绘制了早期的"世界地图"。在 1324 年马可·波罗逝世前，《马可·波罗游记》已被翻译成多种欧洲文字，广为流传。现存的《马可·波罗游记》有各种文字的 119 种版本。《马可·波罗游记》不仅仅是一部单纯的游记，也是启蒙式作品，对于闭塞的欧洲人来说，为欧洲人展示了全新的知识领域和视野，导致了欧洲人文科学的广泛复兴。后来欧洲人的大航海的动因之一，就是为马可·波罗所描述的东方所吸引。

3. 伊本·白图泰

伊本·白图泰（Ibn Battuta，1304—1377）是摩洛哥丹吉尔城人，伊斯兰教教徒。1325 年，他离乡赴麦加朝圣，后决意周游世界。数年中，曾三至麦加，并游历了波斯、阿拉伯半岛和非洲东岸各地，曾至伊利汗国。1332 年，经西亚、中亚各地旅游后于 1333 年秋抵印度河，至德里，在那里留居约 8 年。

1342 年，元顺帝遣使臣至德里通好，德里算端命伊本·白图泰率领使团随同元朝使臣回访中国。使团启航后，遇风漂没，伊本·白图泰未及登舟，得免于难。元朝使臣脱难后搭本国商船回国。伊本·白图泰因失去随员、礼物，不敢回德里复命，在外辗转两三年后，才抵泉州。他在中国南至广州，北上杭州。后来从泉州乘船西还，于 1347 年到达印度，再途经阿拉伯半岛东岸、波斯湾、报达、叙利亚、麦加后返国。1349 年底伊本·白图泰抵摩洛哥都城非斯。此后他又去西班牙和中非、西非各地旅行。1354 年，奉摩洛哥国王之命回到非斯，口述其旅行见闻，由国王所派书记官伊本·术札伊用阿拉伯文笔录，著为旅行记一书。白图泰行踪几乎遍布元帝国全境，对所到之处都有详细记述，其中国行记部分记载了泉州、广州、杭州及所经沿途各地状况，尤详于这些地区的穆斯林情况；对中国与印度、波斯湾和阿拉伯交通、贸易往来，也有不少极可贵的记载。

由于卷帙浩繁，此书一直以节本流传，有多种欧洲文字译本。19世纪中，法国人在摩洛哥发现其全文手稿，由德弗列麦里与桑格提奈校勘并译为法文，分四卷出版。[①] 吉伯据此本译为英文，作了详细注释（剑桥，1956—1971，未完成）。张星烺《中西交通史料汇编》据玉尔《契丹及通往契丹之路》一书中的英文摘译本，译出了一部分关于中国的内容。近年，马金鹏将埃及出版的阿拉伯原文本译为汉文，[②] 为全译本，但有些错误。

4. 回回人的朝圣旅行

按照伊斯兰教的规定，穆斯林在条件许可时应当在一生中赴圣地麦加（天方、天房）朝圣一次。伊斯兰教传至各地后，各国的穆斯林均保持了这一风俗，每年都有成千上万的各民族穆斯林通过各种途径赴麦加朝圣。在蒸汽机发明之前，没有铁路与轮船。对于生活在中国这样遥远的东方的穆斯林来说，赴天方朝圣是一件极为不容易的事情。但仍有虔诚的穆斯林不辞千辛万苦，沿陆路或海路往来于天方与汉地之间。完成朝圣壮举的穆斯林是极为荣耀的，被称为 Hājj，在当时的汉语中译称为"哈只"（今称为哈智，维吾尔族称为阿吉）。

郑和的父亲与祖父都被称为"哈只"，足见其父祖两代人都曾经赴天方朝圣。云南赴天方朝圣通常是从缅甸出境，再登船经孟加拉湾，绕过印巴次大陆，进入阿拉伯海，进入波斯湾或红海至天方。回回人往返

---

① *Voyages d'Ibn Batoutah: Texte Arabe, accompagné d'une traduction*, par C. Defremery et B. P. Sanguinetti。1853—1858 年初版于巴黎，剑桥大学出版社于 2012 年重印。

② 《伊本·白图泰游记》，宁夏人民出版社，1985 年。

于海湾与东亚的航行使西太平洋与印度洋之间的航道变得更为知名。

（二）遥远的马合答束与刁吉儿

在元《经世大典·站赤》中，保留了如下记载，大德五年十二月（1301 年末至 1302 年初）：

> 江浙等处行中书省言：杭州路在城驿近承接使臣答术丁等，钦赍圣旨悬带虎符，前往马合答束番国征取狮豹等物，往回应付二年分例……又爱祖丁等使四起，正从三十五名，前往刁吉儿取豹子希奇之物，往回应付三年分例。[①]

这里提到的"马合答束番国"，即今索马里首都摩加迪沙〔Mogadi-shu（مقديشو）〕，郑和时代的资料称之为"木骨都束"。元使臣答术丁前去的目的是购买狮、豹等名贵动物，由于路途遥远，需要预支两年差旅费用；而前往刁吉儿的使臣爱祖丁使团一行为的是取豹子等物，全团计正使随员共 35 人。他们所需预支的钱比前往马合答束番国的使团更多，要准备三年花费，可见其路途更为遥远。刁吉儿应当就是摩洛哥航海家伊本·白图泰的故乡丹吉尔，位于地中海南岸。爱祖丁的使团是从红海西岸登陆至地中海再乘船前往刁吉儿，还是由海路绕过非洲南部经直布罗陀海峡抵其地，尚不得而知。

（三）汪大渊和他的远航

汪大渊（1311—？），字焕章，南昌人，是元代民间航海家。至顺元年（1330），年仅 20 岁的汪大渊首次从泉州搭乘商船出海远航，历经海南岛、占城、马六甲、爪哇、苏门答腊、缅甸、印度、波斯、阿拉伯、埃及，横渡地中海到摩洛哥，再回到埃及，出红海到索马里、莫桑比克，横渡印度洋回到斯里兰卡、苏门答腊、爪哇，经澳洲到加里曼

---

① 解缙等纂《永乐大典》卷 19419，中华书局残本影印本，1986 年，第 7220 页。

丹、菲律宾返回泉州，前后历时 5 年。至元三年（1337），汪大渊再次从泉州出航，至元五年（1339）返回泉州。

汪大渊第二次出海回来后，便着手编写《岛夷志》，把两次航海所察看到的各国社会经济、奇风异俗记录成章，作为资料保存下来。当时泉州路正在修郡志，泉州地方长官（称达鲁花赤）与主修郡志的人见此书极为赞赏，即将《岛夷志》收入《泉州路清源志》中，作为附录。后来汪大渊回到久别的故乡南昌，将《岛夷志》节录成《岛夷志略》，在南昌印行。这本书才得以广为流传。①

汪大渊自述其书中所记"皆身所游焉，耳目所亲见，传说之事则不载焉"。今查《岛夷志略》分为 100 条，其中 99 条为其亲历，涉及国家和地区达 220 余个，对研究元代中西交通和海道诸国历史、地理有重要参考价值，引起世界重视。1867 年以后，西方许多学者研究该书，并将其译成多种文字流传，公认其对世界历史、地理的伟大贡献。

《岛夷志略》可以说是上承宋代周去非的《岭外代答》、赵汝适的《诸蕃志》，下接明朝马欢的《瀛涯胜览》、费信的《星槎胜览》等的重要历史地理著作，而其重要性又远远超过这些宋明的著作。《四库全书总目》说："诸史（指二十四史）外国列传秉笔之人，皆未尝身历其地，即赵汝适《诸蕃志》之类，亦多得于市舶之口传。大渊此书，则皆亲历而手记之，究非空谈无征者比。"汪大渊两下西洋，游踪的广远，著述的精深，直到清代中叶以前，还是名列前茅的。

《岛夷志略》对后世航海家有深刻的影响。明朝永乐年间，随郑和七下西洋的马欢在出海时，曾将此书带在身边，随时随地对照，他说："随其（郑和）所至……历涉诸邦……目击而身履之，然后知《岛夷志》所著者不诬。"

---

① 有学者根据宋代有泉州人编过题为《岛夷志》的书，判断汪大渊的《岛夷志略》是在此书的基础上补充了自己的航海见闻而成。参见廖大珂《〈岛夷志〉非汪大渊撰〈岛夷志略〉辩》，《中国史研究》2001 年第 4 期。

汪大渊曾说:"所过之地,窃常赋诗以记其山川、土俗、风景、物产。"该书大佛山(今斯里兰卡)载:他们的船到大佛山附近,采集到珍贵的奇异珊瑚,汪氏很兴奋,"次日作古体诗百韵,以记其实"。这部书中多处记载了华侨在海外的情况,例如泉州吴宅商人居住于古里地闷(今帝汶岛);元朝出征爪哇部队有一部分官兵仍留在勾栏山(今格兰岛);在沙里八丹(今印度东岸的讷加帕塔姆),有中国人在 1267 年建的中国式砖塔,上刻汉字"咸淳三年八月毕工";真腊国(今柬埔寨)有唐人;渤泥"尤敬爱唐人";龙牙门(今新加坡)"男女兼中国人居之";甚至马鲁涧(今伊朗西北部的马腊格)的酋长,乃是中国临漳人,姓陈;[①] 等等。这些记载均不见于任何其他史料,可见其珍贵性。

以上所述证明,明初郑和航海,不是偶然发生的,其基础是古代中国与东方的海上活动传统。

(原题为《从西太平洋到印度洋——郑和时代以前中国航海家的足迹与亚洲的海洋活动传统》,刊于《海洋——我们民族留下的记忆》,海洋出版社,2008 年,第 468—483 页;收入笔者论文集《从西太平洋到北印度洋》,南京大学出版社,2016 年)

---

① 苏继庼校释《岛夷志略校释》,中华书局,1981 年。

中国古代图籍中的亚洲海域

中古时代，地处东亚大陆的中国与跨南地中海、西亚与中亚的伊斯兰世界，是当时海洋地理最为发达的地区，其领先地位直至文艺复兴以后，葡萄牙人发展的"大航海"事业才被打破。

本文希望通过梳理鸦片战争之前中国旧籍中记录的亚洲海域名称来归纳总结古代中国人对世界海洋地理的认识。中国所在的东亚大陆并非直接面对浩瀚的太平洋，而是夹在西太平洋岛弧与东亚大陆之间的西太平洋的几个边缘海，自北向南分别为日本海、黄海、东海与南海。本文考述内容的脉络安排，始自今之东亚海域，由北而南；续以东南亚、北印度洋，循从东向西为序。

一、大洋——太平洋与印度洋

在进入讨论之前，须先理清"海"与"洋"这两个概念。在现代汉语中"洋"主要指大洋（如太平洋、印度洋），对应于英文之 ocean；而"海"则主要指大洋靠近陆地的水域，相当于英文的 sea，也就是"洋"包括"海"，且大于"海"。但在西洋世界地理东传之前，"海"在汉文旧籍中指大面积的水域；"洋"则指某个具体的海洋水域，其含义范围要远小于"海"。

南宋时，因北方国土为女真族建立的金朝所占，传统对外交往的西域与草原道路被阻，且因朝廷意欲借市舶之利增加财政收入，以维持庞大的开支，海洋交通与海外贸易因而得到极大的发展，国人对海洋地理的认识也上升到新的高度，其重要标志之一，就是产生了"大洋海"的概念，指浩瀚无际的大海。黄震《黄氏日钞》记："占城隔一水为真腊，又一水曰登楼眉，此数国之西有大海名细兰，为交趾、大理、吐蕃之西境，南接大洋海。海口有细兰国，其西有五天竺，极南有故临国。"[1] 这里出现的"大洋海"，应当是现代汉语中"大洋"一词之源，这一点极为重要，不可不知。宋人还按"大洋"相对于中国的地理位置，合理地划分为两"大洋"，相当于今之太平洋与印度洋。

（一）"大航海"时代之前"大地球形"说的入华

"大地球形"说为古希腊科学家所创。亚里士多德对大地球形说作了有力的论证。他认为球形是对称的、完美的，由于压力，大地的组成块体将自然地落向中心，因而将大地压成球形。他指出在月食时，地球的阴影是圆形的。此外，当观察点向南或向北移动相当距离后，会发现北极星出地高度有所变化。这些都证明大地是球形的。

希腊学者厄拉多塞内斯（Eratosthenes，公元前 3 世纪上半叶至前 2 世纪初）发现在夏至这一天正午时分，太阳恰好直射进塞恩（即今埃及阿斯旺）的一口井底，而在其之北的亚历山大城（Alexandria），这一天正午时分测得太阳在天顶的仰角为圆周的 1/50，即 7 度 20 分；塞恩与阿斯旺两城的纬度差也恰为 7 度 20 分。厄拉多塞内斯据此计算后断言，地球的周长相当于塞恩与亚历山大之间距离（5 千希腊里）的 50 倍，即 25 万希腊里，相当于今 39600 公里。[2] 对比今所知地球大圆周

---

① 黄震《黄氏日钞》卷 67，元后至元刻本。

② Longhorn, Morgana; Hughes, Stephen, *Modern Replication of Eratosthenes' Measurement of the Circumference of Earth*, in Physics Education, vol. 50, no. 2, pp. 175–178.

长，2 千多年前厄拉多塞内斯的依据实测所计算的地球周长，确实令人惊叹。

1. 伊斯兰地理学中的"地圆说"

大食人建立地跨欧亚非三洲的大帝国后，许多学者努力学习并继承了古希腊、罗马的科学。古希腊的大地球形说也为阿拉伯、波斯学者所接受，成为其科学的一部分。

在阿巴斯朝（ᶜAbbasid）马蒙（al-Ma'mūn，813–33）哈里发时代，当希腊、叙利亚与印度的天文学与地理学著作译成阿拉伯文时，已经发现在希腊哩〔stadia，希腊长度单位，为希腊语"站"（stadium）的复数，其长度约为今 185—192 米——译者注〕或印度测量单位的印度哩（jojana，古印度长度单位，意为"一段"，大体上相当于一头牛加辕后所能拉车的距离，相当于今 8～10 英里——译者注）中给出的地球度数值。[①]

比鲁尼在其《麻素地法典》（al-Qānūn al-Mascūdī）中探究了马蒙的天文学家决定数值时的变化的原因。他评论道：

关于地球的尺寸肯定不可避免地存在着争议，因为它是那种必须以长距离的实测和观测报告为基础的问题之一。所有的民族都记录过以其本国使用的尺度为据的观测，如希腊的"罗马哩"（stadium）与印度的"印度哩"（jawzhan，即 yojana）。因此当他们的著作译成阿拉伯文时，其单位的实际值是未知的，于是哈里发……命令重新开始一次调查，以此为目的，那时的许多学者，诸如哈里的·麻瓦鲁的（Khālid Mawarrūdhī）、几何学家不·不黑秃里·阿里·宾·不黑秃里（Abu 'l-Buhturī cAlī b. al-Buhturī）及兀速都儿

---

① S. 马合布勒·艾哈迈德《测地学》，《中亚文明史》第四卷（下）《辉煌时代：公元 750 年至 15 世纪末——文明的成就》第 8 章《测地学、地质学与矿物学：地理学与制图学，横贯中亚的丝绸之路》，刘迎胜汉译本，中国对外翻译出版公司、联合国教科文组织出版，2010 年，第 165 页。

剌不（astrolabe，此为《元史·天文志·西域仪象》中的译音，其文还释曰：昼夜时刻之器——译者注）的制造者阿里·宾·爱薛（'Alī b. 'Īsā），受命去森札儿（Sinjār）沙漠，亲自负责这一勘察。他们发现地球上一大圆一度的数值是 $56\frac{2}{3}$ 哩，将此乘以 360，得出地球的周长达 20 400 哩。每哩是"法剌桑"（parasang）的 $\frac{1}{3}$ 或 400 黑腕尺（black cubit）。在伊拉克贸易中腕尺（trade cubit）是非常有名的，并且在报达用于勘测土地；其尺度为 24 指宽（is-baᶜ）。我已经在印度用另一种方法作过了勘察，并没有发现与上述指宽不一致的情况。[1]

关于陆地的形成，比鲁尼指出：

地球是球状的，详细地说因为有高山与凹陷，其表面是高低不平的，但与其巨大的体积相比，这些是微不足道的，并且不影响其球体的形状。如果地球的表面不是这么起伏的话，它将挡不住各个方向汹涌而来的水，并无疑要被淹没其下，那么（陆地）就再也无法看见。然而水像土一样有一定的重量，并且在空中尽可能落向低处，且水比土轻，所以泥在水中以河底沉积物的形式沉降下来。

因为地球表面各种突出的不规则物，水趋向于集中在最低处从而生成溪流。陆地与水形成一个球体，其四面八方被空气包围着。[2]

2. 回回"地圆说"入华

13 世纪成吉思汗及其子孙领导的西征将蒙古国的疆域推至西亚，大批回回知识分子以一技之长成为蒙古贵族的僚属，随军来到汉地。元

[1] 比鲁尼（Bīrūnī）《麻素地法典》，1934 年，第 118—119 页。转引自 S. 马合布勒·艾哈迈德《测地学》，《中亚文明史》第四卷（下），汉译本第 166 页。

[2] 转引自 S. 马合布勒·艾哈迈德《测地学》，《中亚文明史》第四卷（下），汉译本第 171 页。

代最著名的回回科学家是不花剌（Bukhārā，今乌兹别克斯坦布哈拉）人札马剌丁（Jamāl al-Dīn），他除了在汉地进行星历科学研究以外，还倡导并参与了编绘包括钦察汗国、伊利汗国、察合台汗国以及元政府直辖地在内的整个元帝国地图的工作，其生平在汉籍中零星地保存在《元史·天文志·西域仪象》《元史·百官志·回回司天监》《秘书监志》和许有壬《至正集》中。

蒙古人对欧亚草原、东欧和东部伊斯兰世界的征服，造就了国土极为辽阔的蒙元帝国，极大地开阔了中原人的眼界，丰富了中国的地理知识。按元人自己的说法就是"皇元混一声教，无远弗届。区宇之广，旷古未闻"；"中国之往复商贩于殊庭异域之中者，如东西州焉"。[①] 元世祖忽必烈即位后，绘制元帝国全图的工作提到了议事日程。札马剌丁于至元二十三年（1286）上奏："方今尺地一民，尽入版籍，宜以为书以明一统。"札马剌丁计划在这部书中包括一幅元朝全图，把汉地的图与回回舆图拼接起来。元秘书监中原先就收有汉人传统的舆图四五十种，又加上回回地区，即中亚、西亚异域图籍，确有条件绘制一幅从"日出处"（东方）直至"日没处"（西方）的地图。

汉族传统上是采用方格法画图，回回人使用圆形地图，并接受了古希腊人的大地为球形的概念，双方差异很大，要把它们纳入一个体系，特别是纳入中国传统的方格体系是一件不容易的工作。札马剌丁的地图没有传下来，但从1330年成书的《经世大典图》和《元史·地理志·西北地附录》收录了钦察汗国、伊利汗国和察合台汗国的许多地名可以推测此图的规模。

《经世大典图》系一种方格图，按中国传统式样计里成方绘成。察合台汗国在图中称为"笃来帖木儿所封地"，伊利汗国称为"不赛因所封地，即驸马赛马尔罕之祖"，钦察汗国则称为"月祖伯所封地，即太

---

① 汪大渊《岛夷志·后序》，《岛夷志略校释》，中华书局，1981年，第385页。

祖长子术赤之后。"①

　　全图东起河西走廊之沙州，沙州之西的塔失八里（即元代塔失所在地）和柯模里（Qamul，哈密立，今之哈密）绘在元廷直辖区境内，北至锡尔河下游之毡的和伏尔加河中、下游之不里阿耳（Bulghar），西北至阿罗思（Russ，即俄罗斯的蒙古语读音 Orus 的音译），西至的迷失吉（Dimashq，即大马士革）和迷思耳（Misr，即埃及），西南至八哈剌因（今波斯湾之巴林），南至天竺。全图覆盖地理范围之广前无古人。

　　编修《经世大典图》的汉、回回地理学家们肯定仔细地钻研过以希腊地圆说为基础的回回地理学与中国传统地理学的异同。在至元四年（1267），札马剌丁建造了七种"西域仪象"，其中第六种称为"苦来·亦·阿儿子"，《元史·天文志》记曰："汉言地理志也。其制以木为圆球，七分为水，其色绿，三分为土地，其色白。画江河湖海，脉络贯串于其中。画作小方井，以计幅圆之广袤、道里之远近。"②

　　"苦来·亦·阿儿子"为阿拉伯语 kurah arz 的波斯语读法 kura-i arz 的元代汉语音译，意为"地球"。其中"苦来"（kura），意为"球、苍穹"；"亦"（-i）为波斯语"耶扎菲"结构，表示属格意义。"苦来，亦"（kura-i），此言"……的球"。"阿儿子"（arz），意为"陆地、土地、国家"，可见所谓"苦来·亦·阿儿子"是一台地球仪。元代尚无"地球仪"之称，故译为"地理志"。这个地球仪以木制成，当时已经知道地球上水与陆地大致为 7∶3 之比。此地球仪上将陆地以绿色标出，将海洋绘为白色，还绘出经纬线和江河湖海。绘制时以一定的比例尺表示"幅圆之广袤、道里之远近"，可见与现代地球仪相去不远。

　　元代大量收藏在官府的回回科学书籍普通百姓并无机会接近。1368

---

　　① 从其中成吉思汗被称为"太祖"，可知原图必为元代所绘。而"即驸马赛马尔罕之祖"，意即撒麻耳干帖木儿驸马之祖。此句必为明人所加。不赛因为旭烈兀后裔，帖木儿并非成吉思汗后裔，故不赛因不是帖木儿之祖。

　　② 《元史》卷48"西域仪象"，中华书局点校本，第999页。

年明军攻入大都，收元廷府藏席卷而至集庆（南京）。明太祖理政之暇，浏览元廷藏书时发现，其中有数百种西域图书，字异言殊，无法阅读。遂召回回属臣马沙亦黑等人次第译之。洪武年间刊行于世，其中有一部即为《回回天文书》，此书第一类第十五门《说三合宫分主星》提到：

> 但是有人烟、生物之外，亦分作四分。从中道上纬度往北分起，至纬度六十六度处止。经度自东海边至西海边，一百八十度。经、纬度取中处：纬度三十三度，经度九十度。东西南北共分为四分。但是地方纬度三十三度以下、经度九十度以下者，此一分属东南；若纬度三十三度以下、经度九十度之上者，此一分属西南；若纬度三十三度以上、经度九十度以下者，此一分属东北；若纬度三十三度之上，经度九十度之上者，此一分属西北。①

这里提出的"中道"，即赤道。所谓"西海"当指大西洋，而"东海"则指太平洋。

《回回天文书》文字中提到的经、纬度乃汉地传统划分天球的度量单位。元代学者赵友钦曾解说道：

> 天体如圆瓜，古人分为十二次，乃似瓜有十二一也。周天三百六十五度余四之一，均作十二分，则一瓣计三十度四十三分七十五秒。度度皆辐辏于南、北极。如是，则其度敛尖于两端，最广处在于瓜之腰围，名曰赤道。其度在赤道者，正得一度之广。去赤道远者，渐远渐狭，虽有一度之名，寔为无腰围一度之广矣。各度皆以二十八宿之距星记数，谓之经度。古人又谓天体如弹丸，东西南北相距皆然。东西分经，则南北亦当分纬。纬度皆以北极相去远近为数，亦是三百六十五度余四之一。两极相距一百八十二度六十二分五十秒。赤道横分两极，与相远各九十一度三十一分二十五秒。天顶名曰嵩高，北极偏于嵩高而北者五十五度有奇；赤道则斜依在嵩

① 《回回天文书》上册，第22a页。

高之南三十六度。盖北极既偏于嵩高之北，南极既偏于地中之南，所以赤道不得不斜依于南也。赤道虽依南于东西两傍，犹在卯酉正位，由是观之，所谓天如弹丸者，得其圆象之似；所谓天如依盖者，但以言其盖顶斜依而辐辏。所谓天如鸡子者，喻其天包地外而已。[①]

可见中国传统按一年 365 又四分之一日划分周天圆径为 365 度又四之一，[②] 而西洋分圆周为 360 度，故而汉地传统之"度"略小于西洋之"度"。且汉地"度"与其以下的单位"分"，"分"与其下之单位"秒"之间，皆为百进位；而西洋每"度"其下之"分"与"秒"之间皆为 60 进位；故而中国传统之"分"与"秒"也大大小于西洋之"分"与"秒"。不过，既然中国传统以经、纬度纵横交错的方式分割球体的基本理念，与西洋是完全相同的，所以双方体系中的经度聚收于南、北两极，纬线每度长度最宽处为赤道，越向两极，纬线每度的长度越短的结果也是共通的。

因此上述《回回天文书》的明初译本中，虽然利用了中国天球区分的固有的经、纬度概念，但内涵却已经是西洋 360 度周圆分割的学说。伊斯兰世界所了解的大地虽然是一个球体，但有人居住的地域却只在欧亚两大陆与非洲大陆赤道以北。具体来说，以赤道为南限、北纬66 度为北限，自西太平洋之滨至大西洋海岸的涵盖欧亚非三洲的旧大陆分为 180 经度。《回回天文书》取北纬 33 度和经线 90 度为坐标原点（其位置当位于今西藏奇林湖一带），分为东北、东南、西南和西北四片。这部伊斯兰天文地理著作的明初汉译本，向中国学者介绍了希腊地理学及其欧亚非旧大陆赤道以北区域的地理划分。

伊斯兰地理学在入华的回回学者中代代相传。今能见到的是清康熙年间回族学者刘智在其著作《天方性理》和《天方典礼》中对地圆说的阐述。他在《天方性理》中说："地者……其体浑圆而位于空中之中

---

① 赵友钦《革象新书》卷 1，第 11a—12a 页，北京图书馆藏清钞本。
② 尚民杰《云梦〈日书〉星宿记日探讨》，《文博》2009 年第 2 期，第 64 页。

央，周九万里。"他意识到大地悬在宇宙之中，其形如球。他还知道地球的周长。在《天方典礼》中，他又引述《天方舆地经》曰："地为圆体如球，乃水、土而成。其土之现于水面而为地者，盖球面四分之一也。……又自东至西作一直线，距南北极等，为地经中线。"刘智进一步给出陆地与水分别占据地球表面面积的比例。至于赤道，刘智译为"地经中线"。

上述《天方性理》和《天方典礼》两书所反映的并不是刘智本人的创见。刘智在《天方典礼》中就明言他引述的一部称为《天方舆地经》的记载。查考刘智的两部著作，可发现刘智共列出参考书目 80 余种，其中属伊斯兰地理著作的有如下 5 种：

（1）《天方性理》所列参考书目之第 27 种《查密尔·必剌地》[1]，应为阿拉伯文 Jāmi' al-Bilād 之清代汉语音译，意为"诸国全集"。刘智意译为《天下方域》。其中"查密尔"（Jāmi'），意为"集、汇集"；"必剌地"（Bilād），意为"地区、方域"；al-为阿拉伯语定冠词。

（2）《天方性理》及《天方典礼》两书所列参考书目第 28、43 种《海亚土·额噶林》[2]，应为阿拉伯文书名 Hay'at Aqālīm 之清代汉语音译，意为"诸国形象"。其中"海亚土"（Hay'at），此言"形象、形状、天文学"；"额噶林"（Aqālīm）为"国家、地区"（aqlīm）之复数。刘智意译作《七洲形胜》。"七洲"是以希腊地理学家托勒密为代表的古代西方学者对当时所了解的世界的区划，指东半球从赤道到北极间的地区，也即今非洲埃塞俄比亚以北地区和欧亚大陆而言，阿拉伯人接受了这一学说。刘智在《天方性理》卷 2 中，不但具体地引述了阿拉伯人所谓七洲的名称：阿而壁（阿拉伯）、法而西（波斯）、偶日巴

---

① 刘智《天方性理》卷首《采辑经书目》，马宝光主编《中国回族典籍丛书》印本（非正式出版物），1997 年，第 1 册，第 599 页。

② 《天方性理》卷首《采辑经书目》，第 599 页；《天方典礼择要解》卷首《采辑经书目》，第 25 页。

（欧罗巴）、赤尼（中国）、细尔洋（叙利亚）、欣都斯唐（印度）和锁当（苏丹），还在圆形地图上作出标示。[1]

（3）《天方性理》所列参考书目第 28 种《默拿积理·必剌地》[2]，应为阿拉伯文书名 Manāzil al-Bilād "诸国站途" 之清代汉语音译。其中 "默拿积理"（Manāzil），为 Manzil "站" "停留处" "路程" 之复数；"必剌地"，意为 "地区、方域"。刘智意译为《坤舆考略》[3]。

（4）《天方性理》所列参考书目第 22 种《哲罕·打尼识》[4]，应为波斯文书名 Jahān Dāniš（世界之知识）之清代汉语音译。其中 "哲罕"（Jahān），意为 "世界"，明《回回馆杂字·地理门》有 "者哈恩"（Jahān），旁译 "世"，即此字；[5] "打尼识"（Dānish），波斯语，此言 "知识、学识"。刘智意译为《环宇述解》。这应是一部阿拉伯文著作的波斯文译本。

（5）回回人因为宗教信仰的关系，对伊斯兰教起源地的地理特别注意。刘智《天方典礼》所列参考书目第 38 种《克尔白·拿默》[6]，此名应为波斯文书名 Ka'aba Nāma（天方志）的清代汉语音译。其中 "克尔白"（Ka'aba），意为 "天方、四方形建筑物"，又特指天房；"拿默"（Nāma），此言 "笔记" "信" "志"，刘智意译为《天房志》。[7] 此书与刘智在《天方典礼》中引述的《天方舆地经》是否为同一部书尚有待研究。

刘智写作的时代虽然为清初，但他所使用的上述穆斯林地理著作，元、

---

① 刘智《天方性理》卷 2，第 721 页。

② 刘智《天方性理》卷首《采辑经书目》，第 599 页。

③ 此印本误作 "坡舆考略"。

④ 刘智《天方性理》卷首《采辑经书目》，第 599 页。

⑤ 刘迎胜著《〈回回馆杂字〉与〈回回馆译语〉研究》，西域历史语言研究丛书，中国人民大学出版社，2008 年，第 58 页，第 76 词；图片见第 57 页。

⑥ 《天方典礼择要解》卷首《采辑经书目》，第 24 页。

⑦ 同上书，同上页。

明两代应当已在回回人中流传，其引述的伊斯兰地理学的著述，是以古希腊、古罗马大地球形说为基础的。元、明熟读波斯文、阿拉伯文地理的回回学者中杰出者显然知道大地球形说，刘智不过是他们的继承者而已。

"地圆说"虽然在元代已经传入中国，但长期仅为回回学者所知，没有成为占人口绝大多数的汉人、南人士人阶层的公共知识，也未引起中国地理学界的重视。

（二）中国人发现了美洲？——臆想还是捏造

在"大航海"时代之前，东亚居民对太平洋彼岸的美洲毫不知晓。自法国汉学家德·基尼（J. de Guignes, 1727—1800）首次基于《梁书·诸夷传》扶桑国的记载，提出题为《中国人沿美洲海岸航行及居住在亚洲极东部的几个民族研究》的报告以来，两百余年中，中外不时有人提起所谓"中国人发现美洲"的话题。其讨论大致集中于几个议题：

1. 殷人东渡说

20 世纪 70 年代前半期，美国加州近海发现一些"石锚"，据测沉海时间在 2500—3000 年前。因 19 世纪中叶英国汉学家梅德赫斯特曾推测，商亡于周与中美洲奥尔梅克文化兴起的时间吻合，故有人将这些"石锚"与所谓"殷人东渡"相联系。[1]

此说在沉寂多年后，因为中美洲发现的一些石上刻画与中国之甲骨文之间有几分相似，再度成为热点，有个别学者支持，如南京大学范毓周撰文《殷人东渡美洲新证——从甲骨文东传墨西哥看商代文化对新大陆的影响》。[2]

2. 《梁书·诸夷传》记录的沙门慧深所述之扶桑国，即今之墨西哥之说

---

① 徐波《历史的投影与现实的折射——关于"中国人发现美洲"百年学术争议的国际政治思考》，《社会科学论坛》2016 年第 5 期，第 86—87 页。

② 《寻根》2011 年 04 期。

3. 郑和远航发现美洲说

2006 年值郑和下西洋首航 600 周年之际，有人视中国举国纪念之际为谋私利机会，先有英国船长加文·孟席斯宣布他发现郑和曾率领明水师船队进行环球航行的种种证据，一时吸引无数人眼球。此说一出，虽新闻界不时跟风炒作，受到大批无知人士的热捧，云南大学更授孟席斯以客座教授之席，但学界并不买账，引起一片严词批驳之声。

无独有偶，国内一位名为刘刚的律师也宣称在旧书肆中购得一幅据称署名为莫易仝于乾隆癸未年（1763）年绘制的《天下全舆总图》，该图题款称系据明永乐十六年（1418）之《天下诸番识贡图》制成。由于此图依据大地球形理论，按投影法绘出东西两半球，时间远早于哥伦布远航美洲，得到孟席斯的热情吹捧，"发现者"刘刚也一时成为风头人物，居然成为"青岛国家海洋节"特邀贵宾，在国家庆典上作主题报告，还四处宣布自己的"发现"以造势，又出版专著《古地图密码：中国发现世界的谜团玄机》[1]，甚至中央电视台教育频道也专门制作节目介绍刘刚的所谓"发现"，谬说流传之广，以致近年来仍有学人信以为据，如中国科学院地理科学与资源研究所主办的《地理学报》2015、2016 两年连续抽刊的梁启章研究员等人集体撰写的《中国古代世界地图主要成就与特色初探》《中国古代地图遗产与文化价值》论文中，竟不加辨识地将此图列入代表中国古代科学成就的古地图之中。

其实此图甫一出笼，便一直受到学界严厉批判，明确指为伪图，最著者为龚缨晏（原浙江大学，现宁波大学学者）与周振鹤（复旦大学学者）与金国平（旅居葡萄牙学者）。[2] 此外复旦大学侯杨方也专门著文指谬。[3]

---

① 广西师范大学出版社，2009。

② 成一农《几幅古地图的辨析——兼谈文化自信的重点在于重视当下》，《思想战线》2018 年第 4 期，第 51 页，注 2。

③ 《"古地图"八处失实，郑和发现美洲？》，《海洋世界》2013 年第 7 期，第 10—12 页。笔者也曾于 2012 年在清华大学举行的一次会议上，当面向刘刚严词质问。

总之，尽管"地圆说"在元代已通过伊斯兰文化的中介入华，但直至葡萄牙人东来以后，环球地理说才算被中国士人阶层中的一些先进分子所接受。因而在大航海时代以前，中国人所接触的大洋是太平洋与印度洋。这也是本文将讨论所涉海域限定在亚洲海域的主要原因。

（三）东大洋海——太平洋

前已提及，在古代中国人语境中，比海更大的水域称为"大洋海"，而在其前置方位形容词，则表示该大洋相对于中国所在东亚大陆的地理方位。故而对于西太平洋岛弧以东的浩瀚大洋，古人称之为"东大洋海"，顾名思义指中国以东的浩瀚大洋。

查"东大洋海"之名，初见于宋代文献。宋人黎靖德所辑朱熹与其弟子的对话，其中有："譬如东大洋海。同是水，但不必以东大洋海之水方为水，只瓶中倾出来底亦便是水。"[1] 南宋周去非在其《岭外代答》中记载："阇婆之东，东大洋海也。水势渐低，女人国在焉。愈东则尾闾之所泄，非复人世。稍东北向，则高丽、百济耳。"[2] 其书中还有"三合流"条，称："交趾洋中有三合流，波头喷涌而分流为三"，"其一东流，入于无际，所谓东大洋海也。""传闻东大洋海有长砂石塘数万里，尾闾所泄，沦入九幽。昔尝有舶舟，为大西风所引，至于东大海，尾闾之声，震汹无地，俄得大东风以免。"[3] 故而东大洋海相当于今之太平洋。

按元人陈大震的记载，今吕宋一带海域被称为小东洋，加里曼丹岛以南则被称为大东洋。但其后小东洋与大东洋之术语很长时间未见载于文献。至利玛窦来华向国人介绍西洋地理后，小东洋与大东洋的概念再度被使用，分别指太平洋的东西部分。在其《坤舆万国全图》刊印之

---

① 黎靖德《朱子语类》卷33，明成化九年陈炜刻本，清丁丙跋，南京图书馆藏。

② 《岭外代答》卷2，杨武泉校注本，中华书局，1999年，第74页。

③ 同上书，第36页。

前，他于 1584 年在广东肇庆绘制过《大瀛全图》，今不存；其后
1595—1598 年间，他在南昌期间又绘过地图，[①] 有章潢的摹绘本《舆地
山海全图》传世。在此图上，今关岛以东海域标注为"小东洋"，今美
洲以西海域标注为大东洋，今南美洲以西海域标注为东南海，[②] 可见
"小东洋"相当于西太平洋，"大东洋"相当于东太平洋，而"东南海"
则相当于今南太平洋。

利氏在南京绘制了《山海舆地全图》，在明人冯应京所编《月令广
义》中有摹本，其中在日本、琉球与"小东洋"之间，刻有"大明
海"。故可知此名之出现当在 16 世纪末叶。"大明海"应相当于英文之
China Sea，[③] 也即今东海与南海之英文名 East China Sea 与 South China
Sea 的语源。[④]

明末入华的意大利人艾儒略所著《职方外纪》卷 5 中有《四海总
说》一节，称："兹将中国列中央，则从大东洋至小东洋为东海。"[⑤]

鸦片战争之后，环球地理逐渐为中国大众接受，成为公共知识。在
将中国传统地理知识与近代传入的西洋地理新知纳入新地理体系的过程
中，中国地理学家将古代中国有关东部大洋的概念上接元明时代佛家与
文学作品中的"东洋大海"与上述"大东洋"。

东洋大海：如清徐继畬所编绘的《瀛环志略》卷 2 有"南洋各岛
图"，绘华南及东南亚各地，图东北角有文字说明：自此以东抵阿墨利

---

① 龚缨晏、梁杰龙《新发现的〈坤舆万国全图〉及其学术价值》，《海交史
研究》2017 年第 1 期，第 3 页。

② 此图《中国古代地图（明代）》未收，见黄时鉴、龚缨晏著《利玛窦世
界地图研究》，上海古籍出版社，2004 年，第 13 页；朱鉴秋、陈佳荣、钱江、谭广
濂编著《中外交通古地图集》，中西书局，2017 年，第 135 页。

③ 如 1868 年英国海军部出版的《中国海航海指南》（China Sea Directory）。
转引自赵焕庭《南海名浅考》，《热带海洋学报》2009 年第 3 期，第 13 页。

④ 同上注。

⑤ 艾儒略著，谢方校释《职方外纪校释》，中华书局，1996 年，第 146 页。

加，泰西人称为大洋海，即中国之东洋大海也。① 同书同卷又有"东南洋大洋海各岛图"，分四图。在"亚细亚"图注明"大洋海即东洋大海，又名太平洋。"② 直至光绪六年（1880）丁韪良自日本出使美国时，还记此年四月十五日，从横滨"易舟出东洋大海，至五月二十九日乃抵美境，计两岸相距一万四千余里"。③

大东洋：在太平洋被广为使用之前，中国人习用"大东洋"指代之，清末亦然。清末崔国因《出使美日秘国日记》中多处提到"大东洋"，如"檀香山为大东洋之岛国，地广人稀，华人趋之者众，土人忌之"。④ 又同卷"中国赴美由大东洋指东可到，由地中海指西亦可至也"。

但也有例外，清初陈伦炯称："是以西洋人志四方洋名，以东南缺处之海洋为小东洋，与戈什嗒少西之小西洋相对。以日本之洋为大东洋，与红毛大西洋相对。"⑤ 清末陈忠倚在其《清经世文三编》中《战事以地利为要说》记载："江原道之东南为庆尚道，东为日本海，南为大东洋海，即黄海。其由东折而南处，则与日本对马岛相直，而为高丽海峡，明时平秀吉之乱，即由于此道会。"⑥

（四）西南海/南大洋海——印度洋

1. 西南海

唐末段成式《酉阳杂俎》卷4："拨拔力国（今非洲东岸之索马里沿海地区）在西南海中，不食五谷，食肉而已，常针牛畜脉取血和乳生

① 朱鉴秋、陈佳荣、钱江、谭广濂《中外交通古地图集》，第309页。
② 朱鉴秋、陈佳荣、钱江、谭广濂《中外交通古地图集》，第312页。
③ 《西学考略》卷上，清光绪九年同文馆本。
④ 崔国因《出使美日秘国日记》卷1，清光绪二十年本。
⑤ 陈伦炯撰，李长傅校注，陈代光整理《海国闻见录校注》，中州古籍出版社，1985年，第66页。
⑥ 《清经世文三编》卷58，清光绪石印本。

食。无衣服，唯腰下用羊皮掩之。其妇人洁白端正，国人自掠卖与外国商人，其价数倍。土地唯有象牙及阿末香。"① 《新唐书》卷221《西域传》说"师子"国（今斯里兰卡）"居西南海中"。②

南宋周去非也使用"西南海"的概念，他提到过"西南海上波斯国"。③ 赵汝适在谈及"昆仑层期国"（今东非坦桑尼亚之桑给巴尔岛）时说，此国"在西南海上"。④

蒙古国时宪宗蒙哥遣使西域宗王旭烈兀，汉人刘郁在行。他曾记载到波斯的"失罗子国"（今伊朗设拉子城），说"其西南海"中出珠。⑤ 所有这些"西南海"均与唐时一样，指北印度洋。

元人周致中所撰《异域志》两次提到"西洋国"。其一为"西洋国"条，说此国"在西南海中，地产珊瑚、宝石等物，所织绵布绝细，莹洁如纸"。"西洋国"又称"马八儿"，即明郑和时代之西洋锁里，指今印度次大陆东南海岸。

2. 南大洋海

南宋周去非在《岭外代答》中记宋境之南与西南：

> 占城隔一水为真腊，又一水曰登楼眉，此数国之西有大海名细兰，为交趾、大理、吐蕃之西境，南接大洋海。海口有细兰国，其西有五天竺，极南有故临国。又西则东大食海，海西则大食国，又西则西大食海，蕃商不通。
>
> 南大洋海中诸国以三佛齐为大，诸蕃宝货之都会。三佛齐之东则阇婆国，（梢）〔稍〕东北则新罗国、高丽国，诸蕃之去中国惟

---

① 《酉阳杂俎》卷4；《新唐书》卷221说"大食西南属海，海中有拨拔力种"。

② 《通典》卷193则云："师子国……在西海之中。"

③ 《岭外代答》卷3《诸蕃志》卷上录此段。

④ 《诸蕃志》卷上"海上杂国"。

⑤ 刘郁《西使记》，中华书局标点本。

占城最近，大食最远，至大食必舟行一年。凡诸国皆由蛮而递及者也。①

又曰：

> 三佛齐之南，南大洋海也。海中有屿万余，人莫居之，愈南不可通矣，姑以交趾定其方隅。直交趾之南，则占城、真腊、佛罗安也。交趾之西北，则大理、黑水、吐蕃也。于是西有大海隔之。是海也，名曰细兰。细兰海中有一大洲，名细兰国，渡之而西，复有诸国。其南为故临国，其北为大秦国、王舍城、天竺国。又其西有海，曰东大食海，渡之而西，则大食诸国也。大食之地甚广，其国甚多，不可悉载。②

他所记之南大洋海，即为印度洋。

利玛窦来华后，在介绍环球地理时，也使用中国传统的"西南海"的概念。如在章潢摹绘本《舆地山海全图》上，今非洲至爪哇间海域被标注为西南海。后为《坤舆万国全图》所沿用。

二、太平洋海域

（一）日本海

当代国际上多数国家地图将夹在朝鲜半岛东侧、日本与俄罗斯远东地区之间海域称为"日本海"。朝鲜半岛与东亚大陆的夹角呈约 45 度，因此朝鲜人将此半岛两侧的海作东、西区分，将黄海称为"西海"，日本海称为"东海"。韩国从 1991 年加入联合国以来，一直要求国际社会承认"东海"的称呼。自 20 世纪 90 年代以来，日韩两国关于日本海名称的争议愈演愈烈。

---

① 黄震《黄氏日钞》卷 67，元后至元刻本。
② 周去非《岭外代答》卷 2《海外诸番国》，《文渊阁四库全书》本。

在清末以前，中国曾长期是日本海/东海沿岸的最大国家。即便清末将乌苏里江以东及黑龙江以北之地割让给俄国之后，丧失了图们江入海口，但按当今国际法，中国仍然拥有沿图们江进入上述海域的权利，也仍然是濒临日本海/东海的大国。因此中国学界不应自外于上述争议，以为只是日韩之间的问题，无关于己。实际上中国历史文献与图籍中有关日本海/东海的记载堪称丰富，初步查找可知历代中国史籍中日本海/东海曾分别称为小海、东海、辽海、南海、鲸海与鲸川等。

1. 小海

魏收《魏书》记百济："其国北去高句丽千余里，处小海之南。"①此记载为历代中国史籍，如《通典》《旧唐书》《唐会要》及《文献通考》等所沿袭。安虎森、陈才注意到《唐会要》的记载："今黑水靺鞨界，南与渤海国显德府，北至小海，东至大海，西接室韦。南北约二千里，东西约一千里。"（《唐会要》卷96《靺鞨》）②

《元经世大典·征讨》中辽阳嵬骨条记：

> 至元十年征东招讨使塔匣剌呈前，以海势风浪难渡，征伐不到觯、因吉烈迷、嵬骨等地。去年征行至弩儿哥地，问得兀的哥人厌薛，称："欲征嵬骨，③必聚兵候冬月赛哥小海渡口结冻，冰上方可前去。④"

这里出现的"赛哥小海"名称中的"赛哥"，意义尚不明了，但"小海"显然可上溯至前述《魏书》与《唐会要》所记之"小海"。可

---

① 卷100，《东夷传·百济》条，中华书局标点本，第2217页。

② 两位作者的考订为："这里的'大海'即今日本海。'小海'即为'少海'，指今鄂霍次克海。"——《中国历史文献中的日本海地名溯源考》，《东北师大学报》1996年第4期，第26页。刘信君在其《中国历史文献中有关日本海（鲸海）名称考辨》（刊于《社会科学战线》2010年第6期，第172页）中沿袭此意见（未注明出处）。对照下文，有关小海为鄂霍次克海的意见值得再加考察。下文可证，"小海"当指今日本海/朝韩之东海与朝/朝半岛邻接之海域。

③ 应为骨嵬之倒误。

④ 苏天爵《元文类》卷41，《四部丛刊》景元至正本。

见"小海"在魏晋至元长达约一千年的时期内，是包括高丽人在内的今远东大陆各族人民对日本海/东海的相当稳定的普遍称谓。

2. 北海与南海

唐人杜佑在其《通典》中记流鬼国时，言及其濒临之海，其文曰：

> 流鬼，在北海之北。北至夜叉国，余三面皆抵大海，南去莫设鞨，船行十五日。无城郭，依海岛散居。掘地深数尺，两边斜竖木，构为屋。人皆皮服。又狗毛杂麻为布而衣之。妇人冬衣豕鹿皮，夏衣鱼皮，制与獠同。多沮泽，有盐鱼之利。地气洹寒，早霜雪。每坚冰之后，以木广六寸，长七尺，施系其上，以践层冰逐及奔兽。俗多狗。胜兵万余人。无相敬之礼、官僚之法。不识四时节序。有他盗入境，乃相呼召。弓长四尺余。箭与中国同，以骨石为镞。乐有歌舞。死解封树，哭之三年，无余服制。

> 鞨有乘海至其国货易，陈国家之盛业。于是其君长孟蜙遣其子可也余志，以唐贞观十四年，三译而来朝贡。初至鞨，不解乘马，上即颠坠。

> 其长老人传言，其国北一月行，有夜叉人，皆豕牙翘出，啖人。莫有涉其界，未尝通聘。①

学者多以流鬼即今俄远东堪察加半岛（Камчатский полуостров/Kamchatka peninsula），其说可从。其三面所围之海为鄂霍次克海（Sea of Okhotsk）与北太平洋及白令海。其南临北海相当于今日本海北部，而与之相对的是南海。《新唐书》记渤海通其周边的五条主要交通线，其中"龙原东南濒海，日本道也。南海，新罗道也"。②渤海之龙原府辖地在今珲春、朝鲜清津和俄罗斯大彼得湾以西的滨海地区，据1961年1月13日《人民日报》报道，"苏联科学院西伯利亚总分院，最近在海参崴附近波谢特湾发现渤海国海港遗址"。故而今俄罗斯境内的波谢

---

① 《通典》卷200，岳麓书社，第2852页。
② 《新唐书》卷219《渤海传》，中华书局标点本，第6182页。

特湾是当年渤海国的出海口无疑。南海，指渤海国南海府，辖地为今朝
鲜狼林山脉以东滨海地区。由此可以推断，渤海国人当时称今日本海南
部靠近朝鲜半岛的海域为南海。①

《明太宗实录》卷 105 记载：永乐十五年（1417）三月丁亥朔，
"南海边地女直野人散成哈等来朝，命散成哈为指挥金事，保字路等为
千户等官，隶喜刺乌卫，赐诰命、冠带、袭衣及钞币"。② 这里的南海
边地即今俄罗斯波谢特湾西岸，说明直至明代，人们还称今日本海/东
海的南部海域为"南海"，长期沿袭渤海时期称谓。③

3. 辽海与东海

辽、金、元三代，因统治民族契丹、女真与蒙古均来自亚洲北部，
因而这一时代是古代中国人对日本海/东海知识增长的时期。当时了解
到，女真诸部东境之五国部濒大海，故将渡海（即今之日本海/东海）
而来的鹰鹘称为海东青。

宋人陈均在其书《皇朝编年备要》中政和四年（1114）项下"是
岁，女真陷辽国宁江府"句下注：

> 女真东北与五国为邻。五国之东接大海，出名鹰，自海东来者
> 谓之海东青，小而俊健，能擒鹅鸳，爪白者尤以为异，辽人酷爱
> 之，岁岁求之女真。女真至五国战斗而后得。④

至于女真五国部所濒之海，宋人徐梦莘《三朝北盟会编》记女真
各部，其中"极边远而近东海者，则谓之东海女真"。⑤ 宋人路振《乘轺
录》记出使辽朝闻：高丽、女真"东北至辽海二千里，辽海即东海"。⑥

---

① 上引安虎森、陈才《中国历史文献中的日本海地名溯源考》，第 26 页。

② 《明太宗实录》卷 186，永乐十五年三月条，"台北中央研究院"史语所影
印本，第 1989—1990 页。此史料安虎森、陈才文已引，未注出处。

③ 上引安虎森、陈才《中国历史文献中的日本海地名溯源考》，第 27 页。

④ 陈均《皇朝编年备要》（又称《宋九朝编年备要》）卷 28，宋绍定刻本，
清钱大昕跋，上海图书馆。

⑤ 《三朝北盟会编》卷 3《政宣上秩三》，上海古籍出版社，1987 年，第 16 页。

⑥ 顾宏义、李文整理标校《宋代日记丛编》，上海书店出版社，2013 年，第
9 页。

可见，在辽、金两代，东海与辽海的意义相同，均指今日本海/东海。[①]东海之名使用了很长时间，从努尔哈赤统一东北直至清末，不少中国文献中仍以东海称呼今日本海。[②]

不过应当指出的是，中国与朝/韩古代文献中虽然均将日本海称为东海，但与半岛人民以半岛为中心的视角不同，古代中国文献中有关东海的称谓的地理概念原点是远东大陆，因为此海位于远东大陆以东而称为东海。

4. 鲸川与鲸海

鲸川之名，学界很早已注意到。景爱先生曾因《元一统志》开元城"南镇长白之山，北浸鲸川之海"[③] 中之"鲸川之海"，在《寰宇通志》与《满洲源流考》皆作"鲸州之海"。（《寰宇通志》卷77，《满洲源流考》卷13）认为"川为河流，州为陆地，鲸为水中动物，'鲸川'即鲸鱼之川，'鲸州'殊不可解，'鲸州'当为'鲸川'之误。"[④]

金毓黻则认为鲸川之海当在五国头城一带，称："开元路北浸鲸州（川）之海，三京故国，五国旧城，此北境至五国头城证也。"[⑤] 但学界多取箭内亘将鲸川比为日本海/东海的意见。

不过，景爱又表示："'鲸川之海'仅见于《元一统志》。根据这一简略记载，很难确定'鲸川之海'的具体位置。"并提出把"'鲸川之海'解释为日本海并不妥当"。他以黑龙江流域盛产之蝗鱼（Huso daurious）为切入点，认为所谓鲸即鳇鱼/鲟鱼，故而鲸川指混同江/黑龙

[①] 张博泉、魏存成主编《东北古代民族考古与疆域》，吉林大学出版社，1998年，第662页。

[②] 上引安虎森、陈才《中国历史文献中的日本海地名溯源考》，第27—28页。

[③] 孛兰肸等撰，赵万里校辑《元一统志》卷2《辽阳等处行中书省》，中华书局，1966年，第219—220页。

[④] 《鲸川之海考》，《历史研究》1979年第9期，第92页。许子荣、曲守成在题为《有关"鲸川之海"的几个问题》中有更详尽的论证（《北方文物》1995年第1期）。

[⑤] 金毓黻《东北通史》卷6，吉林出版社，1981年，第413—414页。

江，而"鲸川之海"宜比定为鄂霍茨克海。[①]

谭其骧则认为"北浸鲸川之海"为"鞑靼海峡"。[②]

许子荣、曲守成根据前苏联学者弗·克·阿尔谢尼耶夫所著《在乌苏里的莽林中》下册《德尔苏乌扎拉 1907 年乌苏里地区旅行的回忆》一书中所记载的两条以乌德海语"卡拉马"（鲸）命名的小河，提出，此两条小河就是"鲸川"，而其所注入之海，即日本海/东海的相关海域，则为"鲸川之海"。[③]

《混一疆理历代国都之图》中鲸川地名的标注，使上述讨论有了一个结论，即鲸川就是日本海/东海。

与鲸川对应的还有鲸海。《道宗仁圣文皇帝哀册》中有"鲸海之东"语。[④]

由于鲸海这个词既可专指今日本海/东海，也可用以泛指大洋，故而唐宋文献中虽然可以找到不少提及鲸海之处，但常常颇难确定其确切含义。如马戴《赠别北客》诗："雁关飞霰雪，鲸海落云涛。"[⑤] 杨亿《到郡满岁自遣》诗："地将鲸海接，路与凤城赊。"[⑥] 但还是有一些可以大致确定是指日本海/东海的，如：

北宋大臣李纲《循梅道中遣人如江南走笔寄诸季十首》第一首中有句："弟有青云志，兄今白发翁。断鸿飞峤北，归鹤自辽东。鲸海扁

① 《鲸川之海考》，《历史研究》1979 年第 9 期，第 92 页。

② 《元代的水达达路和开元路》，《历史地理》创刊号，上海人民出版社，1981 年，第 180 页。

③ 转引自上引许子荣、曲守成文，第 61 页。

④ 沈一民《古代中国对东北海疆的管控》，《中国社会科学报》2016 年 1 月 18 日，第 4 版。

⑤ 周振甫主编《唐诗宋词元曲全集·全唐诗》第 11 册，黄山书社，1999 年，第 4186 页。

⑥ 张景星、姚培谦、王永祺选《宋诗别裁集》，上海古籍出版社，1978 年，第 169 页。

舟过，烟岚一笑空。"①《宋史·定安国传》："定安国本马韩之种，为契丹所攻破，其酋帅纠合余众保于西鄙，建国改元，自称定安国。"在该国王乌玄明向宋遣使之后，宋太宗于太平兴国六年（981）诏书答之曰："卿远国豪帅，名王茂绪，奄有马韩之地，介于鲸海之表。"②

鲸海的名称元亡后仍然一直使用。《明实录》中洪武十五年（1382）二月条下记：

> 壬戌朝日，故元鲸海千户速哥帖木儿、木答哈③千户完者帖木儿、牙兰千户皂化，自女真来归，言："辽阳至佛出浑之地三千四百里，自佛出浑至斡朵怜一千里，斡朵怜至托温万户府一百八十里，托温至佛思木隘口一百八十里，佛思木至胡里改一百九十里，胡里改至乐浪古隘口一百七十里，乐浪古隘口至乞列怜一百九十

---

① 《梁溪集》卷27，《文渊阁四库全书》本；李纲著《李纲全集》（上册），岳麓书社，2004年，第356页。
② 《宋史》卷491，中华书局标点本，第14128页。
③ 《中国历史地图集·东北地区资料汇篇》"牙鲁卫"条：
牙鲁卫，今苏联滨海边区塔乌河（清图作雅兰河）流域。
牙鲁是永乐六年三月与兀鲁罕等共九个卫同时设立的。
牙鲁元代称"牙兰"，清代称"雅兰"。《明实录》太祖朝卷142载，洪武十五年（1382）二月壬戌，"故元鲸海千户速哥帖木儿、木答千户完者帖木儿、牙兰千户皂化，自女真来归"。"鲸海"全称作"鲸州之海"，即今日本海，在女真之东。"牙兰"即《金史》中的耶懒、押懒，指海参崴东北沿海的雅兰河流域。
《清太祖武皇帝实录》载："兀吉部内瑞粉卫酋长吐朗，乃凤附太祖者，被本部押揽卫人掳去。"〔庚寅年，万历四十二年（1614）〕"十一月，遣兵五百，征东海兀吉部押揽、石临二卫，收降民二百户，人畜一千而回"。所称"东海兀吉部"又作"东海窝集部"，即今绥芬河、乌苏里江等地区的瓦尔喀部。"押揽卫"即牙鲁卫，"石临卫"即薛列河卫（失里卫）。牙鲁、薛列河二卫皆设于永乐六年（1408）二三月间，并非出于偶合。
见于清初史料中的押揽卫，无疑就是牙鲁，在清舆图中的雅兰河流域。雅兰河苏联改名塔乌河（Жаухе，笔者按，疑为 Тауxe 之误）。
《盛京通志》《满洲源流考》谓牙鲁卫在汤旺河支流雅鲁河。证据不足，不取
——《中国历史地图集》中央民族学院编辑组《中国历史地图集·东北地区资料汇篇》，中国历史地图集中央民族学院编辑组（内部资料），1979年，第272页。

里。自佛出浑至乞列怜皆旧所部之地，愿往谕其民，使之来归。"诏许之，赐以织金文绮。①

明人王璲在送友人赴朝鲜诗中两次提及鲸海，其一为《送通政寺丞章有常使朝鲜》诗中有句："授节褒遐服，临轩遣使臣。忽衔明命重，荣赐袭衣新。鲸海寻封域，龙江发去津。凉风仙桂月，翘首望车尘。"②其二为《送仪曹主事陆伯瞻使朝鲜》诗，其开头曰："鲸海洪涛里，鸡林旭日边。皇风涵八表，使节降中天。往赐殊恩享，来朝甲令悬。旧知邻日本，新号复朝鲜。"③其中所言之鲸海可以确定系指日本海/东海。

由此可以确定，宋、元、明三代，换而言之，自10世纪至14世纪，鲸海与鲸川两名并用。④由于朝鲜《混一疆理历代国都之图》并非《大明混一图》的传本，故而《大明混一图》中原本有无此名尚难确定，如有，清代所贴盖的满文标签如何书写，只能有待于将来此图公开出版之后，才有机会再作进一步讨论。⑤

综观有关日本海/东海的名称，可发现皆称XX海，从未有称"洋"者。笔者推测，称"洋"的海域，当得之于常年行驶于此的中国舟师。由此可反证，使用汉语的舟师在古代较少涉及这片海域。

（二）黄海、东海与黑潮

前面提到的东亚大陆与西太平洋岛弧几个边缘海黄海、东海与南

① 《明太祖实录》卷142，"台北中央研究院"史语所影印本，第2235—2236页。《中国历史地图集释文汇编·东北卷》第203页："鲸海千户（所）"条："鲸海当即鲸川之海，指今日本海而言。"
② 《青城山人集》卷4，《文渊阁四库全书补配清文津阁四库全书》本。
③ 上引《青城山人集》卷5。
④ 许子荣、曲守成提出，鲸海的概念要大于鲸川。——《有关"鲸川之海"的几个问题》，《北方文物》1995年第1期，第61—62页。
⑤ 见拙文《鲸川与鲸海小考：古代东亚图籍中的日本海——韩日有关日本海/东海名称争议的中国视角》，《元史及民族边疆研究集刊》第32辑，上海古籍出版社，2017年，第72—78页。

海，形成了一条狭长的大致东北—西南走向的水道，是东亚各民族航海事业的摇篮，被当代一些西方学者称为亚洲的地中海。[①] 在这片水域中，舟楫往来频繁，文献记载亦很多，本文下面的内容将涉及它在汉文旧籍中的记载。

1. 黄海与东海的几个洋面

两宋与元代，东北亚民族在本海域的活动之频远逾前代，如北宋以浙东为发出地与高丽和日本之间的海上交通，两宋之际金宋水师在东海与黄海间的活动，元代的渡海征日本之举与取道海路从江南向华北与高丽运输粮食的活动，使得东亚海域呈现出前代所从未见的跨海交通高潮。明代，由于明、琉球交通的发展与防御倭寇的需要，东亚海上交通更为频繁。与之相应的，是这片海域的名称在汉文文献中大量出现。

（1）莱州大洋

《大元海运记》卷下："到登州沙门岛，于莱州大洋入界河，至今为便，皆用北道，风水险恶。"又"过成山北面一带并楚果岛，登州一路木极岛等处，近沙门岛，山或铁山嘴，开放莱州大洋"。[②]

《元史》："至成山，过刘岛[③]，至芝罘、沙门二岛，放莱州大洋，抵界河口，其道差为径直。"又："取成山转西至刘家岛[④]，又至登州沙门岛，于莱州大洋入界河。"[⑤]

这里提到的"莱州大洋"，即今之莱州湾。

---

① 例如，德国学者萧婷（Angela Schottenhammer）所主编之书即以 The East Asian 'Mediterranean': Maritime Crossroads of Culture, Commerce and Human Migration （《东亚的"地中海"：文化、商业与移民的通道》），Harrassowitz Verlag, 2008, Wiesbaden.

② 胡敬辑《大元海运记》，《广仓学窘丛书》甲类第二集，上海仓圣明智大学，1916 年铅印本。

③ 今山东威海刘公岛。

④ 即上述之"刘岛"。

⑤ 《元史》卷 93 "海运"条，中华书局点校本，第 2366 页。

（2）北洋与南洋

文天祥在其《指南录》诗文集中，有多首诗记其被俘后北上经过。其中有一首题为《北海口》，其序曰："淮海本东海，地于东中，云南洋、北洋。北洋入山东，南洋入江南。"其后，诗中有句"而今蜃起楼台处，亦有北来蕃汉船。"[1] 可见"南洋"与"北洋"的区分，不但宋时已有之，且与东海中南来北往的船舶航线有关：北上者，所取海道曰"北洋"；南下者，所取海道为"南洋"。这一点甚为重要。就航线所经海域而言，当时的南、北洋与清末洋务运动时的南、北洋相当接近，但与当代民间对东南亚的通称"南洋"意义相去尚远。[2]

（3）黑水洋、青水洋、黄水洋

徐兢《宣和奉使高丽图经》形容北宋使团赴高丽途经黑水洋时的情景：

> 黑水洋，即北海洋也。其色黯湛渊沦，正黑如墨，猝然视之，心胆俱丧。怒涛喷薄，屹如万山，遇夜则波闲熠熠，其明如火。方其舟之升在波上也，不觉有海，唯见天日明快；及降在洼中，仰望前后水势，其高蔽空，肠胃腾倒，喘息仅存，颠仆吐呕，粒食不下咽。其困卧于茵褥上者，必使四维隆起，当中如槽。不尔，则倾侧辊转，伤败形体。当是时，求脱身于万死之中，可谓危矣。[3]

同书又记使团过黄水洋：

> 黄水洋，即沙尾也。其水浑浊且浅，舟人云其沙自西南而来，横于洋中千余里，即黄河入海之处。舟行至此，则以鸡黍祀沙，盖

---

① 文天祥撰《文山先生全集》卷13，第53b页，《四部丛刊》景明正德刊本。

② 见拙文《开放的科学知识体系——郑和远航之前东西海上交流》，收入陈忠平编《走向多元文化的全球史——郑和下西洋（1405—1433）及中国与印度洋世界的关系》，生活·读书·新知三联书店，2017年，第76—118页。

③ 徐兢《宣和奉使高丽图经》卷34，商务印书馆据知不足斋《丛书集成》本排印，1937年，第121页。

前后行舟过沙多有被害者，故祭其溺死之魂云。自中国适句骊，唯明州道则经此。若自登州板桥以济，则可以避之。比使者回程至此，第一舟几遇浅，第二舟午后，三舟并折，赖宗社威灵，得以生还。故舟人每以过沙尾为难，当数用铅硾，忖其深浅不可不谨也。①

南宋袁燮《武功大夫阁门宣赞舍人鄂州江陵府驻札御前诸军副都统制冯公行状》：

隆兴元年，海寇朱百五聚二千人。左翼督府温明、福建水军莫能擒制。丞相举公讨之，使选于水军及步兵各三百人，率之以往。……改枢密院水军统领，趣使趋海。至黑水洋，交锋屡捷，擒八百余人，多勇悍者，释不杀，请于朝，亦以隶水军，教以击刺弓矢之技，卒获其用。②

《大元海运记》记青水洋：

至元二十九年，朱清等建言：此路险恶，踏开生路。自刘家港开洋，遇东南风，疾一日可至撑脚沙，彼有浅沙。日行夜治守，伺西南便风，转过沙嘴，一（口）[日]到于三沙洋子江，再遇西南风色，一日至匾担沙、大洪抛泊，来朝探洪行，驾一日，可过万里长滩，透沙才方开放大洋。先得西南顺风，一昼夜约行一千余里，到青水洋。得值东南风，三昼夜过黑水洋，望见沿津岛大山，再得东南风，一日夜可至成山。……至元十九年侯得西南风顺，过匾担沙、东南大洪，过万里长滩，透深开放大洋，至青水洋，内经陆家等沙，下接长山路，并西南盐城一带。③

《辞海·地理·历史地理分册》：宋元以来我国航海者对于今黄海分别称之为黄水洋、青水洋、黑水洋。大致长江口附近一带海面含沙较

① 徐兢《宣和奉使高丽图经》卷34，商务印书馆据知不足斋《丛书集成》本排印，1937年，第121页。
② 《絜斋集》卷15，行状，清武英殿聚珍版丛书本。
③ 《大元海运记》，《广仓学窘丛书》甲类第二集，上海仓圣明智大学，1916年铅印本；并见《元史》卷93"海运"条，中华书局点校本，第2366页。

多，水呈黄色，称为黄水洋；北纬 4°、东经 122°附近一带海水较浅，水呈绿色，称为青水洋；北纬 32°—36°、东经 123°以东一带海水较深，水呈蓝色，称为黑水洋。[①]

元代途经东海、黄海往来于南北的人很多，在戴良的《九灵山房集》、顾阿瑛的《草雅堂集》、李士瞻的《经济文集》、于钦所撰《齐乘》、朱德润的《存复斋续集》中，均提到黑水大洋，或黑水洋。

（4）苏州大洋与白水洋

白水洋，亦初见于《宣和奉使高丽图经》记北宋使团在过半洋礁之后，"入白水洋。其源出靺鞨，故作白色"。[②]苏州大洋，又称苏州洋，王文楚先生考定，白水洋即苏州洋，为今长江口到钱塘江口大小洋山之间海域。[③]

2. 落漈——黑潮/西太平洋暖流

东海主要部分的底土为东亚大陆的自然延伸，海水不深，故而水色较浅，与隔东海而居的琉球周围的深海的墨蓝色形成明显差别。

此外，在北半球低纬度海域，今台湾岛与菲律宾之间的巴士海峡以南西太平洋洋面的暖热海水，与高纬度地区的寒冷海水之间存在着自然的热交换：低纬度区的高温海水由于密度较低，集中于海洋水体的上层；而高纬度区，如千岛、堪察加半岛以东北太平洋中的低温海水，由于密度较大，自然下沉；西太平洋南北不同温度的海水各自沿距海面不同的深度相向运动，形成一个巨型的热交换涡流，即高纬度区深海的低温海水自然向南移动，而低纬度区的海面的高温海水则向北流动。从低纬度海面流向高纬度海区的洋流，通常被称为暖流，如大西洋暖流、东太平洋暖流。暖流给高纬度区的临近陆域带来巨大的热能，因此北美的西雅

---

① 辞海编辑委员会编《辞海》，上海辞书出版社，1982 年，第 259 页。

② 《宣和奉使高丽图经》卷 34，第 120 页。

③ 王文楚《两宋和高丽海上航路初探》，原载《文史》第 12 辑，1981，收入氏撰《古代交通地理丛考》，中华书局，1996 年，见第 41 页及第 34 页附图。

图、温哥华，西欧的英国虽然地处高纬度区，但冬季并不十分寒冷。

与夏季西太平洋中大气形成台风的机理有几分类似，热带洋面向北流动的暖流，由于地球自西向东公转的原因，而影响暖流自动向东亚大陆方向偏移，这就是西太平洋上著名的经台湾、琉球海沟北上的暖流，俗称"黑潮"（Kuroshio Current）。"黑潮"不但由南而北方向固定，且永不停歇，古代中国船民以为地势北低南高使洋流自南向北流动。

我们再看东亚大陆架。该大陆架在水下缓缓向东倾斜的趋势，至赤尾屿以东突然结束，由此大洋底土突然下陷，使赤尾屿与古米山之间海水深度大增，深达数千米，形成琉球海沟（又称冲绳海槽），海水颜色也由蓝变黑。自南向北的暖流经此，其路径由于东亚大陆架与琉球板块间宽度陡然变窄，形成隧道效应，流速加快，可达 3~10 公里/小时，行船人至此除海水变黑之外，还可明显观察到"黑潮"向北流动。

这股洋流，宋代已为我国东南船人所知。宋人记：三山县塘屿"昭灵庙下，光风霁，日穷目力而东有碧拳然，乃琉球国也。每风暴作，钓船多为所漂。一日夜至其界，其水东流而不返。莎蔓错织，不容转柂。漂者必至而后已。其国人得之，以藤串其踵，令作山间。盖其国刳木为盂，乃能周旋莎蔓间。今海中大姨山夜忌举火，虑其国望之而至也"。[1] 在我国元代已被称为"落漈"。《元史》解释道："漈者，水趋下而不回也。"[2] 陈侃在自己的出使记中记道："《志》[3] 中所载琉球之事所云：落漈者，水趋下不回也。舟漂落漈，百无一回。臣等尝惧乎此，经过不遇是险，自以为大幸。"[4] 但陈侃至琉球后，在"其国而询之，皆不知有其水。"[5] 这

---

① 《（淳熙）三山志》卷 6 地里类六。

② 《元史》卷 210。

③ 即《大明一统志》。

④ 同上注。这一点曾被明清文献反复提及，如《咸宾录》记："落漈者，琉球水也。其水最险，舟到彭湖遇扬风，作漂，至落漈，回者百无一二。"——《咸宾录·东夷志》卷 2。

⑤ 同上注。

大概是因为，古米山等"西南九岛"本身处于"黑潮"包围之中，为琉球所习见。而中国水手则因从中国大陆架水域进入黑潮，因此很容易观察到"黑潮"。

由于"落漈"海水汹涌，行船人至此无不胆战心惊，木质船在这里桅折舵毁的海难时有发生。而且这里海水颜色标志明显，故而我国船人传统上将位于赤尾屿与古米山之间的海区称为"黑水沟"，或简称为"沟"，有时又讹写为"郊"。琉球人造船技术落后，"黑水沟"的存在，是中国所在的东亚大陆与琉球海上往来的自然屏障，这应当是为什么琉球虽然距中国不远，但与我国的官方联系至明初方才建立的重要原因。

3. 琉球大洋与闽海

明代史料数次提到，明水师追剿倭寇时，曾抵"琉球大洋"。明《秘阁元龟政要》记：洪武十年（1377）六月，水军将领张赫"督军哨船入牛屿海洋，遇有倭贼，追至琉球大洋，亲同士卒与贼交战，生擒贼首一十八名，斩首数十级及获倭船数艘，及腰刀、军器，事闻其功"。[1]

张赫遭遇倭寇的地点"牛屿"，见于《武编》所收之《太武回太仓针路》："太武山用单艮针，七更，平乌坵山内过；用艮寅针，四更，平牛屿山；用单艮针，五更，取龟山。"[2] 太武山即今金门。明人叶春及也提到，福建崇武附近海中有"牛屿"。[3] 可见牛屿在福建中部沿海。向达教授在英国牛津大学波德林图书馆（Bodleian Library）所发现之《顺风相送》与《指南正法》中所记途经福建沿海的针路中，牛屿的名字也常见。向达先生认为它就是今马祖岛。[4]

---

① 佚名《秘阁元龟政要》卷9，明抄本，北京图书馆。
② 唐顺之撰《唐荆川先生纂辑武编·前集》卷6，明万历四十六年徐象橒曼山馆刻重修本，南京大学图书馆藏。
③ 《石洞集》卷4"惠安县"条。
④ 向达校注《两种海道针经》（《顺风相送》与《指南正法》合刊），索引，1961年版，1982年重印本，第217页。

张赫追杀倭船至琉球大洋事，在《明实录》中亦有记载，称："航海侯张赫""凤阳临淮石亭村人""洪武元年授福州卫指挥使。二年（1369），率兵备倭寇于海上。三年（1370），升福州都卫都指挥同知。六年（1373）率舟师巡海上，遇倭寇，追及于琉球大洋中，杀戮甚众，获其弓刀以还"。[①] 张赫任职福建的任务是"备倭"，洪武六年（1373）与倭寇相遇时，正在福州都卫都指挥同知任上。故而《秘阁元龟正要》所记洪武十年（1377）张赫追倭船至琉球大洋事，系年有误，应在洪武六年（1373）。

明代史料中有关明初水师将领吴桢的事迹中提到，洪武"七年甲寅（1374）海上警闻"，"公复领沿海各卫兵出捕，至琉球大洋，获倭寇人船若干，俘于京，上益嘉赖之。常往来海道，总理军务"。[②] 对照张赫的事迹，两者所记如为同一次海战，则吴桢至琉球大洋事，也应在洪武六年，而非七年。

清初康熙五十八年（1719）册封的琉球使臣徐葆光的随员黄子云，在归国后所写诗作中，亦称所至之地为"琉球大洋"。[③] 可见"琉球大洋"之称沿用至清。

这里的"琉球大洋"就是下面将要提到的清代张学礼所经过的分界中外的"大洋"。因此，波涛汹涌的"黑潮"所通过的"琉球大洋"，也被称为"琉球水也"。这里"水最险，舟到彭湖遇扬风，作漂，至落漈，回者百无一二"，且又地界中外，所以中国船舶过此都要投牲于水，举行祭祀。明邓若曾的福建海防图将钓鱼岛绘入的背景，就是钓鱼岛以东的黑水沟才是明与琉球的分界，因此列入海防图的诸岛，均是明属地。

[①] 姚广孝《明太祖高皇帝实录》卷230，"洪武二十三年七月"条，钞本。
[②] 《吴桢神道碑》，程敏政辑《明文衡》卷72，《四部丛刊》景明刊本。
[③] 钱林撰《文献征存录》卷10《黄子云》，清咸丰八年有嘉树轩刻本，清刘浚录清谭献批校。

清初汉军旗人张学礼顺治十一年（1654）曾赴琉球册封，据清人杨廷望所撰《张学礼传》记：

> 其《使琉球记》曰：解维南台，夜泊林浦，过鼓山，至罗星塔，越闽安镇，扬帆鼓楫于中流，随次下猴屿，祭天妃。候风广石，回环十日，而风讯始定。复过猴屿，候风梅花所。八月浪急风猛，水飞如立。至明日，水色有异，深青如蓝。舟子报曰："入大洋矣。"顷之，有白水一线，南北不可测量。舟子报曰："此分水洋也，天之所以界中外者，此也。"①

这里所提到的"舟子"，即张学礼出使时所乘官船的掌船人。他熟知海况，当他看见海水颜色变深后，便告诉张学礼，已经离开中国近海，进入"大洋"。而"大洋"中的"白水一线"，则称为"分水洋"，是天然界分中国与琉球的海域。那么，这个"大洋"在何处呢？康熙二十二年（1683），清使汪楫、林麟焻受命册封琉球王尚贞，他们于此年"六月二十三日开洋"，而次日，即"二十四日酉刻过钓鱼台，二十五日过赤屿。②薄暮，祭沟。二十六日，过马齿山，至那霸港，计四日。十一月二十四日开洋，二十七日过姑米山。"③这里提到，汪楫使团在行过赤尾屿之后，通过了一个称为"沟"的地方，还在此举行了祭祀。这个"沟"与张学礼所经历的"分水洋"之间是什么关系呢？乾隆时周煌受命册封琉球王尚穆，他对自己的行程有详细记载，曰：

> 乾隆二十一年（1756）……六月初十日，出五虎门，过官塘，进士门开洋，夜见鸡笼山。十一日，日入后，见钓鱼台。连日俱有大鱼夹舟左右，或三或四，又宿洋鸟绕樯而飞。十二日，见赤洋，是夜过沟，祭海。十三日，见姑米山。姑米人登山举火为号，舟中

---

① 杨廷望修，张沐纂：康熙《上蔡县志》卷9，清康熙二十九年刊本。
② 即赤尾屿。
③ 《琉球入学见闻录》卷1。

以火应之。十四日姑米头目率小舟数十，牵挽至山西下椗。……二十二年正月三十日开洋，至马齿山安护浦下椗，初四日出澳，过姑米山。初五日夜，过沟，祭海。初七、八、九日大雾不见山，寄椗。初十日早，白虹，见雾开，见台州石盘山。……

> 环岛皆海也。海面西距黑水沟，与闽海畔。由福建开洋至琉球，必经沧水，过黑水，古称沧溟。……琉地固巽方，实符其号。而黑水沟为中外畔水，过沟必先祭之。东临日本萨摩洲。①

他提到船过钓鱼岛后次日，即六月十二日夜"过沟"时，举行了祭海仪式。而十三日，就看见"姑米山"。而次年冬正月回航时，在从姑米山侧通过后，于二月初五日夜再次"过沟"，又举行祭海仪式。他还专门言明，琉球为海所抱，其国西面向中国的方向有"黑水沟"，是"大洋"与"闽海"的分界，也是"中外畔水"，因此"过沟必先祭之"。周煌还写有"岂知中外原无界，沟祭空烦说四溟"的诗句，他在此句之后有注文曰："舟过黑水沟，投牲以祭，相传中外分界处。"②

对照这几则史料看，所谓"沟"即"黑水沟"，也就是张学礼所见海水变色之处，即"分水洋"，地处赤尾屿与姑米山之间，而这里正是琉球海沟。使臣们所见之"黑水"，即"黑潮"。这是自古以来明清中国与琉球王国的海上分界。

前面提到，乾隆年周煌受命册封琉球王尚穆，他说，琉球"环岛皆海也。海面西距黑水沟，与闽海畔"。也就是说，琉球大洋即冲绳海槽以西，为闽海。说明琉球大洋/黑水沟/琉球海沟是位于东亚大陆的中国，与悬于海中的琉球之间的海洋自然界限。琉球成为

---

① 潘相辑《琉球入学见闻录》卷1，清乾隆刻本。萨摩洲，今日本九州岛鹿儿岛县。

② 周煌撰《海山存稿》卷11，清乾隆五十八年葆素家塾刻本，四川省图书馆藏。

明、清两朝的属国后，黑水沟也自然而然地被视为我国与琉球之间的海上分界。①

4. 大明海与大清海

中国古籍上出现对西太平洋岛弧与马里亚纳群岛（今美属关岛、塞班、天宁等岛）间海域名称，在明末西洋人来华之后，被称为"大明海"。

意大利传教士利玛窦在其《坤舆万国全图》刊印之前，1584 年先于广东肇庆绘制过《大瀛全图》，已佚；其后 1595—1598 年间，他在南昌期间又绘过地图，虽未能流传至今，② 但有章潢的摹绘本《舆地山海全图》传世。在此图上，东亚大陆以东仅注有小东洋（今西太平洋）、大东洋（东太平洋）与南海（今南太平洋），未见"大明海"字样。1598 年或 1600 年，利氏在南京绘制了《山海舆地全图》，在明人冯应京所编《月令广义》中，有摹本，其中在日本、琉球与"小东洋"之间，刻有"大明海"。故可知此名之出现当在 16 世纪末叶。"大明海"应相当于英文之 China Sea，③ 也即今东海与南海之英文名 East China Sea 与 South China Sea 的语源。④

利玛窦带来的新知极大了震动了中国知识界，很快流传开来。明人孙毂提道："近世有利玛窦自欧洛巴国越八万里泛海而来，其言海外大国猥多，而西视神州，目为大明海，居地才百之一。"⑤ 徐应秋也记曰："近西洋耶酥教称天下总分五大洲，一曰亚细亚，中国、四夷、天竺、

---

① 琉球成为我国属国后，因无力造出航向中国的船，故而向我国入贡的贡船需中国提供。每过数十年当旧船损毁后，就需中国赐予新船。

② 龚缨晏、梁杰龙《新发现的〈坤舆万国全图〉及其学术价值》，《海交史研究》2017 年第 1 期，第 3 页。

③ 如 1868 年英国海军部出版的《中国海航海指南》（China Sea Directory）。转引自赵焕庭《南海名浅考》，《热带海洋学报》2009 年第 3 期，第 13 页。

④ 同上注。

⑤ 《古微书》卷 32，《文渊阁四库全书》本。

回回国居此内，南至沙马、大腊、吕宋等岛，北至新增、白蜡及北海，东至日本岛、大明海，西至大乃河、墨河、的湖、大海、西（江）[红] 海、小西洋。"[1]

明清鼎革后，大明海被改为大清海。

（三）东、西洋及南海

1. 东、西洋概念的起源与南海航线[2]

当代中文学术论著与舆论通常将明初郑和率领的船队远航壮举称为"郑和下西洋"。近代以来，"东洋"与"西洋"的语义在东亚使用汉文的各民族语言中，与郑和时代区别甚大。在近现代中国，"东洋"通常指日本，"西洋"指欧美，而在日本，虽"西洋"的语义大致同于中国，但"东洋"则指亚洲。[3]这种东西洋概念的区别反映了中国和其他亚洲国家航海科学知识体系的不同和各自的历史演变，其中关于西洋的认识对于郑和远航之前的中外航海科学知识的交流尤其重要。

为何当时的中国人将郑和船队所赴之地称为"西洋"？是否是因为波斯湾、阿拉伯与东非之地在中国人眼中均位于西方？实际上，郑和船队所赴之地，如东南亚位于中国以南。为什么当时的中国人不使用近代以来惯用的"南洋"这个概念呢？

---

[1] 《玉芝堂谈荟》卷 22，《文渊阁四库全书》本。

[2] 本节讨论的基础之一是刘迎胜《"东洋"与"西洋"的由来》，载郑和下西洋 600 周年纪念活动筹备领导小组编《郑和下西洋研究文选》（1905—2005），海洋出版社，2005 年，第 69—75 页，但我已经在史料和分析方面大为扩展。此外，本节主要讨论明代之前"东洋"与"西洋"概念的起源。关于"西洋"概念在明初之后演变得更为详细和全面的论述，见洪建新《郑和航海前后东、西洋概念考》，载于纪念伟大航海家郑和下西洋 580 周年筹备委员会、中国航海史研究会编《郑和下西洋论文集》第 1 集，人民交通出版社，1985 年，第 207—221 页，及万明关于这一明初概念的研究。

[3] ［日］仓石武四郎、折敷瀬兴《岩波日中辞典》，1986，第 785 页左列。

文天祥在其《指南录》诗文集中，有多首诗记其被俘后北上经过。其中有一首题为《北海口》，其序曰："淮海本东海，地于东中，云南洋、北洋。北洋入山东，南洋入江南。"其后，诗中有句"而今蜃起楼台处，亦有北来蕃汉船"，[①]可见"南洋"与"北洋"的区分，不但宋时已有之，且与东海中南来北往的船舶航线有关：北上者，所取海道曰"北洋"；南下者，所取海道为"南洋"。这一点甚为重要，我们下面将再涉及这一问题。虽然就航线所经海域而言，当时的南、北洋与清末洋务运动时的南、北洋相当接近，但毕竟与当代民间对东南亚的通称"南洋"意义相去甚远。

明中后期，将郑和率领船队浮海下番壮举称为"下西洋"的提法已经相当流行，反映在大量文献与史料中。"下西洋"的说法究竟始于何时？查今存郑和在世时所立几块碑石，如江苏南京静海寺之《御制弘仁普济天妃宫之碑》，[②]江苏太仓之《娄东刘家港天妃宫石刻通番事迹碑》[③]与福建长乐《天妃之神灵应记》碑，[④]其中虽均无"下西洋"的字眼，但在《明太宗实录》永乐九年（1411）八月条中有记："甲寅，礼部、兵部议奏下西洋官军锡兰山战功升赏例。"[⑤]此外，在今存于太仓人民公园之《明武略将军太仓卫副千户尚侯声远墓志铭》中，亦有

---

① 文天祥撰《文山先生全集》卷 13，别集卷之四，第 53b 页，《四部丛刊》景明正德刊本。

② 今碑虽存原址，但其字迹已难以读出，幸其文字保存在（明）佚名者撰《金陵玄观志》卷 13，第 12a—13b 页，明刻本，现南京图书馆藏。

③ 郑和等《娄东刘家港天妃宫石刻通番事迹碑》，其碑文保存在（明）钱谷撰《吴都文粹续集》卷 28 "道观"，第 36a—38b 页，《文渊阁四库全书补配清文津阁四库全书》本。

④ 郑和等《天妃之神灵应记》，载郑鹤声、郑一钧编《郑和下西洋资料汇编：增编本》，北京海洋出版社，2005 年，上册第 18—19 页。

⑤ 张辅《明太宗文皇帝实录》卷 78，第 3b 页，"台北中央研究院"历史语言研究所，1962 影印本。

"永乐己丑（1409），命内臣下西洋忽鲁谟斯等国"语句^①，可见"下西洋"的提法在郑和时代已经存在。

学者们注意到，在不同时代的历史文献中"东洋"和"西洋"的含义并不一样。明代张燮在《东西洋考》"文莱"条中提到，文莱为"东洋尽处，西洋所自起也"。^②许多学者据此研究"东洋"与"西洋"的地理划分。由此看来，似乎文莱是东洋与西洋的分界，并且将东洋与西洋均作为地理范围的名词。^③但问题并非这样简单，因为基于不同时代文献中有关"东洋"与"西洋"记载，所得出的有关"东洋"与"西洋"的区分，只能是文献所记载的时代的区分。

"西洋"的概念并非始自明代。已故庄为玑先生曾引用一有关宋代的抄本记载："宋绍定间（1228）有进士蒲宗闵，司温陵道通判，后升都察院。端平丙申（1236）中，奉使安南。嘉熙二年（1238）奉使占城，淳祐七年（1247）再奉使渤泥，后卒于官也。其子有三：长子应，次子甲，三子烈。蒲应入渤泥，蒲甲司占城西洋之转运使，大食、波斯、狮子之邦，蛮人嘉谐。记曰：蒲氏盖从五代留从效使蒲华子蒲有良之占城（引者按，原文如此），司西洋转运使，波斯人咸喜为号矣，故自宋元以来，泉郡之蒲氏名于天南也。"^④据庄先生注记，其所见者为抄本，"由林少川同学提供"。

但此文献的上述内容相当可疑，其可信性应另加考察，并不能就此

---

① 俗称《周闻墓志铭》，见上海大学郑和研究小组《郑和史迹文物辑录——介绍几块碑刻》，《上海大学学报》1985年第2期，第100—104页。
② 张燮《东西洋考》，谢方点校本，中华书局，1981年，第102页。
③ 陈佳荣《帆船时代南海区划东西洋之另一讲究》，载中国中外关系史学会、云南省社会科学院、红河州人民政府编《中国与周边国家关系研究》，中国书籍出版社，2013年，第15—22页。
④ 蔡永兼《西山杂志》卷1《蒲厝》条，转引自庄为玑《泉州宋船为蒲家私船考》，《中国与海上丝绸之路》，福建人民出版社，1991年，第274页。

证明"西洋"之称五代时已存在。①

今存宋末《金虏海陵王荒淫》评话中有一段文字，曰：

> 女待诏道："该有个得活宝的喜气。"贵哥插嘴道："除了西洋国出的走盘珠，缅甸国出的铃，只有人才是活宝。"②

据笔者检索，最早注意到此一话本年代的是胡适先生。他在有关八种宋人话本的序言中提到：

> 我们看了这几种小说，可以知道这些都是南宋的平话。《冯玉梅》篇说"我宋建炎年间"，《错斩崔宁》篇说"我朝元丰年间"，《菩萨蛮》篇说"大宋绍兴年间"；《拗相公》篇说"先朝一个宰相"，又说"我宋元气都为熙宁变法所坏"，这些都可证明这些小说产生的时代是在南宋。《菩萨蛮》篇与《冯玉梅》篇都称"高宗"，高宗死在一一八七年，已在十二世纪之末了，故知这些小说的年代在十三世纪。

> 《海陵王荒淫》也可考见年代。金主亮（后追废为海陵王）死于一一六一年；但书中提及金世宗的谥法，又说"世宗在位二十九年"；世宗死于一一八九，在宋高宗之后二年。又书中说：

> 我朝端平皇帝破灭金国，直取三京。军士回杭，带得虏中书籍不少。

> 端平是宋理宗的年号（一二三四——二三六）；其时宋人与蒙古约好了同出兵伐金，遂灭金国。但四十年后，蒙古大举南侵，南宋也遂亡了。此书之作在端平以后，已近十三世纪的中叶了。③

① 《有关宋末泉州蒲氏史料的几个疑点》，《元史及民族与边疆研究集刊》（第三十辑），上海古籍出版社，2016 年，第 12—24 页。

② 无名氏撰《金虏海陵王荒淫》，汪乃刚揖《宋人话本八种》，上海东亚图书馆印行，1928—1929 年版，第 185—259 页。这一史料承陈高华先生相告，谨此致谢。

③ 胡适《〈宋人话本八种〉序》，初载于汪乃刚揖《宋人话本八种》，后来收入胡适著《胡适文集》第六卷，《古典文学研究》下，人民文学出版社，1998 年版，第 301—304 页。

他又写道：

> 故我们可以不必怀疑这些小说的年代。这些小说的内部证据可以使我们推定他们产生的年代约在南宋末年，当十三世纪中期，或中期以后。其中也许有稍早的，但至早的不得在宋高宗崩年（一一八七）之前，最晚的也许远在蒙古灭金（一二三四）以后。

> 这些小说都是南宋时代说话人的话本，这大概是无疑的了（参看鲁迅《小说史略》第十二篇）。[1]

胡适先生的发现与对其史料的断代研究非常有价值。兹后，20 世纪 40 年代刘铭恕先生发掘《金虏海陵王荒淫》评论中上述内容的史料价值，将之用以论证汉文语境中"西洋概念"的起源，可谓再前进一步。[2]

至于东洋的概念，查南宋末真德秀在《申枢密院措置沿海事宜状戊寅（1218）十一月》中提到：

> 永宁寨，地名，水湾去法石七十里。乾道间毗舍耶国入寇，杀害居民，遂置寨于此。其地阚临大海，直望东洋，一日一夜可至彭湖。彭湖之人遇夜不敢举烟，以为流求国望见，必来作过。[3]

这里提到的东洋，显然与彭湖隔海相望的流求，即台湾有关，实际是指台湾海峡。足见"东洋"与"西洋"的概念至少在宋末已经使用。

2. 南海岛礁

从中国东南沿海港口航向东南亚与印度洋的航线虽然必经南海，但学者们几乎找不到古代船只东西向横越，或南北向纵穿南海的记载。我

---

[1]　胡适《〈宋人话本八种〉序》，第 305—306 页。

[2]　刘铭恕《郑和航海事迹之再探》，原载金陵、齐鲁、华西三大学《中国文化研究汇刊》第三卷，1943 年 9 月，后收于郑和下西洋 600 周年纪念活动筹备领导小组编《郑和下西洋研究文选》（1905—2005），海洋出版社，2005 年，第 194 页。

[3]　真德秀撰《西山先生真文忠公文集》卷 8，第 17a—17b 页，《四部丛刊》景明正德刊本。

们知道，南海虽然宽阔，但并非随处可行。南海中分布的南海诸岛礁或露出水面，或暗藏水下，是往来航船的天然障碍。

南海诸岛多数为珊瑚礁。珊瑚虫是一种海洋生物，是一种水螅。珊瑚虫在生长过程中能吸收海水中的钙和二氧化碳，然后分泌出石灰石，变为自己生存的外壳，即石灰质的内骨骼或外骨骼。新的珊瑚水螅体生长发育时，下面的老珊瑚水螅体死亡，但其骨骼仍留在群体上。每一个单体的珊瑚虫只有米粒那样大小，它们一群一群地聚居在一起，一代代地新陈代谢，生长繁衍，同时不断分泌出石灰石，并黏合在一起。这些石灰石经过以后的压实、石化，形成岛屿和礁石，也就是所谓的珊瑚礁。随着地壳的升降，有的珊瑚沉入更深的海中，有的珊瑚礁盘被抬升至海面以上，成为岛屿。珊瑚虫只生长在温度高于20℃的赤道及其附近的热带、亚热带地区，水深100～200米的平静而清澈的岩礁、平台、斜坡和崖面、凹缝中。这就是为什么在我国东南沿海，珊瑚礁只见于南海的原因。珊瑚在唐时又称"石栏干"，段成式曾记：

> 石栏干生大海底，高尺余，有根茎，上有孔，如物点。渔人网胃取之，初出水正红色，见风渐渐青色。[1]

古人早已注意到南海中的珊瑚礁。北宋天禧二年（1018），占城国王遣使入贡时称：

> 国人诣广州，或风漂船至石塘，即累岁不达矣。石塘在崖州海面七百里外，下陷八九尺者也。[2]

《宋会要》中亦保存有南宋嘉定九年（1216）真里富（今泰国的尖竹汶）入宋航路的记载曰："欲至中国者，自其国放洋"后，"至占城界。十日过洋，傍东南有石塘，名曰万里。其洋或深或浅，水急礁多，

---

① 段成式《酉阳杂俎》，前集卷10，明刻本，清丁丙跋，南京图书馆藏。

② 盛庆绂《越南地舆图说》，刊于《小方壶斋舆地丛钞》，第10帙。

舟覆溺者十七八,绝无山岸,方抵交州界。"①

前面已经提及,宋人在记"东大洋海"时,称其中"有长砂石塘数万里"。南宋人王象之在记毗邻两广的宁远县时,记道:"其外则乌里、苏密、吉浪之洲,而与占城相对,西则真腊、交趾,东则千里长沙、万里石塘,上下渺茫,千里一色,舟舶往来,飞鸟附其颠颈而不惊(《琼管志》)。"②北宋咸平六年(1003),广州地方官曾向朝廷进呈《海外诸蕃图》。③《诸蕃志》的作者赵汝适在自序中提道:"暇日阅《诸蕃图》,有所谓'石床''长沙'之险,交洋竺屿之限。"④ 这里的所谓"石床""长沙"之险,即指南海诸岛和隐伏水下的珊瑚环礁,而"竺屿"则为东西竺(或上下竺),指今马来半岛东南海外之奥尔(Aur)岛。

南海中礁盘众多的现象,入华的番商也注意到了。10世纪中叶阿拉伯地理学家马素迪(Abū al-Hasan'Ali al-Husayn'Ali al-Mas'ūdi)在提到涨海时说那里海浪极大,汹涌澎湃,"有很多海礁,商船必须从中穿过"。⑤

南海各处广布的石塘——即环礁、石床——即浅滩、礁盘,是航行的海舶必须小心躲避之地。为避开这些水下暗礁,古代中国舟师们在离开中国港口下番时,在航线上只有两个选择:或沿东亚大陆沿海航行,或首先向东,再沿西太平洋岛弧而行。因此,有关"东洋"与"西洋"的概念,起初必与中国海舶下番时所选择的航线有关。凡沿上述南海东缘航线所经诸岛诸国,均为东洋;而沿其西缘者则为西洋。⑥

---

① 徐松《宋会要辑稿·蕃夷四》"真里富国"条,第197册。
② 王象之撰《舆地纪胜》卷127。
③ 《续资治通鉴长编》卷54。
④ 冯承钧《诸蕃志校注》,中华书局,1956年,第5页。
⑤ 同上书,第118页。
⑥ 关于这一问题的详细论证,详见拙文《汪大渊的东洋之行——东洋与西洋概念产生的历史背景之探索》,《南洋学报》2002年第五十六卷,第35—36页。

3. 涨海

涨海之名很早便见于文献。据《隋书·经籍志》记载，吴武陵太守谢承撰有《后汉书》130 卷，无帝纪，此书今佚。但其中的"交趾七郡贡献，皆从涨海出入"一句，却广为史家引述。[①] 晋人郭璞注《尔雅》所记螺这种软体动物时，写道："蚹蠃蜬蝓（即蜗牛也）。蠃小者蜬螺（大者如斗，出日南涨海中，可以为酒杯）。"[②] 交趾近海，将在下文讨论。日南为汉代所设郡，位于今越南中部，因而涨海指南海甚明。

南朝末徐陵所辑《玉台新咏》引《南州异物志》一文提道："涨海崎头，水浅而多磁石，外徼人乘舟皆以铁锸锸之，至此关以磁石不得过。"[③] 同书录《晨征听晓鸿》诗，引：

> 谢承《后汉书》："陈茂常渡涨海。"又，"交趾七郡贡献，皆从涨海出入。"郭璞《江赋》："济江津而起涨。"《注》："涨，水大之貌。"

由此观之，涨海系汉语名称。唐代李商隐的《为荥阳公进贺正银状》：

> 伏以运当圣日，节在正春，近则入金门而排玉堂，欢于上寿；远则梯重山而浮涨海（《初学记》：案，南海，大海之别有涨海。谢承《后汉书》：交趾七郡，贡献皆从涨海出入。《隋书·志》新川郡海丰县有涨海。……）务以献琛。[④]

而在道藏《太清金液神丹经》中还可见"阇婆，国名也，在扶南

---

① 李商隐撰，冯浩笺注《樊南文集详注》卷 2，清乾隆德聚堂刻本，南京图书馆藏。

② 郭璞撰《尔雅》卷下，《四部丛刊》景宋本。

③ 徐陵辑，吴兆宜笺注，程琰删补《玉台新咏笺注》卷 3，清乾隆三十九年稻香楼刻本，北京大学图书馆藏。

④ 李商隐撰，冯浩编订《樊南文集详注》卷 2，清乾隆德聚堂刻本，南京图书馆藏。

东，涨海中洲"①的记载，则涨海不仅指南海，而且还包括今加里曼丹岛以南海域。

涨海之名流传得很广，大食与其他西亚穆斯林航海家与旅行家也称南海为涨海。9世纪阿拉伯旅行家苏莱曼（Sulayman）提道："从昆仑岛出发，航队进入涨海（Changkhay）水面，随后便进入中国门。中国门由海水浸没的暗礁形成，船只从这些暗礁之间的隘道通过。"②10世纪初，阿拉伯航海家伊本·法基赫（Ibn al-Fakih）记载，从昆仑岛出发，"到达一地，名涨（Chang）。这里靠近中国门"，"在邻近中国之处，有一地叫涨海（又为一海名）"。他还说："去中国的第一海是涨海（Changkhay），第一座山是昆仑山"，"尽管（涨海）不大，然而却是最难以穿越的。""当前往中国的海员们询问当地风力时，渔夫们便告诉他们有风或无风的可能性。因为，在该海中，一旦强风刮起，很少有人可以逃脱。"③10世纪中叶阿拉伯地理学家马素迪（Abū al-Hasan 'Alī al-Husayn 'Alī al-Mas 'ūdi）在提到涨海时说那里海浪极大，汹涌澎湃，"有很多海礁，商船必须从中穿过"。④

前已述及，由于"涨海"之"涨"之义为"水大貌"，顾名思义，"涨海"从字面解其意义本为"大海"，因此史籍中有时亦可发现"涨海"泛指大海的例证，不足为奇。

4. 大东洋与小东洋

按元人陈大震所著大德《南海志》，"东洋"之下划分为"大东洋"

---

① 《太清金液神丹经》卷下，明正统道藏本。

② 费琅编，耿昇、穆根来译《阿拉伯波斯突厥人东方文献辑注》（*Relation de Voyages et Textes Geographiques Arabes, Persans et Turcs Relatifs a L' Extreme-Orient Du VIIIe au XVIIIe Siecles, Traduit*, Revus et Annotes par Gabiel Ferrand Tome Premier, Paris, Ernest Leroux, 1914），中华书局，1989年，北京，第57页。

③ 费琅编，耿昇、穆根来译《阿拉伯波斯突厥人东方文献辑注》，中华书局，1989年，第57、181页。

④ 同上书，第118页。

与"小东洋"两个次概念。《南海志》文说：

> 东洋：
>
> 佛坭国管小东洋：麻里芦、麻叶、美昆、蒲端、苏录、沙胡重、哑陈、麻拏啰奴、文杜陵。
>
> 单重布罗国管大东洋：论杜、三哑思、沙啰沟、塔不辛地、沙棚沟、涂离、遍奴辛、勿里心、王琶华、都芦辛、啰悼、西夷涂、质黎、故梅、讫丁银、呼芦漫头、琶设、故提、频底贤、孟嘉失、乌谭麻、苏华公、文鲁古、盟崖、盘檀。
>
> 阇婆国管大东洋：孙条、陀杂、白花湾、淡墨、熙宁、啰心、重茄芦、不直干、陀达、蒲盘、布提、不者啰干、打工、琶离、故鸾、火山、地漫。①

从陈大震所提到的上述地名来看，元初期和元中期时代的"东洋"主要指今菲律宾诸岛、加里曼丹岛和爪哇岛以东之西太平洋海域。其中之"小东洋"主要指今菲律宾诸岛和加里曼丹岛，由佛坭国（今文莱）管领；而"大东洋"主要指加里曼丹岛以南直至今澳洲之海域。"大东洋"又分为东西两部分，东部包括今印尼马鲁古群岛以东诸地，西部主要是今印尼爪哇、巴厘诸岛。②

《南海志》成书于元大德间，但上距宋亡不过二十余年，故而其所记录的上述内容，即"东洋"下分为"大东洋"和"小东洋"等地理概念，当系沿用了宋代的旧称。张燮的《东西洋考》中只有"东洋"的总名称，不再有"大东洋"与"小东洋"之分。

明末利玛窦入华后，在向中国人介绍环球地理时，"大东洋"与"小东洋"的名称重新被使用，不过意义转为指东太平洋与西太平洋，这一点前面已经提到，兹不重复。

---

① 陈大震《大德南海志》残卷，北京图书馆藏本。
② 陈连庆《〈大德南海志〉所见西域南海诸国考实》，载《文史》第 27 辑，1986 年，第 145—164 页。

5. 南海东——吕宋洋面

张燮在其著作《东西洋考》记：

> 又从吕蓬（用坤未针，[①] 五更，取芒烟山）。
>
> 芒烟山（用丁未针，[②] 十更，取磨叶洋）。
>
> 磨叶洋（用单直，并丁未，取小烟山）。
>
> 小烟山（其上有仙人掌，用丁未针，五更，取七峰山）。
>
> 七峰山（用单丁，[③] 五更，取巴荖圆）。
>
> 巴荖圆（用丁未，五更，取罗卜山）。[④]

谢方认为"吕蓬"即吕宋马尼拉湾外之庐邦岛（Lubang）。[⑤] 庐邦岛（Lubang）确在吕宋之南，地望合。"吕蓬"与《指南正法》中提到吕宋赴文莱的开船地为"吕帆"，当为同一地。《顺风相送》中《吕宋往文莱》针路的记载是：

> 鸡屿[⑥]开船，用巳丙及乙辰，[⑦] 十更。
>
> 沙塘石[⑧]开船，到吕蓬[⑨]港口。若是吕蓬山外过，讨麻里吕。[⑩]

---

① "坤"位为正西南，"坤未"为西南偏南 7 度 30 分。

② "丁未"为南偏西 22 度 30 分。

③ "单丁"为南偏西 15 度。

④ 张燮《东西洋考》卷 9《舟师考》，谢方点校本，第 184 页。

⑤ 《东西洋考》，第 273 页，索引。

⑥ 向达注云："今犹有鸡屿之名，即 Corregidor"。见《两种海道针经》，第 89页。Corregidor 岛，位于今马尼拉湾口，中分两侧水道。

⑦ 在罗盘方位中，午位为正南，卯位为正东。"巳丙及乙辰"针分别相当于今南偏东 15 度和东偏南 15 度。

⑧ 今地待考。

⑨ "吕蓬"，张燮《东西洋考》在记吕宋土产时提道："吕蓬，在吕宋之南，产螺蛤。"谢方认为"吕蓬"即吕宋马尼拉湾外之庐邦岛（Lubang）。见《东西洋考》，第 273 页。庐邦岛（Lubang）确在吕宋之南，地望合。在下述《指南正法》中提到吕宋赴文莱的开船地为"吕帆"，当为同一地。

⑩ "讨麻里吕"，向达校注本中作一个地名，不妥。这里的"讨"字是动词，其意义当为"寻求"。下文还有"讨鬱山""讨鲤塘屿"，可证此说。"讨鬱山"，即寻找"鬱山"；"讨鲤塘屿"，即寻找"鲤塘屿"。"麻里吕"应当就是今马尼拉，

坤未，①五更，取芒烟山。②

丁未及午丁，③十更，取麻干洋，④了讨鬱山，⑤无风摇橹二日三夜。

单午及丁未，⑥取小烟山⑦前密。

（接上页）此地名《大德南海志》已见。《南海志》在卷 7 "诸蕃国" 条中有 "佛坭国管小东洋" 的几个地名，其中第一个为 "麻里芦"，当即此 "麻里吕"。从鸡屿开航，麻里吕位于马尼拉湾内，在航线的相反方向。

①　在罗盘中，坤位为正西南。"坤未" 为西南偏南 7 度 30 分。出马尼拉湾驶向吕蓬（庐邦岛）进入南海，确应取西南航向。

②　"芒烟山" 是一个古代中国舟师在东洋航行的重要地标。《顺风相送》在记 "泉州往勃泥即文莱" 航线时，提到，泉州启航先取 "单丙" 针（即南偏东 15 度），航行一日，然后取丙午针（即南偏东 7 度 30 分），乘好风航行五日，可见 "小吕逢山"，当为今庐邦（Lubang）岛东北的卡伯拉（Cabra）岛。再取丙针（南偏东 7 度 30 秒）航行一昼夜，可见此 "芒烟大山"。这时向北望是 "吕蓬大山"，即今庐邦（Lubang）岛，而有两岛之间形成的海上通道，即 "门"，舟师见 "门内从边落去"（《两种海道针经》，第 92 页）。此门当为庐邦岛与其东南的郭落（Golo）岛之间的水道。如此说成立，则 "芒烟大山" 当为庐邦岛南部濒临南海之 Manog。

③　在罗盘中，午位为正南。"丁未" 针为南偏西 22 度 30 分，而 "午丁" 为南偏东 7 度 30 分。这里说，至芒烟山后，航向转向偏南。其原因应为，南海之中的诸水下暗礁对过往船只的安全造成威胁，如一直取西南航向将进入今南沙群岛北部岛礁海域，故海舶为安全计不能深入南海。过吕蓬（今庐邦岛）后，应及时向偏东方向转向，取正南偏西航向，贴近菲律宾南部诸岛的航线。

④　详见下文。

⑤　"鬱山" 今地待考。向达教授将 "讨鬱山" 当作一个地名，不妥，详见上。"了讨鬱山" 的意思应当是取麻干洋之后，再找 "鬱山"。从航路上看，应位于巴拉望之北海域，约在今民都洛（Mindoro）岛、布桑加（Busuanga）岛、龟良（Culion）岛以西的南海洋面。

⑥　"单午" 为正南向，"丁未" 为南偏西 22 度 30 分。

⑦　"小烟山" 名见下文《东西洋考》。此 "小烟山" 当为《指南正法》所述吕宋 "往汶来" 航线中提到的 "小烟可窑山"。据《指南正法》，在 "小烟可窑山" 之前，经过 "小罗房山"，位于船的内侧。船向南行，西面是浩瀚的南海，当为外侧，东南是吕宋列岛，当为内侧。向达教授无法确定 "小烟山" "小烟可窑山" 与 "小罗房山" 的今地，见《两种海道针经》，第 212 页注释。笔者认为，"小罗房山" 与 "小烟可窑山"（即小烟山）均应位于民都洛岛西海岸。

　　丁未，① 五更，取三牙、七峰山。②

　　单丁，③ 五更，取芭老员。④

　　对比下文《指南正法》吕宋往文莱针路中提到的地名"麻茶洋"，以及下述《东西洋考》所录吕宋赴文莱针路中提到的"磨叶洋"，或许"麻干洋""麻茶洋"与"磨叶洋"为同一地名的不同译名。向达教授将"麻干洋"比定为吕宋至巴拉望（Palawan）岛之间的洋面。如再精确一点，从航路上看，似未到巴拉望，应在民都洛（Mindoro）岛以西洋面一带。⑤

　　6. 南海西——越南近海

　　（1）交趾洋

　　南宋周去非《岭外代答》有"三合流"条，称："海南四郡之西南，其大海曰交趾洋，中有三合流。"⑥ 这里提到海南西南的"交趾洋"在其他文献中又写作"交趾洋"，即今广西、海南与越南北部海岸所围合之北部湾，又称东京湾。

　　（2）绿水洋

　　《元史》卷 209《安南传》记，至元二十五年（1288），皇子镇南王脱欢征安南，"张文虎粮船以去年十二月次屯山，遇交趾船三十艘，文虎击之，所杀略相当。至绿水洋，贼船益多，度不能敌，又船重不可

---

① "丁未"为南偏西 22 度 30 分。布桑加（Busuanga）岛、龟良（Culion）岛诸岛呈西南向排列。

② "三牙山""七峰山"，亦见于《指南正法》所述吕宋"往汶来"航线中。向达教授置之于巴拉望。"七峰山"，下述《指南正法》提到"七个大山头，高尖峰"。

③ "单丁"相当于南偏西 7 度 30 分。

④ "芭老员"，即今之巴拉望（Palawan）岛。诸家无不同意见。巴拉望岛为东北—西南走向，与此航向合。

⑤ 有关研究见拙文《明清吕宋赴婆罗洲针路研究——前近代我国东洋地理交通的传统知识体系》，《元史及民族与边疆研究集刊》第 18 辑，上海古籍出版社，2006 年，第 67—80 页。

⑥ 《岭外代答》卷 1，杨武泉校注本，中华书局，1999 年，第 36 页。

行，乃沉米于海，趋琼州"。①

此绿水洋的地望，可据安南屯山确定之。高荣盛考：

> 屯山，陈佳荣、谢方、陆峻岭编《古代南海地名汇释》（中华书局，1986年）记为"团山"（在今海防东北大海中）。陈连庆提出，团山，《元史·安南传》作屯山，苏继庼先生拟为云屯山。《环宇通志》言此山在新安府云南县大海中，"两山对峙，一水中通"，南朝时"番国商船多聚于是"。②

（3）混沌大洋/昆仑洋

宋欧阳修、宋祁撰《新唐书·地理志》时，摘录贾耽的《皇华四达记》，其中的"广州通海夷道"详述了下番船舶由广州出航后前往西域之途：

> 广州东南海行二百里至屯门山，乃帆风西行二日，至九州岛石。又南二日，至象石。又西南三日行，至占不劳山（今越南岘港以东之占婆岛），山在环王国东二百里海中。又南二日行，至陵山（今越南归仁以北的燕子岬）。又一日行至门毒国（归仁）。又一日行至古笪国，又半日行至奔陀浪洲（今越南蕃朗），又两日行到军突弄山，又五日行至海硖（今马六甲海峡），蕃人谓之质，南北百里，北岸则罗越国，南岸则佛逝国。③

贾耽所记之军突弄山，即今越南昆仑岛。《蒙兀儿史记》卷101《史弼传》至元二十九年（1292）元水师征爪哇水程：

> 十二月，弼以五千人合诸军，发泉州，④ 风急涛涌，舟掀簸，

---

① 《元史》，中华书局点校本，第4648页。

② 高荣盛《元代海外贸易研究》，第47—48页。

③ 《新唐书·地理志》，中华书局标点本，第1153页。

④ 《蒙兀儿史记》卷101："是年十二月，弼等以五千人发泉州。"注云："高兴神道碑谓三十年正月一日浮海，与弼传异。"

士卒皆数日不能食。过七洲洋、万里石塘，历交趾、占城界，明年正月，至东董西董山、牛崎屿，入混沌大洋橄榄屿，假里马答、勾阑等山，[①] 驻兵伐木，造小舟以入。[②]

《史弼传》所记混沌大洋，即昆仑洋。《岛夷志略》"昆仑"条提到"舶泛西洋者，必掠之，顺风七昼夜可渡"。[③] 这里是说从中国前往南印度，必经昆仑（今越南南方之昆仑岛）。

明费信《星槎胜览》卷1：

昆仑山：其山节然瀛海之中，与占城及东西竺鼎峙相望。山高而方，山盘广远。海人名曰昆仑洋，凡往西洋贩舶，必待顺风，七昼夜可过。俗云："上怕七洲。下怕昆仑。针迷舵失。人船莫存。"此山产无异物，人无居灶，而食山果鱼虾，穴居树巢而已。[④]

黄省曾《西洋朝贡典录·占城国》：

其与占城鼎峙而望者，有昆仑之山，盘礴千里。其北有弓鞋之屿。山之下曰昆仑洋，其水不见山二十五托，沟内可五十托，过沟可三十五托。舶之往西洋者，善风七昼夜始尽此山。其民渔采而食，巢穴而处其，状怪而黑。（谚曰："上怕七洲，下怕昆仑，针

---

① "勾阑等山"，《蒙兀儿史记》卷101《史弼传》作"牛闌等山"。汪大渊著，苏继庼校释《岛夷志略校释》，第249页。《元史·爪哇传》作拘栏山，《岛夷志略》作勾栏山，《星槎胜览》作交栏山，《武备志·航海图》作交阑山，《西洋朝贡典录》"爪哇"条作勾栏山与交栏山，《顺风相送》针经作交兰山与交兰屿山，格伦维尔以为指勿里洞岛（Billiton），腓力卜思则以其指交阑岛（Gelam）。藤田、柔克义皆依后一说。案：勿里洞一名，见《东西洋考·西洋针路》，《武备志·航海图》作麻里东，《明史》作麻叶瓮，为南海自来著名产锡之地，然其位置不当航海主要航道。而交阑虽为加里曼丹岛西南岸一属岛，当元代与明初，实为我国往来于东爪哇、中爪哇所常经之航道。盖此时爪哇岛之政治经济中心在东爪哇，故此书勾栏山应如腓力卜思所指交阑为得其正确。

② 《元史》，中华书局点校本，第3802页。

③ 《岛夷志略》，第218页。

④ 《星槎胜览》，明嘉靖"古今说海"本。

迷舵失，人船莫存。")①

三、东南亚、印度洋海区

1. 莆奔大海

《经世大典·海外诸番·爪哇》至元三十年（1293）：

三月一日会军八节涧。涧上接杜马班王府，下通莆奔大海，乃爪哇咽喉必争之地。②

《岛夷志略》中有"蒲奔"条：

地控海滨，山蹲白石，不宜耕种，岁仰食于他国。气候乍热而微冷。风俗果决，男女青黑，男垂髻，女拳髻，白缦。

民煮海为盐，采蠏黄为鲊。以木板造舟，藤篾固之，以绵花塞缝底，甚柔软，随波上下，以木为桨，未尝见有损坏。有酋长。地产白藤、扶留藤、槟榔。贸易之货，用青磁器、粗碗、海南布、铁线、大小埕瓮之属。③

苏继庼注：

蒲奔，沈曾植、藤田，柔克义皆以蒲奔与《元史·爪哇传》之莆奔大海有关。惟此海在何处，则又意见不一。沈氏未明言此海在何处，然观其以蒲奔位于爪哇之吉力石（Gresik）或杜板村，可见其非以此海指马都拉海峡（Madura Strait），即指东爪哇之爪哇海。柔克义则据格伦维尔（Groeneveldt）之说（Notes，P. 223），以为此海指马都拉海峡，惟蒲奔究指马都拉岛抑指巴厘

---

① 黄省曾《西洋朝贡典录·占城国》，谢方校注本，中华书局，1982 年，第 10 页。

② 苏天爵《国朝文类》卷 41，《四部丛刊》景元至正本。此为《元史》卷 210《外国传·爪哇》之史源。

③ 汪大渊著，苏继庼校释《岛夷志略校释》，第 199—200 页。

岛，则不能肯定。藤田以《元史》之莆奔大海指东爪哇海，而本书之蒲奔则指加里曼丹岛东南岸之 Tana Bumbu。蒲奔物产以白藤为主，共在加里曼丹东南境可知。《东西洋考》"文郎马神"条"莿藤"注："文郎亦独盛他国。"义净《求法高僧传·昙润法师传》云："至柯陵北渤盆国，遇疾而终。"渤盆或亦蒲奔之异译。案：蒲奔当在今加里曼丹，自无可疑。莆奔大海指爪哇海，亦无可疑。惟蒲奔是否为藤田所言之 Tana Bumbu，则尚可讨论。查加里曼丹岛南部有河名 Pembuang，其河口名 Kuala Pembuang，东距文郎焉神约一百英里，古时其地有国，即以此名。（楠案：Pembuang 今图译作彭布安，其港口译作瓜拉彭布安）就对音言，以 Pembuang 当于蒲奔，实视 Bumbu 为更合，亦即渤盆国也。《宋史·真宗纪》之蒲婆，《大德南海志》之蒲盘，皆为此名之异译。在文郎马神崛起前，Pembuang 殆为加里曼丹南部之大国。中国海入爪哇海之门户，亦由此国控制，因此爪哇海在明以前，遂有莆奔大海之名。本书此处明言"地控海滨"，可见此国实当航海之要冲，决非僻处一隅之 Tana Bumbu 可比拟也。[①]

此说似可从。莆奔大海当指位于婆罗洲（今加里曼丹岛北部）之莆奔国所临之海。

2. 淡洋

《岛夷志略》：

> 港口通官场百有余里，洋其外海也，内有大溪之水，源二千余里，奔流冲合于海。其海面一流之水清淡，舶人经过，往往乏水，则必由此汲之，故名曰淡洋。过此以往，未见其海洋之水不咸。[②]

《星槎胜览》：

> 其处与阿鲁山地连接，去满剌加三日程。山绕周围，有港，内

---

① 汪大渊著，苏继庼校释《岛夷志略校释》，第200—201页。
② 汪大渊著，苏继庼校释《岛夷志略校释》，第237页。

通大溪，汪洋千里，奔流出海，清淡味甘。舟入过往汲之，名曰淡洋。①

苏继顾注：

> 沈增植以为《瀛涯胜览》哑鲁国条、《西洋朝贡典录》阿鲁国条之淡水港即淡洋。藤田与柔克义则以淡洋指苏门答岛东岸之塔米昂（Tamiang）。案：淡洋与阿鲁（Aru）皆在苏门答腊岛东岸，淡洋与阿鲁既为二地，自以藤田、柔克义所指为是。苏氏又举《西洋朝贡典录》《武备志·航海图》等文献考淡洋至诸港水程，并提出《元史·成宗纪》中之毯阳为淡洋元代另译，并举《爪哇史颂》之 Tamiang。至于其地望，苏氏提出，如以元与明初之阿鲁在今日里（Deli），则其淡水港当在日里河下游。②

3. 阿鲁洋

今存明《卫所武职选簿》系明代选拔中下层武官的兵部档案。范金民先生曾将其中有关郑和下西洋资料辑出。其中一则档案记南汇嘴守御中后所试百户孙仁武，其曾祖孙闰，"永乐三年绵花洋杀获贼船，阿鲁洋擒杀贼寇有功，升小旗"。③ 另一则档案记交趾人宗信可，南京锦衣卫佥事，其三世祖宗真永乐"三年除本卫世袭副千户。本年阿鲁洋杀贼，获贼船功，五年升本所世袭正千户"。④ 南京鹰扬卫指挥使哈承宝，其祖先哈只"先于永乐三年西洋等处公干，四年旧港、绵花与阿鲁洋等处杀获贼舡，五年升指挥佥事"。⑤

---

① 《星槎胜览》卷3，明嘉靖"古今说海"本。

② 汪大渊著，苏继顾校释《岛夷志略校释》，第238—239页。

③ 《中国明朝档案总汇》，广西师范大学出版社，2001年，第61册，第291页。转引自范金民《〈卫所武职选簿〉中的郑和下西洋资料》，《郑和研究》2010年第1期，第51页。

④ 《中国明朝档案总汇》，第73册，第28页。转引自范金民《〈卫所武职选簿〉中的郑和下西洋资料》，第58页。

⑤ 《中国明朝档案总汇》，第74册，第322页。转引自范金民《〈卫所武职选簿〉中的郑和下西洋资料》，第62页。

阿鲁洋当指阿鲁一带近海。《岛夷志略》记淡洋风土物产时曰：

> 取其水灌田，常熟。气候热，风俗淳。男女椎髻，系溜布。有
> 酋长。地产降真香、苇粟，与亚芦同，米颗虽小，炊饭则香。①

对这里提到的亚芦，苏继庼注：

> 此名不见他书，本书唯此一见。藤田视其指芦荟（Socatra Al-
> oes），波斯语作 Alwa，以为即此名之对音。然芦荟为一种药物而非
> 食物。且苇粟既为一种谷物，则亚芦亦当视为一种谷物。查吉打产
> 一种稻名 arong，疑亚芦即其对音。②

对证《星槎胜览》的有关"淡洋"的相应记载：

> 田肥禾盛，米粒尖小，炊饭甚香。地产香。民俗颇淳，气候常
> 热，男女椎髻，腰围梢布。货用金银、铁器、磁器之属。③

可知，汪大渊所记的苇粟，即费信之"禾"，故而汪大渊所谓"苇
粟，与亚芦同"中之"亚芦"当为地名，即阿鲁。苏先生考证不可
信从。

《星槎胜览》记阿鲁：

> 阿鲁国：其国与九州岛山相望，自满剌加顺风三昼夜可至其
> 国。风俗气候与苏门答剌大同小异。田瘠少收，盛种芭蕉、椰子为
> 食。男女裸体，围梢布，常驾独木舟入海捕鱼，入山采米脑、香物
> 为生。各持药镞弩防身。地产鹤顶、片米、糖脑以售商。舶货用色
> 段、色绢、磁器、烧珠之属。④

4. 绵花洋

前引明《卫所武职选簿》三则档案中，有两则在记"阿鲁洋"
时，提到"绵花洋"：孙闰，"永乐三年绵花洋杀获贼船，阿鲁洋擒

---

① 汪大渊著，苏继庼校释《岛夷志略校释》，第 237 页。
② 汪大渊著，苏继庼校释《岛夷志略校释》，第 239—240 页。
③ 费信《星槎胜览》卷 3，明嘉靖"古今说海"本。
④ 费信《星槎胜览》卷 3，明嘉靖"古今说海"本。

杀贼寇有功，升小旗"。① 哈只，永乐"四年旧港、绵花与阿鲁洋等处杀获贼船"。②

绵花洋当指绵花屿近海。《东西洋考·西洋针路》：

> 又从满剌加国五屿（分路入苏门答剌，用单干针，五更，取绵花屿）。

> 绵花屿（第三湾正好过船，打水七八托，外二十托用。单戌针过浅。辛戌，四更，取鸡骨屿）。③

谢方以为绵花屿在今马来西亚巴生港（Port Klang），④ 位于今安答曼海滨。

5. 南巫里洋

此洋得名于苏门答腊岛西北角地名南巫里。文献中有关此洋记载甚多，译名不一。万明近撰《郑和七年"那没黎洋"——"印度洋"》文，收集明代有关此洋之各种记载并加考察，其结论为，那没黎洋即西洋，也即明初对印度洋之称谓。⑤ 那没黎洋即西洋，见诸文献，自无问题。因"洋"在明代仍指具体的海域，故不可能指印度洋，当指苏门答腊与锡兰山之间的海域，即今之孟加拉湾。

6. 小西洋

葡萄牙人东来后，自称来自大西洋，以区别于此前郑和所下之"西洋"。故而明清汉文史籍中，将葡属印度殖民地果阿称为小西洋，又指

---

① 《中国明朝档案总汇》，广西师范大学出版社，2001年，第61册，第291页。转引自范金民《〈卫所武职选簿〉中的郑和下西洋资料》，《郑和研究》2010年第1期，第51页。

② 《中国明朝档案总汇》，第74册，第322页。转引自范金民《〈卫所武职选簿〉中的郑和下西洋资料》，第62页。

③ 《东西洋考·西洋针路》，谢方点校本，中华书局，1981年，第179页。

④ 《东西洋考·西洋针路》，谢方点校本，第294页。

⑤ 万明《郑和七年"那没黎洋"——"印度洋"》，收入陈忠平编《走向多元文化的全球史——郑和下西洋（1405—1433）及中国与印度洋世界的关系》，生活·读书·新知三联书店，2017年，第119—153页。

印度以西海域。明末入华的意大利人艾儒略所著《职方外纪》卷 5 中有《四海总说》一节，称："兹将中国列中央，则从小西洋至大西洋为西海。"①

明人徐应秋《玉芝堂谈荟》中记：

> 应帝亚国，中国所呼小西洋，以应多江为名，一半在安义江内，一半在安义江外。天下之宝石、宝货自此地出，细布、金银、椒料、木香、乳香、药材、青朱等无所不有，故四时有东西海商在此交易。人生黑色，弱顺。其南方少穿衣。无纸，以树叶写书，用铁锥当笔。其国王及其各处言语不一。以椰子为酒，五谷惟米为多。诸国之王皆不世及，以姊妹之子为嗣，其亲子给禄自赡而已。《外国图》：君子之国，多木槿之花，人民食之。②

这里所谓应帝亚，即印度拉丁文名 India 之音译。应多江，即印度河。安义江，当为恒河。

7. 溜山洋

费信《星槎胜览》中有"溜山洋国"条，曰：

> 自锡兰山别罗里南去，顺风七昼夜可至。其山海中天巧，石门有三，远望如城门，中可过船。溜山有八：沙溜、官屿溜、人不如溜、起来溜、麻里溪溜、加平年溜、加安都里溜，其八处网捕溜洋大鱼作块晒干，以代粮食。男子拳发，穿短衫，围梢布，风俗嚣强。地产龙涎香，货用金银、段帛、磁器、米谷之属。其酋长感慕圣恩，常贡方物。传闻又有三万八千余溜山，即弱水三千之说也。亦有人聚，巢居穴处，不识米谷，但捕鱼虾为食，裸形无衣，惟纫树叶遮其前后。若商舶因风落其溜，人船不可复矣。③

茅瑞徵《皇明象胥录》亦见载，文字略异：

---

① 艾儒略原著，谢方校释《职方外纪校释》，中华书局，1996 年，第 146 页。
② 徐应秋《玉芝堂谈荟》卷10，《文渊阁四库全书》本。
③ 费信《星槎胜览》卷3，明嘉靖"古今说海"本。

　　溜山，名溜山洋国，自锡兰山别罗里南去，顺风七昼夜至。其山四面滨海，如洲在西海中，有石门三，遥望如城阙，中可过船。入溜稍大，余小溜无虑三千。土人曰："此弱水三千也。"舟行遇风入溜即溺。人率依山巢居穴处，或网溜洋大鱼，晒以代粮。拳发，穿短衫，围梢布，亦多裸形，纫树叶蔽前后。产龙涎香，货用金银、段帛、磁器、米谷。溜山傍有㗚干国，皆回回人。俗淳，业渔，好种椰树。其椰皮结绳，可贯板成舟。涂沥青，坚如铁钉。鲛鱼，一名溜鱼。织丝帨甚工致，亦有织金帨。永乐中，国王亦速福遣使来朝贡。[①]

溜山洋当得名于溜山，即溜山一带海域。溜山，即今印度洋中之马尔代夫群岛。元代称为北溜。《岛夷志略》记：

　　北溜：地势居下，千屿万岛。舶往西洋，过僧加剌傍，潮流迅急，更值风逆，辄漂此国。候次年夏东南风，舶仍上溜之北。水中有石槎牙，利如锋刃，盖已不完舟矣。

　　地产椰子索、□子、鱼干、大手巾布。海商每将一舶□子下乌爹、朋加剌，必互易米一船有余。盖彼番以□子权钱用，亦久远之食法也。[②]

溜山国，明代有关郑和下西洋史料记载文字详略不一。巩珍《西洋番国志》曰：

　　溜山国，自苏门答剌国开船，过小帽山，投西南行，好风十日可到其国。番名㗚干，无城郭，倚山聚居，四面皆海，即如洲渚状。国之西去，途程不等。有天生石门海中，状如城阙。有八大处：曰沙溜、曰人不知溜、曰起来溜、曰麻里奇溜、曰加半年溜、曰加加溜、曰安都里溜、曰官坞溜，此八处者皆有地主而通商贾。其余小溜，尚有三千余处，水皆缓散无力。舟至彼处而

①　《皇明象胥录》卷5，明崇祯刻本。
②　汪大渊著，苏继顾校释《岛夷志略校释》，第264页。

沉，故行船谨避，不敢近此经过。古传弱水三（十）［千］，即此处也。其人皆巢居穴处，不着衣衫，只以树叶遮蔽前后。平生不食米谷，惟于海中捕鱼虾而食之。行船者或遇风水不顺，舟师针舵有失，一落其溜，遂不能出，大概行船谨防此也。其傔干国，王、臣、庶皆回回人，风俗淳美，悉遵教门行事，人皆以渔为生。多种椰子树。男女体貌彻黑，男子白布缠头，下围手巾；妇人上着短衣，下亦以阔布手巾围之，又用阔大手巾（过）［裹］头，盖下只露其面。婚丧之礼依教门行。土产降香，不多，惟椰子广，他国皆来贩卖。有等小样椰子，土人将壳旋酒钟，以花梨木为足，用番漆其口足，甚美。椰子皮穰打成廉细索，收积盈堆，各处番船皆贩去卖予造成等用，盖番人造船不用铁钉，止钻孔，以椰索联缚，加以木楔，用沥青涂之至紧。出龙涎香，渔者溜中采得，状如浸沥青，嗅之不香，火焚有鱼腥气，价高，以银（对）［兑］易。出海□土人采积如山，堆毷，待肉烂，取壳转卖暹罗、榜葛剌国，代钱使。出马鲛鱼，土人将其鱼切如臂大，深晒至干，盈仓收储。他国多贩去，名曰溜鱼。又出一等丝嵌手巾，长阔而加实密，胜他处所出者。又出一等织金方帕，男子可缠头，其价有卖银五两者。气候长热如夏，土瘦米少麦无，蔬菜不广，牛羊鸡鸭皆有，余无所产。王以银铸钱使用。中国宝船亦一、二往彼，收买龙涎香、椰子等物，乃一小邦也。①

黄省曾《西洋朝贡典录》：

其国在小帽西南可二千里。由彭加剌而往，取北辰四指有半；又取北辰三指有半；又取北辰二指一脚弱半；又取北辰二指半脚；又取北辰一指三脚之半；又取北辰一指三脚、又过鹦□嘴之山，又五更见铁砧之屿。又七更见佛舍座之山。又五更见牙里之大山。由

---

① 巩珍《西洋番国志》，清彭氏知圣道斋钞本。

是至溜官之屿而及其国。

其地四面滨海，倚山为都。其都曰牒干。其上下皆回回人。婚丧一如其教。风俗淳美，男缠首以白布，以金帕，下围悦。女悦盖首，上短衣，下亦围悦。其肤体咸黑，其土气恒燠。

其交易以银钱。（重官秤二分三厘）其利渔、□。其谷宜稻、麦。其畜宜牛、羊、鸡、鸭。凡为杯，以椰子为腹，花梨为跗。凡为舟，不以锻铁，以椰纕绳之而贯之而楔之。以龙涎镕之而涂之。

凡取龙涎，多于溜屿。其屿石多蟠龙，春而吐涎，群鸟集之，群鱼□之。其黄者如胶，黑者如五灵脂，白者如药煎。其气腥。或得之鱼腹，其大如斗，圆如珠，其价以两而易。凡两易金钱一十有二，凡斤易金钱一百九十有二。凡取海□，山积之而罨之，腐之。凡取马鲛鱼，斫之而暴之、贮之。其来易者为暹罗之商，为榜葛剌之商。

国之西海有石门，状如城阙者三。有溜山焉凡八：一曰沙溜，二曰官屿溜，三曰人不知溜，四曰起来溜，五曰麻里奇溜，六曰加半年溜，七曰加加溜，八曰安都里溜，皆可通海舶，皆有聚落。其通也，有主焉，又西有小窄溜。是有三千，是皆弱水，即所谓"弱水三千"者焉，一日有三万八千余溜，舟风而倾舵也，则坠于溜，水渐无力以没。其小窄溜之民，巢穴而处，鱼而食，草木而衣。

其朝贡无常。（永乐五年遣其臣来朝贡）

论曰：《山海经》诸古书及郦道元所引论弱水多矣。虽通人辨士，莫之能明也。兹复知有溜山弱水矣。见览虽益广远，而天地之大，终不能穷焉。①

① 黄省曾《西洋朝贡典录》，第73—79页。

8. 东大食海

宋代周去非的《岭外代答》所提到天竺以西有海"曰东大食海，渡之而西则大食诸国也"。唐代航海家们就已经知道，阿拉伯海之西岸皆属大食。贾耽的"广州通海夷道"提到"自婆罗门南境"，至波斯湾的乌剌国，皆缘海东岸行。其西岸之西，皆大食国。以贾耽之语与周去非所记相较，可见两者甚为接近。稍知现代地理的人一望可知，周去非所谓"东大食海"，与贾耽所称之位于婆罗门南境与大食之间的海为同一海域。此海乃指今之阿拉伯海、波斯湾与红海。就是说，唐代舟师已知从印度南部向波斯湾航行，须循阿拉伯海东岸行，而此海以西则属大食。

至于所谓"西大食海"，周去非说："大食之地甚广，其国甚多，不可悉载。又其西有海，名'西大食海'。渡之而西则木兰皮诸国凡千余。更西则日之所入，不得而闻也。"很显然，这里的"西大食海"就是地中海及与之毗连的北大西洋。"木兰皮"即阿拉伯语 maghrib 的音译，意为"西方"。"木兰皮诸国"即今北非阿拉伯马格里布诸国。地中海是当时中国人地理知识的极限，"更西则日之所入。不得而闻也"。周去非所记当来自大食海商，可见地中海与大西洋的交接处，也是大食人的地理知识极限。

从地理学的角度观察，所谓"东大食海"与"西大食海"的命名原则，乃是以阿拉伯帝国的重心，即今西亚地区的南部地区为观察中心，即坐标中心点。周去非在提到"西大食海"这个名称之后，接着提到"渡之而西则木兰皮诸国"这一点提示我们，不仅"东大食海""西大食海"这一对海外的地理坐标是以西亚为中心，而且其名称本身可能也是外来的。

12 世纪斯加里野国（今意大利西西里岛）地理学家爱德利奚（Edrisi）于 1153—1154 年间著《地理书》，其中地图注有海名 Bahr al-Muslim al-Gharbi，意即"西穆斯林海"，此海在元代阿拉伯史家乌马里的《眼历诸国行纪》中写作 Bahr al-Gharbi，意为"西海"。10 世纪后半叶成书的波斯无名氏著作《世界境域志》中描述了"西海"的范围，说它从苏丹和木兰皮（Maghrib）诸国的极边开始，直至芦眉（Rum，今小亚）海峡。

若将穆斯林地理图志中爱德利奚的 Bahr al-Muslim al-Gharbi 即"西穆斯林海"、《世界境域志》及乌马里书中的 Bahr al-Gharbi 即"西海"，与周去非的记载相对照，可推知周去非从大食海商口中听说的，很可能是 Bahr al-Muslim al-Gharbi 即"西穆斯林海"这个名字。换而言之，"西大食海"当系 Bahr al-Muslim al-Gharbi 即"西穆斯林海"的汉译。阿拉伯地理文献中还有"木兰皮海"（Bahr al-Maghrib）或"芦眉海"（"拜占庭海"，Bahr al-Rum），均指地中海。

周去非的"东大食海"亦可能有西域图籍的背景。若查检穆斯林地志中有关印度洋的记载，可发现《世界境域志》描述过一个名曰"大海"（Bahr al-'Azam）的大洋，说它与中国相通，有五个海湾：

第一个海湾起始于阿比西尼亚，面对苏丹，向西伸延，称为"拨拔力"（Barbari）湾。按，此即今之红海南端与阿拉伯海相接处之亚丁湾。

第二个海湾与第一个海湾相连，向北方伸延，直至埃及之境，越来越窄，北头最窄处仅一海里宽，称为"阿拉伯湾"。按，此海即今之红海。

第三个海湾起始于法尔斯（Fars）海岸，向西北延伸。阿拉伯之地均位于此海与上述之"阿拉伯湾"之间。按，此海即今之波斯湾。

第四个海湾称为"波斯"（Pars）海，起始于波斯之边界，彼处很窄，延伸到忻都边界。按，此海应即今之阿曼湾。

第五个海湾称始于印度斯坦国边界，向北方伸延，成为一个海湾，称为"忻都"湾。按，此海似应为今之孟加拉湾。

波斯无名氏作者所提到的这个"大海"，除了其中第四个海湾以外，其整个地理范围应当大致与周去非的"东大食海"相当。①

（原文载《元史及民族与边疆研究集刊》第三十九辑，上海古籍出版社，2021年）

---

① 参见拙文《"东洋"与"西洋"的由来》，原文发表于南京郑和研究会编《走向海洋的中国人：郑和下西洋590周年国际学术研讨会论文集》，海潮出版社，1996年，第120—135页；修改稿收入拙著《从西太平洋到北印度洋——古代中国与亚非海域》，南京大学出版社，2017年，第405—419页。